Matthew Rubery
マシュー・ルベリー

片桐晶 訳

THIS BOOK TELLS the stories of atypical
readers and the impact had on their lives
by a spectrum of neurological conditions
affecting their ability to make sense of the
printed word. The first neurodivergent
neurodivergent reading, it offers up
personal testimonies that stake their own
out of complicated histories according to
express how "cognitive differences" shape
people's encounters both on and off the
page. A key premise of the book is that
there is no single activity known as
reading. Instead, there are multiple ways of
reading it or, for that matter, not reading
despite the ease with which people use
the term in conversation and act as if

読めない人が
「読む」世界

読むことの多様性

Reader's Block:
A History of Reading Differences

everyone does it in essentially the same
fashion. Take a moment to consider what
the term "reading" means to you.
Whatever your conception of reading may

原書房

読めない人が「読む」世界

目次

序章　厄介な読者

この本では、型破りな方法で文字を読む人々の物語と、活字を理解する能力に影響を及ぼす多種多様な神経学的状態が、彼らの生活に及ぼしてきた影響を取り上げる。独特な方法で情報を処理する脳を持つニューロダイバージェントと呼ばれる人々は、どのように文字を読んできたのだろう。もっとも古い記録は、従来の読字の歴史から除外されてきた個人の証言に頼ったもので、本の頁と関わる場面と関わりのない場面の両方で、認知的差異が彼らの体験をどう形作ってきたのかが表現されている。

この本の大前提は、「読む」と呼ばれる行為はひとつに限らないというものだ。それどころか、読字には（さらに言えば、「読んでいない」状態には）多様な形があるのだが、人々は会話や活動を通じて、誰もが同じやり方をしているような気軽な調子で「読む」という言葉を使っている。

ここで考えてみてほしい。あなたにとって「読む」とは何を意味する言葉だろう？　あなたの読字の概念がどんなものであろうと、そして、その言葉をどの程度まで理解しているつもりであろうと、この本で紹介する実例を読めば、読字という言葉の定義の範囲を考え直すことになるはずだ。私が目指すのは、慣れ親しんだ読字から距離を置いてもらい、ディケンズの『大いなる遺産』に登場するジョー・ガージャリーのようにあなたの目を見開かせ、「読むってのはなんて面白れえんだろうなあ」

(『大いなる遺産』石塚裕子訳、岩波書店)と言わせることなのだ。[1]
サヴァン症候群のキム・ピークの物語は、読字の常識をくつがえす実例のなかでももっとも説得力のあるもののひとつだ。ピークは見開きの頁を同時に読むことができた。左の頁を左目で、右の頁を右目で読んでいたのだ。二枚の頁が横向きであろうと、逆さまであろうと、鏡に映った文字であろうとおかまいなしだ。ピークは世界屈指の速読家のひとりでもあり、トム・クランシーの分厚い長編小説『レッド・オクトーバーを追え』を九〇分もかけずに読み終えている。[2] 読者であると同時にスキャナーだな、と思うかもしれない。なにしろ、ペーパーバック版の小説の二頁分を頭に入れてほぼ完全に記憶するのに、一五秒ほどしかかからなかったのだから。そんなピークについたあだ名は、コンピュータならぬ「キムピュータ」。[3] ピークの行動から着想を得て制作されたのが『レインマン』だ。数々の賞に輝いたこの映画には、驚異的な計算能力を備えた自閉症のサヴァンが登場する。『レインマン』では、サヴァンの能力だけでなく能力欠如にも着目しており、日常生活でのレインマンには、シャワーや着替えはおろか、歯磨きをするにも助けが必要だった。簡単に言えば、ピークは、本をまるごと暗記する才能と、彼のような心の持ち主の存在が想定されていない世界を生き抜く際に直面する数々の困難の両方を通じて、人の心の多様性を実証する存在だった。ピークが今の時代に生きていたら、「脳の多様性」というレンズを通してもっと思いやりのこもったまなざしが向けられ、大多数の人間とは異なる方法で考え、行動し、世界と交流を図る人物とみなされていただろう。
ニューロダイバーシティという概念が誕生したのは一九九〇年代、私たちの脳には途方もない数の異体があると認識されたことがきっかけだった。[4] 障害者権利保護の活動家たちが、いわゆる「正常な脳」という概念を、人々のあいだの一連の神経学的差異に置き換えようとしてこの用語を用いるようになった。「ひとつの脳」ではなく「いくつもの脳」というわけだ。脳にはひとつとして同じものはなく、脳が異なれば考え方も異なってくる。それは、神経学的機能が定型的、もしくは、似たような認知アーキテクチャをもつと考えられている人々のあいだでも言えることだ。神経科学者から小説家に転身したローラ・オーティスは、「人々の心的世界の多様さときたら驚くほどです」と述べている。[5] ニューロダイバーシティの推進運動では、神経学的な異体を、欠陥や、『DSM-5精神疾患の診断・統計マニュアル』(医学書院)で確認できる病的症状としてではなく、差異として認識するよう求めている。自閉症と診断された人々のあいだの認知的差異を評価する運動としてはじまったものは、それ以来、数え切れないほどの症状を包含するまでに広がっており、そこには読字能力に影響を及ぼすものも数多く含まれている(私は「読字障害」の代わりに「読字差異」という言葉を用いることで、潜在能力を無視して欠陥や困難を強調する枠組みとは距離を置くつもりでいる)。

この本でニューロダイバーシティに焦点を当てたのには、「読む」という概念そのものへの理解を変える狙いがある。神経科学者はかねてから、何かがうまくいっていないときこそ脳についてもっとも多くを学べると訴えてきた。[6] この本では、読字についても同様の提言を行っている——つまり、エッジケースに関心を向けることで、「読む」という行為の複雑さ、多用途性、そして、おそらくは無尽蔵の豊かさについて多くを学ぶことができると言いたいのだ。そんなわけで、この本では極めて希な実例——たとえば、舌を使って文字を読む脳卒中からの生還者《サバイバー》——に注意を向けて、「読む」という言葉の輪郭をとらえ直すよう促している。これは、通常の読字の経路を断たれた人間が、どのようにして文字を読むすべを探し求めるのかを示すひとつの事例にすぎない——常識に逆らう読字というよりは、脳に逆らう読字なのだ。

この本で敢えて定型的な読み手（そんなものがあるとすればの話だが）を取り上げなかったのは、ニューロダイバージェントな読み手の証言を集め直すためだ。彼らは、難読症《ディスレクシア》、過読症《ハイパーレクシア》、失読症《アレクシア》から、共感覚、幻覚、認知症に至るまで、さまざまな神経学的疾患の影響を受けながら文字と向き合ってきた。話を進める前に症状を説明しておくのが適切だろうから、まずは三つの「読む《レクシア》」からはじめてみよう。ディスレクシアが、子どもが読み方を覚える過程で混乱をもたらすことはよく知られているが、その一方で、歴史的に「後天的非識字」、もしくは、「語盲」と呼ばれてきたアレクシアが、通常は発作、疾病、脳損傷の結果として、読み書きのできる成人の読字能力を奪う可能性については周知されているわけではない。ハイパーレクシアとして知られる三つ目のレクシアは、児童が（通常は話せるようになる前に）言葉を音韻化《デコーディング》したり、内容を理解しているようには見えない本を丸々一冊暗記したりする早熟な能力のことで、自閉症の領域と関連付けられる症状のひとつだ。

認知力は別の形でも読字に影響を及ぼす。共感覚者にはアルファベットの文字がそれぞれに異なる色で見えることがあり、それは文字が黒いインクで印刷されている場合でも変わらない。ウラジーミル・ナボコフの自伝『記憶よ、語れ』には、アルファベットの文字がさまざまな色を帯び、「a」の文字は風雪に耐えた木のような色に見えるという記述がある。ほかにも、文字を読んでいる最中に触感、音、匂い、さらには味まで感じる人々がいる（ある人にとっては「jail ジェイル（刑務所）」という単語はベーコンの味がするそうだ）[7]。非定型的な知覚は、普通の書物の力を超えたやり方で現実と空想の境界を曖昧にしてしまう。いくつかの症例では、脳内の視覚性単語形状領野（VWFA）が活動過多になると、語彙的幻覚が起こり、現実の印刷物との識別が困難になってしまう恐れがある。こういった幻影は、宗教的なヴィジョン（『ダニエル書』に出てくる、ベルシャツァル王の大宴会で王宮の壁に書かれた文字）から、統合失調症と関連づけられる精神病的な現実との断絶まで多岐にわたっている。最後に紹介するのが認知症だ。認知症を患う人々は、記憶の喪失の結果として文字を読むのに苦労する可能性があるのだが、そこから想起されるのが『ガリバー旅行記』に登場する不死人間ストラルドブルグだ。彼らは、「ひとつの文章を読みおえるまで記憶力が保たず、右から左へ抜けてしまう」（ジョナサン・スウィフト『ガリバー旅行記』山田蘭訳、角川書店）という理由で読書をあきらめるのだ。[8]

脳画像化技術や心理学的アセスメントの進歩のおかげで、現在では幅広い範囲の読字差異の診断が容易になっている。それでも依然として充分な考察が求められるのは、あるレベルでは、こういった差異がテキストと向き合うという特定の行動に与える影響であり、別のレベルでは、人々の生活、幸福、社会における同一性意識にもたらす衝撃だ。この本では、厄介な障害が待ち受けているのは承知の上で、そろそろニューロダイバージェントの読み手の現象学的経験を系統立てて説明できるはずだと提言している。その手立てとなるのが、通常とは異なるやり方で文字を読むときの感覚が表現された文学、映画、「ライフ・ライティング」と呼ばれる個人の記録、ソーシャルメディア、科学誌、症例研究をはじめとする資料のなかから掘り起こされたひとりひとりの証言なのだ。従って、このあとにつづくそれぞれの章は、読字にまつわるほぼすべての記録から除外されてきた、本に対する非定型的な反応に再び光を当てることを目指しているが、「読む」という言葉の完全な意味を理解したい場合は綿密な調査が必要だ。

どこからどこまでが「読む」なのか

この本の執筆を思いついたのは、別の本を仕上げている最中に、本物の読字をめぐる議論を調べたことがきっかけだった。私はこれまでに幾度となく、読字と、読字と密接な関わりはあっても偽物と判断された行為（そのとき槍玉に挙がっていたのは、オーディオブックを聞くことだった）とのあいだには厳密な線引きをするべきだと主張する人々に出会ってきた。そのとき私の注意を引いたのは、彼らが下した裁定ではなく、読字として知られるものはたったひとつの理路整然とした行為であり、本を使ったそれ以外の行為からきれいに切り離すことができるという信念だった。「読む」というのは本当にそれほど単純なことなのだろうか？

この本で強く訴えているように、読字について考えるのにもっとも生産的な方法は、ゆるやかな関連性を持つ一連の行動としてとらえることだ。ルートヴィヒ・ウィトゲンシュタインの解釈によれば、それぞれの行動はひとつの決定的な特徴を共有しているわけではなく、家族的類似によって結びついている。[9] そう考えれば、読まないことと読めないことを切り離そうとしてもうまくいくはずがない。そもそも「読む」と称される行為についての合意がないのだから。読字と読字ではない行為の境界はどこにあるのだろう？　それを突き止めようとすると、読字と呼んでもよさそうなエッジケースが次々と見つかって「読む」という言葉の緩やかな境界線がさらに広がることになる。この本では、そういった例外的な読字の形態をひとつのフォーラムに集結させようと試みている。それは、どこからどこまでが読字なのかをめぐって境界線をパトロールしたいと願う人が遭遇する試練を浮き彫りにする場となるだろう。[10] この本は読字をひとつの領域として理解する方向へ進んでいく。その領域には、このあとの章で紹介する異質な活動を、頁の向こうに必然的に浮かび上がる新たな行為と一緒に受け入れるだけの充分な広さがある。

基本的な言葉のひとつに合意された意味をもたせないというのは、人類の興味深い特徴だ。アルベルト・マングェルは著書の『読書の歴史——あるいは読者の歴史』のなかで、「不思議なのは、読書という行為がいかなるものであるのか、その満足な説明がなくとも、我々は読書しつづけているということである」（原田範行訳、柏書房）と述べている。[11] 誰の目にも明らかな言葉なので、厳密に意味を定める必要はないと受け止められているのだ。結局のところ、ほとんどの人は、自分の頭のなかで何が起こっているのか知らないまま、うまい具合に文字を読んでいる。読字は、哲学者のダニエル・デネットが「理解力なしの有能性」（『心の進化を解明する』木島泰三訳、青土社）と呼ぶものの一例だ。[12] 認知神経科学者のあいだでは、読書の喜びは、読字を支える神経系の働きを把握しているかどうかで決まるものではないという見解が共有されている。例を挙げると、最近ではマーク・サイデンバーグが「人々は、自分がどんなふうにやっているのか深くは知らないまま巧みに文字を読む傾向がある」と述べている。[13] 自分の経験から言うと、文芸評論家は自分がどんなふうにやっているのか深くは知らないまま非常に巧みに文字を読む傾向がある。これは、認知神経科学者のスタニスラス・ドゥアンヌが、その行為の複雑さを見失った「過度に訓練された読者たち」[14]と呼ぶものから成るグループだ。

歴史家たちは、人が本を手に取ったときに起こることを定義する可能性については匙を投げてしまっている。スティーヴン・ロジャー・フィッシャーは『読書の歴史』の冒頭で、「読む」というのは変わりやすい言葉で絶対的な言葉ではないので、明快な答えはないと述べている。[15]現代において読字が意味するものは、過去の文化で意味したものや、未来の文化で意味するはずのものと同じではない。その定義は人類とともに進化をつづけている。フィッシャーは、「というのも、思考そのものと同様、読字は私たちが選ぶどんなものにでもなり得るからだ」[16]と結論づけている。まずは、あまりにも狭義な概念は選ばないこと。次に、周囲を見渡せば目に入る数え切れないほどの読字の形態を（ダーウィン淘汰などという表現を使って）除外する危険を冒さないようにしよう。

この本の目的のひとつが従来の読字と距離を置くことだとすれば、もうひとつの目的は、読字を自然な営みから切り離すことだ。単刀直入に言おう。読字には持って生まれた能力は一切関わっていない。子どもたちが本に囲まれて育てば識字能力が自然と身につくというのは夢物語にすぎない――まさに、ウィリアム・モリスの『ユートピアだより』で思い描かれた未来そのものだ。[17]対照的に、フィリップ・ゴフとマイケル・ヒリンジャーは現実主義に傾いた論文『読字の習得――不自然な行為 *Learning to Read: An Unnatural Act*』で、平均的な子どもが読み方を覚えるのには時間がかかり、努力や、多くの指示を必要とすると警告している。[18]進化の過程をふりかえって、読字が何千年もかけてゆっくりと世にあらわれてきたことを考えれば、文字を読むのに多彩な方法がある理由が部分的には説明がつく。読字は後天的なスキルであり、外適応と神経可塑性の賜なのだ。「私たちはけっして、生まれながらにして文字を読めたわけではない」[19]（『プルーストとイカ——読書は脳をどのように変えるのか？』小松淳子訳、インターシフト）と、認知神経学者のメアリアン・ウルフは念を押す。なぜなら、私たちの脳には読字専用の回路がそなわっているわけでも、（言語能力とは違って）遺伝的に専用プログラムが組み込まれているわけでもなく、文字を読むためのユニバーサルデザインも存在しないからだ。それどころか、識字能力につづく道は幾重にも絡み合っているので、人によって当惑してしまうほどの違いがあってもおかしくない。この本の執筆を思い立った理由のひとつが、独特な読書習慣のせいで自分がまわりから浮いているような感覚があり、その理由をもっと深く理解したいと思ったことだった。数年にわたって、読字習慣について人々に話をしたり、他人の読字習慣をこっそりと観察したり、この本の執筆のために型破りな読字の実例を集めたりしたことで、少なくとも、読字には標準的な方法など存在しないということは確認できた。つまり、文字を読むための方法はいくつも存在するのだ。

驚くことに、誰よりも早くこの考え方を主導した人物のひとりがジークムント・フロイトだった。文学界では、読字というよりも過読と関連付けられる人物だ。フロイトは神経学者としてキャリアをスタートさせているのだが、初の著書であり、おそらくは研究者のあいだでもっとも読者が少ない『失語症の解釈について』では、まさに文字どおりの意味で、異なるタイプの読字が区別されている。

だれもが、自己観察をすると、たくさんの読む流儀があるが、そのなかには、読んで理解することをあきらめている読み方があることがわかる。たとえば、私が校正刷りを読むとき、文字や文の他の記号に注意を払おうとするが、読んだ文の意味はとらえ損なってしまう。それで校正刷りの文体を直すためには、特別に通読する必要があるほどである。もし私が小説を読んでいるなら、そのためにすべての誤植を見逃してしまう。私はそのなかで扱われている人物の名前について、複雑な特徴や、たとえば、その名前が長いとか、短いとか、Xとか、Zのような人目を引く文字を含んでいるとかいう記憶以外、なにも頭に残っていないということが起こり得る。もし私が朗読するのなら――そのときには、私は語の音響心像とその間隔に特別の注意を払うに違いないが――その意味をほとんど気にかけないという恐れがまたもやあるだろう。そして私が疲れるやいなや、私はなるほど他人が理解するようにまだ読んでいるが、なにを読んだのか、私自身はもはやわからない。

（『失語症の解釈について』「フロイトの失語症論」より　安田一郎訳、青土社）[20]

フロイトが記録に残した三つの異型は、同じ種類の読字だという同意は得られなくても、ほとんどの人が読字に数えることには同意するはずのものだ（フロイトの授業の聴講生だったら、四つ目のタイプ――厳密に言うと、音韻化《デコーディング》のない読解――を示す可能性すらある）。読字のプロセスをふたつの主要な要素、単語認識と読解に分けてみると、どちらか一方に重点が置かれていることが明らかになる。フロイトが判別した方程式は、いままでは教育者のあいだでは正説とされている。つまり、認知資源がデコーディングに費やされれば、その分だけ読解に使用できる分は少なくなるのだ。そう考えると、あとになってから「何が書いてあったのかまったくわからなかった」と告白した人であっても、本を読んだと言えるのかもしれない。フロイトは、文字を読む方法はひとつだけではなく、自分が置かれた環境、状況、目的に応じた技法が組み合わされたものだと認識した点で時代の先を行っていた。校正刷りの読字に、熟読に、音読。いずれの読み方も、人々が日がな一日使い分けながら展開している戦略なのだ。「読む」という言葉がこの三つの相反する手法を何の問題もなく受け入れられるのなら、その数をもっと増やしてみてはどうだろう?

教育心理学者たちは以前から、「読字」の定義を拡大して異なる手法も受け入れる必要があると認めている。心理言語学者のフランク・スミスは、ひとつの定義を探し求めることには意味がないと明言している。スミスに言わせれば、読字の意味をめぐる議論とは、実際には言語をめぐる議論なのだ。[21]「文章を理解する能力がある」や「印刷された文字から意味を理解する」という条件に沿った包括的な定式化でさえ、プロセスの一面しかとらえていない。その一方で、目標を達成するために、読者が身体的もしくは精神的に行っていることには一切言及がないのだ。[22] もちろん、全員が同じ方法で文字を読んでいるわけではないのだから、戦略的にはその手の曖昧さが必要なのかもしれない。異議を唱える人々は、認知心理学者のサリー・アンドリュースが「一様性の仮定」と呼ぶものを支持することになるだろう。つまり、すべての読者は同じ認知アーキテクチャを共有しているので同様の方法で文字を読むことができる、という想定のことだ。[23] 従って、この本で明らかにされるさまざまな読字の形態は、特別な方法で文字を読むことが習慣になっている人には認知できないだろう。

文芸評論家たちも、文字を読む方法が数多くあることに気づいている。このグループは、読字プロセスの側面よりも、さまざまな解釈の手法（クロース・リーディング（精読）、ディスタント・リーディング（遠読）、スロー・リーディング（遅読）、コンピュータの画面上の文字を読む際に用いられるハイパー・リーディングなど）に気を取られる傾向があるが、読字への関心が復活したことで、解釈学ではなく、人々が文字を読むときの多種多彩な方法を話題にするようになっている。[24] 学者たちは、教育、歴史、神経科学、心理学、社会学、計算科学といった畑違いの分野を利用して、読字行為への理解を深めてきた。そうやって新たな関心が向けられるようになった「読む」という言葉には、読字の仕組みから、感情的、認知的、生理的な一面まで、人によって種々雑多なあらゆる意味が含まれている。全員の意見が一致するのは、「読む」という言葉は決して自明のものではない、という一点だけかもしれない。

概念を明確にしたがらない人間の性質が、結果的には長所となることもある。神経科学、認知心理学、コンピュータサイエンスといった定量的な志向の領域にいる人々が、アルゴリズム的な正確さで「読む」という行為の定義を模索してきたのに対し、大勢の人文主義者たちは依然として、同時にいくつもの方向を指し示すような、曖昧で、制約のない使用法に心地よさを感じている。それどころか、ごく最近の研究方法では、読字の意味を拡大して、新たなもの、境界線上のもの、正しく理解されていない形態を含める余地を残しておくよう奨励されている（オーディオブック、点字、手話のような外れ値を念頭に置いてほしい）。たとえば、メディア論を研究するキャサリン・ヘイルズは、二一世紀のマルチメディア生態学に対応して読字を再概念化すべきだと訴え、メディア歴史家のマーラ・ミルズは、「読字」を包括化して、ハンディキャップのある人々のために設計されたフォーマットも含めるように提唱している。[25]この本では、ニューロダイバーシティも考慮するように求めることで、現状の進化がもう一歩先へ進むよう促している。

この本では、難読症《ディスレクシア》から認知症に至る諸症状の回想録という個人の記録《ライフ・ライティング》の新たなジャンルに注意を向けると同時に、広く親しまれてきた書籍（『シャーロック・ホームズの冒険』『若草物語』から『ベル・ジャー』『アリスのままで』に至るまで）を新たな角度から評価する。そうやって個性的な読字スタイルを評価することで、文芸評論家が長年にわたって関心を抱いてきた読字の手法、倫理、表現の分析に貢献する。さまざまな分野の視点に立った読字の最新研究を参考に、文学研究における基本用語としての理解を深め、「読む」という行為の多様な手法を描写するのに使われてきた比喩表現（「クロース・リーディング（精読）」「パラノイド・リーディング（妄想読み）」「サーフェス・リーディング（表層読み）」など）を明確化して、読字に取って代わる様式がテキストと向き合った読者に及ぼす潜在的な影響力を評価しようと努めている。具体的には、文語の研究を推し進め、これまで顧みられることがなかった読字プロセスの局面が――デコーディングや読解から、情緒、注意、記憶、知覚、興奮、心的イメージに至るまで――どのようにしてテキストの理解を形作るための解釈に先行したり採り入れられたりするのかを認識してもらう。

話を進める前に、個性的な脳の読者と、定型的な脳の読者とのあいだには厳密な境界はないということを改めて表明しておいたほうがいいだろう。ここで話題にしているのは、読字能力の範囲だ。ニューロダイバージェントと呼ばれる個性的な脳の持ち主の多くが従来型の方法で文字を読み、ニューロティピカルと呼ばれる定型的な脳の持ち主が眉をひそめたくなるような方法で書物と触れ合ということも考えられる。有名な例を挙げると、メディア理論家の象徴的存在であるマーシャル・マクルーハンは、本の右頁だけを読んで抜けてしまった情報は脳に提供してもらっていると主張した。[26]（生まれつき片側の頁に気づかない神経疾患の患者たちは、見えないほうの手首に鮮やかな色のリボンを結んでおくように勧められることがある[27]）。では、マクルーハンはこういった本を「読んだ」と言えるのだろうか？　これは、従来の語彙や分類ではなかなか満足のいく回答は得られない質問だろう。

この本では語彙と分類の両方の枠組みを広げようと努めている。「読む」という言葉を定義すると、すぐさま例外に突き当たる。その教訓を胸に、この本では読字の定義を別の定義に置き換えたい誘惑に抗っている。一般的なアプローチでは、読字を定義してからそれにつづく実例が当てはまるかどうかを判断するものだが、私のアプローチは、実例を紹介してから私たちの読字の概念がその実例を受け入れられるかどうかを問いかけるというものだ。この例証の手法もヴィトゲンシュタインの影響を受けたもので、共通要素の代わりに具体的な事例を通じて「読む」という言葉の理解に到達することを試みている。[28]非定型的なスタイルの提示は、人が本を手にしたときに起こることを描写した一般的な定式化から時としてはずれる異質な活動のアンサンブルとして、読字の概念の明確化を助けるものでなければならない。実例を紹介しながら話を進めていくことで、「読む」という包括的な言葉を拡大解釈して、既存の定義にうまくおさまらない類いの行動も受け入れられるようにする。では、読字の話はこのくらいにして、私が考えていることを説明させてほしい。

多種多様な読字体験

「読む」という行為に関して言えば、絶対的なものは存在しないと言っていい。字を読むときの動作（文字記号を視覚的に音韻化《デコーディング》したり、目を左から右へ動かしながら、垂直ではなく水平に読み進めたりすることが必要だ）に関連するほぼすべての慣習があてはまるのは、結局のところ特定の方法に限られるのだ。人間には視覚のほかにも感覚を使って（具体的には触覚や聴覚。嗅覚を使う場合もある）言葉をデコーディングする能力がある。文章は、左から右へ（英語や現代のヨーロッパ言語のように）、右から左へ（アラビア語、ペルシア語、ヘブライ語のように）、あるいは、そのふたつを交互にくりかえしながら（牛耕式《ブストロフェドン》）として知られる古代ギリシャ語の筆記方式ように）綴っていくことができる。特定の方向に読む習慣があったとしても、練習すれば、どの方向に読むことも可能だ。読字に関して言えば、ルールが存在しないという理由で、ルールにあてはまらない事例が数多くある。絶対に必要だと思う読字の局面を選んでもらえば、それを異なる方法で実践している人物を紹介できる。

この本のそれぞれの章では、読字ともっとも関係が深い神経学的状態に焦点を当てている。つまり、難読症《ディスレクシア》、過読症《ハイパーレクシア》、失読症《アレクシア》、共感覚、幻覚、認知症である。とはいえ、ニューロダイバーシティにはほかの症状も包含されており（鬱病や双極性障害からてんかん、トゥレット症候群まで多岐にわたる）、そういった症状が読字に及ぼす影響は、広範囲に及ぶわけではないにしても深刻なものであることに変わりはない。このあとに紹介する実例では、ほかの章では扱っていない神経学的状態や精神状態が、その人のテキストとの向き合い方を形づくっていくときの感覚を伝えている。明確化のために、読み手は二種類に分類されている。時間をかけてゆっくりと症状があらわれてきた人々と、疾病や損傷や何らかの衝撃的な出来事によって突如として人生を狂わされた人々だ。

まずは、生涯にわたって出現する疾患からはじめよう。読書療法では、字を読むことが心の健康に及ぼす影響に強い関心を寄せてきた。[29] この本では、心の健康が読字に与える影響を――あるいは、心の健康が読字ではなく、くりかえしに耐える方法を――考察することによって、その方程式を覆している。読書療法士は文学の治療的効果を唱えるかもしれないが、そのような療法が効果を発揮するのは、そもそも、その人に読む能力がある場合に限られる。人は、不安、気分の落ち込み、病的な気分の高揚、ストレス、心的外傷、睡眠不足、さもなければ、心理的に環境不適応な状態にあるときは文字を読むのに苦労する可能性がある。健全な精神状態が、本の世界に浸るための必要条件なのだ。

心が乱れている人にとって、本は原因であり治療薬でもある。ジョン・スチュワート・ミルがどん底の状態のときに詩に安らぎを求めるようになったのは有名な話だ。[30] 対照的に、ロバート・バートンの『憂鬱の解剖』では、感受性の強い読者に対して、「心を痛めたり、自分を傷つけたりする」[31] ことがないように、神経路の症状リストを飛ばし読みするように念を押している。一部の人々にとっては、読むという行為そのものに癒しの効果がある。一八世紀に『英語辞典』を編纂したサミュエル・ジョンソンは、ベッドの傍らに本を置いて、自分を寝かせまいとする「黒い犬」を追い払うようにしていた。本は、ジョンソンが「心の管理」[32] と称するものにおいて極めて重要な役割を果たしていたのだ。だが、そもそも心が管理不能な場合は、本の世界に逃げ場を求めようとしても阻止されてしまう。黒い犬がそばにいると、読書どころか、本を開いただけで激しく消耗してしまう恐れがある。アンドリュー・ソロモンは著書の『真昼の悪魔――うつの解剖学』のなかで、普段は貪欲な読書家である自分にも、雑誌の頁をめくるのが非常にむずかしい作業に思えたとふりかえっている。本のコレクションは何の慰めも与えてくれなかった。「私の家には読むことのできない本……がたくさんある」[33]（堤理華訳、原書房）状況だった。

鬱病と本への嫌悪感との相関関係は古くから存在するものだ。中世の倦怠《アスィディア》という概念は、鬱病に関連する精神的麻痺であり、修道士が聖典から慰めを得る機会を阻まれてしまうことが重要な症状とされていた。そこで、聖ベネディクトは、年老いた修道士をふたり選んで、「読書に没頭していない」[34]修道士を探し出すように命じた。兄弟たちの介入を必要としているかもしれないと考えたのだ。歴史をふりかえってみると、読字は、メランコリーの原因でもあり症状でもあると診断されてきた――つまり、読書量が多すぎても少なすぎても健康を害する恐れがあるとみなされていたのだ。古代の医師が信じたように、心の酷使はメランコリックな思考につながるのかもしれないが、読字は現代の精神医学でも鬱病の臨床症状の一覧に名を連ねている。読んでいるものがなかなか理解できないという、逆の形をとってはいるが。[35]

自分が失ったものに気づくと、欠落感はますます強くなる。精神分析医のスチュアート・サザーランドは、ほとんどの日々を読書と執筆に費やしたあげくに、四〇代半ばで精神を病んでしまった。回想録では、「もうほとんど本が読めないという思いが頭にこびりついて、私を苦しめた」[36]と説明されている。新聞さえ読むことができないという現実は、サザーランドほどの活字中毒者にとっては「極めて洗練された拷問」[37]だったのだ。どん底の気分のときに本に慰めを求める人もいるかもしれないが、心の病はもっとも必要とされるときに読字の力を妨げる。従って、読まずに長い時間を過ごしてきた人々は、その力が蘇ってきたことを回復への第一歩として実感するのかもしれない。作家のマット・ヘイグは、長く苦しんだ鬱状態を脱したあとで、自分がそれまで知らなかったほど熱心に本を読んでいることに気づく。本が「好き」だった人間から、本を「必要とする」人間に変貌を遂げていたのだ。[38]（『#生きていく理由』那波かおり訳、早川書房）

心の健康は、読むという行為にだけでなく、読む対象にも影響を与える可能性がある。『モンキー・マインド――不安の回想録　*Monkey Mind: A Memoir of Anxiety*』によれば、著者のダニエル・スミスが行った読書療法は、図書館へ行って、冒頭の文章が自身の不安を和らげてくれる本を選ぶというものだった。スミスの胸のつららを解かす（ナボコフが本の価値を測るのに用いた「ぞくぞくする背筋」（『ナボコフの文学講義』野島秀勝訳、河出書房新社）に相当するスミス流の表現）のに成功した本が家に持ち帰られた。合格したのは、ソール・ベロー、E・L・ドクトロウ、アーネスト・ヘミングウェイ、ウィリアム・スタイロン、ジョン・アップダイクの作品だった。[39] いまにも何かが起こりそうな雰囲気の本はそのまま書棚に残された（ジョン・チーヴァー、ドン・デリーロ、ウィリアム・フォークナー、ウィリアム・ギャディス、ヘンリー・ジェームズ、フラナリー・オコナー、トマス・ピンチョンへの謝罪の言葉とともに）。このような方法で自己治療を行ったことが助けとなり、スミスは、フィリップ・ロスの小説に登場するネイサン・ザッカーマンのような人間のなかに自身の分身を見いだしただけでなく、診断結果まで突き止めたのだ。

臨床心理士のケイ・レッドフィールド・ジャミソンが書いた回想録の『躁うつ病を生きる』という

タイトルは、症状が悪化して双極性障害へ向かう可能性を示唆している。躁病の高揚感で自分はなんでもできると感じたとしても、必然の流れで気分が落ち込むと、読書というシンプルな活動もできなくなってしまう。鬱病を説明する箇所で、ジャミソンの集中力の欠如を読み取ることができる。「同じ部分を何度読み返しても、いま読んだところさえまったく覚えていないことがわかるだけ」と、ジャミソンは教えてくれる。「どの本を読んでみてもどんな詩を読んでみても同じだ。理解できない」（『躁うつ病を生きる』田中啓子訳、新曜社）[40] 気分を安定させるための投薬治療も、彼女を本から遠ざけてしまう。当然のことながら、ジャミソンにとっては治療薬の炭酸リチウムの肉体面への副作用（吐き気、嘔吐、ときどき陥る中毒症状）よりも、精神面への弊害（集中力、注意力の持続時間、記憶力の低下）のほうが気がかりだった。なにしろ、週に三、四冊の本を読んでいたのに、一冊も本を読めないまま一〇年以上が過ぎてしまったのだ。時には、大量のメモを取りながら書いたものを読み直すだけでも、充分に薬の力を和らげる効果があった。だが、ジャミソンは次のように認めている。「そんなふうにしても、読んだものはたいてい、ロードヒーターを埋め込んだ舗道に降った雪のように私の心から消えていってしまう」[41] ジャミソンが掲げる「人生に炭酸リチウムを丁重に受け入れるためのルール」には次のような助言が記されている。「努力なしには読むことができないという現実に苛立たないようにすること。冷静に。たとえ読めたにせよ、おそらくそのほとんどは覚えていられないのだから」[42] ジャミソンにとっての回復への重要なステージは、鬱病を患う大勢の人々にとってそうであるように、ふたたび本が読めるようになったときにはじまった。

詩人のスザンヌ・アントネッタも、双極性障害のせいで読書を妨げる〝読者の障壁《リーダーズ・ブロック》〟があらわれ、読みたいと望んでも最後まで読み通すことができなかったと書いている。著書の『ばらばらの心 *A Mind Apart*』では、「読みたいと思い、どの本にも魅力を感じていた」とふりかえってからこうつづけている。「それなのに、言葉が頁から滑り落ちたり、川のなかでねじれて流れなくなったりしてしまうのだった」[43]アントネッタは、自分ではどうにもならない言葉への嫌悪感のせいで文字が読めなくなり、磁石の同じ極が反発し合うように自分が拒絶されていることに気づく。この手の引き金となる言葉にはそれだけ強い力があり、アントネッタは自分の本のなかでも使うことはできないと感じた。言葉への心酔も、同じように人を衰弱させる恐れがある。アントネッタは、「smooth スムーズ（滑らかな）」や「lush ラッシュ（青々とした）」といった魅惑的な言葉を見つけると目が離せなくなり、先を読み進めるのがむずかしくなることに気づいたそうだ。

印刷物が引き金となって発作を起こした経験がある人は、当然のこととしてその後も本を警戒することになるだろう。顔面筋のけいれんや顎の震えといった症状があらわれると、本を読みつづけることがひきつけや意識消失につながりかねない。[44]いわゆる〝読書てんかん〟は、ヴィクトリア朝時代の識者ハーバート・スペンサーが体験した苦痛の原因だった可能性がある。『心理学の原理 *The Principles of Psychology*』（一八五五年）を仕上げている最中に不快な「頭部への刺激」を感じたというのだ。スペンサーは自伝でこうふりかえっている。「ある朝、仕事を開始してすぐに、頭部への刺激を感じた――痛みでも、熱でも、圧迫でも、緊張でもない、単なる刺激であり、我慢はできたが異様なものであった」[45]それから数ヶ月は、小説を読むたびに、自ら「ひりつく頭」[46]と称する症状に悩まされたという。

たとえ、文章を読んでいる途中で意識を失ったとしても、救急車のなかで目覚めるまでは、読書てんかんの発症を知ることすらないのかもしれない。[47] こういった読み手は、通常は、頁を目で追っているうちに頭が混乱する感覚を覚え、そのまま目の前が暗くなったことを記憶している。ある十代の少年は、発作を起こす直前に「ある単語から目が離せなくなった」と説明している。[48] このグループの読者は、書体を選ぶときも見た目の好みを優先するわけにはいかない。ある女性は、特定の書体（たとえばタイムズ・ニュー・ローマン）で発作が誘発されるものの、別の書体であれば同じ文章を読んでも影響を受けないことに気づいた。有害な書体の文字を読みはじめると、直後に「喉に奇妙な感覚」を覚え、その後は無反応のまま文字を凝視する時間が数分にわたってつづいたそうだ。[49] その女性に複数の書体で印刷されたディケンズの『二都物語』の冒頭部を読んでもらい、そのあいだに脳波図（EEG）で脳内の電気的活動を測定したところ、視差が認められた。研究者はその違いを、アルファベットの先端に飾りとして付け加えられるセリフに起因するものと考えた。

ここに挙げた実例の多くが、心の健康が識字能力にどのような影響を与えるのかを示すものだ。原稿よりも心が重要なのだ。私たちの脳は、文字記号の解読から、その記号をどう感じるか、さらには、本そのものをどう感じるかといった段階に至るまで、識字能力のあらゆる局面に影響を及ぼしている。ただし、トゥレット症候群や強迫症のような、通常は読字障害と関連付けられない疾患でも、脳は大きな役割を果たしている。トゥレット症候群と診断された人々のチック、発作的な動きや発声は、その人たちの社会生活だけでなく知的生活にも同程度の影響を及ぼしている可能性がある。

カール・ベネットは、トゥレット症候群の患者に共通する特徴である強迫観念を抱きやすく、医大に通うあいだは課題を仕上げるのに苦労することになった。「それぞれの行を何度も読み返さなければならなかった」とベネットはふりかえっている。[50]視野のなかでパラグラフを対称的に並べる必要があった。音節のバランスをとり、句読点をつり合いがとれるように打ち、文字の頻度を確認する。さらには、単語、句、行のすべてをくりかえさなければならなかったので、すらすらと読むことは容易ではなかった。トゥレット症候群の症状で文字を読む力を阻害されていたベネットだったが、あるとき偶然に突破口が開ける。トレーニング用の自転車を漕ぎながらパイプを吸うという儀式で穏やかな気分になり、チックなしで（ときおり足が痙攣することをのぞけば）文字を読むことができたのだ。

ベネットの養生法から思い浮かぶのは、歴史上もっとも有名で、もっとも風変わりな読書家たちのひとり、サミュエル・ジョンソンだ（彼もトゥレット症候群を発症していたと推測されている）。[51] 生き生きとした目撃談の描写からもわかるように、ジョンソンは猛烈な本好きで知られていた。ある目撃者は、ジョンソンが本を読んでいるときの様子をこうふりかえっている。「凄まじい勢いで体を揺らすので、遠くにいた人々が興味を惹かれて、彼の身に何が起こっているのか見に来るほどだった」[52]ジョンソンにとっては熟読に癒しの効果があったようで、身をよじった姿勢で本を持つと、体を前後に揺らしながら神経を鎮めていたのだ。まさに、文字どおりの意味での読書療法だった。

他にも、どうしても本を手放すことができない人々がいる――しかも、面白くてやめられないわけではない。すべてを終わらせようと躍起になる完成主義は、読者を疲弊させる恐れがある。伝記作家によれば、発明家のニコラ・テスラはヴォルテールの作品を読みはじめてから、心の平安を得るためには「あの怪物」が書いた一〇〇冊近い本をすべて読み終えなくてはならないと気づいたそうだ。[53]

強迫観念にとらわれているせいで、同じ本を何度も何度も読まずにはいられない人々もいる（強迫神経症の行動を選別する臨床検査には、「本の一節を二回以上読む必要性を感じるか」という設問が含まれているものがある[54]）。テレビ番組の司会者だったマーク・サマーズは、知らないうちに同じ段落を三〇回も読んでいたという。「読み返してしまう自分を止められず、どうして読み返してしまうのかもわからなかった」サマーズは著書の『すべてのものは、あるべきところに』でそう説明している。「……どんな行動であれ、完璧にできるようになるまで、何度でも繰り返さずにはいられなかった」[55]（二宮千寿子訳、青山出版社）反対に、反復読み――それほど害のない「くりかえし読み」とは混同しないように――は、読んでいた内容を思い出そうとする努力を妨げるものだった。読字衝動に駆られていたある女性は、六番目にくる単語を六回読むことに執着するあまり、読んだ内容をなにひとつ思い出せなかった。[56]ただし、このグループの読書習慣を制御する複雑なルールには、苦痛を伴う思考を寄せ付けないといった代償的な恩恵がないわけではなかった。サマーズは、ひとつの段落の読み方を間違えたら両親が死んでしまうと恐れていたそうだ。[57]

「正常な」読み方

ここからは、頭部の損傷、病気、脳卒中、さまざまな悲劇的な出来事の結果として世界が違って見えるようになった人々を取り上げる――哲学者のカトリーヌ・マラブーが「新たなる傷つきし者」と呼ぶ、生還者《サバイバー》のグループだ。[58]識字能力にまつわる誤解のひとつが、その能力は生涯にわたってつづくというものだ。頁の上の言葉がわけのわからないものになってしまった脳卒中のサバイバーに、そんなことが言えるだろうか。神経内科の病棟にいる患者たちは、医療の現場で脳へのダメージを表現する際に「損傷《インサルト》」〔「insult」は「侮辱」の意味で用いられることが多い〕という言葉を用いることの適切性をすぐに受け入れる。脳血管障害は一瞬のうちに、発話能力、可動性、認知力と共に、解読力を奪ってしまう恐れがあり、識字能力には防御の手立てが備わっていない。ジョー・トルキオは、それが理由で文字を読むことをあきらめた患者たちのひとりだった。「公園の鳩が一斉に飛び立つように、言葉が目の前で散り散りになるように見えた」せいで、文章をほとんど読み終えることができなかったのだ。[59]

誰よりも優れた読み手でも、脳の外傷には為すすべがない。ロバート・マクラムは、イギリスの出版社フェイバーで築き上げた華々しいキャリアをもってしても、四二歳で発症した脳卒中から身を守ることはできなかった。イギリスでもっとも影響力のある編集者のひとりであるマクラムは、回復期に、他人の助けを借りなければ文字を読めないことに気づく――アルベルト・マングェルがかつて「代読」と称した状態だ。[60]『不思議の国のアリス』『シャーロットのおくりもの』『ライオンと魔女』といった子どもの頃の愛読書は、心を慰めてくれるだけでなく、読み方を学び直す頭にちょうどいいように調整されたものでもあった。変貌を遂げた新たな立場を、成人期の新たな段階ではなく幼児期への退行と考えると、マクラムは典型的な脳卒中サバイバーだった。「子どものような気分で、子どものように無力でもある」両親に本を読んでもらったあとで、マクラムはそう認めている。[61]作業療法の最中には、カズオ・イシグロやミラン・クンデラやマリオ・バルガス・リョサは、自分の担当編集者が色とりどりのプラスチック製アルファベットで遊んでいるところを見たらどう思うだろうかと考えた。

識字能力と心的外傷《トラウマ》との関連性は、第一次世界大戦の終結後には無視できないものになっていた。戦争神経症を患う兵士たちは、塹壕から持ち帰った症状のなかに読書に集中できなくなったという項目を挙げていた。[62] それでも、障壁に阻まれたまま物語が終わったわけではなかったのだ。神経学者たちは、読字能力を失ったトラウマから立ち直った人々が臨機応変に物事に対処できることにも気づいていた。たとえば、クルト・ゴールドシュタインの患者のひとりは、頭から鉄の破片を摘出したあとで、文字の形が認識できなくなった。頁を見ても染みしか見えなかったのだ。ところが、その兵士はふたたび読み方を習得する。目の黄斑部で文字の輪郭を追いながら、眼球そのものは動かさずに頁に沿って頭を動かし、それと同時に、指で文字の輪郭をなぞるという方法をとったのだ。ゴールドシュタインの説明によれば、「彼は、自分の目が見たものを自分の手で書いたのだ」[63] ほかのみんなもこんなに骨の折れるやり方で読んでいるという患者の思い込みは、これ以上はないほどの型破りな読字スタイルでさえ、読んでいる本人には自然なことに思えるようになるという証拠でもある。

ここまでくれば明快なはずだが、この本はリーダーズ・ブロックにまつわるものであるのと同時に、その障壁を取り除くために考案された独創的な戦略にまつわるものでもある。外傷性脳損傷のサバイバーたちは、デコーディングのスキルを失ったあとは、創意工夫で読字をつづけるための次善策を探し出した（このテーマは第三章で詳しく探っていく）。たとえば、片側視野欠損を患う人は、視野が狭まって次にくる文章を概観できなくなるので、文字を水平に読めなくなってしまう恐れがある。それならば、垂直に読んでみてはどうだろう？　脳卒中を体験したあとでヘブライ語を読めなくなってしまった、ある芸術大学の教授は、まさに、頁を九〇度まで回転させて、そのまま横列の文章を縦の列として解読するという離れ業をやってのけた。[64] 研究によって、人は誰でも充分な集中力を保ちながら文字を逆さまに読むことが可能だと裏付けられている。[65] 読字に関しては、訓練を重ねれば上達するのだ。

ジム・キャローロはこの本に登場する大勢の人々と同じように、再コード化《リコーディング》（印刷された文字を別のタイプの書記記号に変換する精神的プロセス）よりも、デコーディング（印刷された文字を話し言葉に翻訳するプロセス）の割合が少ない状態で文字を読んでいる。キャローロが車の事故で昏睡状態に陥ったときは、彼が生還すると思う者はいなかった。目覚めたときには、頭蓋骨骨折が原因で並外れた数学の能力を授かり、それと同時に、流ちょうに文字を読む能力を奪われていた。事故に遭うまえのキャローロは大の読書家だったが、すでに文章を最初から最後まで覚えていることすらできなくなっていた。現在のキャローロは、ほとんどの場面で文字を読むことを避けている。本を手にしたときでさえ、実際に行っているのは計算だ。複雑なシステムを発達させて、数値を文字に割り当てているのだ。「頭のなかでひっきりなしに文字や単語を足したり引いたりしていた」キャローロはそう説明している――本質的には数字で文字を読んでいたのだ。[66]

とはいえ、サバイバーのなかには、楽に読めるようにはならなかった人々もいる。カーラ・スワンソンは著書の『目印はフォーク！　カーラの脳損傷リハビリ日記』で、ワゴン車に撥ねられたあとで本を読んだときの様子を説明している。この本で目を惹くのは、以前は自動的に行われていたプロセスが制御できなくなった場面だ。スワンソンは物語を連続的に読み進めていく代わりに、ひとつの行から次の行へ跳ねて、文章のはじまり、真ん中、終わりから手当たり次第に言葉をつかみとるようになっていた。滑るような動きで文字を追っていたプロセスが、いまではまるで、「春のミシガン州で穴だらけの道路を走って行くトラックの荷台で読んでいる」[67]ように感じられるという。スワンソンの回想録には、著者はこの本を読んでいないという一風変わった免責事項が含まれている。

成功を収め、機能性の高い生活を送っていたサバイバーには、読めない人、もしくは、この本で「ポストリテラシー」と呼ぶことになる「識字能力を失ったあとの」新しい立場を受け入れることがとくにむずかしく思えるかもしれない。米国国立精神衛生研究所で他人の精神疾患の研究に日々を費やしていたバーバラ・リプスカは、脳腫瘍をきっかけに、自身も心の病を患うことになった。もはや言葉は意味をなさなかった。「読もうとするときは、速度を上げながら言葉に目を通していくのだが、何を読んだのかほとんどわからない」[68]脳が働かなくなってみると、脳の仕組みを知っていてもなんの慰めにもならないことに驚かされる。

読字については、身体ではなく脳の観点から考えられる傾向がある。しかし、文字を読む能力も臓器のように機能しなくなる可能性がある。美術評論家のトム・ルボックは、膠芽腫《こうがしゅ》が脳内で広がっていくにつれて、徐々に読む力を失っていった。癌を発症する前のルボックだったら、「weightlessly（無重力状態）」を「walterkly」としてしまうような誤りは簡単に見つけていたはずだが、もはや彼の目は意味のある言葉と無意味な言葉の違いを判別できなくなっていた。[69]ルボックはそれでも読みつづけたが、判読から理解へ至るまでに時差が生じ、ジェットラグならぬレターラグの状態になってしまう。脳の損傷のせいでルボックが迷い込んだ識字と非識字の狭間《リンボ》は、大勢のニューロダイバージェントな読み手が親しみを感じるようになる場所だ。「フレーズの理解は意味を伴っているわけでも伴っていないわけでもなく、その狭間の、一種の不鮮明な状態だった」[70] 脳腫瘍と識字能力は、片方の成長がもう片方の衰退に相当する敵対関係に置かれてしまうことがある。「読むことは完全にあきらめてしまったようだ」[71] と報告するルボックは、自身の識字能力の消滅を見守る傍観者のようだ。アーティストのマリオン・クーツは、夫のルボックと同じころに本を読むのをやめている。リーダーズ・ブロックが生じる原因には、生理的なものだけでなく精神的なものもあり得るのだと思い知らされる出来事だ——おそらくは、同情から生まれたリーダーズ・ブロックなのだろう。クーツは、現実世界の出来事で頭がいっぱいになり、想像の世界に関心を抱く余裕がなくなっていることに気づいたのだ。自身の回想録では次のように説明している。

目の焦点が定まらない。視線が流れて、言葉の上に着地すると、意味を探して読み取っていく。それがもっと重要なほかの何かのプラットフォームであるかのように。フィクションなんてありえない。どうしてわざわざ話をこしらえたいのだろう?[72]

その時点では、夫も妻も自主的には読んでいなかった。ルボックは言葉をつかまえても解読はできなくなり、クーツのほうは、解読はできても興味がもてなくなっていたのだ。それでもふたりは共生的に力を合わせることで、読書とまではいかなくとも共同読書をつづける方法を探し出す。心と心の真の結婚だった。

読字の技を習得したいと願う気持ちは、加齢とともに衰えていくものなのかもしれない。とくに、健康状態が悪化しはじめたとたんに、脳に協力を拒まれてしまったときはなおさらだ。ドラマティックな例を紹介しよう。脳神経科医のオリヴァー・サックスが書いた『レナードの朝』は、嗜眠性脳炎、もしくは、「睡眠病」と呼ばれる疫病を原因とする長期間に及ぶ強硬症状の状態から覚醒した患者たちの人生を切り取った作品だ。患者たちが人生を取り戻すのに貢献した向精神薬は、患者たちの読字能力まで回復させている――必ずしも、本人たちが慣れ親しんだやり方で読めるようになったわけではないのだが。サックスの患者たちは、読み手が簡単に読めない人に退化してしまうことを教えてくれる。薬の服用をはじめるまえのミスター・Oは、集中力を失って本への愛情を抱きつづけることができなくなっていた。読んでいると、出しゃばりな考えが「矢のように心に突きささ」って次のような状態になる。「……それまで考えていたことが突然消えてなくなってしまう。ときには話している真っ最中にふっと……。ただ消えてしまって、その後は空っぽだ。絵の入っていない額縁のようなものさ」[73]（『レナードの朝』春日井晶子訳、早川書房）ミスター・Pの場合は、読むのが速すぎて内容が理解できないか、ひとつの言葉から目が離せなくなってしまうかのどちらかだった。[74] そして、ミス・Hの場合は、脅迫的に数をかぞえずにはいられないせいで、かつてのようにはディケンズの作品に没頭できなくなっていた。頁内のすべての「e」を数えていたら筋を追うのはむずかしいからだ。[75]

対照的に、サックスの治療で新たに目覚めた患者たちはそろって劇的な逆転現象を体験する。レナード・Lは、薬物治療をはじめる前は最後まで読んだことがなかったダンテの『神曲』の『煉獄篇』を読破して、つづけて『天国篇』を読了すると喜びの涙を流した。残念ながら、薬物に掻き立てられた情熱はすぐにレナードの行動を躁病的なものに染めていく。非常に早口で話すようになり、看護師に性的な嫌がらせをして、何時間も自慰行為に耽ったのだ。レナードの読書は別の衝動強迫に変貌を遂げ、エネルギーに突き動かされるように読むスピードがどんどん速くなり、意味や構文には関心を示さなくなった――サックスが「加速歩行的な読書」と診断した症状だ。[76] レナードにとっては、すべての文章を読み終わってぴしゃりと本を閉じることが、読んだ内容を理解する唯一の方法だった。

この本には、読字の議論に関しては脳と肉体を分けて考えることはできないという前提がある。だが、厳密に言えば、文字を読むのに脳は必要ない――少なくとも、まるごとひとつは。患者たちは、脳半球の片側を切除する大脳半球切除術を受けたあとも文字を読む能力を保持していることが知られている。ケイトという患者の場合は、手術のあとも言語能力は損なわれなかった。機能異常がみられた左脳の認知的作業（発話、理解、読字といった基本的な言語機能を含む）を右脳が引き継いだからだ。三〇年後の認知的評価では、ケイトの言語能力が平均的な域内にとどまっていることが確認されている。皮肉なことに、脳の一部の切除は、ケイトを読書好きに変えるという予期せぬ結果をもたらした。手術を受ける前は娯楽のための読書とは無縁だったケイトが、術後に達成した認知力テストの結果に背中を押され、小説を手に取ってみる気になったのだ。[77] これこそ、後に「障害利益」と呼ばれる思いがけない出来事だった。脳が半分しかないケイトが、ほとんどの人が左右が揃った脳で読んでいる冊数よりも多くの小説を読んだのだから。[78]

脳に損傷を受けたからといって、必ずしも読字が終わりを迎えるわけではない。とはいえ、誰もがそれまでとは違うドラムに合わせて快適に読書を楽しめるわけでもない。リーダーズ・ブロックは、神経生理学に由来するものだけでなく、読字には正しい方法と間違った方法があるという信念が原因であらわれることもある。ここで教訓となる物語を紹介しよう。イギリス空軍で諜報活動を行っていたテッドは、脳卒中が原因で、単語の頭文字を識別することが困難になった。消えた文字を手の上でなぞってみたり、別の次善策を用いたりすれば、正確に読み進めることは可能だった。ところが、テッドはそういった技法を拒絶した。本人の言葉を借りると、「そんなのはまともな読み方じゃない」[79]と感じたからだ。人によっては、非識字よりも代替アプローチによる識字のほうが好ましくないことなのかもしれない。そして、それこそがこの本で改善を求める点でもある。そのための手段が、「正常な」読み方とみなされるものに対する認識を変えることなのだ。

ニューロダイバージェント脳はどうやって文字を読んできたのか

ニューロダイバーシティは、本や読字の歴史を研究する者へ難題を突きつけている。いずれの分野でも、研究者たちは世界中で見つかった古代から現代に至るまでの、多様で、独特な、境界上にある読字の手法、さらには、そういった手法の「奇妙さ」までをも記録しようとしてきた。[80]ドキュメンタリーの世界では、理想的な読者という抽象的な理論的構成概念——カリン・リタウが、現代文学理論の唯心論者の偏見が反映された「実体のない心」と称するもの——から視点を変えて、異なる社会的背景をもち、年齢、階級、教育、民族性、性別、国籍、人種、宗教、性的指向といった社会学上の要素で形づくられた実在する読者の不均質性に着目するようになっている。[81]そういった試みは、異なる期間、場所、コミュニティで見られる多様な読字習慣を発掘するという点ではめざましい成果をあげてきた。[82] ただし、この手の研究は、読み手のあいだの認知力の差異にではなく、文化的な違いに焦点を合わせたものだ。読字の歴史家たちは人口統計学的な多様性には着目しているものの、調査の対象は定型的な脳を持つニューロティピカルな人々の読字コミュニティ、つまり、同一の認知的もしくは精神的プロセスに従って「読む」という行為を実践している人々にほぼ限られていた――ここでも、一様性が前提とされている。この分野では、読字を「人類学的不変条件」(ロジェ・シャルティエとグリエルモ・カヴァッロの負の遺産)として扱うことはやめたのかもしれないが、歴史家たちが認知的差異の原因にできるような神経学的な不変条件として扱うようになったわけではない。[83] そうなると、読字の歴史家は、本に対する反応に生い立ちよりも脳の状態が反映されている人々をどう扱うべきなのだろう?

本の歴史家たちはその分野がはじまってから、脳のことをずっと心に留めてきた。歴史学の教授であるロバート・ダーントンは著書の『読書の歴史への第一歩 *First Steps Toward a History of Reading*』のなかで、人々がどうやって言葉を読み解いているのかを理解するには神経学的な証拠を手に入れる必要があると述べている。[84] ダーントンが読み手の経験の「内なる次元」と呼んだものを私たちが取り戻すのはまだまだ先のことかもしれないが、この本で提案しているように、過去の文化における型破りな読字の手法にまつわる内側からの視点が保存されたテキストを証拠とすることはできる。[85] ダーントンに倣って、私のプロジェクトを『ニューロダイバージェントな読書の歴史への第一歩』、つまり、文学作品に対する非定型的な反応を集め直すための取り組みと考えてみよう。そういった反応は、すべての読者が共有する精神機能に注力する認知文学研究や関連する物語学的アプローチによって大部分が黙殺されてきたのだ。[86]

読者反応批評やほかの思索的な学派が思い描く「理想的な読者」の代わりに、ハンディキャップによって読字が困難になったり、耐えがたいものにまでなったりしてしまう「厄介な読者」の居場所をつくるべきだ。[87] 認知能力の領域からの数々の証言が指し示しているのは、心の働き方の差異を許容できる読字モデルの必要性だ。読字の歴史を障害研究の洞察と結びつける最近の研究方法は、ニューロダイバーシティを見失うことがないまま、ダーントンがそれとなく触れた読字の認知的側面を記録することを目指す一本の道を示している。[88] これから見ていくように、ニューロダイバージェントな人々の読字方法は、ニューロティピカルな人々の読字との比較によって区別される部分と共通している部分の両方に注意を払う必要がある。

序章では、オリヴァー・サックスの名前が一度ならず登場している。この本で用いるアプローチは、神経学的疾患についての論文を山ほど書いてきた医療専門家のそれとはいちじるしく異なっている。医療従事者の症例研究は、診断に関連する臨床症状を重視して、個人の情報を切り捨てる傾向にある。だが、私のアプローチは、個々の症例に思いやりをもって接したサックスの治療に倣ったものだ。イギリスの脳神経科医だったサックスは、希なタイプの神経学的疾患の患者たちを描いたベストセラー本で有名になった。だが、それ以上に重要なのは、サックスが病理への興味に負けないぐらい人間に関心を寄せた医師として記憶されていることだ。サックスは自身の手法を説明する際に、疾患に注目しすぎているという理由で、症例履歴を重視するヒポクラテス学派の流儀を批判している。患者が無視されている状況を改善するために、サックスは患者を――「悩み、苦しみ、たたかう人間を」（『妻を帽子とまちがえた男』高見幸郎訳、早川書房）――こういった履歴の中心に据えるよう提案している。[89]

サックスの症例履歴、サックスの言葉を借りれば「臨床の伝記」は、病理学の力の均衡を生理学的側面から心理学的側面へと変化させるものだ。伝記と病跡学の出会いというわけだ。[90] サックスの症例の扱いは、一九世紀の医学雑誌で見つけた詳細な人物素描に感化されたもので、その後は、ロシアの神経心理学者アレクサンドル・ルリヤが長々と綴った物語風の症例記録からも影響を受けている（患者が語る物語に耳を傾けた、サックス自身の体験が加味されていることは言うまでもない）。私も、患者の人生についての理解が深まる個人的、感情的、心理学的――医療補助的《パラメディカル》と呼ぼう――詳細を選び出すことで、この豊かな臨床観察の伝統に則ったアプローチを取っている。あとからわかったことだが、この本で取り上げた疾患の多くは、すでにサックスが書いていたものだった。サックスが読字に献身的に取り組んだことを考えれば（「私には……読む必要があった。人生の大半を読書が占めている」（『心の視力』大田直子訳、早川書房）、これはとくに驚くことではない。なにしろ、座骨神経痛の痛みで読むことができなくなったときに、生まれて初めて自殺を考えたというのだから。[91]

私の手法とサックスの手法には決定的な違いがある。サックスの症例研究は患者との対話に基づいているからだ。対照的に、私が根拠とするものは、主に史料から集めた証言で成り立っている――ヴァルター・ベンヤミンが自身の「病理の図書館」と称したものに匹敵するアーカイブなのだ。[92] 私は、人ではなく活字を扱う（さらには、障害学の分野で提言される批評にも気を配る）読字の歴史家として、現存する一群の文書証拠を読みながら、こういった啓発的な個人の履歴にも目を向けてきた。すべてが破棄されたわけではないにしろ、大幅に人の手が入った、人間味のない臨床報告によってないがしろにされてきたものだ。とはいえ、私の目標が部分的には臨床医たちの目標と同じであることに変わりはない。それは、読字が私たちのアイデンティティーを決定づけるひとつの側面とみなされる時代に、読字差異が人々に与える影響についてより深く理解することだ。つまり、読字は社会的地位、特権、権力を指し示すもの、さらに言えば、意義深い人生を送るための必要条件だと思われている可能性すらあるのだ。

脳の機能不全が次々と披露されるので、依然として、この本が神経学的なフリークショーになるのではないかという懸念はある。私たちの度肝を抜くのは、逆さまの文章を読む、つま先で文字をなぞる、色とりどりのアルファベットが見える、といった人々なのだから。サックスには、現代版のP・T・バーナム〔一九世紀に見世物やサーカス団の巡業を行ったアメリカの興行師〕だという非難の声が浴びせられてきた。[93] だが、サックスが描いた人物像に背を向ける大勢の人々は、その時点で、彼が書いている個人の人生に対する理解を深めているのだ。私が見たところ、認知的差異を扱うときのサックスの思いやりにあふれた姿勢は、医師として注視すべき範囲を越えて、私たち全員に関連するアイデンティティーにまつわる疑問を探るためのものだ。サックスの著書を読んだ大勢の読者は、何らかの差異によって人の心が区別されても人間性は共有されているという、新たな感覚を手に入れる。

私のプロジェクトも同様で、型破りな方法で文字を読む（あるいはまったく読まない）ことと、威厳に満ちた、有意義な人生を送ることとのあいだに矛盾は生じないと考えている。ニューロダイバージェントな読み手の物語を責任をもって伝えるためには、いくつかのステップを踏む必要があった。最初のステップは、軽んじられ、汚名を着せられ、歴史の記録から排除されてきた読み手たちの体験を蘇らせることだった。二つ目のステップは、多種多様な認知能力を備えた人々に、自身の口から話す機会を与えることだ——歴史家にとっては、患者の話に耳を傾ける行為（臨床医が常に守っているとは限らない責任）に相当する。[94] もちろん、患者の声に対して特権的立場から医学的見解を示してきた臨床症例報告を扱うのだから、そう簡単に作業が進むはずがない。[95] 三つ目のステップは、世の中には二流の読み手が存在するという認識を強める、能力と能力欠如のあいだの明確な境界線を消すことだ。四つ目のステップは、読み書きができる頭脳が機能する仕組みについての理解を深めるために、この本で共通の認知能力——あらゆる形態での識字能力——を全面に押し出していく。そして最後のステップが、そもそも読字には「正常な」やり方がある、という考えを断固として拒絶することだ。読字のスタイルと手法の多様性に着目する過程で、この本では、人々があらゆる種類の方法で参加できる包括的な活動としての読字への理解を深めてもらおうと努めている。

すでに述べたように、読字の幅広さを証明するのにもっとも効果的なのは、人々が実践しているさまざまな方法を提示するというシンプルな方法だ。結果的に、この本は個人の行動に関する種々雑多な物語に多いに頼ったものになっている（サックスは「誰もが逸話を喜ぶものだ」（『レナードの朝』）と書いている）。[96] 逸話というものは、統計値をはじめとする定量的証拠に頼る傾向がますます強くなっている医療従事者のあいだでは評判が芳しくない。[97] 多くの歴史家も懐疑的な見方をしている。[98]「この本は逸話による証拠に頼っている」というのは、その本をこきおろすときの決まり文句だ。だが、定性的証拠には限界があることはわかっていても、読字の歴史家たちは長いあいだ、逸話に頼って読字の曖昧な形態について学んできた。それ以外の方法では調査が困難だったはずだ。[99] 統計的平均から外れた型破りな読み方をする人々については、その人自身の物語が非公式に保存されていることが多い。ノースウエスタン大学医学部名誉教授のキャサリン・モンゴメリー・ハンターが医療従事者に対する見解のなかで述べたように、「ほぼすべての逸話が、異型か異常型にまつわるものだ」。[100] 読字の異型や異常型とは、まさにこの本で関心を持ってほしいと呼びかけているものだ。従って、この本では、通常とは異なる資料（フィクションも含まれる）にも高いレベルの寛容性を示しており、慣れ親しんだ概念のように感じていたものを新たな角度から考えてみるよう促している。

それどころか、架空の事例がもっとも啓発的なものに含まれることも考えられる。医療の枠組みが主流からはずれた考え方にまで広がるときがくれば、その可能性はますます高くなる。たとえば、オルダス・ハクスリーの小説『恋愛対位法』には、ある小説家が神経学者ヘンリー・チャールトン・バスティアンの研究論文『心の臓器としての脳 *The Brain as an Organ of Mind*』を手に取る場面が描かれている。一八八〇年に発表されたこの論文には、医師会の会則を音読するように言われた失語症の患者が、「イット　シャルビー　イン　ザ　パワー　オブ　ザ　カレッジ（医師会の権限においてこれを定める）」という一文を「アン　ザ　ビー・ホワット　イン　ザ　ティー・マザー　オブ　ザ　トロトードゥードゥー」と発音したと書かれている。[101] 医療従事者が神経学的疾患――不正確な読字――の典型的な例とみなすものが、ハクスリーの主人公にはまったく違う印象を与えることになる。彼は音素の歪みから生まれた心地よい響きに魅了されるのだ。「素晴らしい！」と、彼はつぶやく。「なんというスタイル！　なんという壮麗な美しさ！」[102]　間髪入れずに、患者の発話は支離滅裂だったと断じてしまうのでなく、少なくとも、認知力の差異の肯定的な面を考えるきっかけを与えてくれるエピソードだ。だからといって、より大きな論点を認識するために、ここでハクスリーの喜びを分かち合う必要はない。つまり、架空の物語は、文字を読む行為を表現する空間だけでなく、読字の有意味性を大局的な視点から考える機会も提供してくれるということだ。

　回想録から症例研究まで網羅する資料に頼ったことで、新たに別の課題が見えてきた。医学人文科学と障害学という、関連がなく、対極にあると言う人もいるふたつの分野の溝を埋めることだ。[103]　医学的モデルは個人の肉体に能力欠如を見つける傾向にあり、社会的モデルは人に優しくない環境に欠如を見つける。その違いが論争を呼ぶのだ。方向性の対立は、ものの見方（「診断者」対「活動家」）、語彙（「疾患」対「差異」）、重要視するもの（「欠如」対「長所」）において明らかだ。[104]　だとしても、読字差異の複雑な歴史を理解するにあたっては、どちらのアプローチの要素も有益であることがわかっている。このあとのそれぞれの章では、ふたつのモデルのツールキットや、ときには両者の軋轢を利用して、いまも進化をつづける神経学的障害の医学史を掘り下げていく。つづいて、認知的差異に直接的な影響を受ける人々の実体験から得られる視点を採り入れることで、その歴史を再構成する。[105]こういった談話は、患者たちに医療の枠組みに異を唱える機会を与えるものだ。彼らは、自分たちの認知的差異を病理学用語で還元的に扱われ、自分なりの読字の形態がもっているかもしれない価値を認めてもらえなかったのだから。

　私は、医学的権威からなにが「正常」なのかを決定する力を奪うことに重きを置く障害学を擁護する。この本の全編を貫いているのは、テキストとのさまざまな接し方を除外してしまう「正常な」読字という概念から距離を置く姿勢だ。実のところ、マイケル・ベルーベ、G・トーマス・コーザー、エヴァ・フェダー・キティ、ラルフ・サヴァレーゼ、トビン・ジーバースといった障害学の学者たちの重要な活動がなかったら、この本を執筆することはできなかっただろう。過去一世紀にわたる認知障害に対する姿勢に進化をもたらした点でも、彼らはとくに際だった存在だ。[106] たとえば、ダウン症の子どもたちは、かつては教育を受けさせるのは不可能だと考えられていた。『ダウン症候群《モンゴリズム》——ダウン症痴愚の肉体的かつ精神的特徴の研究 *Mongolism: A Study of the Physical and Mental Characteristics of Mongolian Imbeciles*』(一九二八年)のような時代遅れの著書では、ダウン症の子どもたちはもっとも簡単な言葉でも理解できないので、読み方を教えないように警告している。[107] ただし、ナイジェル・ハントの場合は、教師たちから「ダウン症者《モンゴロイド》は字が読めない」と言われても思いとどまることはなく、『ナイジェル・ハントの世界——ダウン症の青年の手記』と題する本を出版している。[108] 教育機会の拡大や、認知的差異のある子どもへの期待という観点から言えば、保護者、支援団体、障害者権利保護運動による活動のおかげで、実質的な進歩がみられてきた。現在では、こういった子どもたちが見捨てられることはない。私たちは、ベルーベが、『チキン・リトル』より難易度の高い本を読めるとは思われていなかったダウン症の息子と『ハリー・ポッター』シリーズを読んでいるという話ができるところまでは到達している。[109]

　しかし、障害学の分野で一部の人々が唱える、欠陥ではなく長所のみに焦点を当てるべきだという主張は、この本の核となる目標、つまり、読字能力の喪失によってもたらされる影響を記録することとは相容れない。障害を不足という観点から特徴付けるのを防ぐために、障害者権利保護の活動家のなかには、能力の変化について意見を交わす場になると、かつての人生と新たな人生との比較は好ましくないと眉をひそめる（上品な言い方をすれば）人々もいる。目を使って読むことができなくても充実した人生を送れるというのは、確かにその通りだ。とくに現代では、オーディオブックや、文章を音声に変換するテキスト・トゥ・スピーチをはじめとする支援技術を使えば、従来とは異なる方法で印刷物と接することができる――ジョージナ・クリーグが言っているように、「別の手段を使って読む」のだ。[110] それでも、トビン・ジーバース、スーザン・ウェンデル、トム・シェイクスピア、クリスティーナ・クロスビー、マイケル・デイビッドソンといった著者たちに倣って、この本では、識字能力を単なる別のスキルに変えてしまうのを拒むことで、障害学を支配しつつある精神に抵抗している。[111] 読むことができない人々の人生を貶めなくても、後天的な読字障害が喪失として体験される過程を認識することはできるはずだ。かつては文化的理想として識字能力を授けられていた人々は、その不在を嘆き、影響力の残滓を探し求め、読み手としての立場に変化がもたらされるのと同時にアイデンティティーがどのように進化していくのかを思案することに時間を費やしたいと願うかもしれない。結局のところ、リーダーズ・ブロックについての証言を感動的なものにしているのは、人と読字との情熱的な関係なのだ。

この本で提供しているのは、リーダーズ・ブロックのせいで形になったさまざまな読字形態に対する複雑な反応を表現してもらう場所なのだ。読み方を覚えようと奮闘する人もいれば、読むのを止めようと悪戦苦闘する人、文字を読む能力を失った人、型破りな読字スタイルを好む人、再び読みはじめるための次善策を考え出す人、読字を卒業したあとの人生に順応する人もいる。この本で取り上げたすべての事例に共通するのは、読字の重要性とは、おそらくは言葉にするのがむずかしい深遠なレベルにあるという感覚だ。私がずっと影響を受けてきたのは、クローディア・オズボーンのような人々の証言だ。オズボーンは医師であり、外傷性の脳損傷を負った。その後は、失ったもののことを考えてくよくよする代わりに持っているものに感謝するように言われて苛立っていたそうだ。オズボーンは自分のノートにこう記している。

> 私の人生でのさまざまなことには、いくら感謝しても足りないぐらいだ。それは十分承知している。生きているだけでもありがたい。でも、ものを読み取る力が損なわれてしまい、郵便をえり分けるのもままならないくらい混乱してしまうとき、昏睡状態でなくて幸いだったとここに書いても、苦痛を和らげることにはならない。活字といい関係を築いていた昔が懐かしい。世間には字も読めない貧しい人がたくさんいるなんて、言ってほしくない。（『オーバーマイヘッド』原田圭訳、クリエイツかもがわ）[112]

オズボーンのスタンスはこの本を通じてくりかえし登場することになる――多くの人々にとっては読み手でいることがアイデンティティーの基盤であり、読字との関係が変わってしまったことについての証言には耳を傾けてもらうだけの価値がある、という感覚だ。

この本をどう読むか

このプロジェクトについて時折こんな質問を受ける。普通に読める人間が気にかけなくてはいけない問題なんですか?

奇妙な読み方は私たちの好奇心を掻き立てる可能性があるが、文学に興味がある人にとっては必ずしも価値のあることではない。たとえば、ウィリアム・エンプソンは、偏頭痛、てんかん、幻覚剤によって誘発される感覚障害は詩を愛する人間にとっては重要なものではないと一蹴している。[113] 私はこう答えよう。ほかの人々の読み方を理解することは、あなた自身の(あなたが思っているほど普通ではないかもしれない)読み方を理解するのに必要なステップなのだ。多様な読字スタイルに触れると、挑発されずにいることがむずかしくなりかねない方法で、読字の本質に思いを巡らせる機会が与えられる。

ウィリアム・ジェームズが自分の本好きは飼い犬にはどう見えるだろうと自問したように、読字については第三者の視点から考えてみるだけの価値がある。[114] この本では、読字に犬の視点を採り入れている。本編の六つの章――それぞれが固有の読字差異に焦点を当てている――では、定型的な方法で情報を処理するニューロティピカルな人々の読み方と独特な方法で情報を処理するニューロダイバージェントな人々の読み方との関係の本質を調べ、最終的には、定型的な読者などというものが存在するのかと問いかけるつもりだ。

前半の章では三種類の「読む《レクシア》」を取り上げている。第一章は、もっともよく知られている読字差異の症状で幕を開ける。難読症《ディスレクシア》――医療従事者が、単語認識や音韻化《デコーディング》のスキルに困難が生じ、流ちょうに文字を読む個人の能力が妨げられている状態を表現した呼称だ。ディスレクシアの読み手の体験は、人類が本を感知する方法にまつわる、もっとも基本的な仮説のひとつをくつがえしてしまう。その仮説とは、テキストの頁は見る人が変わっても同じままだと想定する「活版印刷の不変性」のことだ。この「活版印刷の不変性」という前提は、ヨハネス・グーテンベルクによる活版印刷技術の発明によってもたらされた重要な利点であり、数百年に渡り、この前提を基にして書物がつくられてきた。ところが、ディスレクシアの読者が直面するのは「活版印刷の流動性」とでも呼べそうなものだ。読者によって変わるのはもちろん、読むたびに頁の外観が変わってしまうのだ。もちろん、同じ本を読んだふたりの人間が本の内容を違うふうに解釈するのはあり得ることであり、実際によくあることだ。対照的に、ディスレクシアではデコーディングの段階で似たような相違が生じ、脳が決定的な役割を果たすことで、ふたりの読み手が同じ印刷物を目にするかどうかの大前提が決定される。同じ本を手にしているからといって、読者が同じ内容を認識するという保証にはならないのだ。

あるレベルで見れば、第一章は、活版印刷の流動性がディスレクシアの人々が本と向き合ったときにどのような影響を及ぼすのかを明らかにするものだ。そのために、ディスレクシアの回想録というほとんど研究されていないジャンルに注意を向ける。回想録の著者たちは、読字差異が私生活から印字の知覚に至るすべてのことに及ぼす影響を自分の口から説明している。こういった証言は、まず間違いなく、とくに意識せずに文字を読んでいる読者には当然のことと思われている解釈プロセスの要素について、改めて考えてみるきっかけになる。具体的に言うと、こういった説明から浮かび上がってくるのは、錯認された文字、動く言葉、文字がごちゃ混ぜになった文章といった知覚の歪みであり、解釈に至るまえの言葉の処理段階で読字が妨げられていることがわかる。『ディスレクシアの目からみた世界 *The World Through My Dyslexic Eyes*』のようなタイトルの回想録には、自分とは相性が悪いバージョンの頁と向き合ったディスレクシアの人々が、独特な知覚のせいでほかの読者と区別される状況が克明に記されている。ディスレクシアの人々の回想録は、『若草物語』のような古典文学を利用して、流ちょうに文字を読める人々の興味を引くと、ディスレクシアが――そして、もっと範囲を広げて読字差異が――解釈がはじまりもしないうちから競合するバージョンを発生させることで、本の受容に影響を及ぼしていくようすを目撃させる。

別のレベルでは、第一章を読んでもらえば――こういった解釈プロセスの要素をふたたび評価できる状態になれば――これまで過小評価されてきた、読字のあらゆる活動におけるデコーディングの（そして誤ったデコーディングの）役割を認識できるようになる。ニューロティピカルな人々は、すべての人間が程度の差はあっても同じ方法でデコーディングを行い、そこからテキストをそれぞれに解釈する段階へ進んでいくと思い込んでいる節があるのだが、ディスレクシアの読者は、最後まで解釈に影響を与えるやり方でデコーディングを行うというまったく異なる方法を用いるので、読字のシナリオは複雑なものになる。読み間違いをすると――マルセル・プルーストのような模範的な読者でさえ読み間違いを認めている――意味を確認するためにその一節を読み返さなければならない。そのときの経験を思い起こせば、どのような働きでそうなるのか感覚的にわかるはずだ。[115] 言い換えると、ほとんどの人が解釈の段階になってから起こると思い込んでいる食い違いが（たとえば、ある学生のグループが単語について同意している一節を読み終えてから、その意味をめぐって意見が分かれる段階へ進んでいくように）読字プロセスのもっと早い段階でも起こっている可能性があるということだ。

第二章では、読みはじめるのが遅い子どもたちから、読みはじめるのが早い子どもたちに主役が変わる。早すぎる、と言ったほうがいいかもしれない。自閉症スペクトラムの子どもが文字を読む場面で早熟な才能を見せるのは珍しいことではなく、ときには、内容を理解しているようには見えないのに本を丸ごと一冊暗記してしまうことすらある——これが、過読症《ハイパーレクシア》として知られる症状だ。自閉症の読者が体験していることは、読字を解釈的活動とする従来の見解に疑問を投げかけるものだ。多くの人々はテキストの意味を理解するために読んでいるのだが、自閉症の読者の多くは、この章で「表層読み《サーフェス・リーディング》」と呼んでいる方法を好む。文字の形からカバーの触感、装丁、インク、紙、書体といったものまで、本の表層部分に心を奪われてしまうのだ。読字の理論が、一般的には解釈学やテキストを読み取る方法を重視しているとすれば、このスタイルの読み方は、表層部分を掘り下げることを拒むという点で際立っている。サーフェス・リーディングをする人々は、理解よりも感覚を優先する。

これまで顧みられることがなかった自閉症者の読字行為の歴史を紹介するこの章は、脳が情報を処理する方法のバリエーションが、人と本との触れあいにどのような影響を及ぼしているのかを記録したものだ。自閉症の読み手の多くは、独特な認知的側面が原因で、他の読み手には気づかれなかったり、認識されなかったりすることが多いテキストの側面を高く評価しやすくなっているというのがこの章の主張だ。第二章では、自閉症の当事者たちの視点を参考にしながら——テンプル・グランディンの『エマージェンス *Emergence: Labeled Autistic*』（一九八六年）のような草分け的存在の書籍が出版されてから、彼らは回想録（「自叙伝」と呼ばれることもある）やソーシャルメディアで自身のニューロダイバーシティの体験を盛んに綴ってきた――通常とは異なる形態のテキストとの関わり方を選んでみた。たとえば、本の手触り、味わい、匂いで感覚を刺激する。それ自体を目的としてデコーディングする。単語の形を操作する。原稿を丸ごと暗記する。さらには、ハイフンや飾り《セリフ》といった、内容とは関係がない字体の細部に固執する人々だ。ニューロティピカルな読者から見れば、こういった方法は得体の知れないものであり、悪くすれば「読んでいない」と取り合ってもらえないかもしれないが、それでも、こういったテキストとの触れ合いは読字体験に寄与するものなのだ。第二章に記したように、一九世紀後半に臨床報告に登場した、いわゆる天才的白痴《イディオ・サヴァン》や、二〇世紀にサヴァンの特技とされた過読症《ハイパーレクシア》は、能力の欠如や、標準とされるものからの逸脱に焦点を合わせたものだった。それに対して、自閉症スペクトラムの人々が個々の体験を綴ったライフ・ライティングと呼ばれる資料が増えるにつれて、従来とは異なる手法で本と関わり合うことで恩恵が得られる（不要な刺激の遮断から、その印刷物が与えてくれる五感の喜びに身を委ねることまで）可能性があることが、当事者の側から語られるようになった。

そう考えると、自閉症の人の読み方にまつわる証言は、ニューロティピカルな読者が、どこまでの行為が読字と認められるのかをじっくり考えるきっかけとなるだろう。それ以上に重要なのは、自閉症の人々が本を手にしたときの喜びを存分に味わっていることだ――なかには、読字の領域に入らないものもあるかもしれない。なぜなら、読字と解釈は関連していると推定されているにもかかわらず、通常の解釈プロセスがはじまるまえの読字行為には、自閉症の読者が大切にしているサーフェス・リーディングの形態がある程度は含まれているからだ。こういったサーフェス・リーディングの手法を、自閉症の読者だけが喜びを感じる異質な形態としてではなく、本と触れあうすべての人が示す行動の別バージョンとみなすことで、本の歴史家や認知機能を重視する人道主義者も同様に、極めて特異で風変わりな特性が（おそらくは、何度も読まれたペーパーバックの感触や、心の眼に直観像のように保存されているテキストからの抜粋が）テキストと向き合う場面――誰にでも通用する一般的な言葉で回想されることが多い場面――でどのように役立っているのかを認識することが可能になるのだ。

　第三章は、ナボコフの『青白い炎』で思い描かれる陰鬱なシナリオが出発点となっている。「ある日眼を覚ましたら、読む能力がまったく何もなくなるということになったらどうだろうか？」（富士川義之訳、岩波書店）[116] 非識字が伝染する危険はほとんどないだろうが、個々の人間が目覚めたときに「読めない人」になっているという事例は時折起こっている。失読症《アレクシア》、時として、後天的非識字と呼ばれる状態は、脳卒中、疾病、頭部外傷の結果として誰にでも起こり得るものだ。そのような災難は、識字能力は永久的なものだという心に深く刻まれた信念を、その能力がいかに簡単に失われてしまうのかを見せつけることで打ち砕く。この章では、元々は識字能力があった成人を「読めなくなったあとの状態《ポストリテラシー》」にある人として考え、彼らが置かれた状況を、文字を読んだことがない人々の状況と区別するよう提案している。人々の生活における読字の価値を評価するのにもっとも啓発的な方法は、その力が奪われてしまった過程を精査することかもしれない。だからこそ、この章では、症例研究や回想録、さらにはアレクシアの探偵を主人公にした推理小説も参考にしながら、識字能力を当然のものとみなし、文字が読めない人に引け目を感じさせる傾向がますます強くなっている社会で、ポストリテラシーが人々の同一性意識に与える影響を測っていく。

逆説的ではあるが、リーダーズ・ブロックを招く事象によって、読字が機能するそもそもの仕組みに対する理解がより明確になる可能性がある。第三章では、ポストリテラシーの説明——すなわち、読める人から読めない人へ変貌するのはどんな気分なのかの説明——によって、子どものころに読み方を覚えてからほとんど注意を払ってこなかった読字の仕組みが見えてくると主張している。ポストリテラシーの体験談によって、無意識のうちに淀みなく進行しているように感じられるものが、いつ不具合が起こってもおかしくない複合的な神経系の働き——つまり、注意と視覚認識から、解読と意味づけに至る工程——で成り立っている仕組みがつまびらかにされる。文字を見てもその意味が理解できないという記述は、文字を読む作業が肉体と脳の相互作用にどの程度まで依存しているかを明確に示すものだ。この論点は、アレクシアの人々が読みつづけるために考案した、一文字ずつゆっくりと読み進める、手の甲やときには口蓋に（舌を使って）文字の形をなぞる、といった創意に富んだ手法によってはっきりと裏付けられている。このような労力を集約させた技法——必要に駆られたスロー・リーディング——は、文字を読む行為を、想像力を駆使するレベルで文章を楽しむこととの潜在的な対立に持ち込むものだ。あるいは、文字の読み方は読字に対する反応に影響を与える、という言い方をしてもいい。そのような次善策に触れたことがきっかけで、今度は流ちょうに読める人々が読字プロセスの本質についてじっくり考えるようになるのだが、その方向性はふたつに分かれる。ひとつは、複数の方法で実行可能な神経生理学上の一連の処置としてとらえる考え方で、たったひとつの「正しい」読み方に異を唱えるものだ。そしてもうひとつが、個人にとっての価値がその仕組みをはるかに凌ぐ活動としてとらえる考え方で、そうすることで、読字が行為や活動であるのと同じくらいアイデンティティーでもあることが強調される。第三章で示すように、「識字能力を失ってしまったら」という不安を抱くと、読むことの意味だけでなく、読み手でいることの意味まで考慮せざるを得なくなるのだ。

本文の後半では、三つのレクシアから転じて、読み手に影響を及ぼす三つの神経学的疾患を取り上げる。共感覚、幻覚、認知症だ。最初に取り上げる共感覚は、能力の欠如というよりも超人的な能力として注目されている。ほかの人間にはほぼ感知できない現象を感じ取るからだ。もっともよく知られるタイプのひとつが、印字に反応した色の知覚に関わるものだ。ほとんどの人がただの黒い色だと思って見ている文字が、ナボコフのような共感覚者の目には、ハックルベリーの実や雷雲のような青みがかった黒に見える。共感覚をもつ読者は、私が書誌的二重意識と呼ぶものを体験している。元の頁と、その頁に重なるとりどりの色の両方を目にしている状態だ。この二重の視点が、読者は互いに本のグラフィックデザインを感じ取ってから異なる解釈をする段階へ進んでいくという、広く浸透した見方を複雑にする。なぜなら、共感覚者は、ほかの読者が目にしているものとはまったく異なる頁を感知している可能性があるからだ。従って、この章では次のような問いかけで、共感覚と文芸評論の関連を考察する。「アルファベットがさまざまな色で見えることは読書体験にどのような影響を及ぼしているのだろう?」

第四章では、共感覚者の書誌的二重意識――すべての読者に共有される心的イメージが、共感覚者の心のなかにだけ存在するイメージによって補完されている状態が、——本に対する反応にどのような影響を及ぼしているのかを明らかにする。この章では、色付きの文字を読むときの感覚について書かれた個人の証言、科学的事例研究、ジャーナリストの紹介記事、ソーシャルメディアをはじめとする文書証拠を用いて、原稿そのものよりも読者の心によって生じる感覚的効果の知覚が、ニューロダイバージェントな読者が文章を知覚する際に、一般には認められていない役割を担ってきたことの論拠を示す。具体的には、単語の色相が引き金になって強烈な吸引力や嫌悪を感じる可能性があり、『緋文字』のような古典文学のタイトルへの反応を形づくることも考えられる。色の知覚は、共感覚者が魅力的な色彩で表示された単語に集中する力を支援することで、読字プロセスそのものを向上させることもあれば、頁を目にしたときの興奮が中味を理解する能力を圧倒して注意力を混乱させることで、そのプロセスを阻害することもある。

この章では同時に、共感覚と、平均的な人間が知覚する心的イメージを理解することとの関連性も指摘している。共感覚のイメージ（オートミール色の文字や、オレンジ色がかった単語や、緑の色調の小説）はあり得ないことに思えるかもしれないが、共感覚があらわしているのはすべての読者が認識する心的イメージを極端化したバージョンだ。なぜなら、この本のそれぞれの章で示しているように、あなたが見ている頁は、目がそうするのと同じくらい脳が創り出したものだからだ。読者は知覚を中立的なもの、少なくとも先入観のないものとしてとらえる傾向があるので、共感覚者の頭のなかでなにが起こっているのかを理解することで、文芸評論家を、知覚そのものが解釈のひとつの形態として機能する仕組みをより緻密に理解する方向へ導くことが可能になる。共感覚をもつ読者の告白

――ナボコフの表現を借りれば――は、読者が特異な好み（たとえば、特定の書体を好むこと）に気づくように促すものだ。その好みは美的感覚に影響を与え、最終的にはテキストの理解でも役割を果たす可能性がある。

第五章では、もうひとつの、厄介なタイプの心的イメージを取り上げる。幻覚だ。この手の誤認は、人と頁のあいだに入り込む心の受容力を実証するものだ。本は、読者が本の中味についてのさまざまな解釈の妥当性を判断できるような、共通の枠組みを提供していると広く考えられている。しかし、この本で取り上げる幻覚は、幻覚を見る人間以外にはほぼ感知できない現象を紹介することで、合意に基づく理解などというものは見せかけにすぎないことを示していく。幻覚を見る読者は、文字、単語、文章に加え、ほかの誰にも認識できない第三の読者まで視覚化する――この章では「幻を見る」と呼んでいる。ディスレクシアの読み手が、読む人によって外観が変わる流動的な頁と向き合っているように、幻覚を見やすい人々は、自分が他人と同じ頁を目にしているのか――そもそも、頁を見ているのかさえ――確信をもつことができない。

幻覚のような心的イメージは、ある程度までは、すべての読者に影響を与えている。ウィリアム・ジェームズは『心理学の原理』で、小説の読者についてこう記している。「言葉の半分以上は読者の頭から出てくるもので、印刷された頁から出てくる分は半分にも満たない」[117]ところが、読者が心の病を患い、そのふたつの区別がつくかどうか定かでない状態になると、バランスが崩れていく。『聖書』から、精神病を患った人々が自身の体験を綴った回想録まで、さまざまな資料から集められた証言では、幻覚が文字を読もうとする人々の努力を阻む方法が数多く紹介されている。心と頁によってつくり出される矛盾するイメージがそのふたつの区別をいかにむずかしくしているか、こういった証言によって関心が集まるものと考えている。いくつかの事例では、読者が事実と虚構《フィクション》との区別に苦労している。偏執症の読者の姿は、心と原稿のあいだの緊張をあらわす格好の例だ。ほかにも、視覚野の過活動が原因で、文字や単語、文章全体から成る語彙的幻覚が壁にくっきりと描かれるのを目にする人々がいる。第五章で紹介する数々の証言は、読み手の心が物語のイメージを受け取るまさにその過程で、イメージそのものを完全に変容させてしまう可能性があることを伝えてくれる。

この本で最後に取り上げるのは、人生の後半で読み手を待ち受けている試練の数々だ。前半の章では読み方を学ぶ子どもたちに焦点を当てていたのに対し、最終章では一気に時が進んで、読み方を忘れてしまう大人たちが登場する。認知症や神経変性疾患を発症すると、本に集中することが困難になり、本の内容を覚えていられなくなることもある。『アルツハイマーでひっくり返った私の人生 *My Life Turned Upside-Down by Alzheimer's*』という副題の本の著者は次のように問いかける。「いままでは……何時間も読みつづけ、読んでいるあいだは楽しい時を過ごしていたのに、それがすべてなくなってしまったら？」[118] このような証言は、記憶は読書に欠かせない構成要素だという通説をくつがえすものだ。予想に反して、認知症を患う多くの人々が、慣れ親しんだ意味での読書ができなくなったあとも、引きつづき本から喜びを得ているのだ。

第六章では、ディケンズの『クリスマス・キャロル』や、アーサー・コナン・ドイルの『シャーロック・ホームズの冒険』といった古典文学から、リサ・ジェノヴァの『アリスのままで』のような現代小説までを参照しながら、記憶力の衰えがテキストと触れあう能力にどのような影響を及ぼすのかを検証する。
その過程では、認知症患者の回想録という、今もなお拡大をつづけるジャンルの助けを借りた。著者（もしくは患者の介護人）は、認知機能が低下していく体験を伝えたいと願っており、印刷された文字との変わりゆく関係についても語ってくれている。記憶力の衰えを体験している読者のために改訂された古典文学の分析に加え、当事者の物語も参考にしながら、認知症とともに生きることについての証言が読字プロセスのある局面を浮き彫りにする過程を明示する。その局面とは、プロットや、物語の回顧的理解——あるいは、一般的に「閉合」という言葉で言及されているもの——にまつわる文学的言説によって過小評価されてきたものだ。

こういった物語では、代わりに、「持続」と呼べそうなものに関連する局面が称賛されている。つまり、読み終えることに価値を置かずに物語と関わる方法だ。「永遠の現在時制」（健忘症や認知症をはじめとする記憶障害の影響を受けている人に適用される表現）で本を読む人々は、文章の小さな塊に思いを巡らせたり、キャプションを読み上げたり、過去を思い出させる写真を眺めたり、指で文字の形をなぞったり、ただ単に本を両手で持っていたりすることに喜びを求める。彼らは本を読みつづけるために、頁の余白にプロットの要約をメモしたり、肝心なところだけを飛ばし読みしたり、介護人に助けてもらいながら読んだり、話の筋よりも頁を重視したりすることによって、工夫を凝らした戦略を考え出すこともある——誰がやったのか《フーダニット》よりもどうやってやったのか《ハウシットダン》への関心を表現する新たな種類の鑑賞方法だ。こういった証言によって、本を再読する喜びから——加齢《エイジング》にまつわる回想録のなかではお馴染みの分野——、読み直すことができなくなったときの反直感的な喜びへと関心が移っていく。

従って、認知症をテーマにした回想録が「脱読書」に着目することによって、記憶力にはまったく問題がない物語論の研究者《ナラトロジスト》たちでさえ、一見すると読字プロセスの周辺的な構成要素に思えるものを、テキストの回顧的理解への単なる足掛かりというよりはそれ自体に意味のあるものとして評価するように促されることになる。

ここで免責事項を手短に。本文の六つの章では、わかりやすさを優先して、読字差異を明確に区別できる現象として扱っている。当然ながら、現実の世界では神経学的疾患にはっきりとした境界線はないので、混乱した形での重複は避けられない——『ニューロダイバーシティ——ADHD、不安、自閉症、ディスレクシア、同性愛者、それ以外のみんなと共に暮らすためのユーモラスで実用的な案内書　*Neurodiversity: A Humorous and Practical Guide to Living with ADHD, Anxiety, Autism, Dyslexia, the Gays, and Everyone Else*』のような本を読めばそれは明らかだ。[119] この本で論じられる診断カテゴリーが、進化をつづけ、融合し、さらに言えば数年単位で完全に消滅してしまうことは避けられないだろう。この本のアプローチは、時代や文化によって変化を遂げる診断カテゴリーの流動性を受け入れているが、その一方で、自らがそういった診断カテゴリーの影響下にあった人々の証言は依然として有益な財産であり、「読む」という概念を考え直すのに役立っている——読字そのものが流動的で暫定的なカテゴリーであるからだ。

締めくくりとして、この本を読む最良の方法を助言するのが学術出版の慣例なのだが、ここではそのような図々しい真似はしていない。これまで唱えてきたように、読み方は人によって異なるものなので、この本にもあなたが心地よく感じる方法で取り組んでほしい。最初から最後まで読んでも、好きなところから読んでも、断片的に読んでもかまわない。逆さまに読んでも、横向きに読んでも、鏡に映して読んでもかまわない。見開きの頁を同時に読むのも、一頁おきに読むのも、心の赴くままに。頁ごと丸暗記してあとから参照するというやり方も大歓迎だ。正しい読み方など存在しないのだから、この本を読むにあたっても正しい方法はない。重要なのは、あなたが本を使って何かをしていること——その何かを「読んでいる」と称するべきだと、私は提言しているのだ。

第一章　難読症――ディスレクシア

「本当に本の何もかもが好きだ。ただし、実際に読むという行為を除けばだが」
――フィリップ・シュルツ『私のディスレクシア』
（藤堂栄子監訳、東京書籍）

難読症《ディスレクシア》の歴史をひもとくと、不自然なまでに当事者たちの声が聞こえてこない。最近まで、その歴史が本人たちの口から語られることはなかった。第三者が代弁するのが普通だったからだ。たとえば一九七〇年には、神経学者のマクドナルド・クリッチュリーが、トリニダードの有色人種女性の物語を紹介している。その女性は自分がディスレクシアであることを知ってひどく苦しみ、外国へ渡って読み方を学ぼうと決意する。それから四年の歳月をかけて、訪れたこともなければ知り合いもいない都市ロンドンへの渡航費を貯めた。到着後は工場でぼろを仕分けする仕事に就いたが、その後は病院の清掃員の職を得て、院内の礼拝堂付き牧師から読み方を教わった。[1]

彼女の苦難の道のりは、読めないという困難を抱えた人々に押される社会的烙印の深さを物語っている。しかし、いったい何がそれほどまでに彼女の生活を耐えがたいものにしていたのだろう？　故郷を離れ、家族や友人と別れることをどう感じていたのか？　そして文字を読むことには、それだけの犠牲をはらう価値があったのだろうか？　彼女の肉声が聞こえてこない以上、その答えを知るすべはない。

この女性が大西洋を渡ったころに比べると、読字差異に対する社会の理解はいちじるしく向上した。医学用語の「ディスレクシア dyslexia（難読症）」は、ギリシャ語が語源の「dys（困難）」と「lexis（言語）」に由来し、単語の認識と、単語や文字を音に変換する音韻化《デコーディング》のスキルに困難が生じることで、文字を流ちょうに読めない状態を指す。[2]ディスレクシアの脳が情報を処理する方法には個人差があるので、ひとつの定着したカテゴリーというよりも、読字を（書字や綴り字と同じように）構成する数多くの要素に関連する、発達障害の連続体と考えるべきだろう。[3]ディスレクシアの人間がふたりいても、それぞれの経験が同じように表現されることはない。

現在では、ディスレクシアを能力の欠如ではなく、認知的差異の観点からとらえるのが慣例となっている。それどころか、「ディスレクシアの恩恵」と呼んでもよさそうな実例が数多く存在する。たとえば、パターン認識、空間認識、直感的な問題解決、デザインの才能などがそれに当たる。多くの研究でディスレクシアの潜在的利益が確認され、創造力が発揮される場では際立っていることが裏付けられている。[4]レオナルド・ダ・ヴィンチ、アレクサンダー・グラハム・ベル、トーマス・エジソンのような錚々たる偉人は、もはやディスレクシアにもかかわらず成功したのではなく、ディスレクシアだったからこそ成功したと考えられている。しかし、こうした視点の大転換で、過去一世紀にわたって読字差異が原因で苦しんできた人々がいるという事実を消し去ってはならない。医師のサリー・

シェイウィッツがかつて記したように、「ディスレクシアは心の痛みをもたらす」（『読み書き障害（ディスレクシア）のすべて――頭はいいのに、本が読めない』藤田あきよ訳、ＰＨＰ研究所）のだ。[5] この章で述べていくように、その心の痛みは本に対する反応にも引き継がれる。

一部の人が読み方を覚える際に直面する困難は、「読む」という行為には生来の能力は一切関わっていないという事実を示している。認知神経科学者のメアリアン・ウルフの表現を借りれば、「読み書きは文化が発明したものだ」。[6] 発話能力とは異なり、脳には読字専用の回路が備わっているわけではない。むしろ読字は後天的なスキルであり、脳の可塑性、つまり、ほかの認知作業用にデザインされた回路を再利用する能力に大きく依存している。その行為の複雑さを考えれば――驚異的な数の情動的、認知的、言語的、知覚的、生理学的プロセスを統合して成り立っているのだから――読めない人がいても驚くにはあたらない。誰もがとりあえずは文字を読んでいるという事実に、驚くべきなのだ。

もちろん、すべての人が読み方を覚えるのに四苦八苦するわけではない。手助けを必要とせず、ひとりで読めるようになる才能をそなえた子どももいるだろう。読み書き研究についての古典的名著、ルドルフ・フレッシュの『なぜジョニーは読むことができないのか *Why Johnny Can't Read*』によれば、アメリカ第一七代大統領のアンドリュー・ジョンソンは、仕立屋に奉公していたときに著名な政治家の演説を利用して独学で読み方を学ぶという並外れた能力を発揮したという。[7] もっと最近の例を挙げると、ＳＦ作家のアイザック・アシモフは修学前に読み方を覚えていたそうだ。どうやってと問われたアシモフは、「よくわからない。なんとなくできたんだ」と答えている。[8] とはいえ、少なくとも最初のうちは、ほとんどの子どもが読み方を覚えるのは並大抵のことではないと感じるものだ。その姿は、「アルファベットを……イバラの茂みを通り抜けるみたいに、どの文字にもかなりいじめられ、引っかかれて、悪戦苦闘しながらどうにか切り抜けて覚えた」[9]（石塚裕子訳、岩波書店）という、『大いなる遺産』のピップを思わせる。イバラの茂みがバラの園になるには、何年もの指導が必要となるだろう――花が咲けば、の話だが。さらには、読み方を覚えるのに人並み以上の困難を感じ、苦痛すら感じる子どもも存在する。九歳まで文字が読めなかったギュスターヴ・フローベールは、文字の解読という重荷に耐えかねて泣きだしてしまうことがたびたびあったという。評伝を書いたジャン＝ポール・サルトルは、フローベールのことを「アルファベットの奴隷」と呼んでいる。[10] この章で紹介するのは、読字差異が本との向き合い方だけでなく本の理解にどのような影響を及ぼしたのかを、自身の言葉で表現するようになった読者たち――フローベールと同類のアルファベットの奴隷たち――の声だ。

読字差異が人々の生活に及ぼす影響について研究者が関心を向けはじめたのは、二〇世紀後半になってからだ。当初のディスレクシアの研究は、失読症にかかわる神経学的メカニズムの解明や、子どもの読み書き能力を向上させるための指導法の確立が中心だった。クリッチュリーの『ディスレクシアの子ども *The Dyslexic Child*』は、読字障害を抱えて生きることの心理学的負担を調べた初期研究のひとつだ。「彼はディスレクシアのために、敵意を向けられているとまではいわなくても、批判的な環境下でたびたび自分を異邦人のように感じた。からかわれ、誤解され、罰せられる。そして、進歩する機会から切り離される」[11] やがてインタビュー、民族誌学、事例研究をはじめとする質的調査方法を用いた研究が続々と登場し、ディスレクシアによる副次的影響が明らかにされていった。「ディスレクシアという経験」を伝える『ディスレクシアの傷痕 *The Scars of Dyslexia*』『ディスレクシアの現実 *The Reality of Dyslexia*』『ディスレクシアの人間的側面 *The Human Side of Dyslexia*』は、他者には決してわからない実態を述べた代表的著作といえる。[12] 当事者が自分のことを語りはじめるのは時間の問題だった。

現在では、ディスレクシアの人が書いた（あるいは口述した）物語は簡単に見つけられる。読み書き指導の進歩、出版機会の拡大、障害に対する考え方の改善などにより、ディスレクシアの体験談は広く入手できるようになった。[13] 体験談の不足が研究を妨げていた一九六〇年代や七〇年代とは、状況は変わってきている。先駆的な回想録『逆転――ディスレクシアに勝利した記録 *Reversals: A Personal Account of Victory over Dyslexia*』を著したアイリーン・シンプソンは、冒頭で次のように述べている。「この分野の研究が停滞していたのは、文字をもつ社会に暮らしながら読むことも書くこともできないのがどういうことなのかを、内側から知るすべがなかったからだ」[14] シンプソンは、こうした内側からの視点を提供した先人のひとりだ。それ以来、ディスレクシアの「内側からの」物語が、印刷物やオンライン上に数多く登場するようになった。そのおかげで、この章は「ディスレクシアの回想録」ともいうべき構成をとることができたのだ。

子ども時代の大半で沈黙を強いられてきたディスレクシアの人々が、ようやく自分たちの側から話をする機会を手に入れようとしている。ディスレクシアに関する初期の著作が、医学的見地から脳のどこに問題があるのかを解明しようとしたのに対し、当事者による個人の記録《ライフ・ライティング》は、認知的差異が社会的な立場から普通の本の頁に至るまで、あらゆるものに対する認識をどのように形づくっているのかを、まさに個人的観点から紹介するものだ。[15]　児童文学作家のパトリシア・ポラッコはこんなふうに表現している。「きみには　字や　すうじが　みんなとは　ちがってみえる」（『ありがとう、フォルカーせんせい』香咲弥須子訳、岩崎書店）。[16]　このように、個人の証言を通すことで、見えているものの違いが鮮やかに浮かび上がってくるのだ。『ディスレクシアの目からみた世界　*The World Through My Dyslexic Eyes*』に類似するタイトルの回想録は、個性的な知覚をもつディスレクシアの人々が、自分には受け入れることができない様相の頁を突きつけられて、同じ頁を読むことができる人々と区別されてしまう状況を正確に伝えてくれる。そうすることで、自動的、効率的に文字を読むことができる人々が日頃から無意識のうちに行っている解釈プロセスの要素があらわにされる。ディスレクシアの物語が求めているのは、読字に欠かせないデコーディングという役割に注意を向けることで、解釈のプロセスがはじまる以前の段階で、本との向き合い方が形づくられていく仕組みを認識してもらうことなのだ。

何かがおかしい

歴史的文献にも、過去の時代に難読症《ディスレクシア》に苦しんだ人々の姿がいくつかとどめられてきた。遅くとも一七世紀には、普通に文字を読んでいた人が脳に損傷を受けたあとで突然「読めなくなった」症例が報告されている。たとえば一六五二年には、スイスの医師ヨハン・ヤーコプ・ヴェプファが、脳卒中から生還した患者が主の祈りは唱えられるのに読み方を忘れてしまったとする症例を報告している（これは第三章の主題である失読症《アレクシア》の状態だ）。[17] 一八七七年には、ドイツの医師アドルフ・クスマウルが、頁上の文字を形としてとらえることはできても意味を把握できないという不可解な現象をあらわすために、「語盲 wortblindheit」という用語を考え出した。その一〇年後に、ドイツ人眼科医のルドルフ・ベルリンが、このような後天的な非識字の事例を「ディスレクシア」と命名したのだ。[18] 語盲という用語には脳ではなく眼に問題があると誤解させる恐れはあるものの、クスマウルとその仲間は、言葉の処理には神経学的側面があることを認識していた。[19] この洞察が、読者の障壁《リーダーズ・ブロック》の本質を医学的に探究する第一歩となる。

それからほどなく、臨床医たちが先天性の読字差異の治療に取りかかる。読み書きできる庶民が少なかったころは、生まれながらに読めない人よりも、後天的な読字困難との関連で劇的に運命が変わってしまった人のほうが発見されやすかった。見過ごされがちだった困難が目に付くようになったのは、一九世紀後半に学校へ通う子どもが増えてからのことだ。一八九六年、イギリスの医療長の地位にあったジェームズ・カーは、「もっとも不可解な欠陥」と称するものを抱える児童リストに語盲の少年を加えている。[20] 同じ年、医師のW・プリングル・モーガンは一四歳の少年「パーシー・F」に同様の症状を認め、「書かれたり印刷されたりした文字は、彼の心にはなんの印象も残さないようだ」と記している。[21]

モーガンの報告のきっかけとなったのは、ジェームズ・ヒンシェルウッドが著名な医学雑誌『ランセット』に発表した語盲の症例報告だった。[22] グラスゴーの眼科医だったヒンシェルウッドのもとには、無理もないことではあるが、わが子が字を読めずに苦しんでいるのは眼が悪いせいにちがいないと考える親たちが相談にきていた。ヒンシェルウッドはそれから一〇年にわたり、のちにディスレクシアと呼ばれる障害の重要な特性を詳細に調べあげた症例報告を次々に発表していく。たとえば、一二歳の少年は五つの単語（「it」「is」「to」「can」「not」）しか判別できず、ある少女は九か月習ってもアルファベットを覚えられなかった。こうした子どもたちは読むことに疲れ果てていた。息子の様子を見ていたある父親が「読んでいるとひどく消耗するようです」と語っているのだ。[23] この子どもたちの姿は、音韻化《デコーディング》に苦労するという点だけでなく、それが原因で社会的に排除されるという点においても、現代のディスレクシアの実例を想起させる。こうした子どもたちの多くが、学校の授業で音読するように言われたときにそなえて教科書を暗記していたのも無理はない。ある母親は、級友のあざけりのせいで息子はますます字が読めなくなったとヒンシェルウッドに訴えている——それはディケンズが小説のなかで描いたものと同じ苦しみだった。デイヴィッド・コパフィールドの頭からは、横暴な継父ミスター・マードストンがその場にいるだけで、言葉が「そろいもそろって全部するりと抜け落ち」てしまうのだ（『デイヴィッド・コパフィールド』石塚裕子訳、岩波書店）。[24]

ヒンシェルウッドは、ディスレクシアの人々は記録された症例数から推定される人数よりもはるかに多いのではないかと考えた。ただ単に診断されていないだけではないのか？[25]「こうした子どもたちが読む際に経験している困難の原因と真の特質を明らかにするのが、最重要課題だ」とヒンシェルウッドは結論づけた。「さもなければ、この子たちは頭が悪いとか怠け者とか決めつけられて、自分にはなんの落ち度もない欠陥のせいで、放置されたり鞭打たれたりするだろう」[26] ヒンシェルウッッドの推測が正しかったことが証明される。その後すぐに、世界中でディスレクシアの症例が報告されはじめたのだ。ある調査によれば、一八九六年から一九一六年のあいだに六四件もの語盲の症例報告があったという。[27] そして不幸にも、「欠陥あり」とされた子どもたちを待ち受けていた冷ややかなまなざしも、ヒンシェルウッドの予言通りになってしまう。

当初こそディスレクシアを扱うのは医療従事者だったが、そう時間が経たないうちに、教育学者や臨床心理学者も読字差異に目を向けるようになる。学習困難は主として教育問題であると理解されるようになったのだ。この方向転換のひとつの結果として、読字を自動的なプロセスとする通念がくつがえった。一九一一年に『小学教師 *Elementary School Teacher*』誌に掲載された『読み方の習得』という論文には、次のような一節がある。

おとなにとっては読むことは歩くことと同じで、意識したりはしない。そのプロセスは自動的なものになっている。つまり印刷された記号を目にすれば、無意識のうちに読んでいる。どうやって歩いているか説明できないように、どうやって読んでいるかなど説明できない。ただ、読むのである。読むためのプロセスを習得するために費やした時間とエネルギーははるか昔に忘れ去られ、いまではその複雑さに気づくこともない。読んでいる最中に頭が疲れたり目が疲れたりすることがあるが、だからといって、その原因を分析しようとは思わない。[28]

もちろん、ディスレクシアを抱える人間には読字の複雑さを忘れる余裕などなかった。学童に多発するディスレクシアは、さまざまなつまずきをあらわにすることで、読字は「自動的な」プロセスだという概念を根底から変えたのだ。

その後の研究の多くは認知発達理論へ移り変わっていく。一九二五年、サミュエル・オートンが米国神経学会で発表した論文によって、アメリカにおける読字障害への関心が高まった。オートンは臨床での観察を踏まえ、読字障害に知的障害は付き物だとする通説に異議を唱えた。[29] 心理学者のマリオン・モンローが述べているように、当時の教師たちは、読み方を習得できない子どもは「怠けているか頭が悪いかのどちらかに決まっている」と考えていたのだ。[30] 研究者たちは読字能力の欠如と知的能力には関係がないとさかんに訴えたが（オートンは「欠陥」を「障害」に置き換えようと提唱している）、ディスレクシアの子どもに効果のある指導法が考案されるのは、その数十年先のこととなる。[31]

自身の研究結果に力を得たオートンは、「学業において魯鈍、劣等、落ちこぼれ、もしくは発達遅延」とされてアイオワ州立精神病院に送られた学童のなかから、読字差異を抱える生徒を救い出そうとした。[32] オートンは、識字能力以外のすべての分野で平均的な知能を示す「クラーク・C」のような生徒に関心を寄せた。「おかあさんはぼくのことを、なんかおかしい、というんです。読んでもらったらなんでもすぐにわかるのに、自分で読むとちんぷんかんぷんだから」[33] クラーク・Cのような子どものためにオートンが考案した指導法は、過去一世紀以上にわたって非常に大きな影響力をもちつづけた。オートンは最初にフォニックス指導〔発音と文字の関係性を学ぶ音声学習法〕を提唱した人物のひとりとなり、のちにアンナ・ギリンガムやベッシー・スティルマンと共同で多感覚学習法を開発するに至る。それは、今日における読字の音韻的理解に多大な貢献を果たした。

第二次世界大戦が終結すると、国の繁栄には知的職業階級の識字能力が不可欠になったという理由で、ディスレクシアへの支援が拡大した。たとえば、一九六三年にディスレクシア児のための語盲センターがロンドンに開設されたのを皮切りに、ディスレクシア児への教育、家族への支援、研究などを目的とした機関が設立されていった。アメリカのオートン・ディスレクシア協会（現在の国際ディスレクシア協会の前身）や、英国ディスレクシア協会などの組織も、ディスレクシアの認知度を高めた。[34] 実をいえば、人々はなかなか読み方を覚えられない子どもがいることにずっと前から気づいており、ようやくその状態を表現する名称ができたことになる。

ディスレクシアは今日の社会では広く認知されているが、それは当事者（とその家族）、障害者権利保護団体、教育者らの数十年にわたる運動がもたらしたものだ。[35]「ディスレクシア」という用語が定着したのは、二〇世紀後半になってからのことだ。それまでは「語盲」のほかに、「文盲」「精神盲」「発達性失読症」「象徴不能症」「読字不能症」「読字チフス」「弱読症」「部分文盲」「言語性視覚健忘症」「言語性聾」といった呼称があった[36]（一九一八年には、あるドイツ人医師が「読字のみに関連する部分的白痴」などという呼び名まで提唱している）。[37] とはいえ「ディスレクシア」という用語に明確な定義があったわけではなく、医学的理解、教育的要請、社会的価値観の変化に伴い、時代とともに発展してきた概念といえる。[38]

現代のディスレクシア研究は、発話、言語、読字の発達の相互の関わりを心理学的に研究する気運が高まった一九七〇年代に台頭した。ディスレクシアは言語に基づく障害であるという合意が生まれ、視覚と知覚に問題があるとする以前の説はくつがえされた。ディスレクシアにみられる視覚的反転

（「b」と「d」または「p」と「q」を混同する）は、知覚に欠陥があるのではなく、文字とそれに対応する音を正確に結びつけられないせいで起こることが、複数の研究で判明している。ある研究では、子どもたちが正しく読めなかった言葉を正確に綴っていたことが実証されている。[39] ディスレクシア児は、言葉の構成要素に関して、そうではない子どもと同じようには知覚できないことが、これまでに多数報告されている。

神経学研究の進歩に伴い、ディスレクシアの科学的理解は確実に深まっている。神経画像技術は、前世紀の神経科学者たちには夢でしかなかった方法で、ディスレクシアの人々の脳の構造や活動状況、機能などを明らかにしてきた。[40] 研究チームは、脳機能画像を用いて読字にかかわる神経回路網の場所を特定し、活字を読む際にディスレクシアと非ディスレクシアの脳にあらわれる違いを観察してきた。ディスレクシアの医学的理解を深めるだけではなく、読字困難になるのは教え方がまずいから、家庭環境が悪いから、あげくの果てには、本人が怠けているからだと言いつのって子どもたちを傷つける否定論者たちに反論する上でも、こうして得られた知見が果たす役割は大きなものだった。

ディスレクシアがいかなるものかについては意見の相違があるかもしれないが、読字差異は人生に悪影響を及ぼしかねないという点については、誰も異論はないだろう。ただし、ディスレクシアに対する理解が乏しかった時代に当事者がどんな経験をしたのかはわかっていない。それを明らかにするため、次の項では、医療技術の「神経画像《ニューロイメージング》」を比喩的な意味で用いたいと思う。つまり、ディスレクシアの脳が当事者の同一性意識にどのような影響を及ぼすのかを、言葉で表現していくのだ。このアプローチは神経学的課題を起点として、識字能力の程度によって社会的地位を推し量る社会でディスレクシアの人々が直面する課題へと広がっていく。次項で紹介する証言では、読字差異を抱えて生きること、また読字差異を疑われる人々が社会生活で生きづらさを覚える具体的なメカニズムはどのようなものかが明らかになる。「読めない人」のひとりは次のように抗議した。「私はディスレクシアでもなんの問題もなく生きていける。私はそれを受け入れている。私が闘っているのはディスレクシアというより、社会なのです」[41]

教室で受けた心の傷

難読症《ディスレクシア》を抱える人の回想録というのは、ありそうにないジャンルだ。活字にとことん苦しめられてきたはずなのに、なぜ苦悩の原因である言葉をコミュニケーションの手段に選んだりするのだろう? 怒りはひとつの動機になる。難読症——この言葉がすべてを物語っている——を抱える多くの人は、子どものころから「自分にはできないこと」で定義された人生を送ってきたのだから。ジラード・サグミラーは『ディスレクシア、わが人生 *Dyslexia, My Life*』の冒頭で、「本なんて書けるわけがないと言われた」と述べている。[42] 著者になること自体が反論を突きつける行為なのだ——自分では読めないけどね、というちょっと自虐的な断り書きを入れる場合はなおさらだ。また、著者になるという事実そのものを、ディスレクシアと言葉の関係を敵対する用語ではなく肯定的な言葉で再定義する試みととらえることもできる。ナオミ・フォルブは自著『忘れ去られた文学——ディスレクシア作家文学選集 *Forgotten Letters: An Anthology of Literature by Dyslexic Writers*』の序文に、次のように記した。「それはこう問いかけてくる。誰が著者になれるのか？　誰がそれを許可するのか？　そして、その人たちはなぜそんな権限を持っているのか？」[43]自費出版の件数が増えていることは、男女を問わず、多くの作家志望のディスレクシアにとって出版そのものが目標であることをうかがわせる。とはいえ、本の執筆は、読めないくせにと皮肉る声への異議申し立てだけでは終わらない。それは、幼いころから本との出会いを特徴付けてきた「読む」という行為への嫌悪感がどこからきたのか、その源をたどる旅でもある。

いわゆる「読めない人」が書くディスレクシアの人々の回想録というジャンルには、ディスレクシアの症状と同じくらい多彩な種類がある。もっとも多いのは、逆境に打ち勝った人々を描いたものだ（障害にくわしい人にはおなじみのストーリー展開だろう）。たとえば、『元ＮＦＬ選手ロバート・テイトがリトルリーグからＮＦＬまでの歩みをあかす――ディスレクシアとの秘めたる戦いを克服して *Former NFL Veteran Robert Tate Reveals How He Made It From Little League to the NFL: Overcoming His Secret Battle With Dyslexia*』[44]という長大なタイトルには、著者の軌跡があますところなく反映されている。しかし、逆境物語がハンディキャップを抱える人でも成功できるというメッセージを送っているとするなら、それとは逆に、ディスレクシアの良さに光を当てた本もある。ジョン・ロドリゲスの『高校中退からハーバード大学へ *High School Dropout to Harvard*』も感動的な作品であり、自分が成功できたのは、診断こそされていなかったがディスレクシアだったことが大きいとしている。[45]

ディスレクシアを抱える人々の回想録では、本のタイトル自体が、目にみえない障害の影響――教室で受けた心の傷とでもいおうか――を目にみえる形にしている。わざとスペルミスを残した、『失敗だらけ――ぼかと呼ばれたぼくの人生 *Trainwreck: My Life as an Idoit*【*Idiot*】』や『聞いてよママ、ぼくはクラスでいちばんのはぬけなんだって!――ある少年のディスレクシアの旅 *Look Mom, I'm the Dumest*【*Dumbest*】*One in My Clas!: One Boy's Dyslexic Journey*』といったタイトルは、著者たちが直面した言語の壁の高さを物語っている。[46] それとは対照的に、『どうかまぬけと呼ばないで *Please Don't Call Me Dumb!*』は学習障害に対する偏見に直球で先制攻撃を行い、『優秀なばか *Brilliant Idiot*』は、もっとも辛辣な言葉をうまく再利用して中傷を粉砕してみせている。[47] ディスレクシア児に大きな期待が寄せられることなどなかったのだから、『成功なんてあり得なかった *Most Unlikely Succeed*』は、著者の自分を皮肉まじりに紹介し、その成功体験でエールを送っていると受け止めるべきだろう。[48] 読字差異に対する反応が劇的に変化した現在では、タイトルも様変わりした。『ディスレクシアは私の翼 *Dyslexia Is My Superpower*』のような長所を強調するタイトルは、かつては考えられないものだった。[49]

自分の口から語ることができずに長い歳月を過ごしてきたディスレクシアの人々が、著者になることで、当事者の側から物語を発信する機会を手に入れる――たとえてみれば、自分の主人の道具を用いて主人の館を解体する試み、とでもいったところだろうか。著者のなかには、ディスレクシアからは逃れられないと悟ったあとで、書かなくてはという思いに駆り立てられる人もいる。ディック・クレーマーが自分の子ども時代について書いた理由は、心的外傷《トラウマ》からの生還者《サバイバー》の証言を彷彿とさせる。「あのころのことは思いだしたくもないと考えていた。あの日々を記憶から消し去りたかったからだ」とディックは書いている。「ところが、書きはじめると止まらなくなった」[50] また、ごく軽度に思える読字障害が、癌細胞のように生活全般に広がっていく様子を綴った回想録もある。ジョー・リーズは、ディスレクシアがこだまする人生を頁の向こうに描きだす。「知ってもらいたかった。ディスレクシアがどれほどやることなすことに顔を出すか、日にちも時間も選ばずにわがもの顔にふるまうか。そして、私たちには逃れるすべがないことも」[51]あまたの回想録がこの洞察を裏付けている。ディスレクシアの触手は外へ外へと伸びていくのだ。

ほとんどの回想録が同じような筋書をたどっていく。彼らには二種類の子ども時代があると考えてほしい。幸せいっぱいの生活が、学校に通いはじめたとたんに読字障害によって打ち砕かれ、クラスメートとのあいだに亀裂が生じるのだ。ターニングポイントになるのは、たいてい音読の授業だ。文字への苛立ちは、やがて勉強以外の分野に広がり、クラスメートや教師、家族との関係にもひびがはいる。成績表に不合格の「F」がつくようになれば、もうそれは避けられない——不安を感じる文字がまたひとつ増えるのだ。ディスレクシアの子どもたちは、文字を読む場面で恥ずかしい思いをしなくてすむよう、学校での立ちまわり方にほぼすべてのエネルギーを注ぐようになる。回想録には、教室で目立たずにやりすごすための生存戦略（たとえば、本を読まずに読書感想文をこしらえる方法）が記されている。それでも、いずれは崩壊の瞬間がおとずれる。つまり、クラスメートからの悪口、学習障害を反抗と誤解した教師からの罰、さらには、成績の悪さを怠けた証拠とみなす親との衝突だ。こういった物語の水面下には、暴力の脅威がひそんでいる。世間ではそうは思われていないだろうが、ディスレクシアの人ほど読字の問題を深刻にとらえている者はいない。発音まちがいなどのささいな失敗が、非行や鬱病、さらには自殺未遂に発展する恐れがあるからだ。[52]

このジャンルの回想録では、宿題、試験、懲罰、いじめだけでなく、学校へ行くこと自体にまつわる衝撃的な場面が描かれる（ある少年は登校前に嘔吐するのが常だった）。[53] しかし否応なく、最悪の瞬間が訪れる。みんなの前で教科書を読むように言われるのだ。「教室で立たされて、恥をかき、自分は頭が悪いと感じたい子どもがいるだろうか？」とルイーズ・ベイカーは問いかける。[54] デイヴィッド・コパフィールドの例からもわかるように、読字を阻むリーダーズ・ブロックそのものよりも、見世物にされることのほうがプレッシャーは高まるものだ。エイブラハム・シュミットは音読を、クラスのみんなの前で自尊心をくりかえし打ち砕かれる「死の経験」にたとえた。[55] そんなときの教室は法廷に似ていた。陪審員となった仲間たちから裁かれるという罰を与えられるのだから。『偽装工作 *Faking It*』の著者は、「うまくできずにいるのを教室中の子どもたちが見物していることに気づいたときに、ぼくはもう、自分の頭の悪さを隠しとおすのはむりだと悟った」と書いている。[56] 音読を恐れるあまり、教師に名前を呼ばれて失神したこともあったという。

心理学者でなくても、著者のいたたまれない気持ちはわかるだろう。ディスレクシアの症状は日常の風景のなかに身を潜めている。スティーヴン・ボンフィールドはこう説明する。「声を出して読まなければならない場面になると、鼻水がでたり、目がしょぼついたり、ときには息苦しくて喘いでしまったりする」[57] 音読に直面すると、こういったアレルギー反応が出る人は多い。ジェフ・ニコルズによれば、「声に出して読んでと言われると発疹が出る人を連れてきてほしい。この人がディスレクシアだと教えてあげるから」[58] ニコルズは（彼は音読するより人前で浣腸されるほうがいいと言っている）、アルコール依存者更生会で会則の五行の前文を出席者の前で読まされるのが嫌で、会に通うのをやめてしまった。[59] 支援組織でも、音読の屈辱をやわらげるような支援をするのはむずかしいらしい。

誰もが音読の恐怖から卒業できるとは限らない。むしろ、成長とともに苦痛が増大するディスレクシアの人々は多い。年齢と読字のレベルが比例せず、音読が格好の見世物になってしまうからだ。ある一〇歳の少年が『機関車トーマス』を読むように言われたときは、クラスメートたちから「ポッポー、ポッポー」とはやしたてられた。[60] 黙読ならごまかせるというわけでもない。ケンタッキー州のある炭鉱労働者には、九年生なのに一年生と一緒に読み方を勉強させられるという屈辱的な思い出がある――彼はその後すぐに、学校へ行くのをやめてしまったそうだ。[61]

ディスレクシアの生徒は、音読を避けるために極端な行動に走ることがある。「眼鏡を忘れました」といった類いの言い訳などかわいいものだ。心の傷よりも肉体の傷を選ぶ場合もある。自傷行為に訴える生徒もいれば――ある女生徒は、鼻血を出して難を逃れようと鼻の穴を引っ掻いていた――体罰を選ぶ生徒もいる。ヴィクター・ヴィラセニョールの場合は、人前で恥をかくより、教師に定規で叩かれることを選んだ。[62] 低能児より不良のほうがましだと考える、典型的なディスレクシアだったのだ。読むのを拒否して叩かれたヴィラセニョールは、お返しに教師の手にかみついた。「彼女は痛みに悲鳴をあげた！ 胸がすっとしたよ！」[63] 音読を命じる人間の手にかみつくのは、悲惨な状況下での気晴らしにはなったかもしれないが、問題解決の役には立たなかった。『優秀なばか』によれば、著者のシュミットは、自身の反抗的な態度の裏に潜む「秘密のばか」の存在に怯えながらおとなになったという。「どれほど反抗しようと、心の奥からおまえは欠陥人間だという声が聞こえてきた」[64] 彼らの回想録では、周囲の批判に反抗するという行為そのものを通して、その批判を自分のなかに取り込んでいく姿がとらえられている。

ディスレクシアの回想録には、必ず「頭が悪い」という言葉がでてくる。たとえば、『合格すること *Making the Grade*』では、著者のデイル・アパムが「この子は頭が悪い、頭が悪い……」と点滅するネオンサインを身につけているように感じたと述べている。[65] ディスレクシアの生徒の自我は、言葉の暗号をなかなか読み解けないことをクラスメートに知られた瞬間から、「頭が悪い」とその類語(「のろま」「能なし」「あほう」)で形成されていく。秘密がばれた結果、クラスメートとのあいだに距離ができる。アーヴィング・ゴッフマンが『スティグマの社会学——烙印を押されたアイデンティティ』(石黒毅訳、せりか書房)で述べたように、「望ましくない種類の属性」が生まれるからだ。[66] 子どもはそうした烙印の影響を受けやすく、無傷でいられる者はひとりもいないと、ある有名人は説く。引退後にディスレクシアが判明したF1チャンピオンのジャッキー・スチュワートは、「まぬけだといわれたので、それを信じた——あなたがたも、子どものときにまぬけだといわれたら信じるはずだ」と明かしている。[67] スチュワートの回想録は読者を自分と同じ立場に立たせるもので、アウトサイダーとみなされそうな相手から距離を置こうとする読者を集団力学に巻き込む手法を取っている。

ここに挙げた回想録を読んでいると、読字は個人のアイデンティティーと密接にかかわっているという点で、ほかの多くの学習技能とは異なることに気づかされる。小説の登場人物であれば、ディスレクシアであっても、自尊心や将来に影を落とす羞恥心とは無縁でいられるかもしれない。たとえばサマセット・モームの短編にでてくる文盲の会堂守りは、読み書きを習ったものの「その呼吸がのみこめなかった」（『コスモポリタンズ』「会堂守り」龍口直太郎訳、筑摩書房）らしいのだが、読めなくても不自由をしたことはないという。[68] しかし、現代社会においては一般的に、識字能力は人格を決定づける要素のひとつであり、知性の尺度とみなされることすらある。[69]『デイヴィッドを読む *Reading David*』の著者は「ディスレクシア」という言葉に出会うまで、自分はほかの人と違うと感じていた。「ほかの子と同じように読めないというのは、どういうことなのか？ それは自分が突然変異であり、変人だということだ」[70] 読み方を知らなくても、自分がのけ者にされていることはわかるものだ。

ディスレクシアの物語を支配する感情は、必然的に羞恥心になる。読字の問題が緊張感を高めるのは、読むことがむずかしいからではなく（むずかしいと感じる子どもは大勢いるのだから）、それが不安、気後れ、恥ずかしさ、屈辱といった不快な感情と結びつくからだ。識字能力は無能感に直結しており、五三歳の女性は、「ああ、読めさえすれば、恥をかくのではないかという耐えがたい恐怖から逃れられるのに！」と嘆く。[71] 時の経過も、もがきつづける人々の自己肯定感を高めてくれることはない。「毎日、恥ずかしさや屈辱（humiliation）に苦しんでいますか？ 私はそうです！」四一歳でディスレクシアと診断された女性はそう吐露している。ささいなまちがいで、「私のくちゅじく(Huemillyashon)」は増していく。彼女は、言葉がどのようにして自分を傷つける武器になるのかを伝えるために、わざと単語をまちがえて綴っているのだ。[72] ディスレクシアの人々は、表面上は機械的なスキルであるはずのものに対して、「むずかしい」や「骨の折れる」といった客観的な言葉の代わりに感情的な言葉を用いることがある。「学校の勉強で、こわくてたまらなかった授業のひとつが音読だった」とクリス・リーはふりかえる。[73]ディスレクシアの回想録が示すように、読字に対するネガティブな感情は、読むという作業そのものではなく、自分にはどうすることもできない周囲の環境から生じている。ディスレクシアの人々にとっての地獄は、自分以外の読める人々なのだ。

これまでの研究では、ディスレクシアの子どもたちが身体的虐待の対象になりやすい事実が明らかになっている。[74]暴力をふるうのはクラスメートや教師、親のほか、ときには自分自身だったりする。筋骨隆々の肉体でも自分の身は守りきれない。ラグビー選手のケニー・ローガンは、浴室の鏡の前に立って自分の頭を殴りつけていたというのだから。[75]こうした攻撃性がまだ自分に向かっていない子どもたちは、他者からの攻撃にさらされやすい。その子が怠け者とか聞き分けが悪いとか思われている家では、家族関係がとくに緊迫する。ある思春期の少年は、「小さいころは、とうさんがぼくを隣にすわらせて、読まないのなら痛い目にあわせるぞって言ってきた。たいていは痛い目のほうだった」とふりかえっている。[76]厳しすぎる愛情で、文字を読みたいという気持ちが育まれることはない。

読字困難は反抗と誤解されやすいので、教師と生徒の関係はとくにこじれやすかった。『ディスレクシアの傷痕』には、ある教師が読むのを拒否した生徒の頭をほうきの柄で叩く場面が登場する。[77]生徒たちは、偉い人たちに仲間を辱めた責任をとらせることでお返しをしたという。教師たちから「愚鈍」だと思われたらどんな気分になるかと問われた生徒は、「殴ってやりたくなりました」と答えている。[78]当然ながら、ディスレクシアの子どもたちに歓迎される物語には、力を奪われた集団が不公正な扱いを受けるというテーマのものが目立つ。ある生徒は、教育を受けるために苦闘した黒人教育者ブッカー・T・ワシントンの『奴隷より立ち上がりて』（中央大学出版部）に自分を重ねあわせた

──サルトルのいう「アルファベットの奴隷」と実際に奴隷だった人々を同一視するのは、（不適切かもしれないが）嘘偽りのない気持ちのあらわれだろう。

音読の授業に持ち込まれた暴力については、文字通りの意味だけでなく、比喩的な意味でも理解する必要がある。いずれの場合でも、本は武器として利用できる──そう考えると、『嵐が丘』でキャサリンとヒースクリフがためになる本を放り投げる場面は、ディスレクシアに関するあらゆるジャンルの個人の記録《ライフ・ライティング》にとってのテンプレートのようなものだ（回想録の著者たちがこの小説を読んでいるかどうかは別にして）。ディスレクシアの子どもの視点からみれば、本というものは、読めないグループに入れられた人間に対して識字社会がふりかざす権力そのものなのだ。それを裏付けるような逸話がある。アイルランドの詩人W・B・イェイツの父親は、読み方を教えてもなかなか覚えられない息子に腹を立て、幼い詩人の頭に本を投げつけたこともあったという。[79] それでも、ディスレクシアの子どもたちも本にはさまざまな使い道があることに気づき──もちろん教師に投げ返してもいい──迫害者の道具を報復の手段にした。[80] 自分たちに非協力的な本は──読めない言葉とはちがって──少なくとも自分の思い通りにはできるのだから、復讐の対象としては都合がいい。胸部心臓外科医のグレーム・ハモンドは、子ども時代の苛立ちを次のようにふりかえる。「私は本に八つ当たりして、わけのわからない単語を鉛筆で塗りつぶしました。読めないことに腹が立って、本を叩きつけるようにもなりました」（『読み書き障害（ディスレクシア）のすべて』藤田あきよ訳、PHP研究所）[81] ディスレクシアを抱える人々にとっては、壊れた機械を叩いて動かそうとするのと同じ行為なのだ。『偽装工作』のようなタイトルが示唆するように、読み書きができる人間になりすます「パッシング」

は、暴力を回避するもっとも簡単な手段のひとつだ。トービン・シーバーズによれば、障害のある人間が健常者のふりをすると一時的には偏見から解放されるが、それと同時に精神の健康が大きく損なわれるという。[82] 従って、文字を読むのに苦労しないニューロティピカルな脳の持ち主になりすました経験を綴った回想録は、知人や愛する人から自分の読字差異を必死に隠そうとすることで生まれる緊張感について書かれたものが多い。「私はずっとなりすましてきた」とシンプソンは書いている。「発覚の恐怖にたびたび襲われることがなかったら――なりすます人間は共存するすべを身につけているので――私は自分が識字と非識字の狭間《リンボ》に生きていることさえ、ほとんど忘れていただろう」[83] とはいえ、いつばれるともしれない危険と共存するすべを習得できる人ばかりではない。障害に対して不寛容な時代に生きていればなおさらだ。一九三六年には、自分の本当の姿を隠そうとしてきた女性が「私はいつもこの恐ろしい秘密を抱えています。何かを読めといわれるんじゃないかと怯えながら生きています」と告白している。[84] 終わりのない不安が、パッシングの代償だったのだ。

ディスレクシアを抱える人の場合、「読める人」の仮面がいつ剝がされるかわからないため、詐欺師症候群《インポスター》の影響はきわめて大きい。精神科医のハワード・ロームは次のように論じている。

正常とみなされることで得られる見返りが大きいので、たとえ本来の自分とは異なっていようとも、流ちょうに文字を読める人間として通用する環境にいる人はほぼまちがいなくそうするだろう。これにより、「パッシング」を行う人は危険にさらされる。常に発覚の不安にさらされることになるからだ。[85]

回想録には、親しい友人たちに囲まれているときでさえ、くりかえし不安に襲われる様子が綴られている。クリス・リーは「とうとう正体を見破られたと思った」と、しくじったときの心境を語っている。「頭が悪いなと言われて、もう隠しとおせないと悟った」[86] 卒業しても危険は去らない。『立ちあがる最後の読者 *Last Reader Standing*』によれば、著者のアーチー・ウィラードは五四歳になっても安定した生活を送れなかった。というのも、ほんのちょっとしたきっかけで過去に引きもどされ、「一年生のときに教室の最後列の席で感じた、永遠に消せそうにない恥ずかしさと痛みがよみがえってくる」からだ。[87] 読めない人間には安全な場所などなかった。ある五三歳の女性は、日曜学校で『聖書』を読むように言われるのではないかと怯えながら暮らしていた。[88]

パッシングは生き残りに必須のスキルなので、人前で恥をかきたくないディスレクシアの生徒たちは、実際に読めているかどうかは別にして、パフォーマンスとしての読字を身につけた。「私は読むふりが最高にうまかった」とリーズは書いている。「教師全員がだまされた」[89] 読めない子は怠け者、という神話は過去のものだ。たいていの場合、読んでいるふりをするのには、実際に文字を読むときよりも時間がかかるのだから。ジェニファー・スミスは毎週のように教科書を丸暗記して、当てられた頁を読んでいるように見せかけた。のちに彼女はこう説明している。「恥ずかしい思いをしないですむよう、どんな子でもするようなことを私もやった。つまり、できるふりをしたのだ」[90] 読めるふりは監視を逃れるための作戦であり、この作戦を採用した『行ったり来たり *Backwords Forword*』の著者は、読む本を自由に選べるインディペンデント・リーディングの時間を「本の挿絵を眺めて読んでいるふりをする時間」と名づけた。[91] とうの昔に学生時代が終わったおとなでも、必要に迫られて読字詐欺に手を染めることがある。『言葉のない人生 *Life with No Words*』の著者は、娘に本を読んであげるふりをしながら自分で物語をこしらえていたと告白している。[92]

文字を読むのに苦労する人々は、往々にして、人を読む能力に長けているものだ。パッシングの役割を障害者研究の観点から再検討すれば、読める人間の行動を模倣するスキルがどのようなものなのか、その実態をみきわめる役に立つだろう。「女優みたいなものだ。自分のパフォーマンスを向上させるために研究を重ねた」シンプソンは、読める生徒になりすまして学校生活を送るための努力を次のように説明している。「難解な言葉にはつまずいてみせる。ほかの生徒たちのまねをして、ときどき、この単語は『むずかしすぎる』から助けてくださいと教師に頼む」。[93] シンプソンの演技は、人差し指で文字をなぞる、言葉と言葉のあいだで言い淀む、ほかの生徒たちが頁をめくるタイミングをこっそりとうかがい、ひょんなことで化けの皮がはがれないようにするなど、細部まで徹底していた。ルイーズ・グリーンも同じように丸暗記を信条としていたが、教師が頁をうっかり二枚めくってしまったせいで、無傷のまま学校生活を終えることはできなかった。[94]

ニューロティピカルな読み手になりすます人は、誰でもインポスター症候群になる可能性がある。そのせいもあって、ディスレクシアの人々の回想録は公開式の告白の形をとることが多い——彼らの物語の多くが、「私の名前は××、文字を読むのに苦労している」という文章ではじまるスタイルをとっているのはそのためだ。うまく読めないことに気づいていても恥じる必要はないのだが、歴史をふりかえれば、ディスレクシアを抱える人々が認知的差異を隠すのに並々ならぬ努力を重ねてきたことは明白だ。従って、「読めません」というカミングアウトは、多くの当事者にとって、ほかの人と同じやり方で本と関わっているふりをしなければならないというプレッシャーからの解放を意味している。読めるふりをする代わりに、一風変わったタイプの読者として、自分たちは読字差異が原因でみんなが褒めそやす本に対して別の感想を持ったり敵意すら感じたりすると表明できるようになるのだ。そうやって臆面もなく本嫌いを口にする人々の声を無視してしまったら、児童文学の受容史は完全なものにはならないだろう。

愛読録――愛してやまない本についての本――は、苦労せずに文字を読める人には人気のジャンルだ。[95] 対照的に、ディスレクシアについて書かれた本は、嫌読録とみなしてもいいかもしれない。そこには、大好きな本の思い出や、読書の喜びは書かれていない。ディスレクシアを抱える人々は、児童文学の黄金期の作品を辛い体験と結びつける傾向が強い。ディスレクシアの回想録をはじめて手がけた女性たちのひとりなど、「私にとって『黒馬物語』は悪夢である」と述べている。[96]（正確にいうと、彼女は最後まで読んだわけではないのだが）。ディスレクシアの回想録というジャンルは、本好きと本嫌いの深い亀裂をあらわにする。回想録が、読書が嫌いだった人の――もしくは読むこと自体が嫌いだった人の――プラットフォームになっているからだ。ファンタジー作家のテリー・グッドカインドも次のような本音を述べている。「私にとって読むことは拷問だった」[97] 愛読録が、本のおかげで人生がいい方向へ変わっていく経緯をたどるものだとすれば、嫌読録は悪い方向へ変わっていったことを強調する対極の立場に光を当てる。たとえば、ルイザ・メイ・オルコットの名作『若草物語』に対するディスレクシア読者の反応は、一般の読者にはとうてい理解できないものかもしれない。アナ・

クィンドレンは数えきれない本の虫たちの気持ちを代弁し、「『若草物語』は私の人生を変えた」と述べた。[98] 一方、ディスレクシアの回想録はこう反論するだろう。「『若草物語』は私の人生を台無しにした」。どちらの側にとってもこの本は忘れがたい作品だ——ただし、そこにはまったく逆の理由がある。

アイリーン・シンプソンほど、古典文学に対するディスレクシア読者の反感を雄弁に表現した人はいない。一五〇年以上にわたって読者に語りかけてきた小説は、彼女には語りかけてくれなかった。シンプソンは『逆転』のなかでこう回想している。『若草物語』の語り手は恩着せがましく、会話は空疎で、登場人物の区別がつかない。いったい誰がしゃべっているのか——「メグなの、ジョーなの?」——ほとんどわからなかったし、気にもとめなかった。「こんなに退屈な話なのだから、わざわざ確かめる必要はない」からだ。[99] 結局のところこの作品は、思うように本が読めないことをヒロインの「最大の苦しみ」(『若草物語』吉田勝江訳、角川書店)と表現するような小説なのだ。[100] そして、「頁をめくる手がとまらない本」などというものは存在しないと考えるシンプソンは、オルコットの小説の頁数(五三六頁!)を正確に把握していた。ディスレクシアを抱える人間には分量が重要だ。オルコットのファンなら一言一句をかみしめるだろうが、シンプソンは「不必要な箇所」、つまり、著者による挿入、方言、日記の内容、難解な言葉、夢、手紙、自然の描写、詩に関係する部分、固有名詞、芝居の一部始終、複雑な構文、そして四女エイミー・マーチ自身もむずかしいと嘆く字や綴り、「句読点」などを——要するに小説のほとんどを——読み飛ばした。[101] 読み飛ばされずにすんだのは会話だけだった。当然ながら、この容赦ない切り捨てのせいで、小説に対する理解はシンプソンとほかの読者とでは大幅に異なるものになった。『若草物語』を読み終えたときのシンプソンが、乾いた目のままだった数少ない読者のひとりだったのも驚くにはあたらない。なにしろ、三女ベスの死の場面を（「ふーん」と）読み飛ばしていたのだから。しかし、シンプソンのこの反応は、好みの問題というより、認知的差異が本の受け止め方にあたえる影響をあらわすものなのだ。

アルファベットのスープ

難読症《ディスレクシア》の読者の証言は、認知の方法に差異がある場合、同じ頁でも受け取り方が異なることをはっきりと示している。通常、本の頁はめくっても変わらない安定した存在と考えられている。一五世紀にヨハネス・グーテンベルクが考案した印刷機による恩恵のひとつが、「活版印刷の不変性」だった。[102]ところがディスレクシアを抱える人は、「活版印刷の流動性」とでも呼ぶべき観点から――画素で構成されたスクリーン上で見られるような流動的な状態で――頁をとらえている。シンプソンの回想録に書かれているように、非定型的な知覚は「単語が整然と並んだ頁を、アルファベットのスープをよそったお皿に変えてしまう」のだ。[103]ディスレクシアの読者も、ほかの読者と同じように単語を読み解いている。ただし、ほかの読者と同じ単語を読み解いているとは限らないところに、ディスレクシア読者の苦労がある。

ディスレクシアを抱えていると、本を開いたときに何が見えるのだろう？　もっとも多いのが逆向きの文字だ。『逆転 *Reversals*』『逆さま *Reversed*』『ディスレクシアと私と逆向きの人生 *My Backward*

Life with Dyslexia』などのタイトルは、いずれも、文字の順序付けの困難が読字差異の中核にあることを前面に押し出したものだ。[104] ディスレクシアの回想録では、『何かがおかしい *Something's Not Right*』の表紙のように、一部の文字（この場合は「R」）だけを逆向きにする方法も広く用いられている。[105] 読字困難がはじめて報告されたころから、文字がごちゃごちゃに見える現象は知られており、当時、その原因は脳ではなく眼にあると考えられていた。[106] アメリカの神経学者サミュエル・オートンはこうした歪みを「象徴倒錯症」、もしくは、「象徴《シンボル》のねじれ現象」と呼んだ。[107] ところが、ディスレクシアの子どもたちは文字を逆向きに読んでいるという考えが間違っていたことが判明する。原因は視覚の欠陥ではなく、視覚情報の誤認だった――つまり、文字記号を音に変換するプロセスに問題があったのだ。数多くの検査で裏付けられてきたように、文字を正しく読めない子どもたちでも、文字を正確に書き写すことはできる。要するに、問題は言語的なものであり、視覚とは関係がない。認知神経学者のスタニスラス・ドゥアンヌは、この理解の転換を「革命的な」考えと評している。読字困難とは、実際には発話のプロセスにまつわるものなのだ。[108]

現在では、眼の問題はディスレクシアの主因とは考えられていない。視覚に関しては、読字差異の子どももほかの子どもたちと変わりはないからだ。[109] もちろん、視覚は活字を読む際の基盤なのでその障害は読字の妨げにはなるが、もっとも重要なのは脳が情報をどのように解釈するかだ。かつて眼科医たちが述べたように、「読み方を学ぶのは眼ではなく脳」なのだ。[110] 回想録の著者は、定型的な方法で情報を処理するニューロティピカルな読者たちに、文字を読むのには傍から見えている以上の困難があるということをなんとかわかってもらおうとしている。ディスレクシアを疑似体験できるアプリが開発される以前のはるか昔の時代には、ディスレクシアの状態を体験したい人は本を逆さまにして読んでみるように助言されたものだ。[111]

ディスレクシアの回想録の著者たちは、流動的な頁が作り出す障害をさまざまな方法で表現しようとしてきた。かつて「読書嫌いの女優」として知られたスーザン・ハンプシャーは、自伝『スーザンの物語——ディスレクシアに苦しんだ私の人生の記録 *Susan's Story: An Autobiographical Account of My Struggle with Dyslexia*』の冒頭で、あなたたちが見ている頁が普遍的《ユニバーサル》なものだと思わないでほしいと注意を促している。

あなたが、私がここまで書いたものをなんの苦もなく読んできたのなら、目でやすやすと行を追い、文章を全体としてとらえ、後戻りしたり、最後の数語を確認したり、再確認したりすることもなく、また単語を間違えて読んだり、語順を間違えて読んだりすることもなかったのなら、あなたは幸いにも私と同じ問題を抱えてはいないと思われる。[112]

後戻り、確認、再確認、語順の間違い、誤読。不具合を正しながら、標準的な読者がすらすらと読み進める文章に戻していく過程で、読むという行為の性質は変わっていく。ほかにも、ディスレクシアを抱える人が、ほかの人が当然のようにこなしている言葉の処理に苦労する様子を強調する描写がある。ディスレクシアの回想録では、著者が目にしている光景をありのままに伝えるという難題に取り組むことになる。頁の上では、文字が躍ったり二重に見えたり、点滅したり揺らめいたり、輝いたり大きくなったり、脈動したり回転したり、ちらちら光ったり縮んだりしているのかもしれない。ディスレクシアの人々にとって、頁は動きつづける標的なのだ。

回想録の著者は、読字を妨げるリーダーズ・ブロックの感覚を伝えるために、独特な比喩を用いることがある。たとえば、「『猫《キャット》』の綴りは？」というごく簡単なはずの質問が、どういうわけか、ハンプシャーの頭のなかでむずかしい質問に変わってしまったことがあった。ハンプシャーは「頭のなかに糸があって、うまく答えられなかった」と説明している。「実際に、頭蓋骨のなかに糸がつめこまれていて、その端が頭のてっぺんから出ているような感じがした。それを引っ張り出せば頭のなかがからっぽになって脳のもつれを解きほぐすことができるのに、と考えていた」[113] ハンプシャーの描写から察するに、頭のなかで起こっていることと頁の上で起こっていることが、それぞれに彼女の注意を引こうと争っている状態にあり、一方では、もうすこしで答えがわかるという錯覚めいた印象を与えていたのではないだろうか。

ディスレクシアの研究では、二〇世紀の大半を通じて、鏡読《ミラー・リーディング》みと呼ばれる現象を利用して一部の読者が感じる歪みを理解しようとしてきた。文字の方向を正しく認知できないことから、研究者が真っ先に、ディスレクシアと「逆向き」型の音韻化《デコーディング》との関連を疑ったのだ。一九〇〇年には、ミネソタ州の神経科医が、逆向きの文字で書かれた文章はもちろん、本を横にしても上下逆さまにしても読むことができる一二歳の少年の例を報告している。[114] その後の研究によって、一部の読者には文章の向きは重要ではないことが確認された。神経科医のクリッチュリーは、本を上下逆さまにして読めばディスレクシア児の助けになりうるとまで提唱している。[115] ところが、ディスレクシアとミラー・リーデ

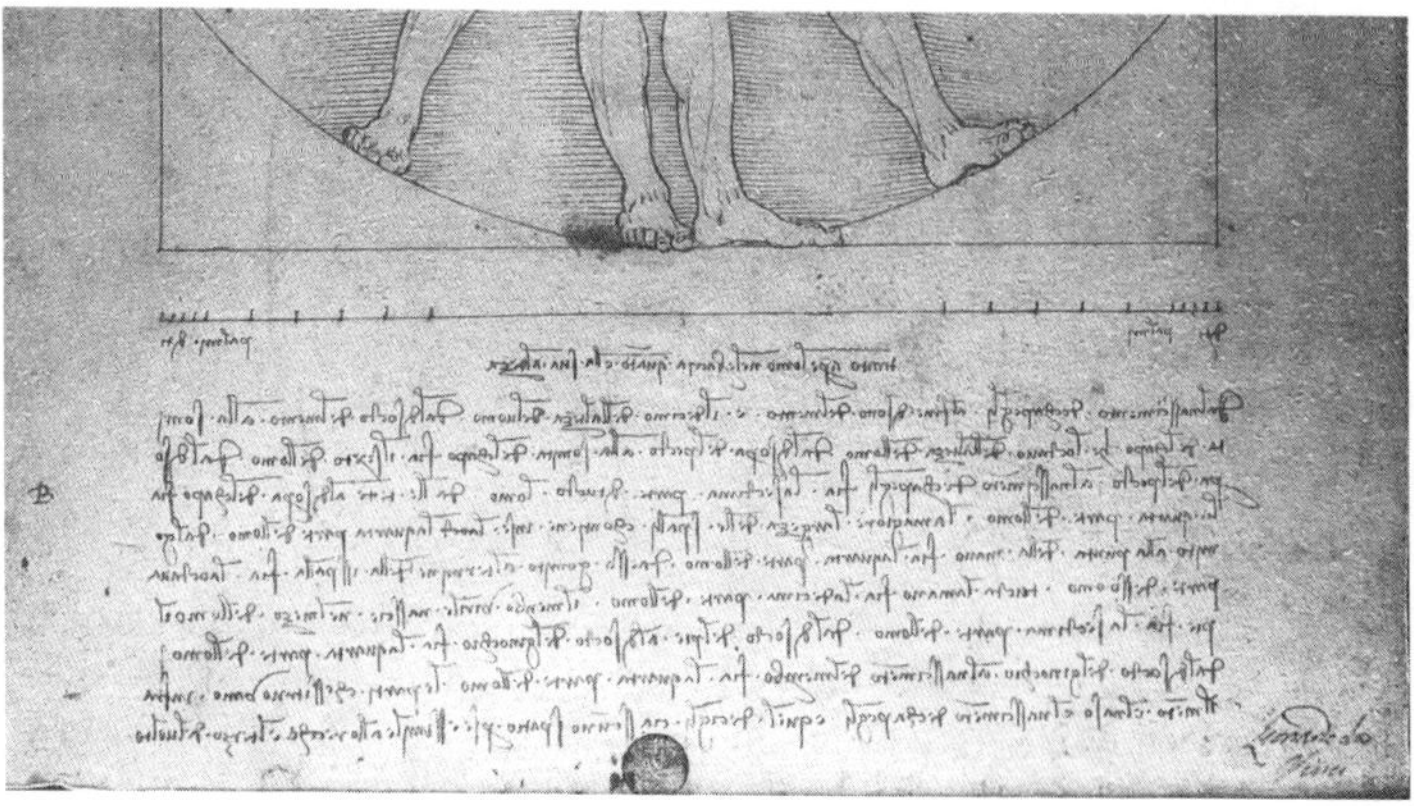

図1　レオナルド・ダ・ヴィンチの鏡文字。『ウィトルウィウス的人体図』より1490年頃）

イングに関連があるとする類推も、別の誤解に基づいていることが判明する。どちらも普通の読み方とは異なっているものの、文字の逆さ読みは子どもの発達初期段階でよくみられるものだった。つまり、ミラー・リーディングは、ディスレクシアに突出したものではなかったのだ。

また、鏡文字という補完的な技法——文字を通常とは逆の進行方向で書き、文字自体も左右が逆転するため、普通の文章を鏡に映したような形になる——も、現在ではディスレクシアの証拠とはみなされない。レオナルド・ダ・ヴィンチが何千頁にもおよぶノートを鏡文字で埋めつくしたという、有名な例を考えてみよう（図1）。一六世紀にフィレンツェで活躍した画家ジョルジョ・ヴァザーリは、次のように書いている。

> 彼は左手で左右逆の見にくい文字を書き加えた。それは読みなれない人々には理解することができないであろう。というのも、実際のところ鏡がなければ

読むことができないからである。(『芸術家列伝3　レオナルド・ダ・ヴィンチ、ミケランジェロ』田中英道ほか訳、白水社)

ダ・ヴィンチは実際にディスレクシアだったかもしれないし、少なくともニューロダイバージェントな読み手だった可能性はあるのだが、鏡文字は決定的な証拠とは言い切れない。たいていの人は少し練習すれば逆向きに書けるようになるからだ。[117]（鏡文字に関する研究で指摘されているように、額に紙をあてて書いてみるといい）。[118]またルイス・キャロルは、鏡にかざして読むようにデザインされた「鏡の国から」の手紙で知人たちを楽しませたことで知られている。『鏡の国アリス』でも、アリスが鏡の国で真っ先に出会ったもののひとつが、鏡文字で印刷された本だった。[119]

それでもなお、ディスレクシアと鏡像の関連性はそれ相応の理由で一般のイメージに浸透している。文字通りには無理でも、比喩的なレベルでは依然として便利に使われているのだ。なぜなら鏡像は、情報処理を独特な方法で行うニューロダイバージェントな脳と定型的な方法で行うニューロティピカルな脳の対照的な視点を写実的に表現してくれるものだからだ。どちらも同じ頁を読んでいるはずなのに、それぞれが別の物を見ているという二種類の読者。『ディスレクシアのディック *Dyslexic Dick*』をはじめ、多くのディスレクシア回想録の表紙に順方向と逆方向のタイトルが印刷されているのは、ひとつにはそれが理由となっている。[120]逆さ文字は、認知的差異の複雑な配列や、文書処理の困難さを、目に見える形に削ぎ落とす役割を果たしている。

実を言えば、ディスレクシアを抱える人には、どの方向の文字であろうと読めない可能性がある。

ほとんどの読み手がいずれは単語と音声の結びつきを習得する一方で、その秘密を最後まで解き明かせない者もいる。彼らにとって、文字は不透明なインクの染みのままなのだ。『合格すること』の著者アパムは、一年生のときにどれほどアルファベットにとまどったかを明かしている。「頁上のくねくねした線も、それに対応するという音も、いくつかのくねくねの塊として読まれる単語も、まったくわけがわからなかった」。[121] くねくねの異なる組み合わせが単語になることにアパムが気づくのは、それから何年も経ってからのことだ。『なぜジョニーは読むことができないのか』といったディスレクシア関連本は、向学心はあっても単語のデコーディングという概念そのものにとまどってしまう読み手の助けにはならなかった。

一部の読み手にとっては、ひとつの単語が次に見たときにも同じように見えることはめったにない。たいていの子どもは個々の単語を記憶して脳内に蓄積していくものだが、あるディスレクシアの一年生は自分のことを「ものすごくわしゅれやすい」と評した。[122] くりかえし目にしたとしても、なぜか単語は未知との遭遇になる。『ディスレクシアと生きる *Living with Dyslexia*』によれば、ある子どもは「said」を認識するのに三年間の努力を要した。またアパムは、誰かが元々の語順を変えてしまうと、「was」「want」「what」「which」「went」「where」「why」「who」の意味がわからなくなってしまった。[123] ディスレクシアの退役軍人は、子どものころに、どの単語も一〇〇回書くというくりかえし学習が必要だったという。[124] 似たような綴りの単語はとりわけ判別がむずかしい。たとえばディスレクシアの読者は、古代ローマの詩人ウェルギリウスの叙事詩『アエネーイス』に登場するアカテス、アンキセス、アスカニウスを同一人物と思いこんでしまうかもしれない。[125] 異なる単語（「genetically」

と「generally」）を同じものだと錯覚する恐れがある一方、同じ単語なのに別物と認識する場合もある（「Ascomycota」と「ascomycota」）。[126] 辞書は、そもそも単語を探すのに必要なスペルや文字の認識能力がない人には役立たない。たとえばハンプシャーは、辞書で「endefarint」「endefarent」「endeferent」と引いてはみたものの、とうとう「indifferent」にたどりつけなかった。そして正確なスペルを教えてもらったにもかかわらず、「i」の項目をみつけられなかった。[127] 一部の回想録に掲載されている手描きの文章を見ると、ディスレクシアとほかの人々では、言葉の伝わり方がどれほど違うかがひと目でわかる。『ディスレクシア――私の相棒 *Dyslexia: I Live with It*』では、著者作成の原稿と編集後の原稿の画像を並べて載せて、比較できるようにしている。[128]

「読む」という行為が意味するもの自体、ディスレクシアの人とそうでない人とでは異なる可能性がある。それどころか、ディスレクシアの回想録で読字の現象論的説明を読むと、仕組みの異なる頭脳に同じ言葉をあてはめていいのかという疑問がわいてくる。アイリーン・シンプソンは『逆転』のなかで、「自分のしてきたことがなんであれ、それが〝読む〟とは呼べないものであることはわかっている」[129] と述べている。彼女の頭脳は文字を入れ替え（「and」を「nad」に）、足したり引いたりして（「before」を「bfore」に）、余分な音節を挿入する（「examimine」）。しかし、それ以上に大きいのは、頁が静止しているか常に動いているかという知覚の違いだろう。単語が「濡れたインクのように頁からしたたり落ちる」というソフィー・コンランの説明は、さながら読み書きを主題にしたホラー映画の一場面だ。また、単語がごちゃまぜになったり、合体したりして、「意味のない混沌」に陥るせいで理解できない人もいた。[130] 『読むことができなかった教師 *The Teacher Who Couldn't Read*』の著者ジョン・コーコランには、本の行が「意味をなす前に溶けていくように思われた」。[131] 形だけでなく、カメレオンのように色まで変わる。少なくともフィリー・シンダーの目には見えたそうで、頁の上で虹色の光が点滅していたので読むのをあきらめてしまったそうだ。[132]

彼らにしても、単語が動かずにいてさえくれれば、ずっと楽に読めるに違いない。単語が頁のあちこちで跳ねたり踊ったり、点滅したり渦を巻いたりするので、読むなんて不可能なことにしか思えないと嘆く記述は多い。『ディスレクシアの現実』によれば、ある一〇歳の生徒は、スペリングのリストに並んだ単語がせわしなく動きまわるのを見て泣きだしてしまった。また、ジェーン・オースティンの『エマ』をなんとか読破しようとしていたハイスクールの生徒は、やはりうろうろする単語のせいで挫折した。ちなみにこの小説のヒロインは冒頭で、「悩みらしい悩みをもったことがない」(『エマ』ハーディング祥子訳、青山出版社)と紹介されている。[133] さらに悪い例になると、スティーヴン・サットンは受け持ちの小学生に音読しようとしたとき、頁の文字が動きながら浮き上がってきたように感じたそうだ。[134] ディスレクシアの人は、粉末で絵を描くエッチ・ア・スケッチに書かれた文字を読んでいるようなものなのかもしれない。対照的に、デジタルスクリーンの鮮明さには効果が期待できる。あるコンピューターユーザーが、「文字が静止して見える」と報告しているのだ。[135]

ディスクレシアの回想録の著者は、頁の揺らぎとはどんなものなのかを説明するために、よくスクリーンを例に挙げる。テレビは本の対極にあるとされるのが一般的だが、エイブラハム・シュミットは、本の比喩にテレビを用いて流動する頁の悲惨さを伝えている。

ぼくの目がどくどくと脈打っているのか、単語にピントがあったりあわなかったりする。まるで嵐の強風にもまれて、アンテナが前後に揺れているときのテレビ画面みたいだ。頁がはっきりしたり、またぼやけたりするので、ぼくは猛烈な速さで読む。活字が頁から浮き上がっていかないよう、行の端をどれも両手で押さえておくほうがいいのかもしれない。読み終わるまで、どの単語もその場所にとどめておかなければ。さもないと文字が急激に乱れたり、単語が一気に消え失せたりする。いくつかの単語はあっさりと消えてしまい、ぼくはそんなものなど存在しなかったかのように読み進めていく。[136]

読書をするとくたくたになるという人がいても不思議ではない。この場合、ほんの短い間だけしか単語が読めないので、読字プロセスは、ほかの側面よりもデコーディングすること――あるいは、デコーディングしないこと――に重点を置くという偏ったものになる。「猛烈な速さで読む」というシュミットの型破りな方法が示すように、ディスレクシアは何を読むかだけでなく、どのように読むかということにも影響を与え、細部までしっかり読めるようになりたいという願望をほどほどのところで満足させる。

流動する頁という概念は、このグループに遅読者と速読者の両方がいる説明になるだろう。人によっては、文字が動くと読むスピードが落ちていく。ディスレクシアのせいで、五頁の本を読むのに何時間もかかる人もいる。[137]（ある回想録の著者は、キンドルの画面を拡大すると速く読んでいるような気分になると助言している）。しかし、変動する頁は、遠ざかっていくアルファベットに遅れまいとして必然的に速く読むという、逆の効果を生むこともある。ジェニー・ピールは可能なかぎり速く読んで、「飛び跳ねる」活字をやっつけた。[138] 同じように、クリストファー・リーも授業の進行度にあわせるため、全速力で文章を読んだ。「ちらっと見ることが、読字における主要な補償戦略になった」とリーはいう。[139] 理解力がデコーディングのスキルを上まわることはままあるので、うまく読めなかったとしても内容を理解できるだろうし、少なくともだいたいの意味はわかるだろう。かなりの部分を推測に頼って本を読んでいたある人物は、読字を「自由翻訳」と呼んだ。[140]

それでも、遅読は無読にまさる。多くの場合、読者の注意をひきつけるために、文章は文章以外の刺激と競わなければならない。誰の心もさまようものだ（この段落にたどり着くまでに、あなたの思考も一度ならず迷子になっていたはずだ）。しかし、ディスレクシアが関連性の高い注意欠陥障害（ADD）や注意欠陥多動性障害（ADHD）と合併した場合――その割合は四五％にものぼるとされる――頭脳はとくに注意散漫になりやすい。[141] 言語処理に問題があるのがディスレクシアなら、ADHDは注意力に問題がある。後者に属する人にとっては、ほんのささいな雑念が読字にとっては命取りになりかねない。シュミットの頭脳は、ほかの人なら無視するような周囲の音にとりわけ影響を受けやすかった。「静かなリビングで本を読んでいると、車が外を通り過ぎる。ぼくの心は頁を離れ、音を追う」。[142] ますます流動的になっていく頁に集中しようと手を尽くしても、シュミットは自分をつかまえておくことができなかった。

頭を固定しておくために指で両頬をつまんだのを覚えている。指の爪で空間をがっちりとつかんだ。印刷された頁がただよいはじめ、文字が流れていく。読めるだけの時間そこにとどまらせるためには、必死の努力をするしかない。

ぼくの目はときには行を追う努力をしたが、何をいっているのかさっぱりわからなかった。ぼくの脳はどこかへ行ってしまったのだ。脳をきちんと働かせるために、文字通り脳を手でつかんでいるさまを思い描き、目でひとつひとつの単語を追った。またもさまよいはじめようとする心を押しとどめ、力をふりしぼった結果、自分がふたたび遠くへ行ってしまう前に段落をいくつか読むことができた。[143]

シュミットが育ったメノナイト〔質素を旨とし平和と非暴力主義を奉じるキリスト教再洗礼派の教派〕の村では、子どもたちは文字を流ちょうに読めるようになるまで黙読することを奨励されていた。この教育法はフランク・スミスの誤った提言、「ディスレクシアをなおすには読めばよい」[144]を彷彿とさせる。泳げない子どもをプールに放りこむのと同様の読み書き教育といえるだろう。

落ち着きのない心には、本を読めるだけの集中力を保つのはむずかしいことかもしれない。あるADDのガイドブックでは、「私たちは本書の読者のみなさんの多くが、実際には読者といえないことを知っています」と呼びかけている。[145]侮辱というよりも、集中力の不足が人々を本から遠ざけたり、本を手にしたとしても娯楽ではなく持久力テストのように感じさせてしまったりすることは理解していますよ、と告げているのだ。精神科医のゲイル・サルツは、「読むことが、とりわけADDの子供には苦痛の種になることが多い」と述べている（『脳の配線と才能の偏り』竹内要江訳、パンローリング社)。[146] 興味がもてることであれば集中するのが苦にならない生徒でも、ふとした拍子に心がさまよいはじめ、眼と脳の配線が断たれてしまう。トム・ナードンが八年生のときに英語で失敗したのは、本に集中できなかったせいだ。「怠けたせいじゃなかった」と、ナードンは言う。「きちんと物語が読めるよう、脳を静かにさせておく方法がわからなかっただけだ」[147] そんなわけで、二、三頁も読むと筋がわからなくなってしまうのは仕方のないことだった。

多動児が本を読む様子を描いたもっとも古い記述は、集中するのが苦にならない読者に向けた本のなかで見つかった。読字困難は、落ち着きのないフィリップや窓の外ばかり眺めているウェンディといった典型的多動児が示す症状のなかでも、きわめて特徴的なものとされていた。[148] マスコミはこういった子どもたちの戯画をこしらえては、落ち着きがないせいでじっと座って読むことのできない子どもをテーマに取り上げ、たとえば、「壁をのぼるビリー」などを主人公にした記事を時代に合わせて掲載してきた。[149] 不安を抱えた親に対しては、リタリンなどの精神活性薬を扱う製薬会社が、多動児が素直な生徒に変貌するという広告を打った。あるニュース記事の内容は、クラスメートとけんかをし、宿題を破り捨て、文字を読むのに悪戦苦闘していた六歳の「ジャッキー・D」が、リタリンの服用によって模範的な生徒に変貌する——化学がもたらす鎮静作用でうまく読めるようになる——というものだった。[150]

ADDやADHDの読者の場合、薬物療法を受ければ、たしかに集中力が劇的に改善する可能性がある。短編小説を読み終えるのさえ大変だったのに、刺劇薬の作用によって読むのに夢中になる人もいるだろう。ニコルズは、『ニューヨーク・タイムズ』紙を隅から隅まで読んだ。「読む——それが、リタリンでやっていたことだ」と彼は言う。「リタリンの服用中は読むのがおもしろくてたまらなかった。多幸感と希望で頭皮をヒリヒリさせながら、新聞や本を次から次へと読んでいった」[151] ところが、高揚感はつづかなかった。依存症を避けるため、ニコルズは錠剤をトイレに流した——小説を読了するチャンスとともに。

リーダーズ・ブロックの事例は、読むのに必要な注意と不注意の両方を適度に保つことのむずかしさを示している。集中力が低すぎると読字の妨げになるのはもちろんだが、集中力が高すぎても逆効果になることがわかったのだ。ある少年は、読むのに集中するあまりまばたきを忘れてしまった。[152] また、それぞれの単語のデコーディングに精力をそそぎすぎて、話の要点をつかみそこねる人もいた——クロース・リーディング（精読）のやりすぎに警鐘を鳴らすエピソードだ。ハーシュマンは『行ったり来たり』のなかで、次のように述べている。

けんめいに集中すればわかるはずだと考えた。ところが文字の塊に集中しているうちに、何を読んでいたのか忘れてしまうのが常だった。私の注意はすべて、こちらを威嚇してくるひとつの単語に向けられていた。[153]

頁を過度に意識すると、そのこと自体が注意散漫をまねく。なぜなら話を伝達する文字を視界から消して内容を理解するためには、ある程度の不注意が必要だからだ。「私の場合は、読むという行為そのものに気を取られるのが問題だったように思います」と、ある弁護士は述べている。[154] 間違いや誤植はもちろん、「・i」の点がないだけでも、彼の注意は文章の意味から逸れてしまう。

デコーディングに集中しすぎても、部分的な要素がどんどん作業記憶から抜け落ちていき、テキストのさまざまな部分を組みあわせて一貫性のある全体にまとめることができなくなる。「本を読もうとしても、情報が脳に残らなかった」とポール・ニクソンはふりかえっている。「一頁読んで、次の頁に行くと、もう前の頁で読んだことを覚えていない。とにかく、その情報をつかまえておけなかった」[155] 本を閉じれば、その瞬間から時計が動きだした。ある生徒は、詩を覚えても一五分で忘れてしまった。彼女はその理由を、「私の脳には何も残らない」[156] と表現している。人によっては、読んだ内容を忘れるだけでなく、読んでいる最中から忘れてしまう。ディスレクシアが文章を思い出す能力に――もしくは、その能力の欠如に――影響をおよぼすことをはじめて公表した人々のひとりが、シンプソンだった。彼女に言わせれば、読書は記憶喪失と似ていた。頁から顔をあげるころにはなにもかも忘れてしまっているからだ。どうやら集中力がとぎれると、つまりシンプソンがユーモラスに「遁走」と呼ぶ状態になると、心のスイッチが切れるらしい。「目が読む動作をしているあいだに、私の心はどこかに行っていた。でも、どこに？」[157] ディスレクシアの人々は、常に心が迷走する危険につきまとわれている。読書中はとくに白日夢に襲われやすい傾向にあるようだ――読書という現実逃避だった。[158]

迷走する心の持ち主は、本の一節をくりかえし――もっと言えば二回は――読まなければならないときがある。アージイ・ホスキンズにとって、自分にこう問いかけるのは必然的なことだった。「さて、いま読んだのはなんだった？」[159] 初読はデコーディングのみにあてられるので、彼女のような読者が読んだ一節を意識に定着させるには、四、五回の読み返しが必要だった。二〇世紀前半にディスレクシアの研究と治療にあたったオートン博士の質問に、あるティーンエイジャーは「単語によってはスペルを理解するのにものすごく時間がかかるので、読み終わったときには、その前に書かれていた内容を忘れているんです」と答えている。[160] 何回か読み返してからでなければ、理解がはじまらなかったのだ。従って、ジョー・リーズは少なくとも五回は読まないと何ひとつ理解できなかった。[161] これは、厳密には読み返しとはいえないだろう。初読を何度もくりかえしているといったほうがいい。

読書に不安を感じるディスレクシアの人々がもっとも楽に読める方法は、自分が読んでいるという事実を無視することかもしれない。詩人のフィリップ・シュルツは、興味のほうが本を読む不安を上まわったときだけは、着実に読み進められた。そうでないときは自意識に邪魔をされて、プロセス全体が滞った。シュルツは自伝『私のディスレクシア』のなかで、「ああ自分は読んでいる、この不思議な充電の過程が進行するべく行動しているのだと意識してしまうと、私はたじろぎ、頭が真っ白になって不安のあまり止まってしまうのだ」(藤堂栄子監訳、東京書籍)と述べている。[162] このリーダーズ・ブロックの説明と、俗にいう作家の筆が止まる現象はよく似ており、文字で真っ黒な頁と文字のない真っ白な頁はどちらも自意識をひどく消耗させるものらしい。シュルツによれば、ウォーカー・パーシーの『映画狂時代』を読み終えられたのは、「読んでいることに気づかないまま読んでいた」からだった。[163]

読字差異に対する理解がほとんどなかった難読症《ディスレクシア》の暗黒時代、人々は識字能力を身につけるためにありとあらゆることを試していた。ゲイルは、学校に提出する課題の隅に「ワタシヲタスケテ」と書いた（しかし誰も彼女の字を判読できなかった）。[164] ナタリー・ニールソンは寝る前に毎晩祈りを捧げた。[165] ネルソン・ローヴァーは、二〇代になってからもひそかに『セサミストリート』を見ていた。[166] 絶望のあまり、バラ色の眼鏡を通して世界をみようとした人々もいる。これまで見てきたように、ディスレクシアの人々の視点を説明するための比喩のひとつが鏡だとしたら、読字障害を抱える人々に処方されるカラーレンズもほかの人々との知覚の違いを知る手立てとなるはずだ。カラーレンズ眼鏡は、いってみれば、ほかの人とは異なるレンズを通して同じ頁を見ているというディスレクシアの人々の特質をよくあらわしている。読字の苦労を軽減させるためのカラーレンズの使用は、読字困難の解消には至らないまでも、文章の解読を妨げる知覚の歪みに対する認識向上に役立ってきた。この章の締めくくりとして、その経緯をたどってみよう。

　教育者たちは二〇世紀を通じて、かつては教えるのは不可能と考えられていた生徒の読字能力を高める指導法を開発してきた。サミュエル・オートンが指導法を考案したことにはすでに触れたが、このオートン＝ギリンガム＝スティルマン法——言葉の発音の仕方、書き方、聞き取り、アルファベットの粘土模型の作り方などを教える指導法——は、現在も教育現場で用いられている。ほかにも眼球の運動訓練、遊戯療法、ビタミン大量投与、さらには催眠療法まで、学習障害の治療法としてさまざまなものが提唱されてきたが、信憑性を疑う声は多い。もっとも人気のある治療法のひとつに、色を用いる方法がある。一部の専門家によれば、カラーフィルターは「視覚的ストレス」、つまり、光の感受性障害、文字の誤認識、知覚の歪みなどの症状を持つ生徒に役立つそうだ。[167]眼科医によっては、受診した人に「ものを読むとき、文字がありえない状態になったりしませんか」と質問して検査を行うことがある。[168]文字がぼやけたり、二重に見えたり、ちらついたり、大きくなったり、動いたり、縮んだり、反転して見えたりする場合は、いずれも視覚的ストレスの症状と診断される可能性が高い。その結果を受けて、親や教師が文字を読んでいる子どもに次のような行動がみられるかどうか注意するよう促される。たとえば、目をこする、片目を覆う、まばたきが多い、サングラスをかける、文字に顔をすごく近づけたり離したりする、あくびをする、そわそわする、ページから目をそらす、指で文字を追う、といったものだ。

色が読字に与える影響については、すでに一九五八年の時点で明らかになっていた。白地のカードに書かれた単語は認識できないのに、黄色のカードであれば認識できる九歳児の症例を小児科医が報告している。[169]ところが、色のもつ潜在的利益が注目されるようになったのは、教育現場で、さまざまな色の半透明プラスチックシートを頁の上に置くようになったことがきっかけだった。一九八〇年、ニュージーランドのオリーヴ・ミアーズという教師が、印刷物の上にプラスチックのカラーシートを置くと、読むときに一部の生徒が訴える知覚の歪み——ぼやけたり、動いたり、跳ねたり、ちらついたりするなど——を軽減できると提案したのだ。たとえば、色付きのオーバーレイシートには、白黒の印刷物のコントラストをやわらげる効果があると考えられていた。一部の生徒を悩ませていたのがこのコントラストだったのだ。ある生徒は「不公平だよ！」と、出版社への不満を漏らしている。

彼らのつくる本の表紙は読める。でも、本を読もうとすると、なかはどこも白黒でぎらぎらしていて、読めない。頭が痛くなるってわかっているくせに、彼らは気にしない。[170]

頭痛を起こす読者の多くにとっては、フィルターを置くことで背景のまぶしさが軽減されるようだ。ミアーズの画期的な報告から三年、アメリカの心理学者ヘレン・アーレンが、プラスチックのカラーレンズを使った眼鏡を使用するという、さらに踏み込んだ治療をはじめた。このカラーレンズ眼鏡の成功で資金が集まったことから、視知覚検査などを行うアーレン研究所が開設され、アメリカ内外の学校でカラーシートの使用が普及した。[171]アーレンは米国心理学会の年次総会で、読字の問題には脳が視覚情報を処理する方法がかかわっていると発表している。アーレンが名付けた「光の感受性障害症候群（ＳＳＳ）」、一般には「アーレンシンドローム」として知られる状態と診断された生徒たちは、頁を見ているときに高レベルの不快感を経験していた。『アーレンシンドローム――「色を通して読む」光の感受性障害の理解と対応』は、「読むことがつらい！」（熊谷恵子監訳、金子書房）という、たったひとつの理由から本を遠ざけている人々を対象に書かれたものだ。[172]

アーレンの研究がもたらした成果のなかでもっとも刺激的だったのは（少なくとも読字に関する歴史を追ってきた者にとっては）、誰もが同じ頁を見ているわけではないことを裏付ける個人の証言かもしれない。うまく読めずに苦しんでいる人は、上手に読める人とはまったく異なる頁を目にしているようだった。ガートルード・スタインの名言「バラはバラであり、バラであり、バラである」をもじって言うなら、「バラはバラでなく、バラでない」とでもいうところだろうか。読字困難を抱える人々の多くは、ほかのみんなも歪んだ文字を見ていると思い込んだまま成長してきた。作家のアヨフェミ・フォラヤンは、「ほかの子どもたちは活字や行がきちんと並んだままの頁を見ているなんて知りませんでした。瓶の口から這い出そうとしている虫の集団みたいな、おかしな角度で「動いてるんじゃなくて」」とアーレンに語っている。[173] こうした告白が示すように、ディスレクシアの人々の歪んだ知覚を矯正しようと試みたことで、そもそも彼らがどれほど風変わりな頁を目にしていたのか確認できたのだった。

アーレンの研究によって分類されたさまざまな知覚の歪みによって、本の頁の見え方がほかの子どもたちとはまったく異なる生徒がいるという考えが裏付けられた。たとえば、アーレンが光背現象と呼ぶ知覚をもつ人の場合は、文字の周囲が白く輝いて見えるし、ホワイトアウト現象では背景の白と活字の黒が競合して文字が見えにくくなる。また、ある生徒はこんな報告をしている。「それぞれの文字は、明るく白いコロナ（光冠）をもっています。もし、私が1つの領域に集中してそこを見ようとすると、紙面の白色は文字のあいだに広がり、やがて文字を消してしまいます」（熊谷恵子監訳、金子書房）[174] これを洗浄現象といい、白が活字の境界を侵食するため、たとえば「b」「d」「o」はぼんやりとした丸にしか見えず、事実上区別がつかなくなる。またリバー現象では、単語が固まって動きだすように見える。「文字の集まりは見えますが、ひとつの単語がどこで終わって、次の単語がどこからはじまるのかがわかりません」と、ある生徒は語っている。[175] オーバーラップ現象の場合は、文章を構成する単語が重なり合って、「文章というよりはごちゃ混ぜの文字」になってしまう。[176]

ほかにも、光の処理の問題で、文字が絶えず動いているように見えてしまう事例が報告されている。回転現象では、文字が左右、上下、あるいは無秩序に動きまわる。ある生徒によれば、文字は「踊るドットの集団」のようだったという。[177] シェイキー現象では、文字は拍動するかのような動きをみせ、活字の色は黒から灰色へ、また黒へともどる。ぼやけ現象がある人の目には、単語と背景がまざりあって見える。ある学生が言うには、「活字が消え、種々雑多な色つきの影が頁の上を漂うのです」[178] 最後に、シーソー現象の場合、どの行の文字も傾いたり、伸びたり、重なりあったりする。要するに、アーレンシンドロームに当てはまる読者とそれ以外の読者は、まったく異なる頁を見ていたのだ。ほとんどの人が、読み手によって変わることのない静止した頁を見ているのに対し、アーレンのグループは流動的な頁を見ていた。頁が動けば、音韻化《デコーディング》のプロセスだけでなく、そこから派生するはずの解釈の幅にも影響が及んでくる。視覚的ストレスとディスレクシアが組み合わさると頁はほとんど判読できなくなるので、それを克服するのは至難の業であることもわかった(ある算定では、ディスレクシアの六五%が視覚的ストレスを抱えているとのことだ)。[179] 両方の症状に苦しむ、ある生徒がいみじくも述べたように、「読むって、本当にたいへんです」[180]

従って、流動的な頁を静止した頁に変えられるならと、子どもたちがカラーレンズやカラーフィルムという選択肢を受け入れても不思議はない。それどころか、色を通して読むことで違いを実感した人々もいる。ローヴァーの劇的なビフォー・アフター体験談によれば、最初に目に映った頁はただの混沌だった――「一番ぴったりくる表現を探すと、誰かがテキストの上に網戸の網を置いて、ぼくが上から文字を読もうとすると、その網をあちこちに動かすような感じだった」

――ところが、色付きのオーバーレイシートをかぶせるとすぐさま読む能力が改善した。[181]「効果があった！」とローヴァーは書いている。「黄色のセロファンシートが、脳の混乱と不安をしずめるのに役立ったのだ」[182]

同様に、教育心理学者のデイヴィッド・グラントも、ライムグリーンのオーバーレイシートを用いると生徒たちが文字を読む速さが三〇％も向上することを発見した。ある生徒はカラーシートのおかげで「単語が単語に見える」と述べている。[183] また、カラーレンズを用いるまでは読書に身体的苦痛を覚えていた科学者アリソン・ヘイルの証言は、非常に説得力がある。ヘイルは、「友人たちがどうして読書を楽しめるのか、私には理解できない」と著書の『別の世界にいるあなたと私 *My World Is Not Your World*』のなかで述べている。

なにしろ、読書は本当に苦痛なのだ。読めば必ず頭痛がおこり、ずきずきと目が痛む。いま読んでいる箇所を見失うまいと、行を飛ばさないように栞《しおり》をあてたり、文字を見逃さないように指で追ったりするから、手まで痛くなってくる。みんなはどうやってこの痛みに対処しているのだろう？[184]

カラーレンズを使うことで、意識的に読める範囲が広がり、まぶしさや影が減り、単語の動きが少なくなり、視野全体に白い点や砂粒状の細かい点があらわれる時間が減少した。そして疲れるまでに一五分間は読んでいられるようになった――ヘイルのこれまでのスタミナからすれば、いちじるしい

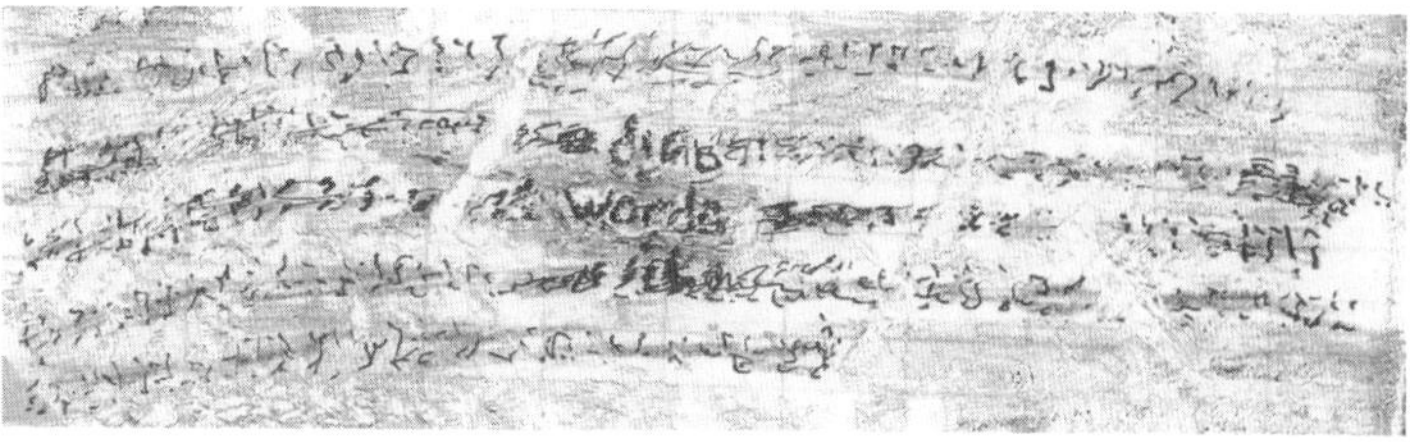

図2　アリソン・ヘイルに見える典型的な頁のスケッチ。アリソン・ヘイルの厚意により転載。

改善だ（図2）。カラーレンズ眼鏡のおかげで「普通の」読者がどのように頁を見ているかを理解するのに役立った、とヘイルは評価する。[185]

カラーフィルターは明らかに一部の読者の役に立っている。しかし、数多くの証言があるにもかかわらず、科学的な試験ではカラーフィルターの有用性は確認されていない。オーバーレイシートには読者の快適度を向上させる可能性があり、おそらくはプラシーボ効果による改善がみられるという検査結果は出ているのだが、読字パフォーマンスの向上という大々的な主張は、いまのところ厳密な検査には合格できずにいる。[186]従って「アーレンシンドローム」は、臨床治療の診断名というよりは、読者が体験するさまざまな知覚の差異——この章で流動的な頁と表現したもの——を簡略化した表現と考えるべきだろう。

特別仕様のレンズがどれほど魅力的であったとしても、ディスレクシア・スペクトラムに関わる認知言語処理プロセスに最適な治療は、やはり効果が実証された改善指導だろう。言い換えれば、バラ色の眼鏡を通して世界を見るだけではおそらく問題は解決しないということだ。カラーレンズが読字差異に悩む人の助けとなるとしたら、その主な役割は、知覚そのものが原因でほかの読者とは異なる頁が見える人がいるという大前提を万人に知らしめることだろう。

ディスレクシアの人々の回想録は、読字について広く浸透している先入観――読むのは楽しい、生まれつきの能力、意識しなくてもできる、一生失われない能力、成功に必要なもの、知性に代わるもの――に異を唱えるものだ。読み間違える、読めない、読みたくない。そんな人々の生の声は、識字能力は無知から叡智に至る道という通説を打ち砕く。すべては、書かれた文字を解き明かす、後天的な能力のおかげなのだ。「読むのは楽しいことではない」と、不満を抱く人々のひとりは訴える。「それは辛い作業であり、私にとってはストレスのたまる行為だ」[187] 信号対雑音比が低い、つまり、信号よりも雑音のほうが大きい状態でテキストと向き合っている人々の実体験は、識字能力を称える数々の物語から取り残された人の個人的、社会的、精神衛生的な課題に声を与えるものだ。ただし、彼らの物語は、ほとんどの人が決まった動きのように感じているプロセスの諸要素に光を当てることで、「読む」という行為そのものをもっと包括的に理解するように訴えるものでもある。とりわけ鮮明に浮かび上がるのが、ディスレクシアの人がテキストと向き合う際に欠くことのできないデコーディングの役割であり、読み間違いをしたのがどんな人間で、それがどれほど些細なものであろうと、本の理解に影響を及ぼすことに変わりはない。そう考えると、ディスレクシアの人々の証言は、デコーディングのプロセス自体から実にさまざまな印象が浮かび上がってくることを、読者が認識するきっかけを与えているといえる。こうした体験談は、「おまえは読めない」とささやくディスレクシアの人々の内なる声を、「あなたは読める――ほかの人とは読み方が違うだけだ」という、より前向きなマントラに置き換える方向に機能している。[188]

この章で取り上げた回想録は、ディスレクシアの人にも読書について語る資格はあるという主張も行っている。彼らの回想録は多くのことを成し遂げた。読字に奮闘する苦悩を記録し、認知用語に身体的な観点からの記述を加えることによって「読む」という行為に新たな角度から光を当て、認知的差異が頁の知覚にどれほど影響を与えるかを示し、こうした差異が人々のアイデンティティー形成に関わっていく過程をたどり、ディスレクシアの人々に自身を語る場を与えている。なぜなら、ディスレクシアの歴史は、ディスレクシアの人々の歴史でもあるからだ。彼らの証言は、読書が人生を変えるとは――少なくとも良い方向に変えるとは――限らないことを改めて思い出させてくれる。識字物語の大部分にくらべれば、ディスレクシアの人々の回想録の目標は控えめなものだ。「読む」という行為が、読めない人の人生に居場所を見つけるまでの課程を記録することなのだから。こうした著者のひとりの言葉でこの章を締めくくろう。「うまくは読めなかったが、とにかく読んだ。これって、すごいことじゃないだろうか?」[189]

第二章　過読症――ハイパーレクシア

「文章を読んでも個々の単語しか頭に入ってこない」
――ドナ・ウィリアムズ『自閉症だったわたしへ』（河野万里子訳、新潮社）

キム・ピークが生涯にわたって読書に興味を持ちつづけたという事実は、独特な方法で情報を処理するニューロダイバージェントと呼ばれる人々に、読字に好都合な能力が備わっている可能性を示すものだ。序章で触れたように、ピークは本の見開きの頁を、それが横向きになっていようが、上下逆さまになっていようが、鏡に映ったものであろうが、左目と右目で同時に読むことができた。さらに彼は、読んだ内容のほぼすべてを覚えていた。一万二〇〇〇冊を超える本をほとんど記憶していたことで、ピークは「キムピュータ」の異名をとる。[1] 現在では、通常のサヴァンを超えた「メガサヴァン」として人々の記憶に残る存在だ。

まったく字が読めないと思われていたことを考えれば、ピークがひとりの読者として成し遂げた素晴らしい業績はとりわけ印象に残る。ピークは一九五一年、ソルトレイクシティで生まれた。難産だったために脳に損傷を負い、生後九か月のときに医師から「知的障害がある」と宣告された。[2] 父親の話によれば、それにもかかわらず、キムは早くから本に興味を示し、三歳で辞書を引きはじめた。それからすぐに、本の頁番号を言うだけでその頁のすべての段落を暗唱するようになり、六歳になるころには、同じ年頃のほとんどの子どもがドクター・スースの絵本を読んでいるというのに、百科事典全巻の索引を暗記していた。大人になっても一日に最低三時間は読書をつづけ、年鑑、地図帳、カタログ、百科事典、雑誌、電話帳など、活字になっているものであればほとんど何でも読みあさった。ときには、数分おきに読む本を変えながら、二、三冊を並行して読むこともあった。読書に夢中になると、目を細めて鼻先を頁から一五センチほどまで近づけ、喉からエンジンをふかすようなうめき声を出すので、すぐにそれとわかった（図3）。名前や日付をつぶやいたり、口笛を吹いたり、すすり泣いたり、うなったり、うめいたり、くすくす笑うことさえあった。記憶力を高める「スティミング」（自己刺激行動）のおかげで集中することができたのだ。集中力を高めるという意味では、サヴァンにとってのホワイトノイズといったところだろうか。[3]

図3　本を読むキム・ピーク
Ethan Hill/Contour R.A via Getty Images

外傷性脳損傷は記憶力を損なう恐れがあるが、ピークの場合は、逆にそれを向上させる結果となった。ピークの父は、「息子は読んだり聞いたりしたものを忘れることができないようです」[4]と語っている。ピークの専門分野といえば、『聖書』『モルモン書』、シェイクスピアの作品から、三〇年分の『リーダーズ・ダイジェスト』誌に掲載されたすべての記事まで多岐にわたる。あるとき、『尼僧物語』について訊かれたピークは、それがキャスリン・ヒュウムが書いた小説で、一九五六年刊行の『リーダーズ・ダイジェスト』簡約本第四巻に再録されたものだと特定してみせた。[5]ピークは生涯を通じて、読み終えた本を上下逆さまにして本棚に並べていた（さらに言えば、そうやって頭のなかの仮想図書館に新たな本を加えていた）。

ピークは、並外れた計算能力を持つ自閉症のサヴァンを描いた映画『レインマン』（一九八八年）によって広く知られるようになった。この映画は、主にピークの行動をモデルにして作られた作品で、のちにサヴァン症候群と呼ばれるようになる症状にまつわる認知能力の利点と欠点が描かれている。なにしろ、一頁分の文章をたった八秒で記憶できるのに、誰かの助けがなければ、着替えたり、シャワーを浴びたり、歯をみがいたりすることもできなかったのだ。ピークは、情報を記憶する才能と、認知的差異が原因で日々直面する難題の両方を通じて、自閉症のサヴァンとして生きることの意味を体現する存在だった（彼と同世代の多くがそうであったように、正式に自閉症と診断されることはなかったが、自閉症の特徴があることは理解されていたし、神経学的機能への理解が深まった現在であれば自閉症と診断されていたはずだ）。

並外れた才能と認知障害をあわせ持つことによって、天才とはこういうものだという従来の考えを揺るがせるサヴァンたち――そんな彼らを、精神科医のダロルド・トレッファートは「孤高の偉才」[6]と呼んでいる。通常、サヴァンの才能は、芸術、数学、音楽、暦の計算、機械の組み立てや空間認識能力といった分野に分類される。誰が持っていても注目に値する能力ばかりだ。現代のサヴァンを何人か紹介しよう。ダニエル・タメットは円周率を二万二千五一四桁まで暗唱できる。スティーヴン・ウィルシャーは、ヘリコプターで上空を一周しただけで街全体のスカイラインを描くことができる。エレン・ボルドーは時計を見なくても正確な時刻がわかる。双子の兄弟のジョージ・フィンとチャールズ・フィンは、カレンダーの日付を聞くとその日の曜日を言い当てることができる。そして、レスリー・レムケは、テレビで一度聴いただけでチャイコフスキーの『ピアノ協奏曲第一番』を演奏してしまうのだ。

神童、天才、サヴァンは、いずれも並外れた能力、そして並外れた記憶力も持っているが、それが認知能力の欠如と密接に結びついているのはサヴァンだけだ。実際、最初に報告されたサヴァンの症例は、無能とみなされた患者を収容する精神科病棟や病院で見つかった。当時「天才的白痴《イディオ・サヴァン》」として知られていたこのような患者のなかには、本に書かれている単語を一語たりとも理解していないように見えるにもかかわらず、本の中味を丸暗記できる者もいた。ウィリアム・ジェームズは『心理学原理 *The Principles of Psychology*』で「痴愚のなかにはとてつもない記憶力を持つ者がいる」[7]と記している。現在、「サヴァン症候群」はこのような能力と障害の組み合わせを表す基本語になっているが、自閉症（ジェームズの時代には知られていなかった疾患）と重なる部分が多いため、長きにわたって誤解されてきた。[8]

自閉症に対する理解が深まったのは比較的最近のことで、診断に使われる基準も、自閉症者の主観的な体験が正確には反映されていなかった。今でこそよく知られるようになったが、自閉症スペクトラム症状は、脳の情報処理に影響を及ぼす複合的な神経発達の差異であり、文字の読み方を含めた、人の行動のあらゆる側面に影響を及ぼす可能性がある。[9] 診断マニュアルの「自閉症」の項目では、興味の範囲が限定されていることや反復行動(手をばたつかせるハンドフラッピングから、日々のルーティーンへのこだわり、病的な執着に至るまで)に加えて、コミュニケーションや社会的交流に困難を感じること(会話のぎこちなさから、相手と目を合わせようとしないことに至るまで)が強調される傾向がある。[10] 自閉症は、多種多様な連続体を意味する「スペクトラム」という言葉の通り、さまざまな形態や行動を特徴とする。結果的に、柔軟性のある診断カテゴリになるので、まったく同じ症状の人はふたりといない。自閉症スペクトラムには、社会的に成功をおさめたアスペルガー症候群の人から、言葉は発しないが詩を書く自閉症者や、介護施設で支援を受ける自閉症者まで、すべての人々が含まれている。[11]

このような医学的枠組みとは対照的に、障害者権利保護の提唱者は、自閉症を能力の欠如という観点からではなく、ニューロダイバーシティのひとつの形態としてとらえるべきだというしごく当然の主張をしている。[12] 読字のような活動に関しては、自閉症の人々が持つ独特の能力と臨機の才に注目することで、こういった差異を病理学的にとらえることなく脳の多様性を認めることが可能になる。[13] ダグラス・ビクレンの「能力存在の前提」(『「自」らに「閉」じこもらない自閉症者たち』鈴木真帆監訳、エスコアール)のモデルは、自閉症者を、ほかの人々に勝るとも劣らない行動をとる存在として扱う方法を提示している。[14] この章では、これまで顧みられることがなかった自閉症者の読字習慣の歴史に注目し、自閉症者自身の証言とともに紹介することによって、医学的、心理学的、神経科学的な症例研究のなかから見つけた証拠を新たな枠組みでとらえ直す。[15] 彼らの声を再現することによって、定型的な脳の持ち主からひどい誤解を受け（一例を挙げるなら、自閉症者には他人がそれぞれの心を持っていることを理解できないとする「マインド・ブラインドネス（精神盲）」説）、かつては自分の意見を述べる機会がほとんどなかった人々の行動を誤って解釈するリスクを明らかにできる。[16]

　この章で伝えようとしているのは、自閉症者には決まった読み方があるということではない――おそらくは、さまざまな読み方があるはずなのだ。自閉症者の読み方は、瞬間記憶能力から、文字の形をなぞることや本のページを扇形に広げることに至るまで、それ自体を多岐にわたる自閉症スペクトラム症状と考えることができる。全米自閉症協会の会員として支援活動を行うスティーブン・ショアが唱えるスローガンに当てはめれば、「ひとりの自閉症の読者と会ったことがある人は、ひとりの自閉症の読者としか会っていない」のだ。それどころか、ほとんどの自閉症者は定型的な脳の読者と同じように文字を読んでいる。カムラン・ナジールは、自分が本の一章分をまるごと暗唱してみせるといった特別なことをしなかったので教師ががっかりしていたと回想している。[17] メル・バッグスがYouTube に投稿した動画では、本の頁に顔を埋めているシーンと普通に本を読んでいるシーンの両方を映すことで視聴者の期待を裏切り、コロラド大学デンバー校のジリアン・シルバーマン教授が言うところの「複数の識字能力の持ち主」であることを誇示している。[18] 自閉症者の読字に関する最近の研究、とくにシルバーマンとラルフ・サヴァリーズの研究は、自閉症者が本と感覚的に関わる特異な形態は、たとえ他人を当惑させるようなものであっても、「読む」という体験に有意義な形で貢献できることを示している。[19]

この章ではさらに視野を広げ、一九世紀末に「イディオ・サヴァン」と呼ばれた人々、二〇世紀に「過読症《ハイパーレクシア》」と呼ばれ、サヴァンのスキルを持つと診断された人々、そして現代のさまざまな自閉症スペクトラム症状の人々の物語を紹介することによって、この三つの時代における自閉症者の文字の読み方を紹介していく。自閉症者の読み方は奇妙に、あるいは、自閉症を語る際にひんぱんに出てくる――しかも、見当外れな――表現を使うと「異質」にさえ見えるかもしれないが、彼らの読み方は、本と接するすべての人がとる行動の別バージョンとして考えるべきだ。この章ではそれを「表層読み《サーフェス・リーディング》」と呼んでいる。[20] この章の目的は、読字に対する解釈の幅を広げてもらうことになるだろう。一般的な解釈から排除されたり、「読めていない」と決めつけられたりしてきた本との関わり方も、読字の一形態として考えてもらいたい。

無意識の読字

読んだものをすべて記憶できたらどんなに便利だろう。実際にそれができる人々がいる――たとえば、イタリアでもっとも有名な司書のひとりである、アントニオ・マリアベッキだ。一六三三年にフィレンツェの貧しい家に生まれたマリアベッキは、メディチ家のトスカーナ大公の司書となり、本に関する幅広い知識によってヨーロッパ中にその名をとどろかせた。「万能の図書館」と呼ばれた彼は、蔵書の一冊一冊を、どの頁にどんな情報が記載されているかまで知り尽くしていたと言われている。[21] あるパトロンに、あなたが探している本はコンスタンティノープルにあるスルタンの図書室に入って右から二番目の棚の七番目にある、と教えたという逸話が残っている。

マリアベッキは幼い頃から印刷物に魅了されていた。文字が読めるようになる前から、奉公先の親方の店で古紙として使われていた古い本の頁を食い入るように見つめ、その後、手に入るものは何でも読むという強迫的な読み手に成長した。[22] マリアベッキは、現代だったら瞬間記憶能力と呼ばれるはずの能力の持ち主だった。記録によれば、原本が紛失したという報告を受けたマリアベッキは、自分の記憶に基づいてその書物をすべて復元したという。あとになって原本が見つかった際に復元したものと比較したところ、誤字脱字に至るまでまったく同じであることが確認された。さらにマリアベッキは、膨大な蔵書を思い通りに読み進めていくために、速読とまではいかないにしろ、高速でスキャンする方法を独自に考案している。その方法は、本の扉を精査し、序文、献辞、広告に目を通し、それからすべてのセクション、節、章の区切りを調べるというものだった。同時代のある人物は、彼を「書名と内容の両方がわかる万能の索引」と評している。[23]

このフィレンツェの司書は、現代でもよく目にするような、人と接するよりも家で本と接することを好むタイプだった。書物に対する情熱は常人の域を超えるものであり、その分だけ、見た目や身だしなみを含めた俗世での気配りには無頓着だった。常に本の山に埋もれた風変わりな独身男性で、服装はだらしなく、食事中も読書をし、貴重な読書の時間を奪われたくないという理由で寝間着に着替えるのを嫌がったと言われている。社会規範を顧みない彼の姿は、ストイックな哲学者ディオゲネスわざわざ当時までさかのぼって診断するまでもなく、マリアベッキのこうした振る舞いは、今日であればある種のサヴァンの特徴とみなされるはずだ。

マリアベッキにみられる、天才と人間嫌いという特徴的な組み合わせから、一九世紀にもっとも誤解されていた人物像のひとつである天才的自痴《イディオ・サヴァン》が注目されるようになったことを、別の角度から考えることができる。一九世紀後半に心理学や精神医学のような行動科学が登場すると、天才的な才能と、当時は精神的な欠陥と理解されたものを併せ持つ人物像が認識されるようになった。当時の医師たちは、認知障害を持ちながらも卓越した才能を示す患者を表現するために「イディオ・サヴァン」という言葉を使いはじめた。この不快な表現は、IQの低い人を意味する科学用語として受け入れられていた「idiot」と、知識人を意味するフランス語の「savant」(「知る」を意味する動詞 savior から派生した)を組み合わせたものだ。[25] 一八六九年、ニューヨーク医学雑誌協会の講演で、エドゥアール・セガンはこのグループを「ひとつの能力の無駄な突出が、悲惨極まりない全般的無能を伴っている」と特徴づけた。[26] 人々がイディオ・サヴァンに惹かれた理由は、相反するとはいえないまでも、通常は関連がないと考えられるふたつの用語が並んで用いられていたことにある——なにしろ、ひとりの人間が深い認知能力と障害を併せ持っているというのだから。マリアベッキの時代には社会がその才能を評価したからこそ、彼が時代を代表する知識労働者のひとりになれたわけだが、一九世紀を通じて主流でありつづけた医療の枠組みは、もっぱら患者の欠陥や患者が自力ではできないと想定されることに焦点を当てるものだった。

「イディオ・サヴァン」という言葉がはじめて使われたのは、一八八七年にイギリスの医師ジョン・ラングドン・ダウンが王立アールズウッド病院（当時はアールズウッド精神障害者施設と呼ばれていた）で行った講演で、自分が診ていた患者たちをそう称したときのことだ。[27] 三〇年にわたって認知障害や発達障害のある患者の治療に携わってきたダウンは、ロンドン医学協会で行った一連の講演で、驚異的な頭の回転の速さ、卓越した記憶力、目を見張るような芸術的、音楽的、機械的な才能など、並外れた能力を発揮する「頭の弱い」患者たちについて述べている。[28] もっとも古い症例報告を探してみると、そのほとんどが数学の天才に関わるものだった。イギリス初の事例は、ダービーシャーに住む読み書きのできない農夫ジェデダイア・バクストンで、彼は三九桁の掛け算など、複雑な計算を暗算で行うことができた（その答えを導き出すのに三ヶ月以上かかっている）。[29] また、卓越した記憶力に関する報告もあった。セガンの『初稿知的障害教育論　白痴の衛生と教育』（川口幸宏訳、幻戯書房）では、ペロポネソス戦争に関する書物の全頁を再現できる「本物の阿呆」が取り上げられている。[30]

ダウンの患者たちも同じように素晴らしい記憶力を発揮し、一度読んだだけで本を丸暗記する者もいた。ある少年はエドワード・ギボンの『ローマ帝国衰亡史』を最初からも最後からも諳んじることができた。ところが、何度も同じ間違いをくりかえすので、少なくともダウンが見る限りでは、本の内容を深くは理解していない可能性があった。ダウンはその症例を「卓越した記憶力」に加えて「推理力にきわめて重大な欠陥」があるものとして説明している。[31] 少年ははじめて『ローマ帝国衰亡史』を読んだときにうっかりある行を読み飛ばしてしまい、あとからその一節に戻って抜けていた行と一緒に読み直していた。その後は暗唱するたびに、読み飛ばしては修正するという一連の流れをくりかえすようになっていたのだ――まるで、最初に間違えること自体が原本に書き込まれていたかのように。結果的に、ダウンはこのような記憶術を「言葉の癒着」とみなし、書かれていることはすべてわかっているのに内容を理解していないという、興味深い状況にある人の特徴としている。[32]

このような記憶と理解の明らかな不一致を解明するために、その後も多数の臨床検査が実施された。一九〇八年、A・F・トレッドゴールドの『精神遅滞（アメンチア）*Mental Deficiency (Amentia)*』では、並外れた才能と発達障害を併せ持つ二〇人の患者が紹介されている。彼らの多くは優れた記憶力を示し、新聞を一読しただけですべてを暗唱したり、伝記の内容をすべて諳んじたりすることができた。しかし、ダウンと同様、（のちに著名な優生学者になる）トレッドゴールドも、彼らは理解せずに丸暗記しているだけではないのかと疑った――またもや、単なる言葉の癒着というわけだ。大勢の「アメント」――認知障害者の古い呼び方のひとつ――たちの妙技を目の当たりにしたトレッドゴールドは、「ほかのアメントたちは際限なく詩を口ずさんでいるが、自分の口から出てくるものの意味を理解しておらず、言葉の意味すらわかっていない者もいる」と評し、音と意味を一致させることができないことを識字能力に秀でたサヴァンの特徴に挙げている。[33] ある精神科医は、「自閉症」という言葉を生み出したスイスの精神科医オイゲン・ブルーラーの研究を参考に、文章を丸ごと暗唱するサヴァンの能力を「無意識の記憶」、あるいは、この章の目的に即して言い換えれば「無意識の読字」と特徴づけている。[34]

二〇世紀初頭の報告書では、他者とのコミュニケーション手段としての言葉ではなく言葉自体に惹かれていることを理由に、サヴァンは病的な存在とみなされていた。ある症例研究によると、ゴードンという九歳の少年は、その歳になっても人の手を借りなければ着替えることができなかったというのに、ジェイムズ・ボールドウィンの『語り継がれる五〇の物語 *Fifty Famous Stories Retold*』に収録された物語の少なくとも半分を一字一句たがえずに記憶していた。ゴードンは、言語が持つほかの機能よりも物語を読んでもらっているときの音を味わっているようだった。散文や詩の朗読を聞いていると、途中で何度も相手を遮って、「お願いだからいまのところもう一回読んでくれない？　いいかな？　すごくいい音だから」とせがむのだ。[35] にもかかわらず、精神分析医の診断では、この言語に対する豊かな感受性が評価の対象になることはなかった。医師がゴードンと交わした会話の大半が、彼が暗記した詩の抜粋で成り立っていたからだ――ゴードンは、自分なりの方法でコミュニケーションをとろうとしていたのかもしれないのだが。[36]

ゴードン以外のサヴァンたちは、明白な実用的価値がない対象に関心を向けていると判断された――ハンス・アスペルガーはこれを「気違いじみた好奇心」として一蹴している。[37] 彼らの選択的な記憶能力、すなわち特定の種類の情報だけを大量に記憶する能力は、歌、詩、外国語、伝記、新聞のコラム、そしてもちろん、さまざまな本の膨大な頁を記憶するのに使われていた可能性がある。ただし、サヴァンは多くの人が無意味とは言わないまでも退屈に感じるような統計にも注目していた。たとえば、鉄道の時刻表、機関車のナンバー、予算の数字、国勢調査の合計、カレンダーの日付、ナンバーキューブの数字といったものだ。このようなサヴァンを研究していた精神分析医たちにしてみれば、実用性に乏しく、すでに効率的に文書化されている情報（たとえば、古い人口統計）を暗記するためになぜこれほど多くの時間を費やすのか、不可解でしかなかった。

臨床医たちの評価はさらに低いもので、何度も反復することによって事実を記憶するサヴァンがいることを発見してからは、天賦の才能と単なる力技とを区別するようになっていく。たとえば、ユージン・ホスキンス――ミシシッピ州オックスフォード出身の黒人男性――を対象とした心理学的な分析には、人種的な偏見が加わっていた。ホスキンスは機関車のエンジン番号に関する膨大な知識で知られていたが、それは天賦の才能によるものというよりも、鉄道の時刻表を熟読することに熱中した結果にすぎないとみなされた。ホスキンスのノートには次のような書き込みが無数にあった。「ノーザンラインの旅客用エンジン番号は1140 1139 1008 1051 1108 1065 1080 1141 シャンペーンからセントラリアまで一三〇マイル イリノイ支部 シャンペーン地区」。[38]『ランセット』誌では、このような症例を「精神的な苦悩を抱える『頭脳競技者』」のカテゴリーに追いやっている。[39]同じ年代に、精神分析医たちはもうひとりの著名なサヴァンの経歴を精査している。そのサヴァンは、七年生で学業を終えたにもかかわらず、各地を巡業してショーを行うボードビル・サーキットで「記憶術師」として生計を立てていた。[40]Kと呼ばれたこの男性は、一九一〇年の国勢調査に記載された全米の町の統計を暗記して、人口に関する質問に対して人数からも町名からも答えることができた。たとえば、83,252という合計数から、それがジョージア州サバンナの人口だと正しく答えることができたのだ。[41]

ある精神分析医は、Kが統計値を何度もノートに書き留め、そのノートを年に一回見直すという、計画的なリハーサルを通じて情報を保持していることを観察した上で、このような記憶術を「特異な集中による習慣システム」の産物と特徴づけた。[42]つまり、充分な根気さえあれば誰にでもできるという意味になる。現代の心理学者マイケル・ハウが後に述べたように、「サヴァンは何を記憶しているかという点では並外れているが、どうやって記憶しているかという点では並外れていない」のだ。[43]ここで紹介した名人級のサヴァンたちは、優れた専門性を生かして社会に貴重な貢献をしていたかもしれないのに、決まったやり方で行わなかったという理由で、その成果が軽視されることになってしまった。

読字に対する考え方の違いも、定型的な脳を持つニューロティピカルな人々を対象とした心理学的評価を行っていた科学者がサヴァンについて誤解する一因となった。第二次世界大戦中に実施されたある重要な研究では、サヴァンにみられる暗記と理解の隔たりは、彼らに抽象的な思考力がないことが原因とされた。Lと呼ばれる一一歳の少年を診察した神経精神医学的所見では、Lはリンカーンのゲティスバーグ演説を一字一句たがえず暗唱することはできても、演説の一部を自分の言葉で言い換えることはできないと断定されている。研究者たちの見解によれば、大統領について勉強した本について尋ねたときの基本的な質問がLをつまずかせたようだった。

質問：リンカーンとは誰ですか？
回答：一八〇九年に生まれた男性です。一八六六年に亡くなりました。
質問：リンカーンについての本にはどんなことが書かれていましたか？
回答：エイブとサリーのことが書かれていました。
質問：リンカーンはどんな人でしたか？

回答：リンカーンは第一六代大統領でした。フーバーは第三一代大統領でした。
質問：大統領とは何ですか？
回答：わかりません。[44]

しかし、少年Lが事実情報に忠実であることを考えれば、以上の質問が彼の知識を測るのに適切ではなかったという見方もできる。研究の用途とは関係のない、言葉の定義を問う質問が、少年に不意打ちを食らわせることになったのだ。「なぜここに本があるのですか」という質問に対しては、「ぼくが本を読むからです」と答えている。[45]

ニューロティピカルな被験者向けに設計されたテストから結論を導き出した試験官たちは、サヴァンには言葉の定義、類推、比喩が理解できないと結論づけているが、その一方で、サヴァンが言葉の感覚的な特質に惹かれる理由――端的に言えば、これから紹介する当事者たちの物語で取り上げられる表層読《サーフェス・リーディング》みに至る理由――を考慮に入れていない。にもかかわらず、この研究の著者は「天才的白痴《イディオ・サヴァン》」という表現は決して矛盾語法ではないと結論づけている。つまり、サヴァンのスキルは認知的差異にもかかわらず生じるのではなく、認知的差異があるからこそ生じるということだ（「障害利益」は現在、障害学の分野で重要な概念となっている[46]）。言い換えれば、自由に物事に関与する手段が限られているという現実が、多くのサヴァンが自分でコントロールできる能力を飛躍的に伸ばしていく原動力になり、特定の関心事を一心不乱に追求するようになったとも考えられるのだ。

現在では、サヴァンの行動はわかりにくいものではなくなっているようだ。人々は、映画『レインマン』や、大衆小説、テレビ、映画で描かれる自閉症の登場人物をサヴァンの実例として受け入れるようになっている。[47] ふりかえってみれば、一九世紀末からに二〇世紀初頭の医学文献に記録されたサヴァンの多くが、自閉症スペクトラムの範疇に当てはまっていたのだろう。[48] ジョゼフ・ストラウスが言うように「『イディオ・サヴァン』に分類される人々が示す知性の質は、自閉症特有とでもいうべき知性になぞらえることができる」。[49] 最終的に「イディオ・サヴァン」は「自閉症のサヴァン」に置き換わり、両者の共通点が認識された。つまり、通常とは異なるコミュニケーション手段を好み、社会規範を無視し、そしてこれがもっとも重要な点なのだが、特別な関心事を体系的に追求するというものだ。

一九四〇年代に自閉症という診断が下されるようになったことで、既存のカテゴリーに当てはまらない行動をとる人々が新しいレンズを通して評価されるようになった。実際に、小児精神科医レオ・カナーが発表した基礎的論文では、社会との関わりの回避、人間味に欠ける言葉使い、決まったやり方への病的な執着といった特徴的な行動に「自閉症」という用語が適用され、丸暗記も症状のひとつとされている。たとえば、アメリカではじめて自閉症と診断されたドナルド・トリプレットは、二歳になるころには『旧約聖書』の『詩篇23』第23篇を暗唱することができた（ほぼ同時期に、ハンス・アスペルガーは、自閉症児が健常児と異なる特徴のひとつとして「読むことへの異常なまでの熱中」を挙げている）。[50]

しかしカナーは、これまで紹介してきた医師や精神分析医たちと同様、言語をコミュニケーション以外の目的で使う子どもたちに対して否定的だった。カナーの別の患者には百科事典の索引や『聖書』

の一部を暗記するという、特技とも思えるスキルがあったが、「自己充足的で、意味としても会話としても価値のない、あるいは著しく歪んだ記憶力の訓練」にすぎないとみなされた（現代の自閉症者だったら「誰にとって価値がないというのか？」と問いただすかもしれない）。カナーはこのような早熟化にはほとんど意味がないと述べている。

二、三歳の子どもにとって、このような単語、数字、詩趣に富むもの（「長老派教会の教理問答」、「メンデルスゾーンのヴァイオリン協奏曲」、「詩篇第23篇」、フランスの子守唄、百科事典の索引頁）が、大人にとっての無意味な音節の集合体以上の意味を持つとは到底考えられない。[51]

カナーの患者は、フレーズを使って他人と会話をするよりも、フレーズを暗唱する方が簡単だと感じているようだった。当時、臨床的な観点から見れば、自閉症者の言葉に対する親和性は、後に過読症《ハイパーレクシア》として知られるサヴァンの才能という新しいカテゴリーではなく、ひとつの症状もしくはコミュニケーション能力の欠如という社会性の欠陥にすぎなかったのだ。

メモラス・ワードウェルズ

「メモラス・ワードウェル」という偽名しか知られていない子どもが、過読症《ハイパーレクシア》の読者の栄えある第一号と言われている。ニューハンプシャー州ウィルトンの生徒が一八三三年に語った話によると、ワードウェルは二歳になる前にアルファベットを覚えていたそうだ。児童書のレベルを超えた本を読む能力があり、五歳のときにロシアの貴族の名前を流ちょうに発音したことから、学校では「読書マシーン」として知られていた。[52] 母親は「息子は『聖書』のなかでももっとも難解な章を私と同じくらいの速さで読める」と証言し、父親も「これ以上すごいものを見たことがない」[53] と言い添えている。とはいえ、この読書マシーンにもひとつだけできないことがあった。読んだ言葉が理解できなかったのだ。音と意味を一致させることができないワードウェルは、クラスメートから「学校一の疑いようのないまぬけ」と呼ばれてしまう。[54]

本をすらすら読めるのに内容を理解していないように見える子どもたち。読字障害の診断が確立した時代であれば、メモラス・ワードウェルの振る舞いもそれほど特異なものには見えなかっただろう。たとえば、一九一七年に発表された研究論文では、ある少年がアルフレッド・テニスンの『シャロットの女』を読んでいる最中に「単語や音に対する過剰なこだわり」をみせたことが指摘されている。[55] ほかの論文でも、子どもの早熟な単語認識は、通常と異なる言語との関わり方というよりは、ひとつの疾患として特徴づけられている。一九二三年には、コロンビア大学ティーチャーズ・カレッジの教授が、「頭が悪いとされる子どもが読字の仕組みを使いこなす特別な才能を授かっているケースは、たとえば、能力が高いとされる子どもが読字の習得に苦労するケースと間違いなく同程度の頻度であらわれている」と述べている。[56] その後に発表された『文字が読めない子どもたち *Children Who Cannot Read*』と題された論文は、「流ちょうに読めるのに読んだ内容に知的に対処できない、欠陥のある子ども」への注目を促すものだった。[57] ワードウェルの状態は、難読症《ディスレクシア》とは逆の症状のように見えた。

最終的には、精神分析医たちがワードウェルのような読み手の診断名を考え出す。それが、一九六七年に発表された「ハイパーレクシア」であり、単語を理解する能力よりも単語を認識する能力に秀でている子どもたちを表現する用語だった。[58] 臨床医から見れば、このような子どもたちは最低限の意味でしか「読む」ことができない。ある研究では、同学年レベルの音読はできるのに、何を読んでも内容を理解できないように見える小学校四年生の生徒について教師たちが懸念を示し、その後の研究で被験者となった子どもたちについては、一二人中一一人が文章を別の言葉で言い換えることができないようだった。[59] ハイパーレクシアの臨床研究は、音韻化《デコーディング》と読解には関連性があるという考え方を否定するものだった。代わりに提案されたのが、単語を認識できないディスレクシアを一方の端に置き、単語の意味を理解できないまま単語を認識するハイパーレクシアをもう一方の端に置いた連続体とする考え方だ。前世紀のサヴァンに対する扱いと同様、ハイパーレクシアに関する言説は、ハイパーレクシアの人々ができることよりもできないことを強調するものだった——つまり、この読字スタイルが自閉症の人々に利益をもたらす可能性は度外視されていたのだ。

ハイパーレクシアの子どもたちは、ごく幼い時期、早い子になると一歳半から文字を読みはじめる。ハイパーレクシアという用語が生まれるきっかけとなった研究に参加した二〇人の子どものうち、少なくとも五人は就学前に読みはじめ、そのうちのひとりは二歳四ヵ月で読みはじめたという。その後の研究においても、驚くほど一貫したパターンがみられた。一二人全員が四歳までに単語を認識しはじめていたのだ。こういった早熟な読み手たちは、ラベルや標識を読みはじめるところからはじまり、アルファベット・ブロックで単語をつづり、それから、文字のグループを、視覚と音声のデコーディングを組み合わせて読むことができる単語として認識するようになっていた。ハイパーレクシアの子どもが三か国語で音読した例も報告されている。[60]

ハイパーレクシアの子どもは、話せるようになる前に読みはじめることが多い（ニューロティピカルな子どもとは順序が逆なのだ）。一九七二年の研究に参加した一二人のハイパーレクシアの子どものうち、言葉のやりとりができた子どもはひとりだけだった（相手の言葉をおうむ返しにくりかえす反響言語《エコラリア》の方がはるかに多かった）。自閉症に不案内な人々は彼らの単調な発話を聞いて驚きを隠せず、ある神経学者はその抑揚を「原始的なグレゴリオ聖歌の旋律を思わせる」と表現している。[61] こうした子どもたちの多くは、言語を使う兆しを見せずにいながら、突如として識字能力を発揮する。たとえば、ある少年はうなり声、鳴き声、うめき声（動物のうなり声に似ていると言われていた）で意思を伝えていたが、それでもすらすらと音読していた。子どもたちは数学年上の教科書も読んでおり、ほとんどが『ニューヨーカー』誌からとった教材の内容を六〇〜七〇％の正確さで読むことができた。[62]

本との感覚的なふれあいそのものが刺激になる子どももいる。『赤ちゃんが読むとき *When Babies Read*』の著者オードラ・ジェンセンは、息子のアイザックについてこう語っている。

息子は何時間も座って本を眺めていた。そっと頁をめくる。絵よりも文字をよく見ていた。息子はまだ一歳だった。[63]

アイザックは二歳で単語を読めるようになり、短期間のうちにほとんどのものを読めるようになったが、ほかのハイパーレクシアの子どもと同じように、小学二年生のレベル以上の文章はほとんど理解できなかった。二年生向けの本になると物語がだいぶ抽象的になり、推論を必要としたり、隠喩や皮肉などの比喩的表現が使われたりするからだ。

わが子が幼いころから文字を読めることを高い知能の証と考える親は、往々にして、自閉症の兆候が出現すると熱意を失ってしまうものだ（自閉症児を持つ親の複雑な感情を描くことに特化したジャンルがあるほどだ）。ハイパーレクシアはほとんどの場合、発達障害や学習障害を併発し、その兆候を示すほとんどの子どもが自閉症スペクトラムに当てはまる。[64] 実際、トレッファートは、話し言葉がうまく理解できない原因である読字の能力と学習障害という異色の組み合わせを通じて、ハイパーレクシアを定義している。[65] 多くのハイパーレクシアの子どもたちが人よりも本に親しむのには、それ相応の理由があるのだ。

ハイパーレクシアは誰かに教わって身につくものではないので、サヴァンのスキルと考えられている。ハイパーレクシアの子どもは、ある日突然自発的に読みはじめて親を驚かせることも多い。ある母親は、四歳の息子が逆さまに置いてあったタマネギの缶詰を見ながら「SNOINO」と読み上げたときに、識字能力の芽生えに気づいたという。[66] このような自然発生的な識字能力は、読み書きを教わっても習得できないように見えていたのに何かのきっかけで突然シェイクスピアを読みはじめた、もっと年上の自閉症児の識字能力と似ている――ハイパーレクシアというよりは、ある自閉症のティーンエイジャーが称したような「読めなかったのにいきなり読めるようになったレクシア」なのだ。[67]もちろん、読めるようになる年齢には個人差があるので、幼い読み手が単に早熟であることも考えられる。ハイパーレクシアに関連する高度な単語認識能力は、早熟な子どもの成長の一環としての能力とは区別しなくてはならない。[68]ほとんどの子どもは、流ちょうに言葉を話しはじめる四歳ごろから文字を認識しはじめ、その後七歳でデコーディングの力を高めていくのに対して、早熟な読み手たちはもっと早くから読みはじめる。「ぼくは四歳で、どんな英語の本でも読める」と自慢した、フランシス・ゴルトンのように。[69]

神童の伝記には、大人よりも優れた読字能力を持つ子どもたちの例があふれている。ウィリアム・ジェームズ・シディスは一歳半で『ニューヨーク・タイムズ』紙を読んだ。彼はアルファベット・ブロックで一杯になった赤いブリキのバケツを持ち歩き、そのブロックで父親の医学書の背表紙にあった「physiological psychology（生理学的心理学）」などの言葉を綴っていた。[70]この早熟な三歳児は、独学でラテン語を学び、ホメロスを読むのに充分なギリシャ語を学び、小学校に入学するころには八か国語に堪能になっていた。教師から字が読めるかどうか聞かれたときは、『ジュリアス・シーザー』の冒頭を暗唱してみせた。ほかにも、同級生たちが母国語を習得する前に外国語をマスターした神童がいる。ジョン・スチュアート・ミルが三歳でギリシャ語を学びはじめたのは有名な話だが、彼は児童文学ではなく功利主義思想のカリキュラムで育てられ、八歳までにヘロドトス、イソクラテス、ルキアノス、クセノフォン、ディオゲネス・ラエルティオスの著作を読破した。さらに十歳のときにはプラトンを「これ以上ないほど簡単に」読んでいる。[71]同様に、ドイツの学者ジャン・フィリップ・

バラティエは、五歳でギリシャ語、ラテン語、フランス語、オランダ語を流ちょうに読むことができ、その三年後にはヘブライ語の『詩篇』をすべて暗記していた。[72]

成功した作家のなかには、（少なくとも逸話的な証拠によれば）ごく幼いころに文字への適性を示した者がいた。成長した自分を「図書館の鵜」〔鵜は食欲旺盛な生き物にたとえられる〕と称したサミュエル・テイラー・コールリッジは、三歳で『聖書』のいくつかの章を読んでいる。[73] 同じように、三歳半で父親から本の読み方を教わったマーガレット・フラーは、その歳にして、「アメリカでもっとも本を読む女性」と噂されるようになっていた。その翌年には、マリア・エッジワースが手がけた初の児童書『親のアシスタント *The Parent's Assistant*』を独力で読破したとのことだ。[74] そうするうちに、精神分析医たちは、早熟な読み手とハイパーレクシアの読み手を理解力に応じて区別するようになった。ハイパーレクシアの子どもが、おそらくは、言葉自体を目的とみなしているのに対し、早熟な読み手は、言葉を主として目的に至るための手段として扱っている。たとえば、ハリエット・マルティノーは、七歳のときに『失楽園』を読んだことを幼少期における極めて重要な瞬間であったと述べている。[75]

だが、親であるみなさんにはよく聞いてもらいたい。ほとんどの場合、適正年齢になる前の子どもに読み方を教えることはできない――ただし、いくつかの注目すべき例外もある。たとえば一九一八年、スタンフォード大学の心理学者ルイス・ターマンが「就学児のように字が読める神童」と言われたマーサという二歳の女の子に問診を行っている。[76] マーサの能力はターマンがその年齢の児童にふさわしいと考えていたレベルを上回るもので、「赤ん坊のような」発音で読み方の教材をすらすらと読んだ。[77] だが、マーサは自然に読めるようになったわけではなかった。それどころか、彼女の父親は、後に応用行動分析学として知られるようになる手法を使って娘が本を読むように訓練していたのだ。リビングルームのあちこちに赤い厚紙で作った文字を張りつけておいて、絵本を読むときにその文字に注目させたり、娘が一頁を読み終えるたびに拍手や、歓声や、抱き上げて空中に放り投げたりすることによって読書を促したり、人形遊びの代わりに本を読んだご褒美としてテーブルにキャンディを置いたりもした。教育心理学者たちがこのような方法で子どもに読み方を教えることを推奨しなかったのは言うまでもない。

ハイパーレクシアの初期の心理学的評価では、ほぼ例外なく、読字を道具として理解することで見えてくる欠陥のみに焦点が当てられていた。この手の研究では、ハイパーレクシアの子どもが疑問詞ではじまる質問（「何を」「どこで」「なぜ」「いつ」「誰が」）にうまく答えられないことが強調され、利便性や楽しみをもたらしてくれる読字の可能性については考慮されていない。こういった研究の多くは、『みにくいアヒルの子』のような物語を「間違った」方法で読んでいるとして、ハイパーレクシアの子どもたちを暗に非難している。「物語の意味を探るよりも、文字を読むという行為そのものに関心が向いている」と結論づける論文もあるほどだ。[78] 臨床的な訓練を受けた観察者たちは、読字とはかくあるべきという定型的な脳の思考をほとんど無視した読字形態を理解するのに悪戦苦闘することになる。このような研究論文は臨床的な観点から書かれたもので、ハイパーレクシアの人々が必要としているものや、自閉症の神経認知的な側面に適した活字については最低限の注意しか払われていない。こうした初期の研究には、ＣＮＮのニュース画面に現れる字幕を何時間も見つめていたり、本を読み聞かせてもらう代わりに石鹼の包装紙の活字を読みながら眠りについてしまったりすることで、子どもたちがどのような恩恵を受けているのかを理解しようとする試みが欠けているのだ。[79]

読字に対する社会通念のせいで、ハイパーレクシアの子どもをもつ親たちは、我が子がほかの子どもとは「違う」ことを痛感することになる。[80] 臨床研究でも指摘されているように、ハイパーレクシアの子どもの活字へのこだわりは、絵本の読み聞かせの楽しみを上回り、それ以外の典型的な幼児期の活動に見向きもしない原因にさえなっているようだった。ある男の子は、おもちゃで遊ぶ代わりにベビーサークルのなかで本を見ることを好み、別の男の子は、積み木で遊ぶ代わりに積み木を入れる箱に印刷された文字を見つめていた。[81] 言い方を変えると、こういった子どもたちは間違った遊び方をしているとみなされていた。ほかにも、『聖書』の長い一節を暗唱したり、辞書に載っている動物の長い説明文を暗唱したりする子どもたちが観察者の目を引いているが、本の読み聞かせを楽しむ子どもはほとんどいなかった——現在わかっているように、ハイパーレクシアの子どもたちは単語をデコーディングするよりも記号化することに満足感を得ているのだから、この研究結果は驚くほどのものではない。

一九七〇年代のある精神医学の症例研究からは、ハイパーレクシアの子どもの言葉に対する関心が、即座に病気の症状とみなされていたことがわかる。サムは一歳になる頃には活字に夢中になっていた。お座りができるようになる前から、本の頁を破りとることに長い時間を費やし、その後は、通し番号や各種の荷印をさがして段ボール箱を引き裂くようになった。電話帳があれば一日中ご機嫌だった。ある精神分析医の観察によると、サムは歩き回っているときでさえ、「もう二度とその活字を見ることはできないとでもいうように」暗唱をくりかえした。[82] 本に夢中になるあまり、誰かが頭のうしろで手を叩いても瞬きもせず、腕に赤く跡が残るほど強く叩かれても集中力が途切れることはなかった。だが、ほかの子どもであれば褒められるような振る舞いが、サムのような子どもたちの場合は、病気の兆候として扱われた。

医療従事者がハイパーレクシアのほとんどの症例で目にしたのは、読んでいる内容よりも、何かを読んでいることを重要視する、見境のない読み手の姿だった。だからこそ、神経科医たちは、本の中味にほとんど興味を示さないという理由で、ある六歳児の読書を「強迫的な儀式」と表現したのだ。[83] 広告、メニュー、名札、おもちゃの交通標識など（この章の後半で紹介する、ある種のタイプのノンフィクションに対する嗜好を予感させる）、言葉でできたものなら何であろうと、彼らを喜ばせる可能性がある。小児神経科医たちは、読むものを探して病院のなかを歩き回っていた四歳の男の子について「彼は読むという行為を楽しんではいても、読んでいるものに意味があるかどうかにはまったく関心がないように見えた」と述べている。[84] 外から観察している人々には、表面ではなくその奥にある中味を読むこと、つまり、ニューロティピカルな読み手がしているような読書にほとんど関心を示さない子どもたちをどう評価すべきか見当がつかなかった。ハイパーレクシアの人々の経験を、欠陥という観点からではなく、言葉との関わり方の違いとして考え直すには、自閉症の当事者の視点が必要になるだろう。

サーフェス・リーディング

読字に関する一般的な理論は、自閉症スペクトラムの読み手には当てはまらないように思える。読み手が物語にほとんど反応しないのであれば、読者反応理論に何の意味があるだろう？ 大多数の自閉症者の読字習慣（最終的には、サヴァン症候群や過読症《ハイパーレクシア》ではなく、発達段階に応じた識字能力を基準にしている）を考えるにあたり、ここから先は、「表層読み《サーフェス・リーディング》」という用語を用いることにする。これは、本の表面《サーフェス》——表紙、装丁、紙、質感、書体、インクなど——に過剰な注意を払う、自閉症者特有の読書スタイルを指す言葉だ。読字の理論では解釈に重点を置くのが一般的だとすると、この読字スタイルには、文章を深く読み込む行為を拒むという特徴がある。

文芸評論家は、深さよりも表層を重視する、きわめて異質なテキスト解釈が話題になる場面で「サーフェス・リーディング」という言葉を耳にすることになるはずだ。[85] この言葉をくりかえす人は、サヴァリーズをはじめとする評論家たちが自閉症者のテキストとの関わり方を文芸評論家による精読《クロース・リーディング》と比較したように、自閉症者の読み方と、現在話題になっているある読字方法との関連性を意図的に強調している。[86] サーフェス・リーディングという表現を用いるからといって、自閉症者は表面的な読み方しかできないとほのめかしているわけではない。むしろ、その独特な認知能力のおかげで（ハイパーレクシアの人々の能力はとくに）、自閉症者はほかのほとんどの読者が軽視しているテキスト解釈の側面を理解しやすくなっていることが示唆されている。後述するように、自閉症の読者は、読字とみなされるものの領域を広げる、卓越したサーフェス・リーダーなのだ。

　自閉症児の親には、わが子に読書をやめさせることに不安を抱く者もいれば、読書をはじめさせることに不安を抱く者もいる。後者の子どもたちは、感覚処理が困難なために独力で字が読めない「難読症《ディスレクシア》」の読み手と考えられる。それどころか、自閉症スペクトラムの子どもたちは文字を読むという概念そのものを理解するのに時間がかかることも考えられるので、読み書きに関する暗黙のルールを書面で明示してあげることが有益な場合もある。アリソン・ヘイルの場合は、海賊について書かれた本のどこを見ればいいのかを理解するのに何年も費やすことになった。「黒い部分を読めばいいのか、それとも、黒と黒とのあいだ？　つまり、白い部分を読めばいいのだろうか？　何が何だかわけがわからない」[87]さらに、教師が黒い黒板に白い文字を書いていたことも、混乱に拍車をかけることになってしまう。

　脳が情報を処理するのに時間がかかる子どもたちは、何かに集中するように強制されることに威圧感や脅威を感じてしまう恐れがある。デイヴィッド・ミエジニャックは「じっと座っているのが苦手だ」と説明している。「だから本はあまり読まない」[88]自閉症に関する回想録には、興味を失ったり、ぼんやりしたり、朗読を中断したりする子どもの話があふれている。ある両親は精神分析医に、息子が逃げ出す前に絵本を最後まで読み聞かせるのが目標だと語っている。[89]また、攻撃は最大の防御であることに気づいた子どもたちもいる。ジャスティンという少年もそのひとりで、読み聞かせをする人に暴力をふるった。ジャスティンがようやく読書を楽しめるようになると、父親は「この子が、本を読んであげようとする私をぶちのめした——つまり、私にけがをさせたり、殴ったりしていた当の本人なんです」と指摘している。[90] じっと座っていることはできても、威圧されて何もできない子どももいる。ドナ・ウィリアムズは、クラスメートが音読するときにはその様子を見つめるか、その声にじっと耳を傾けるかしていたが、聴覚処理に問題があるためクラスメートが何を言っているのか理解できなかった。[91]

体が言うことをきかないせいで、ひとりで読書をしたり、ある親が「前進運動」と呼ぶ反応を本に示したりすることができない子どもは大勢いる。[92] ティト・ラジャルシ・ムコパディヤイは本の頁を見つづけることができなかったが、母親と言語療法士に手助けされたファシリテイテッド・リーディングによって集中力が持続するようになり、文章を目で追い、自力で本が読めるようになった――そして、遂にはたくさんの本を執筆するまでになったのだ。[93] ルーシー・ブラックマンも、ささやかな（ささやかと言えないときもあったが）介入のおかげで、一五歳のときにはじめて本を読むことができた。ルーシーの能力を最大限に引き出すために、母親のジェイはルーシーの肩に腕を回すと（言葉を話さない娘にキーボードを打たせたときもこの姿勢をとった）、ルーシーの手首に指を絡めて本の方に誘導した。この母性愛あふれる抱擁のおかげで、ルーシーは『少年と海』（コリン・シール著　深町真理子訳、二見書房）の文章を、あちこちの段落を拾い読みすることなく、順番通りに読むことができた。また、ルーシーに『嵐が丘』の頁を行ったり来たりさせないように、ジェイが自分で頁をめくったこともあった。こうしたケースでは、親子の相互依存が自主的な読書を促していた。ジェイは、ルーシーがジョン・マースデンの『ソー・マッチ・トゥー・テル・ユー　*So much to Tell You*』の冒頭の頁を読み終えるのを、娘の体にのしかかるようにしながら手伝ったこともあったという。[94]

自閉症児は、読み方を学ぶ際にほかの子どもたちとは異なる課題に直面する。ジム・シンクレアは三歳のときに読み方を学んだが、読んだ言葉を忘れてしまうので、十歳、一七歳、二一歳、二六歳のときに改めて読み方を学んでいる。[95] しかし、ひとたび本を読みはじめると、今度はそれをやめさせるのがむずかしい事例もある。ジョージは起きている時間のほとんどを辞書や百科事典とともに過ごし、情報を蓄積し、おそらくは不快な刺激を遮断するために、辞書や百科事典の項目をくりかえし口にしていた。[96] スパロー・ローズ・ジョーンズの両親は、娘をほかの子どもたちと遊ばせようとして本を取り上げたものの――うまくはいかなかった。[97] 自閉症児が一日中読書をしているのは珍しいことではない。メアリー・アン・ティローン・スミスの弟は、一日に一二時間本を読んでいることもあった。[98] ある少年は、本から離れているのがあまりにも辛く、学校を飛び出して読むものが置いてある店を探しにいったそうだ。[99]

本は五感を刺激するので、子どもたちは中味を読み込むところまで行きつかないのかもしれない。読む以外にも、本を使ってできることはたくさんある。自閉症者のなかには、本を見るのと同じくらい、あるいはそれ以上に、本に触れたり、味見したり、匂いを嗅いだりすることを楽しむ人もいる。さらに、本をアルファベット順に並べたり、頁番号を数えたり、扇のように広げてみたり、本の後ろに隠れたり、毛布で覆ったり、投げたり、ばらばらにしたり、破いたり、細かく切り刻んだりする人もいる。本が、読書とは無関係に、五感を満足させる儀式に組み込まれることも珍しくない。たとえば、ある少女は『セサミストリート』のビッグバードのぬいぐるみのくちばしで、「リトル・ゴールデン・ブック」の絵本の飾り枠に描かれたキャラクターをひとつずつ粛々とたたくことで、「サーキット運動」

（自閉症のコミュニティでよく使われる表現）を終わらせていた。[100]

こうした手の込んだ儀式を行う子どもたちは、読書以外の目的で本を大切にしていたが、定型的な脳を持つニューロティピカルな読者が当然のこととしている）〝正しい〟本の使い方に照らし合わせれば、彼らの嗜好は即座に病的なものとみなされてしまう。ブルーノ・ベッテルハイムの『自閉症・うつろな砦』は、精神分析のパラダイムを自閉症に適用した信用するに足らない研究書だが、この本では、自分が機械であると思い込んでいるという理由で知的障害者の治療を目的とするシカゴ大学附属のオルソジェニック・スクールに入学した九歳児の症例（ここではベッテルハイムが専門とするフロイト的な精神分析は取り除かれている）が紹介されている。ジョーイはふだんは自分の世界に引きこもっているが、ウィーンとうなり声をあげて動きはじめると、手をぐるぐる回しながらロボットのように歩き回り、「バクハーツ！　ガチャン！　ガチャン！」（黒丸正四郎訳、みすず書房）と叫ぶのだった。[101] ロボットのジョーイは、ベッドのヘッドボードに針金と厚紙と粘着テープを念入りに巻きつけた装置で、寝ているあいだにバッテリーを充電する。本を読むときには、本と自分の体（電子書籍リーダー）をつなぐ架空のワイヤーをソケットにつなぐ。だが、これだけ入念な準備をしても、技術的な問題や「電気が充分に入ってこない」という文句が絶えなかった。[102]（ベッテルハイムはこの言葉を「読書という危険を冒すだけの感情的エネルギーが入ってこない」という意味だと解釈した）。[103] ロボットのジョーイは一回の充電でひとつかふたつの単語しか音韻化《デコーディング》できなかった。

自閉症の読者の多くは、ほかの読者が自分だけのごくささやかな喜びを感じ取るのと同じように、五感を刺激する本の側面に喜びを感じている。スティーブン・ショアは、本の頁のインクを指でなぞるのが好きだった。[104] D・J・サヴァリーズは、電話帳に目を通し、ときどき手を止めて、紙の広がりを感じ取ったり、しわくちゃになった紙面を眺めたりしながらゆうに一時間は過ごすことができた。[105] ムコパディヤイは本を手にすると、まずその頁の匂いを嗅いで前の持ち主を感じ取った。[106] ジェン・バーチは、オークランド大学図書館のドイツ文学のセクションを、その香り（「一種の辛味」）で嗅ぎ分けることさえできた。[107] こういった感覚的な喜びは、こうやってほとんど気づかない程度に誇張してみると、本好きの人にはなじみ深いものになるはずだ。ニューロティピカルな脳の持ち主にとって、自閉症者の本に対する強い愛着はときとして理解しがたいものだ。ある夫婦は、息子が本を溜め込むので家に住めなくなったと抗議した。[108] よく誤解されることだが、ビブリオマニア（愛書狂）はビブリオフィリア（愛書家）とは似て非なるもので、ギュスターヴ・フローベールの小説に登場する本屋のように、自分の蔵書を読むことなく、何時間も見つめているだけの人間を指している。[109]

ほとんどの読者が本との物理的な触れあい—デザイン、重み、あるいは匂いを味わう—から喜びを得るのに対して、自閉症の読み手は、多くの定型的な脳の持ち主が不快に感じるほど本にのめりこむ。この章の冒頭で触れた、二〇〇七年にYouTubeに投稿された八分半の動画「私の言語で　In my language」には、メル・バッグスが熱心に顔全体—額、頰骨、鼻—を本の頁にこすりつける様子が映っているが、それは人々が思い浮かべる読書の光景というよりは、息を詰まらせそうになっている人の姿のようだ。バッグスはまさに本に「埋もれて」いるにように見える。しかし、動画の後半の解説は、この五感を震わせる本との触れあいそのものをひとつの認知形態として特徴づけることによって、性急な判断を下そうとする視聴者に待ったをかけるものだ。その後の場面では、バッグスがごく普通のやり方で本を見ている。この映像によって、本を手にしたらこうふるまうのが適切だとするそれまでの考え方が揺らぐだけでなく、バッグスのような人々を「読めない人」で片付けることはますますむずかしくなる。本を味わい、匂いを嗅ぎ、感じ、耳を傾けることには、自分が「思考する存在」であるかどうかを他者に疑われるという弊害があるとバッグスは指摘する。[110] たしかに、バッグスは言葉をデコーディングするという通常の意味での読書はしていないかもしれない。しかし、この動画は、バッグスが頭脳と身体の両方で喜びを味わっている様子を見せることで、活字との頭脳的な関わりと身体的な関わりを隔てる確固とした壁を土台から崩してみせるものなのだ。

自閉症者は「読めない人」どころか、もっとも献身的な読者に位置づけられる（司書のマリアベッキが、貴重な読書の時間が奪われるという理由で寝間着に着替えることに不満を漏らしていたことを思い出してほしい）。愛読書を暗記してしまう子どもは珍しくないかもしれないが、お気に入りの本を読んだ回数では自閉症児にかなわないはずだ。たとえば、ケネス・ホールにいたっては、五五回も読んだそうだ。[111] また、ドクター・スースの『キャットインザハット』（伊藤比呂美訳、河出書房新社）を何百回も読んだり、バージニア・M・アクスラインが書いた『開かれた小さな扉―ある自閉児をめぐる愛の記録』（岡本浜江訳、日本エディタースクール出版部）をボロボロになるまで読んだりする子どももいる。[112] これほどくりかえし読んでいれば、内容を深く理解できるのではと思うかもしれないが、これまでのハイパーレクシアの例で見たように、反復と理解には必ずしも相関関係があるわけではない。ジョージ・ムーアは『子犬の本　*The Puppy Book*』を百回近く読んだが、それが―

タイトルからわかるように―子犬の話だとは気づかなかったようだ（ジョージは「豚の話」だと思っていた）。[113]

何について書かれた本なのか理解していないように見える人は、どのような意味でそれを「読んだ」と言えるのだろう？　懐疑論者は、サーフェス・リーディングを読字とみなすことを真っ向から否定するだろう。だが、この問題を解決する方法がある。「読字」を「デコーディング」と「読解」のふたつの側面に分けるのだ。たとえば、テレス・ジョライフは、本を理解できるようになる前に「読む」ことができたと回想している。

ひとりになってからは、何百冊も本を読んだ。はじめのうちは、ただ表紙から裏表紙まで読んだだけだった。だが、何かのきっかけで、最初から最後まで一字一句もらさず読まなければならないと思うようになった。自分が読んでいるものを理解し、楽しいと感じられるようになるまでには長い時間がかかった。[114]

テレス・ジョライフにとっての読書は、単語をデコーディングすること、すなわち単語を音声に変換することであり、必ずしも理解したり楽しんだりすることではなかった（最終的にはどちらもできるようになっている）。理解はあとからついてくる。それでも、彼女の発言はハイパーレクシアを読字のひとつの形態と認めるものであるが、そこにはほかの識字形態に発展する可能性さえ潜んでいる。

前項で取り上げた「無意識の読字」は、長いあいだ精神分析医たちを当惑させてきた。しかし、最近の研究では、ハイパーレクシアの欠点、すなわち理解力の低さだけではなく、その潜在的な利点が注目されるようになり、高度な単語認識能力をハンディキャップとしてではなく、超人的な能力として扱う研究さえ出てきている。[115] いまでは複数の研究チームで、自閉症スペクトラム症状の人々にとって、印刷された文字が一貫性に対する安心感や対処メカニズムをもたらす可能性があることが認識されている。[116] 昔から、この世界に生きづらさを感じる人々は本に逃避してきた。ドーン・プリンス＝ヒューズはかつて、文字が印刷された頁についてこう述べている。「そこにあるのは芸術と秩序の平穏な世界、みなで分かち合う領域なのだ」[117]

自閉症スペクトラムの人々は、人間よりも本と一緒にいることを好むようだ。ハンス・アスペルガーの初期の症例研究には、病室の片隅で本に埋もれて座っていた八歳の少年が登場する。[118] 人間の行動は不安定で予測がつかないように見えるが、本は安定していて一貫している。ムコパディヤイは、学校でほかの少年たちと接するよりも本と接する方が居心地がいいと感じていた。

本ならば僕のやり方で扱うことができますが、人が相手だとそうすることはできません。人間が相手だと双方向のやりとりが生じます。そのために予測不能な可能性が、本との関係よりも大きくなります。[119]

（『「自」らに「閉」じこもらない自閉症者たち』ダグラス・ビクレン編著、鈴木真帆監訳、エスコアール）

絶えず変化する世界のなかで、固定された頁は安定をもたらした。トレヴァー・タオの教師は、トレヴァーが本を好きなのは「言葉は人間のように変化しないから」という単純な理由によるものだと結論づけている。[120]

絵を見るように文字を読む

自閉症者の読み方は、通常の読み方と異なるだけでなく、それを凌駕することさえある――キム・ピークをはじめとするサヴァンの読み方が超人的な能力として際立っていることからもわかるはずだ。自閉症者は速読とみなされるものの限界を超えていく。[121] 読書とは時間をかけて徐々に進んでいく直線的で累積的なプロセスだと考えている人は、ある種の人々が情報を吸収していくスピードに驚愕してしまうかもしれない。デイヴィッド・イーストハムの場合、情報を取り込む際には頁をちらっと見るだけで充分だった。彼の母親は「息子は一段落、一頁をものすごい速さで読むことができた。何度か目をやるだけなのに！」と書いている。「目をやってはそらし、目をやってはそらし、まるで視線が頁にはじき飛ばされているかのようだった」[122] このような、断続的に本を注視するイメージは、本に夢中になる、没頭するといったなじみ深い読書の姿勢とは相反するものだ。それどころか、イーストハムの両親は当初、言葉を話さない息子はそもそも本を読んでいるのだろうかと疑っていた。その姿が自分たちが知っている本の読み方とは違っていたからだ。ルーシー・ブラックマンの看護助手も、それと同じ理由から、彼女の読書習慣について介護を担当する人々に次のように警告していた。

「ルーシーは読むのがものすごく速いので、本当にその頁を読んだのか疑ってしまうかもしれません」[123]その言葉がなかったら、彼らは、言葉を話さないルーシーが指で頁をなぞる仕草をするのを見逃していたかもしれない。それが読み終えたことを知らせる合図だったのだ。

瞬間記憶能力、あるいは、それに近い記憶力を持つ一部の自閉症者は、ほかの人よりも速く読めるだけでなく、より多くの情報を記憶できる。たとえばトッドという少年は、テレビ番組『ルーツ』のクレジットが流れるのを一回見ただけで出演者全員の名前を挙げることができ、レスターは、スーパーマーケットに並んだ箱の前を通り過ぎただけで、ラベルに記載されたすべての情報を――小さく印字された原材料のリストを含めて――暗唱できた。[124]多くの自閉症患者は、頁を読むというより、頁のスナップショットを撮っているように見える――バーブ・レンテンバッハが「心象風景」と称するものを、あとで見返せるように保存しているのだ。[125]この現象は、頁を写真画像にしてあとから必要に応じて読めるようにするという観点から説明されるのが一般的だ。カーリー・フライシュマンの両親は、娘をコピー機になぞらえた。一冊の本を読むのにどのくらい時間がかかるか尋ねると、カーリーは「一瞬」と答えたそうだ。[126]

世界でもっとも有名な自閉症者のひとりであるテンプル・グランディンは、瞬間記憶能力を使った表層読み《サーフェス・リーディング》に関する説得力のあるモデルを提示している。グランディンの人生を題材として彼女ならではの視点を描いた二〇一〇年制作の映画『テンプル・グランディン　自閉症とともに』は、自閉症の読み手が物思いにふけるステレオタイプなシーンは使わずに、グランディンが心の目で見たものを正確に映し出した。フランス語の教科書を読むように言われたグランディンは、頁をちらっと見ただけで「読みました」と答える。[127] 直後に、彼女の顔と暗記した頁の画像をオーバーラップさせることで、グランディンがその頁を読んだというよりも再現したことが表現される。困惑するフランス語の講師に彼女はこう説明する。「私はただ見ただけです。そうすると、その頁を記憶して、それを読み上げることができるのです」（図4）グランディンの自伝のタイトル『視覚的思考 *Visual Thinking*』を使って言い換えるなら、彼女は絵を見るように読んでいるのだ。

サーフェス・リーディングをする人の多くがそうであるように、グランディンの読字スタイルは、表現されている内容と同じくらい表現媒体を重視している。ニューロダイバーシティの潜在的な長所の多くを体現するグランディンは、後に、自分の読字プロセスを機械的複製の形態として説明している。

> 本を読む場合、活字をカラー映画のように翻訳するか、その頁を後で読むために写真のように記憶にたたきこむかする。再読の際、それは私の頭のなかでそっくり再現され、テレプロンプターのように読めるのである。……私の場合は記憶のヴィデオを再生して情報を選び出すのだが、急いで情報を引き出したいときは、ちょっと困ることがある。というのも必要なテキスト（部分）に行き着くために、たくさんある記憶のヴィデオをテキスト順に再生して見なければならないからである。これは時間のかかる作業なのだ」（『自閉症の才能開発　自閉症と天才をつなぐ環』カニングハム久子訳、Gakken）[128]

グランディンが本を読むのは、彼女が「ヴィデオ・ライブラリー」と呼ぶものの在庫を増やすため

図４　フランス語の教科書の一部を暗唱するテンプル・グランディン（クレア・デーンズが演じている）
『テンプル・グランディン　自閉症とともに』（HBO Entertainment, 2010）

でもある。[129] このようなテクノロジーを使ったたとえ――コピー、写真、ビデオカセットレコーダー、CD-ROM、コンピュータのモニター、そして最近ではインターネットの検索エンジン――は、すべて記憶装置に言及したもので、心的イメージを処理するのはそのあとの段階だ。グランディンの瞬間記憶能力は、通常の読字とは逆のプロセスをたどっている。つまり、記号化したあとに音韻化《デコーディング》するのだ。

瞬間記憶能力では、知識と、どこに何があるかの認識との境界線が曖昧になる。グニラ・ガーランドは、回想録『ずっと「普通」になりたかった。』のなかで、「（言葉が）頭のどこかに定着してしまう」（ニキ・リンコ訳、花風社）ので、長い文章をほとんど苦もなく暗記できたと回想している。[130] ガーランドは自分が持っている児童書をすべて暗記していた。文章の最初の単語さえ思い出せれば、「とぐろを巻いていた蛇が這い出すように、ひとりでに口から出てくるのだった」。[131] このとてつもない記憶力は、辞書から、公務員規則、国家食糧管理局の表に至るまで、あらゆるものを吸収した。頭のなかに仮想の本棚があるので、試験は情報検索を意味していた。「試験のときには、頭の中で、覚えた本の頁をめくって必要な箇所を探しだし、読むだけでよかった」。[132] あとからデコーディングをする形態は、グランディンのやり方と似ている。ガーランドは調べたことを読むのではなく、あとで参照するためにしまい込んでいたからだ。「どこに何が書いてあったかまで覚えているわけではない。ただ、頁のコピーを頭の中に持っていて、それを読むという感じだった」。[133] 彼女もまた、絵を見るように読んでいる――単語をまったく視覚化できないアファンタジアの読者（第五章で取り上げる）とは対照的な読み方だ。ガーランドにとっての「読む」という言葉は、はじめて読むものだけでなく、ある意味では、既に読んだものにも使えるものなのだ。

多くの自閉症の読者にとって、伝達手段は伝達内容と同様になくてはならないものだ。瞬間記憶能力で取り込まれるのは言葉だけではない――目に映ったものがそのまま、つまり、角を折った頁や、頁の隅の注釈も、本文と一緒に記憶されるのだ。ほかの読み手が取るに足らないものとして無視するような余分な活字にこだわるのも、サーフェス・リーディングをする人々の特徴だ。ある少年が過読症《ハイパーレクシア》であることが判明したのは、お気に入りの本『もうけんかしない、もうかみつかない *No Fighting, No Biting*』に収録された話のタイトルだけでなく、頁番号まで暗唱したことがきっかけだった。[134] 成人の自閉症者のなかには、自分の本棚にある本のなかから一冊選んでもらい、ランダムに指定した頁の傍注や記号まで記憶していることを披露して客を楽しませる人もいるそうだ――『華氏451度』を自閉症者の立場から解釈して、プロットだけでなく本の頁そのものを讃えているわけだ。[135] 活字よりも表象を尊重することには利点がある。たとえば、ジェン・バーチは、ほかの人が本の背表紙に印刷されたタイトルを読むよりも早く、背表紙だけで本を見つけることができたそうだ。[136]

サーフェス・リーディングをする人々にとって、本の体裁はプロット以上とまではいかないまでも、プロットと同じくらい重要なものだ。トム・カトラーは、マーク・ハッドンの『夜中に犬に起こった奇妙な事件』にうんざりしていた。書体に装飾《セリフ》がついていないので、視線を水平に保つことができなかったからだ。とはいえ、カトラーが本の内容を深いレベルで理解できなかったのは、八二頁の文字間隔に気をとられたせいではない。彼は、ほとんどの人が見逃す些細なことに気づいただけなのだ。[137]このような細部への過剰なこだわりが、彼らを生まれながらの校正者にする。たとえば、スティーブン・ショアは、ちょうどよく見えるようになるまで、コンピュータの画面上で1ピクセル（長さ0.35mmだった）の刻みで文書を移動させたことを認めている。[138]他人が気にもとめないような体裁が、ショアの感情を激しく揺さぶった。それどころか、eで終わる動詞をing形にするときに語尾のeを削除することに苦痛を感じて、精神科医に相談している。その精神科医が「不安」と書き留めた紙片を下に落とすと、ショアはそれを拾い上げた。自伝のなかで彼は、「見捨てられ、床に落とされたその文字が気の毒でたまらなかった」と説明している。[139]

サーフェス・リーディングは、その名が示す通り、デコーディングや読解をまったく必要としない。実際、自閉症者は文字を記号としてではなく形として理解することが多く、意味を表す性質ではなく、文字に備わる感覚的な特質に注目する。彼らは、テキストの体裁の見過ごされやすい側面を容易に察知できる特権的な立場にいる。ラルフ・サヴァリーズが自閉症の読者と関わったときに目の当たりにしたように、「コミュニケーションを媒介する媒体が消えずに残っている」（『嗅ぐ文学、動く言葉、感じる読書』岩坂彰訳、みすず書房）のだ。[140] ジェシー・パークの場合は、母親と一緒にさまざまな書体の活字を見ることを楽しんでいたものの、単語を認識しなければならないというプレッシャーを感じると、本を見るのをやめてしまった。ただ単に、プロットよりも句読点のほうが楽しかったのだ。校正者になった二三歳のパークは、段落と段落のあいだの余分なスペースや見慣れない句読点に強烈な満足感を覚え、ハイフンを目にして「歓喜に震えた」という。[141]

サーフェス・リーディングを行うほかの読者たちも、単語の形をいじくることを楽しんでいる——ここでもやはり、音韻化《デコーディング》よりも再コード化《リコーディング》なのだ。ルーシー・ブラックマンは、頭のなかで活字の形をスキャンしてからパターンを作る。彼女にとって『シェイクスピア作品集』や『ザ・ペンギン・ブック・オブ・イングリッシュ・ヴァース』は、知恵の宝庫というより「単語パターンの宝庫」だった。[142] アルベルト・フルゴーンも同様で、言語記号を解釈することよりもその輪郭に注意を払い、単語を「ヴィジュアル・アニメーション」と称するもののひとつの形態としてとらえていた。[143] 子音字（たとえば、「C」ではじまるすべての言葉）を左右対称な塊に並べ替えたりしながら、頭のなかで単語の形をいじって遊んでいた。意味はわからなくても、「aria」「aereo」「letta」といったイタリア語の単語の形に魅了された——サーフェス・リーディングがもたらす心の慰めのひとつだが、精神分析医たちからは過小評価されている。

サーフェス・リーディングを実践する人々は、本の読み方にいかに多くのパターンがあるかを教えてくれる。ここで紹介した実例からもわかるように、自閉症者は必ずしもプロットを知るために本を読んでいるわけではない。彼らはミクロなレベルでは個々の単語に、マクロなレベルでは複数の本を同時に読むことに興味を持っているのかもしれない。はじめに、ミクロなレベルの話をしよう。グニラ・ガーランドは、光り輝く新しい言葉を探すカササギのようだった。〔カササギは光るものを好んで集める鳥として知られている〕本を何冊かぱらぱらとめくり、気になる単語があるとすぐに読みはじめた。そうやってレナート・ヘルシングの絵本を読むうちに、「銅細工師」「クロカンブッシュ」「コンスタンティニアポリタン」を意味するスウェーデン語が彼女の語彙に加わっていった。[144] 次はマクロなレベルだ。自閉症者は必ずしも理解することを目指してはいないので、ひとつのテキストを順不同で読んだり、複数のテキストを平行して読んだりすることもある。あるソーシャルワーカーは、公式には「読めない人」に分類されているにもかかわらず、蝶に関する三冊の本を同時に眺めていた十代の少年について、「それが彼の読み方なんです」と語っている。[145]

自閉症者の読み方の歴史をたどる上で障害となるのは、こういった本との交流が第三者には判別できない可能性があるということだ。前項で触れたように、少なくとも定型的な方法で情報を処理するニューロティピカルな読者が使う「読む」という言葉の意味においては、自閉症者が本を読んでいるかどうかを見分けるのは必ずしも容易ではない。自閉症者は、機会が与えられれば立派に自身の権利を主張できることがわかっているが、自分の心の働きを伝えようとしても、読書のような活動に先入観を持つ人々からは依然として間違った解釈をされてしまうのが実情だ。[146] たとえば、自閉症の読者にこの本は面白かったかと尋ねると、気軽なおしゃべりの域を超えた辻褄の合わない返事が返ってくることがある。この質問をされたある十代の少年は「おそらく僕は本が好きだけど、よく分からない。

読むという本質は、きっとその人が受け入れられるということだよ」（『自閉症の世界』スティーブ・シルバーマン、正高信男訳、講談社）と答えている。[147] このような発言は、特定の本のことよりも、読字そのものの性質を明らかにするものだ。そのプロセスは、本人たちが願っている以上にコントロールがきかないものなのかもしれない。

楽しむというのは、現実逃避の反意語を好む人々――現実主義というよりは、現実に関する情報を好む人々――にとっては相対的な概念だ。ジョン・エルダー・ロビソンは楽しげな口調で、自分の愛読書は『鋼鉄の枠――列車と自動車テクノロジー』（『眼を見なさい！ アスペルガーとともに生きる』テーラー幸恵訳、東京書籍）だと打ち明けている。[148] 神経科学者や認知心理学者がこれまでそうしてきたように、自閉症者はフィクションを読むことに喜びを感じないと決めつけるのは、対象者をひとまとめにした乱暴な考え方だろう[149]（自閉症スペクトラム傾向の測定に使われる「自閉症スペクトラム指数」には「小説を読むのはとくに楽しくない」という項目がある[150]）。この章でくりかえし述べてきたように、自閉症の読者は、ニューロティピカルな読者と何ら変わることなく同じ本を楽しむことができる。ショーン・バロンは、トバイアス・ウルフの『ボーイズ・ライフ』の語り手に、ほかの大勢の愛読者と同じ理由で共感し、「私は自閉症で、彼は自閉症ではなかったが、彼の気持ちは私の気持ちととてもよく似ていた」と語っている。[151]

それでも、固定観念にとらわれる危険は承知の上で、多くの自閉症スペクトラムの人々に事実に基づいた文章を好む顕著な傾向が見られることを認めないわけにはいかない。アスペルガー症候群の人々は、自分の話を聞いてくれる人に、フィクションを読むなんて時間の無駄だと公言することが多いことで知られている（このような態度は、自閉症スペクトラムの人々に限られたものではない）[152]。彼らは、小説を読むよりも背中を丸めて辞書を引いているほうが好きなのだ。このグループには、クリストファーのようなサヴァンもいる。クリストファーは二〇カ国語以上の言語を操り、子どものころは辞書、電話帳、レディーバード・ブックス社の国旗や外貨に関する子ども向けの教材など、おとぎ話以外のものを熱心に読んでいた。[153]百科事典の思い出を語るのは、自閉症者の回想録では慣例と言ってもいいだろう。だが、参考書を読むという無味乾燥な行為にも、情報の収集にとどまらない複雑な動機が隠されていることがある。ジムという自閉症の男性は、六歳のときに『ブリタニカ百科事典』を読んだのは、事実を知るためだけでなく、自分がほかの子どもたちと違っている理由を理解するためでもあったと回想している。[154]同様に、参考書を好んで読んでいたグニラ・ガーランドは、小説に目を向ける多くの人々と似たような動機を抱えていた。「私は自分を探していた。もしかして、頁をめくるうちに、突然私の話が見つかるんじゃないかしら？」（『ずっと「普通」になりたかった。』ニキ・リンコ訳、花風社）[155]ただし、ここから先は「ネタバレ注意」だ。ガーランドが医学書の頁をめくって見つけたのは、メラノーマと突然変異の解説だけだったそうだ。

物事を字義通りに受け取る人には、楽しいはずの読書が苦行になる場合がある。才能豊かな読み手だったキム・ピークにも、事実とフィクションの区別がつかないことがあった。「どんなに奇想天外な話でも、彼にとってはすべてが現実だった」とピークの父親は回想している。[156]だが、比喩的な表現よりも文字通りの表現を心地よく感じる人にとっては、フィクションはいつ問題を引き起こしてもおかしくないジャンルだ。スー・ルービンは、自分がノンフィクションを好むのは「物事を文字通りに受け取る」からであり、そのせいで他人のユーモアや皮肉を理解するのがむずかしいと述べている。[157] 同様に、スティーブン・ショアは、カタログは「書かれている言葉に裏がない」が、フィクションではそうではないことに気づいた。フィクションを読むと、表現の曖昧さに疲れ切ってしまうのだ。[158] ディケンズの『二都物語』の有名な冒頭文は、行間の意味を読み取る以前に、文字通りのレベルで理解するのがむずかしく、「単語と単語に隠れている意味を解読するのは不可能に等しかった」(『壁のむこうへ』森由美子訳、Gakken)。[159] ショアにとっては、ふたつの都市の物語というよりもふたつの暗号の物語だったのだ。

独特な方法で情報を処理するニューロダイバージェントな人々の視点に立てば、漫画のような一見単純なジャンルであっても、複数の、そして相反する可能性のある方法で解釈することが可能になる。自閉症の子どもたちのなかには、このジャンルは新鮮で親しみやすいと感じる子どももいた。ダニエル・タメットは、『タンタンの冒険』が、複雑な社会力学を写実的で簡潔な表現に置き換えていること、たとえば、吹き出しのなかの会話、太字で表された感情、感嘆符の強調的な使い方などが面白かったと回想している。彼の目には、漫画の一コマ一コマに「小さな物語」があるように見えた。[160] 一方、グニラ・ガーランドは、漫画を読むよりも、カミュ、カフカ、ドストエフスキーの小説を読み通す方が簡単だと感じていた。漫画のコマは大きさがまちまちなのでどの順番で読めばいいのかわからず、コマのあいだに読み手を誘導する矢印がついている場合は、そのせいで、何の注釈もないコマが不可解に見えてしまうのだ。「町を歩きながら、本を読んでわからなかったことをあれこれ考えることもあった」(『ずっと「普通」になりたかった。』ニキ・リンコ訳、花風社)という。[161] ニューロティピカルな読者には直観的にわかる暗黙の慣習が、ガーランドには理解できなかった。

小説の熱心な読者になる自閉症者は、そこに至るまでにいくつかの段階を経ているようだ。ドナ・ウィリアムズは、もともとは小説よりも電話帳を好んで読んでいた。「内容はひとつひとつのことばの群れのなかに、吸い込まれて消えていってしまうかのようだった」(『自閉症だったわたしへ』河野万里子訳、新潮社)と語っているように、架空の会話には現実世界との関わりがないように思えたからだ。[162] 穴が開くほど頁を見つめても、何も変わらなかった。彼女が見たのは「白い紙の上にまき散らされた、支離滅裂な黒いしみでしかない活字」だけだったのだ。[163] 実のところ、ウィリアムズは本の「ムード」を呼び起こすキーワードを素早くスキャンすることによって、小説からより多くのものを得ていたのだ。[164] もちろん、ウィリアムズはこういった事象に阻止されることなく、自身の著書を何冊も書きつづけた——そのうちの四冊が自叙伝だった。

多くの自閉症者は、人の行動を解読するために言葉の解読からヒントを得ようとするので、本と人のどちらかを選ぶと誤解を招くことになりかねない。グランディンは、主に娯楽として科学や家畜に関する本を読んでいたが、若いころは複雑な人間関係を理解するのがむずかしいので小説にはほとんど興味がないと言っていた。彼女は脳神経科医のオリヴァー・サックスに、シェイクスピアの『ロミオとジュリエット』を「理解する」ことができなかったと語っている(「彼らが何を悩んでいるのか、少しも分からない」(『自閉症の才能開発：自閉症と天才をつなぐ環』カニングハム久子訳、学研プラス)。[165] それでも、人とじかに接するときのプレッシャーや予想がつかない展開を気にすることなく、頁の上で人々の行動をつぶさに観察するという贅沢は、多くの自閉症スペクトラムの人々が小説に魅力を感じる理由になっている。本であれば、社会での礼儀作法などという予測不能なものを読み解くのに、好きなだけ時間を費やすことができる。

風俗小説は、マナーを知らないとたしなめられたことのある人にとっては、とくに気の滅入るものかもしれない。「以前はこのタイプの小説を恐れていた」とダニエル・タメットは告白している。タメットはある食事会に出席した際に、その場の会話がつまらなかったので本を読み出して主催者を怒らせてしまったことがある。[166] 突破口が開けたのは、本のなかでは冷たいゼリー料理のように会話が保存されていると気づいたときだった。受け答えに神経をすり減らすことなく、日常生活で人々がどのように言葉を交わしているのかを観察する時間が与えられているのだ。「本を読みながら、ほかの人たちはこんなふうに話しているのかと思った」とタメットは回想している。「会話とはこういうものなのかと」[167]。頁についた指の汚れ、折り目、コーヒーのシミが、自閉症者に架空のコミュニティと触れあう機会をもたらす可能性さえある。ときには、本の余白にある注釈が、登場人物の行動を解釈する貴重な手がかりになることもあった。

ニューロダイバージェントな人々の読字習慣のリストを締めくくるにあたり（自閉症者の情報整理の方法に同意を示しておこう）、表層的な読み手の嗜好が固定的で変えられないものだと考える理由はない——少なくとも、ほかの読者とくらべて際立っているということはない。タメットが読む本が、辞書や百科事典から歴史書、伝記、回想録、そしてついには小説へと移ったように、事実に関する本がフィクションへの入口として機能することもあり得るだろう。ティム・ペイジも同じような軌跡をたどり、世界大百科事典の膨大な内容を暗記していた小学生が、ついには『チップス先生さようなら』

に感動して涙を流すまでになった。大人になったペイジは、百科事典には見つからなかった安らぎを文学に見出したのだ。「私が文学のなかでたどりはじめた情緒的な小道は、コネチカットの町の道路地図や、古い記録の裏面に記された名前と日付のリストとはくらべものにならないほど、私を満たしてくれるものだった」[168]もはや、百科事典の暗記をやめた人たちの嗜好をほかの人々の嗜好と区別することはできないだろう。彼らは表層的な読み手から、単なる読み手になったのだから。

いずれは、サーフェス・リーディングを低レベルの読字ととらえることを誤りとする日が来るだろう。この章では、過去二世紀にわたるサヴァン症候群やハイパーレクシアに関する臨床記録から、当事者が書いた現代の記録までのさまざまな記述をふりかえりながら、自閉症者の読字習慣を(体系的にとは言いがたいが)俯瞰してきた。その狙いは、本に備わるいくつかの側面――すなわち、五感が満たされる喜び、魅惑的な形状、表紙の脇を走る滑らかな溝、抽出可能なデータ、予測不能な混乱した世界での揺るぎない安定性――がほかの側面よりも優遇されるようなテキストとの関わり方を提示することにあった。ここで挙げた例は、たとえそれが自閉症ではない読者が感じるものとまったく同じではないとしても、自閉症の読者が本とのふれあいに喜びを感じていることを示している。自閉症者の読字方法は結果的に、読書と他の活動を隔てる境界線はどこに引かれるべきなのか、さらに重要なのは、自閉症者自身がテキストから感じる喜び――その一部は読書の領域に入りさえしないかもしれない――の過小評価されてきた側面について、他の人々に考えさせることになる。

この章に登場する読み手に共通するのは、尽きることのない活字への興味だ。リアン・ホリデー・

ウィリーの『アスペルガー的人生』では、三歳の誕生日を迎える前に本を読みはじめたときの様子が綴られている。たとえ読んでいるものが理解できなくても、読書を楽しい経験にしてくれるものがあることを伝える描写は、私が知るなかでもっとも説得力があるものだ。

白い紙に整然と並んだ黒い活字。そのリズミカルなパターン。左から右へ、上から下へと視線を導いてくれる文字の流れ。どれも心地よかった。句点があるときは止まらなければならない。読点があるとき、段落が変わったときは、一息あけねばならない。そんな規則に身を委ねるのも心地よかった。単語を舌の上で転がす感触も好きだった。たいていのことばは、口のなかで、それぞれに違ったところを動かすのがたまらなく好きだった。(ニキ・リンコ訳、東京書籍)[169]

ウィリーの記述は、読字体験をもっとも基本的な形に集約したものだ。白い頁に横たわる黒い文字を、句読点やそのほかの合図に従いながら眼で追っていくときの喜びが、心の声として発せられた文字に対する身体的反応と連動して、頁の表面を見つめているだけの読者にとっても活字がどれほど刺激的なものであるかが伝わってくる。活字に愛着を抱くウィリーの姿は、たとえそれが「読書」という言葉とともに思い浮かべるものではなかったとしても、すべての読者にとってなじみ深いものであるはずだ。

第三章　失読症――アレクシア

「読めなくなること、私はいつもそれを恐れていた」
――ジョージ・ギッシング『ヘンリ・ライクロフトの私記』
（平井正穂訳、岩波書店）

サム・マーティンは、小説を読もうとしたときに問題が深刻であることに気づいた。最初は左眼の上の痛みを片頭痛としてやり過ごしたが、マシュー・グラスの『アルティメイタム *Ultimatum*』を開いたところで、事態の全貌が明らかになった。「まるっきり読めないことがわかって恐怖に駆られた」マーティンは回想録のなかでそうふりかえっている。「頁にごちゃごちゃ並ぶ文字は、どちらの目で見ても、私にとって何の意味も持たなかった」[1] 突然文字が読めなくなった原因は脳内出血であり、その事実が判明したのは、ベルファストにあるロイヤル・ヴィクトリア病院の脳卒中病棟にたどり着いてからだ。引退生活を送る七五歳の彼は、診断を聞いたあと、脳卒中によるダメージがこの程度で済んだことにほっとした。だが、かつてはクィーンズ大学ベルファストの教授であり、大の読書好きでもあるマーティンは、二度と読むことができないのではないかと不安になった。「私のライフスタイルの大部分が失われてしまったことに気づいた――果たしてそれを取り戻せるのだろうか？」[2]

マーティンが幸運だったのは、読者の障壁《リーダーズ・ブロック》を体験したときには、脳が読字プロセスに及ぼす影響について理解される時代になっていたことだ。彼が脳卒中に見舞われた二〇一一年一一月の時点では、すでに、医療従事者たちが文字を音韻化《デコーディング》する能力を妨げる神経学的疾患を診断するための訓練を受けていた。マーティンを診察したスタッフは、眼には異常がないと断定した。文字ははっきりと見えているのに、その意味がわからないだけなのだ。コンピュータ断層撮影（CT）スキャン、磁気共鳴画像（MRI）スキャン、その他の検査で、脳の損傷の範囲がマッピングされたのち、マーティンは退院して言語療法士と作業療法士によるリハビリを受けるようになった。オンラインのセラピープログラムを使った毎日の訓練のおかげで、マーティンはそれから数ヶ月でふたたび本を読めるようになる。最初はディケンズの『クリスマス・キャロル』を、一分間に七語から三〇語の速度だった（読字速度の平均値が一分間に二五〇語なので、平均をはるかに下回っていた）。やがて一分間に九〇語の速度に到達し、苦労はしたが、一冊の本を――マシュー・グラスの『アルティメイタム』を含め――四か月ほどで読み終えることができるようになった。これは治療という観点から見ると実に大きな進歩だった。前世紀まで、読字能力の欠如は医療従事者から充分に理解されておらず、治療不可能と考える人が多かったのだ。

マーティンの読字障害については、いまでは少なくとも名前がついている。「失読症《アレクシア》」――神経学的症候群の一種で、書かれたり印刷されたりした文字を読むことはできなくなるが、ほかの多くの作業（見る、話すなど）には支障がない状態を指す。ギリシャ語に由来するこの用語は、本来は「言葉ではなく」「言葉なしで」という意味を持つ。読字能力の喪失は、たいての場合、脳卒中（マーティンの例）、腫瘍、頭部外傷、変性疾患といった脳の損傷が引き起こす結果としてもたらされる。[3] 難読症《ディスレクシア》が幼少期に読むことを学習するプロセスを妨げるのに対し、アレクシアは、すでに識字能力のある大人に影響を及ぼす。それまでずっと本を読んできた人が、突如としてその内容をまったく理解できなくなることから、後天的非識字と呼ばれることもある。このようなタイプのリーダーズ・ブロックからは、辛い教訓がもたらされる。つまり、識字能力は得ることができるが、失うこともあり得るのだ。

当然のことながら、後天的非識字の最初期の症例のほとんどは、読み書きが普及しはじめたばかりの時期に診断されたものだ。識字率は一九世紀に欧米全域で飛躍的に上昇した。イギリスの場合、一九世紀末には実質的な識字社会になっており、大人の識字率は九五％を超え、ほとんどの人が——男女を問わず——ある程度は字が読めるようになっていた。[4] 識字率が低いころは脳損傷後の読字欠陥に気づくことはほとんどなかったが、識字率の上昇に加え、神経学が確たる医療分野に発展したことによって、読字欠陥がそれ以前より認識しやすくなった。読めない人が目立ってしまう時代が到来したのだ。

かつてなかったほど多くの人々が、読者を自認するようになったのもこのころだ。識字能力がもたらす恩恵は、情報を入手する能力をはるかに超えるものになった。文字を読むことが自己啓発の重要なステップとみなされるようになり、道徳的、知的、そして経済的な進歩をあらわすものとしてたびたび引き合いに出されるようになる。[5] サミュエル・スマイルズの一八五九年の著書『自助論』のなかで、読書とは「最大の喜びと自己改善の源」（竹内均訳、三笠書房）であると強調されていたことを思い起こせば充分だろう。[6] 現代を生きる私たちが思い浮かべる一九世紀は、読書、識字能力、印刷物と分かちがたく結びついている。それでは、読む能力を失った人々のことはどのように考えればいいのだろう？

この章では、脳損傷の患者の症例研究を一〇〇年以上前までさかのぼって検証していく。まずは一九世紀の医学専門誌に掲載された逸話や報告からはじめ、さらには二〇世紀から二一世紀にかけて出版された、時には本一冊分ほどもある長い記述も取り上げる。それは、読む能力によって定義されることがますます増えている社会において、アレクシアが人々の暮らしや幸福、そして同一性意識に及ぼしてきた多大な影響を示すためだ。こうした症例によって、読むことができなくなったあとも――識字能力の喪失を表現する専門用語がないので、この章では「ポストリテラシー」と呼ぶことにする――読み手としてのアイデンティティーを保つために考案された数多くの対処戦略に加え、読めない暮らしに適応するために苦闘する様子を余すことなく明らかにしていく。これから患者本人が語ってくれるとおり、読字能力を失うことは、ただ単に身につけたスキルを失うだけではすまない深刻な意味を持つ。人としてどこか欠けているとか不完全であるといった喩え方をされるような、尊厳の喪失を意味してもいるからだ。フランシス・ベーコンの印象的な言葉どおり、「読むことが完全な人《フル・マン》をつくる」のなら、こうした人々はもはや自分自身を「完全な人」とは感じられなくなってしまう[7]（心理学者のスコット・モスも、脳卒中のせいで話す、読む、書くことがむずかしくなってしまったあとで、「長いあいだ、自分は半人前だと考えていた」と認めている）。[8]

さらに悪いことに、アレクシアの人は自分に何が欠けているか承知している。読めなくなることは、

「生きるために読め」[9]というフローベールからの忠告に従う人にとって、当初は死刑宣告のように感じられるだろう。読み書きができないとみなされる人々が、文字のある社会について、たいていはぼんやりした概念しか持っていない一方で――読み書きから自主的に遠ざかったソクラテスのような人々は希少動物だ――元々は識字能力があった人々は、どのような特権が奪われてしまったのか痛いほどわかっているのだ。読むことと識字能力が与えてくれる、社会的、文化的、経済的な恩恵については、これまでに歴史家も素人もこぞって書き記している。[10]現代社会において、読字は、意思疎通、楽しみ、そして知識の源として広く認識されている――とくに、崇高な英知は意義ある人生にとって不可欠だと考える人が多い。たとえばヘレン・ケラーは、自分にとって読むことは「ユートピア」だと語っている。[11]

その同じ社会で、非識字を無知と結びつけてそれに応じた烙印を押すということが頻繁に起こっている。サミュエル・ジョンソンが、非識字を意味する「illiterate」を啓蒙思想の価値観のアンチテーゼと位置づけ、もっぱら否定的な言葉で――「無学な、無教育な、無知な、科学に啓発されていない」――定義したことを考えてみてほしい。[12]非識字は、機械的なスキルの欠如というよりも、知能の低さやその他の弱点に関連する個人的な欠陥とみなされるようになっていく。「読み書きのできない人」は、非識字との闘いの犠牲者だった。そのグループに加わることによる影響は、これまでずっと識字能力を持ち、それゆえに恩恵を得てきたあとでは一層深く身に沁みた――「文学者」から、ただの「無学者」に降格してしまったのだから。そういうわけで、ここから先は、ジョンソンの時代以来、読めない人という新たな立場に人々がどのように対処してきたか、あるいは対処できなかったかについて話を進めていく。

読み方を忘れる

ロバート・ダーントンは著書『読書の歴史への第一歩』のなかで、読み手が言葉を読み解く際の「内的プロセス」を理解するには、神経学的な根拠が必要だと説いている。[13] 書物史家によるその後の研究は、ほぼ同じ認知能力を持つ、社会的に多様な読み手のグループを前提としたものだ。だが、読み手（とその脳）は、従来の読字の歴史のなかで認識されてきたものよりも多様性に富んでいる。序章で提言しているとおり、文学理論の専門家が思い描く「理想的な読者」の代わりに、能力欠如のために本と接することが気詰まりだったり、耐えがたかったりすることさえある「厄介な読者」の居場所を作る必要がある。一九世紀末の失語症《アレクシア》の診断は、そうした研究を行うようになった、ひとつの出発点を表している。

読字を阻むリーダーズ・ブロックの問題は古代にまでさかのぼることができる。西洋文学で最初にこの問題に言及したのは古代ローマの偉人である大プリニウスで、博学なアテナイ人が頭を石で殴られてから読み方を忘れてしまったことを記している。[14] その後、さらに詳細な記述があらわれる。一六五一年、スイスの医師が、肥満体で赤ら顔をした貴族の男性が昏睡状態から目覚めたときにラテン語が読めなくなっていたという症例を記録している。[15] その一五年後のダンツィヒ〔ポーランド北部の都市グダンスクのドイツ語表記〕では、発話障害、部分麻痺、てんかん発作を克服したある脳卒中からの生還者《サバイバー》が、次のような状態になっていた。

乗り越えねばならない最後の害悪が残った。彼は文字が読めず、ましてや、文字を組みあわせることなどどうやっても無理だった。ただの一文字すらわからず、文字同士を区別することもできなかった。[16]

それ以降もヨーロッパ中の医師たちが、突然の識字能力の喪失を含む症例を数多く報告してきたが、こうした異変は、負傷や疾病による部分的な記憶喪失が原因だと考えられるのが常だった。

のちにアレクシアとして知られるようになる状態を記録するにあたっては、臨床医たちの自己診断が重要な役割を果たしている。一般の患者には自分の健康問題を明確に述べるための手立てがなかったのに対し、医師は自らの症状に加え、同じぐらい重要なこととして精神状態についても注意深く観察できる特権的な立場にあった。モンペリエ大学医学部で生理学の教授を務めていたジャック・ロルダは、一八二五年に脳卒中に見舞われてから、読むことをやめた。「病に襲われたときに読んでいた本をちょっと見てみたいと思ったが、書名を読めないことに気づいた」彼はそうふりかえっている。「私は自分の絶望をほのめかすようなまねはしない――これを読んでいるあなた自身が一番よく想像できるはずだ」[17] ロルダが綴った「深い憂鬱と諦め」の描写のおかげで、その後のほとんどすべての症例にみられる、読字と心の健康との関連性が確立された。[18] ところが、蔵書の一冊『ヒポクラテス・オペラ *Hippocratis Opera*』の書名が認識できたことで、ロルダの心のありように劇的な変化が起こる。

「この発見で私の目には嬉し涙があふれた」というのだ。[19]
ロルダの憂鬱が示しているのは、アレクシアが、犠牲者の心を慰める大事な源をもっとも必要とされるまさにその瞬間に奪い去るという、ひねくれた能力を持っていることだ。ほかのタイプの脳卒中であれば、読書にせめてもの救いを求めることができる。たとえば、イングランド・ウェールズ首席判事の地位にあった初代デンマン男爵トマス・デンマンが発話能力を失ったときには、文学が生きる糧を与えてくれた。デンマンの伝記によると、「彼は読むことと朗読してもらうことに最大の慰めを見いだした」といい、毎日の『聖書』からの引用、シェイクスピア、コルネイユ、ラシーヌらの文章が、彼に「無限の喜び」を与えたという[20]（それから一世紀半近くを経ても、脳卒中サバイバーは読書に救いを求めつづけている。『読書の歴史——あるいは読者の歴史』（原田範行訳、柏書房）などの本の回想録を著したアルベルト・マングェルは、脳卒中の後、ウェルギリウスの『アエネーイス』の一節に安らぎを見いだしたそうだ[21]）。
読字障害に関しては、一九世紀後半に医学的知識が深まった。神経科医による脳病理への関心が高まり、異常行動は脳の特定部位の損傷に起因すると考えられるようになったからだ。[22] フランス人医師のポール・ブローカが、話したり言葉を理解したりする能力を失う失語症の臨床試験を実施したことで、発話生成を司る脳の領域（のちにブローカ野として知られるようになる）が特定され、最終的には、発話能力の喪失と連携する読字欠陥につながった。[23] その後の研究では、「読む」「書く」といった活動も異なる皮質領域に関連しているのかどうかを究明することが目標に掲げられた。一八六九年、ユニヴァーシティ・カレッジ・ロンドンの病理解剖学の教授H・チャールトン・バスチャンが、臨床観察に基づいて、アレクシアに関するもっとも古い報告書のひとつを作成している。担当していた失語症の患者が、本を読めなくなっていることに気づいたのだ。「言葉を見ても、彼女にはなんの意味も伝わらないようだった」[24] だが、医師たちがアレクシアのさまざまなタイプを認識できるようになるには、そこから何年にも及ぶ臨床観察が必要となる。

この分野でなかなか進歩がみられなかったのは、読字困難を経験した成人のほとんどが、問題は視覚にあると思いこみ、神経科医ではなく眼科医を探したからだ。たとえば黒内障や、視神経の損傷による部分的な視力喪失を患う人は、一度に数分間程度しか読むことができず、それを超えると本の活字が霞み、互いに混ざりあって、ついには解読不能な「黒い塊」になってしまうと伝えられていた。[25] だが、こうした患者は、しばらく目を閉じていれば、たいていはふたたび読めるようになった。ある医師が脳卒中サバイバーを対象に行った調査を見ると、目の損傷と脳血管障害の違いを見分けるのがいかにむずかしいかがよくわかる。その報告によると、リバプール在住、痛風体質、商取引の悩みを抱える「ミスター・I」は、頭と腕の痛み、さらに、読字能力の低下を訴えた。こうした症状は脳内出血によって引き起こされたように見えたが、識字能力については、眼鏡の新調という簡単な解決法によって取り戻されたのだった。[26]

読字を妨げる可能性のある病気はいくらでもあった。ロンドンのセント・バーソロミュー病院のある医師は、片頭痛のようにありふれたものでも、単語処理を妨げることがあると気づく。彼はこうした患者について「本を見つめているが、読むことはできない」と記している。「暑い夏の日に畑の上をただよう空気のように、行が揺れ動くのだ」[27] 認知症も、老齢の読み手と、頁を読み解く能力に影響を及ぼす（第六章を参照）。ある機械工が本を理解できなくなったときは、「精神崩壊」もしくは「脳の萎縮」の初期症状と判断された。その患者の症例履歴にはこう記されている。「言葉は何の意味も持たないか、あまりにも曖昧でしばらく頭をひねらないと理解できないようだった」[28] 読字欠陥がほかの神経学的問題と絡まり合っていると、もつれた糸を解きほぐすのがむずかしい場合もある。ロンドンの国立てんかん・麻痺病院に入院していた事務員は、流ちょうに話すことと音読の能力に、直接的な関係がないことを証明した。「読むのがあまりに下手なので驚いた」と、ある医師が証言している。「読む前は、ぺらぺらと上手に話していたのだが」[29] オリヴァー・ゴールドスミスの『ウエイクフィールドの牧師』（小野寺健訳、岩波書店）の一節を渡されると、事務員はいくつもの単語を読み間違え、「レイバー（労働）」を「レイディー（婦人）」、「プヴァティ（貧困）」を「ポーパリー（教皇制）」、「チアフルネス（元気）」を「チアレスネス（陰気）」と読んだ（いずれもフロイト的失言といっていいものだった）。「スーパーフルーイティ（余分なもの）」という単語を見ると、「セッパーティション」、「セッペリスト」、「セッペリット」、「セッペリスティス」と読んだあげく、あきらめてしまった。それとは逆に、音読されるものをいっさい理解できなくなった患者もいた。ある男性は本の朗読を聞くのが好きだったが、頭部に外傷を受けてからはそれが耐えがたいものになってしまった。「ちゃんと理解できない」とか「何を言っているのか見当もつかない」などと不平を漏らし、ついには夜の祈りを短くするよう妻に頼んだという。[30]

読字欠陥を最初に記録したひとりであるウィリアム・ヘンリー・ブロードベントは、ロンドンのセント・メアリー病院で失語症の患者を担当していたときに、その症状に気づいた。一八七二年に刊行された症例集によると、こうした人々のなかにはまったく読めなくなってしまった人もいたという。五九歳のガス検査官でパディントン教区会の一員だった「チャールズ・D」は、ボランティア消防隊の指揮をしていたときに落ちてきた木材の下敷きになってから、読むことができなくなった。「見えるけど、理解できません」チャールズは文字を見ながらそう言った。[31] 読めないということを文字で書くように言われると、「私には読むことができない」と書いた。[32] ブロードベントの患者たちは、それまで決して理解したことのない、そもそも考えたことすらないプロセスの仕組みを明確に伝えようと躍起になった。チャールズは病院名を綴った文字を指さして、「これを自分の心の箱に取りこむことができないんです」と訴えた。[33] 患者のなかには、それまでずっとほとんど苦労もなく読んできたからこそ、この問題をなかなか真剣に受け止められない者もいた。大工だったある男性は、病院で渡された検査用の文章が読めないことを面白がっていたが、それから二カ月もしないうちに亡くなってしまった。[34]

もっとも不可解な症例は、多言語に通じた患者がそれまで流ちょうに使えていた言語のひとつについてだけ、読み方を忘れてしまうというものだった。なかでもとくに複雑だったのは、母語の読み書きには支障がないのに、古代語の読み方を忘れてしまった脳卒中サバイバーの症例だ。[35] 彼がふたたびホラティウスを読めるようになるには、八年の歳月をかけてラテン語を学び直さなければならなかった。彼の苦境は、ジョージ・エリオットの『ロモラ』に登場するバルダサッレ・カルヴォを思い起こさせる。学者であるバルダサッレは、病気をしたあと、(いろいろなものと一緒に)ギリシャ語の読み方を忘れてしまう。本の頁と向かいあう場面で、語り手がこう述べる。「理性の光は文字の上に現れなかった」（工藤昭雄訳、集英社）――バルダサッレにとってのホラティウス（あるいはギリシャ語版のホラティウスというべきか）もそこにはいない。[36] 結果として、彼は識字能力のみならず、ルネサンス期のイタリアでの社会的地位まで失ってしまう。サリー・シャトルワースが「ギリシャ語がなければ、バルダサッレはアイデンティティーを失う」[37] と書いているとおりだ。開いた本の前に立ち、彼はただ頭を抱えて絶望するしかないのだ。「だめだ、忘れた！」（工藤昭雄訳、集英社）と。[38]

マジカル・リーディング

人々はリーダーズ・ブロックにどのように対処したのだろう？　医療従事者の報告書は臨床的な論調で書かれているので、読字障害を抱える患者たちが耐え忍んできた、社会的、精神的、感情的な犠牲を推し量ることは困難だ。医師の視点から書かれる素っ気ない説明は、診断をつけるために役立ちそうな生理的症状を重視しがちだ。とはいえ、そこかしこで見られる奇妙な振る舞いに、患者が感じている不安や戸惑いが見え隠れすることもある。識字率の上昇が招いた結果のひとつである「社会階層」のなかで、彼らの立場が変わってしまったからだ。[39] 実際、失語症《アレクシア》の患者の多くが、まだ文字が読めるふりをすることで、自らの社会的な位置を守ろうとした。こういった欺瞞的な振る舞いは、読むことの現象学――あるいは、この場合は読まないことの現象学――の記録に長年にわたって関心を示してきた書物史家の姿勢と啓示的な対比を見せている。[40]

多くの患者は、脳に損傷を負ったことで本への興味をいっさい失くしてしまう。たとえば、アンリ・

ゲニエは、消耗性の頭痛がつづいたあとで、本をまったく読まなくなった。数分ほど本を手にするだけですぐに放り出してしまう。この症例では、本に魅力を感じなくなったことが、脳損傷の兆候とみなされた。[41] ほかの読字欠陥も同じように明らかになった。それまで乱読家だった人が、脳卒中を起こしてヨークシャーのロイヤル・ハリファックス病院に入院すると、まったくの別人のように振る舞うようになり、医師は彼を「無学の聾唖者」にたとえたほどだった。[42] あるとき、その患者が新聞を逆さまに持って、なぜこれを自分に渡したのかと尋ねてきた。以前あなたが本を読んでいたからですよ、と告げられると、彼はぶっきらぼうに「そんな気もするな」と答えた。[43] かつては読書家だったのに、読む能力だけでなく、読むという概念そのものを理解する力まで失ってしまったようだった。コインに刻まれた文字に気づいたあと、彼は看護師に「もしやこれが、本に入っているものなのかな?」と尋ねている。[44]

だが、そこまで深刻な状況でない場合は、読めるふりをする方が、別の可能性よりも望ましいかもしれない。自制心や尊厳、社会的地位を失うこともあり得るからだ。ある新聞が当事者の証言とともに掲載した記事によれば、アレクシアの患者がもっとも恐れることは、「事情を知らない人たちから、ばかだと思われるかもしれない」ことだという。[45] 一般の人が想像する失語障害は、ほかの認識障害を連想させるものが多いので、読めるふりをするパッシングは、さらなる汚名を着せられないための有用な方策となり得るのだ。ダブリン在住の脳卒中生還者《サバイバー》の例を見てみよう。七五歳の男性で、昏睡から覚めたときには識字能力を失っていた。医師には「ほんの少しだけ、言葉が読めます」と説明してから、こうつづけている。「でも、意味はわかりません」[46] にもかかわらず、この患者は新聞と『聖書』を読みつづけた――少なくとも、読んでいるふりをしていた――が、やがて不意に受けた質問から、ごまかしていた事実が露呈する。この患者の主治医はのちにこう記している。「彼は、言ってみれば読んではいたものの、読んだ言葉には関連性も意味も見いだせず、本文とのほんのわずかな関わりすらもてなかった」[47] この患者が、紳士としての権利を維持するために、体裁を保とうとしていたことは明らかだ。彼が不安に駆られたのも無理はない。読み書きができないことが一因で、もはや身の回りのことを管理する能力はないという法的な判断を下されるに至っていたからだ。

アレクシアは報告されずに終わったものも多い。非識字の烙印を押されたくない患者にとって、疑うことを知らない医師たちを欺くことは簡単だったからだ。こうしたなりすまし行為からは次のような疑問がわいてくる。読んでいる人と、読んでいるふりをしている人を、どうやって見分ければいいのだろう? 見た目ではほとんど区別がつかない。患者はこの曖昧さを利用して、読むふりをしつづけることで読み手としての立場を保とうとした。たとえば、マリー・ケラーという五〇歳のフランス人女性は、一八六二年四月一日、てんかん発作と激しい頭痛、発話能力の喪失ののち、施療院《オテル・デュー》に運ばれた。だが、誰もアレクシアを疑わなかった。ケラーは一日中、読書をしていた――あるいは、そのふりをしていたというべきか。彼女は回復するまで待ってから、「目で読んでいただけで、胃袋で読んでいたわけではない」と打ち明けた。[48] この風変わりな表現は、彼女が読んでいたものを理解――消化、と言ってもいい――していなかった、という意味だと思われる。典型的な読み手が、どうやって読むかよりも、何を読むかのほうに注意を払うとすれば、ケラーはその比率を逆転させたのだ。このような成りすまし行為からは、読み手とみなされることが、時には読む行為そのものよりも重要であることがわかる。それでもケラーの行動を説明するのはむずかしい。読む能力が戻ってくると考えたのだろうか？　現状を受けいれる気になれなかったのか？　それとも、読み書きができないことをほかの人から隠すためだけに、上辺をつくろっていたのだろうか？　このような例を、フロイトにならって「マジカル・リーディング」と呼ぶ場合がある。アレクシアの患者の多くが、ふたたび読めるようになると願えばその通りになると信じているように見えるからだ。[49]

もはや理解できないにもかかわらず、典礼儀式のなかに慰めを求めつづける患者もいる。アデル・アンスランは、一年以上もほぼ毎日『聖母マリアの月　*Month of Mary*』を読んでいたが、やがて主治医が、読んでいるのはいつも同じ章で、時には頁まで同じであることに気づいた。理解できているのかと問われると、彼女は肩をすくめた。[50]　また、ロンドンのセント・トマス病院に入院していた別の患者は、「主の祈り」を正確に読んでいたが、記憶だけでそうしているのは間違いなかった。毎回決まって、頁のどこにも見当たらない余分な一節を付け加えていたからだ。[51]　発話と違って、読字はごまかしが効く。観察だけでは信頼性に問題があることがわかったので、誰が読めるのか見きわめるためにたびたび質問することが必要になった。荷馬車から振り落とされて頭部に外傷を負った肉屋の症例を見てみよう。この患者は、セント・トマス病院に入院してから、毎日、丹念に新聞を読みつづけていた。理解度を試すために、指示された言葉を紙面上で指し示すように求めてみると、なじみのある名前は指さしたものの、全体としてはごくわずかしか理解していないことがわかった。担当医は次のように結論づけている。「私が見たところ、彼の状態は、ほんの数語しか知らない外国語で書かれた本を読もうとしている人の姿そのものだった」[52]

なかには、読めなくなってしまったことを認めたがらない、あるいは認めることができない患者もいたようだ。パケは教養のある四〇代の男性で、神学校を出たら叙階される予定だったが、事故に遭って話すことができなくなり、半身不随となった。以前と変わることなく一日じゅう読書をつづけ、本の行を目で追い、ほどよいタイミングで頁をめくることさえしていたが、それはすべて人を欺くための行動だった。パケが物語の同じ巻をくりかえし読んでいることに気づいた医師が内容について質問してみたところ、パケはまったく答えられなかったのだ。その医師(愛書家ではなかったことは確かだ)は、普通の読者がこれほど関心を持ちつづけられるはずがないと結論づけた。「一日に三〇回も同じ話を読まされるとしたら、それは耐えがたい責め苦になるはずだ」[53] パケの振る舞いは明らかに、教養人としてのかつてのアイデンティティーを保たねばならないというある種の心理的欲求であり、そこまでいかないにしても――ディケンズの『二都物語』の登場人物で、牢獄を出たあともひたすら靴を作りつづけるマネット医師のように――事故に遭う前の日課にこだわる心的外傷後の行為ではあったはずだ。

患者のなかには、そうではないという動かぬ証拠を突きつけられても、読み書きができると主張しつづける者もいた。とくに印象的なのが、自分の識字能力を誇る男性の症例だ。「My dear master(ご主人様)」ではじまる手紙を読むように言われた男性は、それを「Sir」と読みはじめたとたん、不意に黙り、それから支離滅裂な言葉をいくつかつぶやいた。さらに調べてみたところ、この患者には『聖ジュヌヴィエーヴの歴史 *The History of Saint Geneviève*』が読めないことがはっきりした(「preface(序文)」を「fasts」と読み間違え、そのあとにつづく最初の行を読み上げられなかった)。担当医が下した結論は、「彼が読めないことは明白だった」という素っ気ないものだった。[54] それでも患者には故意に読めるふりをしているようすはなく、他人を納得させることはできなかったとしても、本人の目から見れば読める人のままだったのだ。

語盲症

フランスの神経学者ジュール・デジェリンは、失語症《アレクシア》の先駆的な研究を通して、読字の神経解剖学的な基盤を築いたことで広く評価されている。それ以前に、ドイツ人医師のアドルフ・クスマウルが、語盲症《ワード・ブラインドネス》は失語症やその他の言語障害に関係する症状というより、単独の病態として捉えることができると気づき、発話能力、視力、知力が損なわれていない患者にも「完全なテキスト・ブラインドネス」が存在する場合がある、と指摘していた。[55] それにつづくデジェリンの臨床業務が先導役を務める形で、読字における脳の役割が本格的に研究されるようになったのだ。彼はビセートル病院の臨床神経学病棟を率いており、そこである患者と出会った。この患者は興味深いことに、読むことはできないが、書く能力は残っており——ライターズ・ブロックのないリーダーズ・ブロックだ——この状態は純粋失読症として知られるようになった。この患者の死後、検視の結果として得られた解剖学的証拠から、デジェリンはアレクシアの症状を脳の損傷と関連づけることができた。今日に至るまで、この症例が読字脳の科学的研究における指標となっている。

一八八七年一一月一五日、デジェリンは「ムッシュ・オスカー・C」として知られる患者の問診を行った。引退した織物商人で、いつものように町を散歩していたところ、右の手足に一時的な痺れを感じ、店の看板も街頭のポスターも読めなくなってしまったという。症例研究にはこう書かれている。「所見。完全なワード・ブラインドネス——文字も単語も読めない状態——が四年間つづく。知性も教養も優れた六八歳の男性」[56] 大多数の患者がそうであるように、ムッシュ・Cはその状態に困惑した。「文字の書き方は今でもわかるんですよ。ほら」と彼は訴えた。「どうして読めないんでしょう？」[57]

発症前のムッシュ・Cは日常的に文字を読んでいた。発症後は、見慣れた紙面の『ル・マタン』紙はそれとわかっても、なじみのない新聞は判読できなくなった。ひとつひとつの文字の形は説明できるのに（「A」はイーゼル、「P」はバックル、「Z」はヘビに似ている、といった具合）、その名前を言うことができない。「彼は自分が〈頭がおかしくなった〉と考えている」と、ムッシュ・Cの最初の担当医は記している。「自分が名前を言えない記号が、文字であることはよくわかっているからだ」[58] それでも彼は、自分が非識字、厳密に言えば、ポストリテラシーの状態になってしまったことを受け入れようとしなかった。デジェリンがムッシュ・Cについて記しているとおり、「彼は読めないという考え方を受け入れられず、一方では、今までどおり書くことができた」[59] 妻が読み聞かせをつづけても、彼の心の健康にはほとんど変化がもたらされなかったようだ。非識字になったせいでムッシュ・Cは落ちこみ、死にたいとさえ考えるようになって、一八九二年一月一六日にこの世を去っている。

当初、同時代の人々は、補完的なプロセスのように見える読字と書字のあいだの分裂をなかなか理解することができなかった。神経科医のジャン＝マルタン・シャルコーは、一八八二年、パリのサルペトリエール病院にかの有名な神経科クリニックを開設している。シャルコーは、自分で書いた文章を読めないという経験をした患者たちが、その現象を「茫然自失の状態で」受け止める様子を観察していた――信じられないという思いになるのが当然だった。[60] シャルコーの患者のひとり――かつては小説を読むことに親しみ、読みながら唇を動かすことさえあった男性――は、狩猟事故のあとで、得意先に宛てて書いたばかりの手紙を理解できないことに気づいた。彼は、「目をつぶって書いたんじゃないかと思うほどで、自分で書いたものが読めないのです」と説明している。[61] 目をつぶって書く――このたとえを用いれば、ほとんどの読み手が視覚と結びつけている活動を再概念化する方法が見えてくる。アレクシアの体験は、周囲を欺いているように感じてしまう詐欺師《インポスター》症候群に結びつく――読めない状態で書いていると、もはや書いていると実感することはできないからだ。

デジェリンが自身の研究結果を発表すると、神経学者たちが、ヨーロッパ大陸以外でのアレクシアの症例をつぎつぎに報告しはじめた。イギリスでは、ジェームズ・ヒンシェルウッドが先頭を切って、後天的非識字の症例を数多く報告している（第一章で述べたように、後天的非識字はこの後、「先天性ワード・ブラインドネス」、つまり、現在難読症《ディスレクシア》として知られる症例とは区別されるようになる）。[62] ヒンシェルウッドは、グラスゴー眼科診療所で眼科外科医として働きながら、大脳の視覚基盤に関心を深めていった。患者たちはもともと自身の読字困難を目に問題があるせいだと考えていたが、ヒンシェルウッドはそれを脳の損傷と関連づけた。彼はイギリスではじめて、アレクシアを失語症とは別の症状として扱った医師だ。しかも、アレクシアをひとつの現象として扱うのではなく、患者が抱える多種多様な読字欠陥をそれぞれ別のものとして考えた。すでに見てきたように、単語も文字もまったく読めない者もいれば、文字は読めるが単語は読めない者（レター・ブラインドネスのないワード・ブラインドネス）、あるいはその逆（ワード・ブラインドネスのないレター・ブラインドネス）の者さえいた。ヒンシェルウッドは医学専門誌『ランセット』と『ブリティッシュ・メディカル・ジャーナル』に、後天的非識字についての論文を何本も発表し、それはのちに読字差異に関する画期的な著作、一九〇〇年刊行の『文字、単語、そして心のブラインドネス *Letter-, Word- and Mind-Blindness*』に転載されることになる。

ヒンシェルウッドがはじめてアレクシアに遭遇したのは、一八九四年八月二九日、フランス語とドイツ語を教える教師が、生徒の宿題を判読できないと気づいたときのことだ。文字は見えているのに、どう読めばいいのかわからなかったのだ。この教師の症例は、非識字から識字に至る通常の軌跡を逆戻りするものだった。つまり、「彼には、印刷された本の頁が読み方を学んだことがない人とまったく同じように見えていた」のだ。[63] それから翌年にかけ、この患者は教師から生徒に戻って、アルファベットを学び直したり、子ども向けの読本で訓練したりもした。「彼の振る舞いは、読み方を習う子どもの振る舞いそのものだった」とヒンシェルウッドは述べている。[64] この例が示すように、医師も患者もアレクシアを幼児化にまつわる言葉で表現する。まるで、読む能力を失うことで、生計手段はもちろん、大人としての立場も失ってしまうかのようだ。生涯を通して技術を磨きつづけてきた職人が、ある日突然、仕事を失う危機に直面した例も複数あった。ある事例では、四五歳の仕立屋がリーダーズ・ブロックのせいで職を失い、ヒンシェルウッドに相談に来ている。文章を読もうとすると最初の数語でいきなり動作が停止してしまうのだが、そのときは「頭が悪くなって」、文字の意味がなかなか理解できないのだという。[65] このプロセスは苦痛をもたらさないにしろ精神的に疲れるものであったため、仕立屋は、読字の辛さがほかの痛みと同じ方法で和らぐとでもいうように、両手で頭を押さえながら文字を読んでいた。

この仕立屋の症例は、文字を読むときに一部の人々が苦痛や嫌悪までをも感じていることを示す格好の例だ——当初は、この機能障害がヒンシェルウッドによってディスレクシアに分類された。ほとんどのアレクシア患者が痛みを感じない一方で、言葉に拒絶反応を示してしまう人々もいた。たとえば、「B氏」として知られる六五歳のドイツ人男性は、いくつかの単語を正確に読んだあと、「何か不快な物から逃れようとするかのように」本を投げ捨てた。[66] 同様に、ダブリンの外科医も、「不意に「患者の心に」こみあげ、抑えることができなかった反感、もしくは、嫌悪の気持ち」と表現している。患者がほとんど芝居がかった仕草で本から顔を背ける様子を記録したものだ。[67] 読字は、心の劇場、もしくは、「もっとも深い部分の自己」さえとも長きにわたって現象学的に結びついてきたにもかかわらず、B氏のような患者はその生理学的基礎を深く意識せざるをえなかったのだ。[68] さらには、読むことがあまりにも辛くて試してみることすらできないという患者もいた。ジェームズ・シモンドの担当医の記録によると、彼は頭の左側を強打したあと、読むことをいっさい拒否したという。読もうとすると「ひどく目まいがして、激しい頭痛が起きる」からだ。[69]

デジェリンの時代から第一世界大戦に至るまでの症例には、独創的で機知に富んださまざまな読字方法が記録されている。そういった方法を用いる患者たちは、感覚中枢を最大限に活かしながら読みつづけることでリーダーズ・ブロックを回避してきた。接触は、視覚処理を回避するひとつの手段だ。たとえばムッシュ・Cは、目で識別できなくなった文字をひとつずつ指でなぞって形を確かめた――ある神経学者はこれを「指先で読む」と呼んでいる。[70] シャルコーが担当していた患者も、両手を後ろにまわして親指の爪に文字をなぞっていた。シャルコーの所見は「彼は書く動作をしているときだけ読んでいると言えるだろう」というものだった。[71] どうやら、自分が書いたものを読めない患者でも、読んだものを書くことはできるらしい（シャルコーにつづく臨床医たちも、患者が頻繁に自分の掌や肌の上に文字をなぞる姿を確認している[72]）。触覚・運動型の読字は、手に限ったものではない。患者たちは足も使うのだ。口蓋に文字の形をなぞる者もいる。オリヴァー・サックスはこの患者は「舌で読んでいた」（『心の視力』大田直子訳、早川書房）と表現した。[73]

　意外なことだが、触覚型の読字で目そのものが使われることもある。視覚では文字を理解できないある男性患者が、眼球は動かさず、頭を小刻みに動かしながらそれぞれの文字の輪郭をなぞっていたのだ。[74] それはサックスの言葉を借りれば、一種の「視覚による点字」（『メモリーブック――病室探偵クーパーマンの受難』ハワード・エンゲル、寺坂由美子訳、柏艪舎）だった。[75] 患者の目が、文字の形に沿って滑らかに動くのを見た神経学者たちは、「熟練の動きが、我々にとっての目に見える文字と同じ意味で、彼にとっての文字を組み立てていく」と結論づけた。[76] 労力を必要とするやり方ではあるが、訓練すれば、部分的な文字の形と文脈上の手がかりに基づく教養ある当て推量で、読字のスピードを上げることもできた。ただし、規格外の書体が使われている場合は、それが障害となった。通常の読者はほとんど気づかない、文字の形状のわずかな違いが、文字を読もうとする男性の努力を台無しにしてしまう。そして、余計な斜線が入った書体も、頭の動きで記憶してきたパターンを混乱させ、文字が意味をなさないものになってしまうのだった。この男性は、頭を押さえられて動かせなくなるとまったく読めなくなってしまった――運動感覚でいうなら目隠しされるのと同じことなのだ。

識字能力をどうにかある程度まで取り戻した患者の多くは、ゆっくりと、苦労しながら、ときには一字一字をたどるようにして、かつての何分の一かの速度で読む（近年の研究によると、失語症《アレクシア》の患者は、三〜四文字の単語を読むのに一六秒かかる。それより文字の多い単語はまったく判読できない可能性がある）。[77] このような読み方をする患者は、リハビリに取り組む大人というよりも、子どものように扱われることが予想される。ある報告書によると、五十代の頑強な船大工「G・L」は、一字一字は見分けられるものの、単語全体は（自分の名前も含め）、「はじめて学ぶ子どものように」スペリングを言わなければ識別できなかった。[78] 彼にとって、「キ・ャ・ッ・ト（C-A-T）」と声に出して言うことだけが、その単語を理解する唯一の方法だった。それより長い単語となると困難であり、さらに、「コンスタンティノープル（Constantinople）」とか「ヒッポポタマス（hippopotamus）」といったとても長い単語は、彼の理解を超えていた。

ワード・ブラインドネスの患者は、まさに文字通りの意味で、文字の人だった。対照的に、レター・ブラインドネスの患者は、単語は読むことができるのに、それを構成する文字が読めない。グラスゴーのウェスタン診療所に入院した髄炎の患者は、アルファベットのなかでT以外の文字はひとつも読めず、そのTを「トム」(患者自身の名前)と呼んでいた。それなのに、「electricity」「infirmary」「stethoscope」といった単語になると即座に認識できた。さらに、「JOB」という単語は判読できても、「OBJ」と並べ替えるとわからなくなった。[79] スペルが間違っているのか、文字が反転しているのか、見当もつかなかったのだ。まったく読むことができない人たちでさえ、単語を視覚的概念として認識することがある。その人自身の名前や、おそらくは、ブランドのロゴマークといったものだ。彼らは音声学的にではなく、表意的、もしくは、表語文字的に単語を読んでいた——神経学者のカート・ゴールドスタインが「擬似読字」と呼んだ読み方だ。[80]

患者たちに、読む能力を取り戻す希望はあるのだろうか? 予後の見通しは相変わらず暗い。多くの場合、読字は失われた楽園として偲ばれるだけだ。[81] ふたたび読めたとしても、たいていは途方もない努力を重ねてそうなるのであって、その場合も読む速度はかつての何分の一かにすぎない。たとえば、近年実施されたアレクシアの臨床研究に参加した三四歳の「D・S」は、最終的には読む能力を取り戻した。彼女はふたりの子どもを育てる専業主婦として人生を再開し、タイピング講座まで受けはじめたが、楽しむための読書をやめるという重大な決断をした。[82] 読むこと自体が重労働になってしまったので、現実逃避をするという選択肢がなくなったのだ。

このようなケースでは、患者たちの努力と忍耐が報われるという、きちんとした物語の筋立てが無視されている(この章の冒頭で引用したサミュエル・スマイルズの精神を思い返してほしい)。頭部を撃たれた一八歳の兵士デレクは、失った読字能力を取り戻してみせると心に誓った。五年に及ぶリハビリを経ても、ほとんど文章を読み解くことはできなかったが、それでもぜったいにくじけなかった。スタッフにも、「僕は粘り強くてやる気のある男だから、［読むことに］決してうんざりしたりしない」と語っていた。[83]一字一字、声に出して単語を読むうちに、ついにデレクは一三歳のレベルで読めるようになり、楽しみのための読書――とくに軍事書を好んだ――も再開した。だが、並外れて高い意欲にもかかわらず、いまだにかつての読字レベルには遠く及ばず、以前とはまったく違う方法で読んでいる。今の自分の読字能力についてどう感じるかと聞かれて、デレクはこう答えた。「ものすごい奇跡だね」[84]

読み書きができなくなるということ

驚くことに、第一次世界大戦という残虐行為が終わってからは、失語症《アレクシア》は散発的にしか報告されていない。症例が減少したのは主に、ホリスティック志向の神経科医が次のような疑問を呈したことが原因だ――読字のような行為がほんとうに大脳皮質の特定の場所に関連しているのだろうか？[85]懐疑派は、読字などの行為を司る領域を正確に示す「脳の地図」を作ろうとしたのは無駄な試みだったとして、デジェリンやヒンシェルウッドをはじめとする過去の神経科医の研究を否定した。[86]一九六〇年代に分離脳患者の研究が行われるようになってようやく、行動と脳構造との関連性が再度注目を集めるようになったのだ。行動神経学者のノーマン・ゲシュヴィンドは、「図面作り」に精を出したというあざけるような非難から先人たちを擁護し、読字欠陥の発生において大脳経路の病変が果たす役割への関心をふたたび呼び覚ます先導者となった。[87]

対照的に、第二次世界大戦では、臨床検査をするための脳損傷の症例には事欠かなかった。なかでももっとも赤裸々な言葉を残したのが、ロシアの兵士レフ・ザシェツキーだ。一九四三年三月二日、彼はスモレンスクの戦いで脳を撃たれて長期の昏睡に陥った。目覚めたときには、もはや読むこと、書くこと、話すこと、記憶することはおろか、自分の身体の部位を認識することさえできなくなっていた。それから数十年間、ロシアの神経心理学者アレクサンドル・ルリヤが、ザシェツキーの負傷の記録を保管してまとめたのが『失われた世界――脳損傷者の手記』だ。この本では、神経心理学者の分析報告書と、患者の体験談が交互に紹介されている。三〇年間の観察という長期にわたる症例研究のおかげで、医学雑誌で見られる短い説明では及びもつかないほどの詳細さと深い理解が可能になった。その結果、ザシェツキーの証言は、脳の損傷が彼のアイデンティティーに与えた重大な影響について――とくに、出征したときの、読み書きのできる二三歳の兵士とは、まったくの別人になってしまった感覚を――直接教えてくれるのだ。

後天的非識字は、ザシェツキーに大きな衝撃を与えた。頭部外傷を経験したことのない人のほとんどがそうだろうが、識字能力を失うことがあるとは考えもしなかったからだ。戦前は工科大学の学生で、三カ国語に通じていたのに、もはや『プラウダ』紙はおろか、トイレの案内板さえ読めなくなってしまった。目の前の証拠は、残酷なジョークとして彼を打ちのめした。「まさか」「ばかげてる」「ありえない！」[88] ザシェツキーの読字欠陥は、彼にとってもっとも深刻な損傷ではなかったにもかかわらず、独立性、言語能力、コミュニケーション能力を弱体化させることで、重大な心理的影響をもたらした。さらに悪いことに、本来なら退役軍人に敬意を払うはずの人々が、目に見えない能力欠如に対してはほとんど思いやりを示さなかった。代わりに、信じられないという反応が返ってきた。「どうしたんだ。これが読めないのか？」「あなたの年でまだ字が読めない人がいるなんて」[89]『失われた世界——脳損傷者の手記』では、アレクシアによって背負わされる心理的代償について、その内情が語られている。識字能力のありがたみを知るためのもっとも確かな方法は、それを得ることではなく、奪われることなのだという厳しい教訓が伝えられる。読字のパワーを悼むことができるのは、それを失った人だけなのだから。ザシェツキーにとって、識字能力とは力の付与を意味していた。

読むことができないなんて、なんと恐ろしいことだ。人は読むことができて、はじめていろんなことを学び、理解し、自分の住んでいる世界についての考えを持ちはじめ、前には知らなかったことを知るのである。読むことができるということは、何か不思議な力を持つことであるが、わたしはいまや突然この力をなくしてしまった。わたしはみじめで、その力を失ったことにより、ひどく気が転倒していた。（『失われた世界』杉下守弘・堀口健治訳、海鳴社刊）[90]

ザシェツキーの読字は少しずつ進歩したものの、子供向けの本よりレベルが高い本になると疲れ切ってしまった。「神経を集中させるために、頭が痛み割れそうになるのだ」と、ザシェツキーは説明している。[91] ザシェツキーは子供向けの本に逆戻りして、依存状態に甘んじること——自分を「初等読本やアルファベットを見たことのない子供」にたとえてみせた——で屈辱の総仕上げをしようとした。[92]

ザシェツキーは二五年近い歳月をかけて、三〇〇〇頁に及ぶ原稿を書き、その抜粋がルリヤの本に掲載された。そのなかで語っているのは、別の人間になったような気持ち——人間ですらなくなったような気持ちだ。「わたしの状況がいかにみじめであわれであるかを知ることは、気分の重いことでもあり耐えがたかった」と記している。

わたしは文盲で病気でそして記憶がなかったのですから。それで一度ならずわたしはこの恐ろしい病気から回復するという気持をひきおこそうとつとめた。わたしは頭痛と目まいの発作を克服し、視力と聴力を回復し、わたしが前に学習したすべてのことを思い出すという空想をしだした。[93]

(『失われた世界』杉下守弘・堀口健治訳、海鳴社刊)

彼の観点から想像できる唯一の未来は、過去を取り戻すことにかかっていた—記憶、蓄えてきた知識、自身の物語、つまるところ人生そのものだ。ルリヤは、ザシェツキーが脳の損傷によって人間であることの意味を認識できなくなったと示唆している。それならば、退役傷痍軍人である彼が識字能力を取り戻そうとした執念は、同じ人間として—フランシス・ベーコンの言う「完全な人《フル・マン》」として—認められるために闘うという決意とともに理解されなければならない。ルリヤの原稿のオリジナルのタイトルは、「重度の脳損傷の物語」から「私は闘いつづける!」に改められている。[94]

ポストリテラシーの状態

一九世紀の医学雑誌が、きわめて一般的な失語症《アレクシア》の症例を分析しているのに対して、二〇世紀と二一世紀の報告書は、珍しいタイプを取り上げる傾向にある。本を読む能力を失った子供たち。点字を読めなくなった目の不自由な人たち。楽譜の読み方がわからなくなった音楽家たち。そして、右脳に損傷を負ったあとで（ほぼすべての症例は左脳に関わっているのだが）読むことをやめてしまったひとりの患者。[95] こうした報告書は、後天的な読字障害について、その奥深さとまではいかないにしろ（患者の多くがもう書くことができないのだから当然ではあるが）、幅広さを実証するものだ。だが、この半世紀の出版事情の変化によって、患者たちは自分の話を医療従事者に語ってもらう代わりに、自分で語ることができるようになってきた。臨床観察に基づく病歴が、往々にして患者を非人間的な一連の生理的症状に変えてしまうのに対して、患者本人の証言では、脳損傷による心理的な犠牲が取り上げられる可能性が高くなっている。

アレクシアを抱える人々の回想録では、近年の学問分野の中心である読字の感情的側面が前面に押し出されている。[96] 逆説的ではあるが、リーダーズ・ブロックについての証言は、そもそも文字を読むという行為がどういう感覚なのかを読者が理解する助けになっている。ほとんどの大人が当たり前だと思っているプロセスの複雑さにこだわるからこそ、それが可能になる。なにしろ、読字の仕組みとは、子供のときに識字への敷居をまたいだあとはほとんど注意を払わないものなのだ。識字能力のある大人は、本を読む機会や本への興味、あるいは本を手に持つ体力を失うことを不安に思うことはあっても、読む能力そのものを失うことについてじっくり考える機会はなさそうだ。ほとんどの人にとって、非識字から識字への進歩は一方通行の道なのだ。そう考えれば、いきなり文字が読めなくなることで心的外傷がもたらされる理由が説明できる――ポストリテラシーに関連する、独特の苦しみが存在するということだ。

ほとんどの人が文字なんて簡単に読めると感じているとしても、読字を阻むリーダーズ・ブロックは、それが脳の複雑なプロセスを経ていることを強引に思い出させる。こうした障壁は、読字のブラックボックスを開けて不具合を確かめるように強いることで、文字を視覚的に認識することが、頭のなかで起こっている多段階作業の一工程に過ぎないことを強調してみせる。ヒンシェルウッドが読字障害に関する先駆的な研究をはじめたときに述べたように、「ともすれば忘れがちだが、私たちは目だけでなく脳でも見ているのだ」。[97] その意味でアレクシアは、読字が知的なものであると同時に生理学的なものであり、数えきれないほどの微細だが決定的な物理的交換が正しく機能しなければならない、具現化された行動であることを強調している。プロセスのどの段階であろうと――本人の注意、視覚、あるいは言語処理でも――、乱れが生じれば、読字の効率性が妨げられ、ときには中断することも考えられる。だからこそ、リーダーズ・ブロックを体験すると、文字を読むときの感覚を意識せずにはいられなくなるのだ。逆に言えば、読めなくなった人たちは、「読むことと書くことにまつわる謎のすべて」――アレクシア患者の回想録からの言葉――について、日常的に読書をしている人々よりも高いレベルで理解していると言えるのかもしれない。[98]

リーダーズ・ブロックは誰であろうとその人の人生を破壊しかねない。ただし、ある職業の人にとって、その結果はほかの人々よりさらに深刻なものになる。実際、作家にとってはこれ以上の悪意に満ちた苦しみは想像できないだろう。ハワード・エンゲルは、二〇〇一年に脳卒中に見舞われた際に、小説家としてのキャリアもこれで終わりかと思い悩んだ。「本の虫」で「活字中毒」を自称していたが、アレクシアのせいで、小説を読むことだけでなく書くことまで阻止されてしまった（もはや自分の原稿に手を入れることができないからだ）。[99] エンゲルはたまに本を読む程度の読書家ではなかった。脳卒中を起こすまえは、脳血管に損傷を負うよりも、『ハワーズ・エンド』に登場するレオナード・バストのように本棚の下敷になる危険のほうを身近に感じていたほどだ。エンゲルの回想録『読み方を忘れた男 *The Man Who Forgot How to Read*』では、言葉の達人にとって、言葉という公私両方のアイデンティティーに欠かせないものを失うことがどれほど大きなことであるかが語られている。自分で書いた物が読めないという体験には、それについて書きたいという気持ちを起こさせる何かがあるのだ。

アレクシアの現象論的な説明は、非識字になるのがどんな感じなのかを読者に理解させるという特有の難題に直面する。次にトロントの『グローブ・アンド・メイル』紙に掲載された記事を紹介するので、脳卒中からの生還者《サバイバー》の目に映る光景をじっくりと味わってもらいたい。

単語の一文字一文字が、まるでかげろう越しに判読しようとしているかのようだった。見分けようとすると、文字が揺らめいて形を変えた。ある瞬間には「a」のように見えたものが、次の瞬間には「e」のようになり、そのあとは「w」になった。週末に酔っぱらって、景色がゆがんで見えるときのようだった。[100]

つかみどころがなく、形を変えてしまうアルファベットについてのエンゲルのユーモラスな記述は、非人間的な症例研究が大半を占めるアーカイブのなかで異彩を放っている。はっきり見えるようになることを頑なに拒む文字についての描写は、一九世紀以降、途方に暮れた患者たちが使ってきたのと同じ、霧やもや、かすみといった、気象にまつわる比喩を利用している（ある医学雑誌では、通りすぎていく「雲」としてこの混乱を描写している）。[101] もう少し真面目な話をすると、エンゲルは脳卒中サバイバーの視点から見た世界（印刷が「ぼやけている」、「ゆがんだ奇妙な文字が書かれている」など）を伝えようという自分の努力と、テンプル・グランディンの『絵画的思考 *Thinking in Pictures*』をはじめとする障害をもった人々の回想録を並べることで、ニューロダイバーシティに対する関心を高め、認知の相違がどのように世間の認識を形づくるか知ってもらおうとしているのだ。[102]

とはいえ、エンゲルがいくら軽妙にふるまおうと、読字とは単なる人の営みではない。読字とはアイデンティティーなのだ。エンゲルにとって、脳卒中は「自分を狙った」ものであり、生物学的な偶発事故というよりも、書物への彼の愛が不条理にも攻撃された出来事だった（彼もほかの多くの患者たちと同じように、医師が脳損傷を「侮辱《インサルト》」と同じ「インサルト」という言葉で表現することに敏感に反応している）。[103] エンゲルの「読み手」としての自己同定は、神経学的には読字が不可能にもかかわらず、この言葉への強い願望をあらわにする。彼は、自ら公言する「読み書きのできない人」になってからも、本を買いつづけている。[104] 作家として、もうひとりの自分をイメージすることを仕事にしてきたのに、ポストリテラシーの状態にある自分のアイデンティティーを思い描くことはできないのだ。

私は依然として読み手だった。脳への一撃も、私を別のものに変えることはできなかった。読む力はもともと私のなかに備わっていた。読むことを止められないのは、心臓を止められないのと同じことだ。読むことは私にとって骨と骨髄、リンパと血液だった。[105]

この否認行為が、ポストリテラシーについて知る必要があるすべてのことを物語っている。読み手を自称しながら読むことができない人―そのような存在以上に、読字とアイデンティティーの結びつきを明らかにできるものがあるだろうか? もちろん、神経学者はこの定義に異議を唱えるだろう。脳への一撃には確かにその人を別のものに変える力があるのだ、と。だが、脳をマッピングする人々へのエンゲルの反論では、皮質の座標を超えていくものとしての読書の理想が語られている。エンゲルが身体的な比喩を使って表現しているのは、読字は神経学に収まりきらない行為であり、生理学の用語だけで説明できるものではないという、世界中の本好きにおなじみの感覚なのだ。

「私は元読者としての立場を受けいれない」と、エンゲルは述べている。[106] そうは言っても、『読み方を忘れた男』では、意志の力は神経学にかなわないことが裏付けられている。識字能力の物語は高揚感を味わえるものがほとんどで、本を手にすることで人生が変わるような恵みがもたらされるという感動的な結末が待っている。だが、アレクシアの物語はそうした満足曲線を無視して、非識字から、識字と非識字の狭間《リンボ》へ逆行していく。読む能力は不完全で一時しのぎに過ぎず、大変な時間がかかり、他の人々のように我を忘れて本に没頭するという、ほとんど労力のかからない楽しみを得ることもできない。ポストリテラシーは、何も考えなくても円滑に進んでいた読字というプロセスが、さまざまな神経活動――視覚認識から、解読、意味づけまで――の複雑で扱いにくい組み合わせであり、そのいずれもがいつ不発に終わってもおかしくない活動であることを痛感させる。ポストリテラシーの読み手は永遠の初心者であり、子どもの頃を思わせる識字獲得の初期段階で、いつか大人に到達できる保証もないままもがき苦しむ運命にある。

ひとつひとつ文字を負っていく方法でふたたび読み方をおぼえようとするエンゲルの粘り強さは、仲間の読み手と（そして暗に彼の回想録の読者とも）自分を同一視していると考えれば説明がつく。読むことにそれほど熱心でない人々は、本にはそこまでの価値はないと結論づけるかもしれないが、エンゲルは識字能力のある大人――つまり読者――としてのアイデンティティーを保つために、根気よく訓練をつづけている。だが、脳卒中から六年が過ぎても速く読めるようにはなっていない。音節ごとに「カタツムリのような」ペースでしか発音できないのでは、忍耐の先にサミュエル・スマイルズの言う読書の喜びが待っているという希望も打ち砕かれてしまう。[107] それを認めるのは、エンゲルの回想録の指針となる疑問――「私は永遠に、初歩の読み手のように言葉を発音する運命なのだろうか？」――を肯定することになるのかもしれない。[108]

本を読むことが困難な人間として、「書く能力は保たれた純粋失読症」の回想録を書くだけでは物足りないのか、エンゲルはそれにまつわる小説まで書いている（エンゲルの病状をさらに正確に診断するなら「グラフォマニアを伴うアレクシア」だろう）。ベニー・クーパーマン探偵シリーズの一作目にあたる『メモリーブック――病室探偵クーパーマンの受難』（寺坂由美子訳、柏艪舎）は、普通だったら認知障害のある主人公には縁のないジャンルで、アレクシア患者の「精神状態」を描くという難題に挑んだ作品だ。[109] 頭部を殴打されてトロントのルーズ・オブ・シャロン・リハビリ病院に運び込まれたクーパーマンは、昏睡状態から覚めてみると、字の読み方がわからなくなっていた。患者が新聞を音韻化《デコーディング》できないことや、運転免許を停止されることまで、プロットはエンゲル自身の体験をところどころ脚色したものとなっている――オリヴァー・サックス（エンゲルの回想録に顔を出し、どちらの本にも後書きを寄せている）への言及まで見られる。この小説の仕掛けはこうだ。神経学的欠陥のある探偵が、病院の心的外傷病棟に収容されながら殺人事件を解決する。この小説のなかでも、文字は盗まれたままだ。「わたしは記憶を失ったばかりでなく」と、クーパーマンは嘆く。「文章を読む力も失ってしまったのだ！」[110] クーパーマンはソフトボイルドな気質が持ち味で、ルー・アーチャーやサム・スペードのようなハードボイルドの先輩たちとは一線を画する主人公だ。『メモリーブック』では、入院中の病人が貧民街を歩きまわることなど物理的に不可能であると保証されている。

この小説（それ自体が一種のメモリーブック）のタイトルは、記憶喪失者が個人的な情報や約束、考えたことなど、そうしなければ忘れてしまう事柄を記録するために使う記憶帳からつけられた。クーパーマンのメモリーブックは、探偵の手帳の代わりでもある。だが、クーパーマンがそれを活用するためには、まず読み方を学び直さなければならない。必然的に、その試みは――この章で考察してきたほかの回想録でも見られたとおり――「読む」という行為そのものの本質を深く考えることにつながっていく。だが、物語の焦点は、退屈なリハビリの場面から、代償戦略を用いることを思いついて、事件解決につながる鍵を、たとえ言葉ではなくても、読み解くクーパーマンの姿へ移っていく。クーパーマンの識字能力はほとんど問題にならない（彼はこの小説の作者と違って文学者ではない）。殺人事件の解決は、クーパーマンの手元にある判読不能な文献証拠にかかっているわけでもない。そうではなく、この車椅子探偵は書類を読めないにもかかわらず、いや、ひょっとしたら読めないおかげで、殺人事件を解決するのだ。クーパーマンが文字の代わりに頼りにするのは、この物語の定型的な神経の読者が見逃してしまうサインだ。この小説は、ポストリテラシーに対する著者の懸念を削ぎ落とし、アレクシアの患者は読字をアイデンティティーではなくただの道具と考えることで以前の人生を取り戻すことができると、ひそかに励ましてくれている。感銘を受けた警官がこう尋ねるとおりだ。「どこに行けば、そんな頭になるよう、殴ってもらえるんだ？」[111] 読字障害がそこまで単純なものならどれほどいいだろう。

アレクシアの研究は、人々が完全に読めなくなってしまうことを恐れる時代にはとくに反響が大きくなる。エンゲルの描いた探偵は、メディア理論家のマーシャル・マクルーハンによって紹介され、メディア研究の分野で広く取り上げられるようになった、非常に異なるタイプのポストリテラシーを想起させる。それによると、現代のマルチメディアの世界において、読字は時代遅れの技術になりつつあるらしい。[112] マクルーハン版のポストリテラシーの人々は、読むことを自ら進んで放棄する――

頭部に怪我を負う必要もない。誰もがポストリテラシーになるか、少なくとも活字離れ（つまり、ハーマン・メルヴィルの短編小説に登場するバートルビーのように、読まずにすめばありがたいという状態）してしまえば、読めなくなってしまった人々も、不名誉の烙印を心配しなくてもすむに違いない。医療の介入もほとんど必要とされなくなるだろう。オーディオブックから、文字を読み上げるスクリーンリーダーのような支援技術まで、従来の識字を無視して情報にアクセスする方法は無数にあるからだ。アレクシアの人々が文字の世界からのけ者にされることもない。つまり、リーダーズ・ブロックを経験するのに、これほど恵まれた時代はなかったということだ。

とはいえ、この章で示してきたとおり、活字を読むことを自分のアイデンティティーの本質的な要素として重んじる人々は、ここに挙げた次善策はあるにせよ、読字が自我とつながっていると感じている限り、アレクシアを依然として心に傷を残すものと考えるかもしれない。

従って、彼らの心の健康は、読字の代替手段と、読み手とはどういうものかということについての感覚を調和させる方法を見つけることにかかっている。ポストリテラシーの状態は、識字能力の放棄というよりも、識字能力の新たな様相を表している可能性すらある。結果的に、読字差異のある人が直面する問題は、脳に関係するのはもちろん、個人あるいは社会全体として、そのような能力の欠如に意味を持たせることにも関わってくるのだ。ここで紹介した数々の証言は、人生における読字の価値を理解する最善の方法は、それが失われた例を精査することだと教えてくれる。

エンゲルの小説の探偵が、アレクシアの人たちが人生を前に進めるためのひとつの道を指し示しているとしても、そう簡単には道を見つけられない人々もいる。最後に二〇一四年の症例研究を挙げておこう。これを見ると、読字の必要性を超越したはずの今の時代においてさえ、アレクシアが人の内面に影響を及ぼしつづけていることを痛感させられる。四〇歳の幼稚園教諭「M・P」は、読書こそ「我が人生の情熱」と言っていたが、ある日、勤務表を読みとることができなくなり、脳卒中を起こしていたことが判明した。[113] 読み方の指導者として期待されるとおり、彼女は読字能力を取り戻すため懸命に努力し、フラッシュカードを使った作業療法、書字訓練、その他の治療法も取り入れた。だが、効果はなかった。本を読めないことが寂しく、子供たちへの読み聞かせで得ていた充実感が恋しかった。何より、読者だった頃に戻りたかった。それどころかM・Pは、もはや否定できないという段階になるまで、自分がもう読者ではないことを受けいれようとしなかった。

ある日、母が身内の子どもたちと一緒にいて、みんなくっつきあって丸くなり、本を読んでいたんです。そのとたん、私は泣きだしてしまいました。だってそれは、私にはできないことだったから。その場にいることはできても、本を手に取って読むことができない。いつだってそうしてきたし、そこからたくさんの喜びをもらっていたのに。それができないなんて。[114]

ほかにも脳損傷の影響を受けた数多くの人々が、同じように辛い教訓を得てきた。M・Pはこのとき、情報の入手法も、雇用の見通しも、識字能力のある大人——この場合で言うなら「完全な女性《フル・ウーマン》」——としての立場さえ、考えていない。いつも自分の人生に目的と意義を与えてくれた余暇を失ったことを、ひたすら嘆き悲しんでいるのだ。今ではもう、読書はそうした人生の一部ではない。M・P

は子どもたちへの読み聞かせができないので、地元のフィットネス・センターで営業の仕事をしている。彼女はいつの日か、ポストリテラシーの体験を回想録にまとめたいと望んでいる。

第四章　共感覚――シナスタジア

「言語とぼくとの関係は感覚的なものといえる」
――『ぼくには数字が風景に見える』
ダニエル・タメット（古屋美登里訳、講談社）

「（アルファベットの）Aは何色ですか？」[1]――そう訊かれてとまどうのはあなただけではない。ルートヴィヒ・ウィトゲンシュタインは、多くの人にはこの問いの意味が理解できないと述べている。[2]ところが、「文字にはそれぞれに特有の色がある」という考え方は、あるグループの人々にとっては完璧に筋が通ったものなのだ。[3]成人人口の四％強と推計されるごく一部の人々は、読書のようなごく普通の活動をしているときに、色の知覚をはじめとする特異な心の反応を経験する。[4]彼らはウィトゲンシュタインの問いの答えを本能的に知っており、ほかの人たちが色のないアルファベットを見ていると知ったら驚きさえ感じるかもしれない。「共感覚者」と呼ばれる人が注意を向けるのは、まわりの人々が自分とはまったく異なる、しかも、自分には対処できないやり方で世界をとらえているという不愉快な事実。知覚に関して言えば、すべての読み手が平等に創造されているわけではないということだ。

「共感覚」を意味する「synesthesia シナスタジア」は、ギリシャ語の「syn（共に）」と「aesthesis（知覚）」に由来する言葉で、ある感覚様相を刺激すると、自発的かつ自動的に別の感覚様相が呼び起こされる現象のことだ。[5] たとえば、フランスの元レジスタンスのジャック・リュセイランがオーケストラの演奏を聴いて「虹の七色が私のなかであふれかえった」と言ったように、音楽を聴いたときなどに鮮やかな色彩が見える視覚性共感覚《フォティズム》を体験する事例がある。[6] 共感覚という用語は多様な感覚体験を包含しており、色聴のような比較的一般的なものから、色痛や色オーガズムのような珍しいものにいたるまで、現在六五種類以上が存在する。[7] 共感覚の感覚内変異型は、同じ感覚の異なる側面に影響を及ぼす。もっとも一般的な形態のひとつが、無彩色の活字に対する色の知覚だ。たとえば、「A」という黒い文字が、共感覚の読み手の頭のなかでは赤い「A」として知覚される可能性がある――これこそ、冒頭のウィトゲンシュタインの問いかけに対する答えなのだ。共感覚者の目に映る本の頁は、さながら仮想の万華鏡といったところだろうか。

ウラジーミル・ナボコフの自伝『記憶よ、語れ』では、「文字を色で見るという、きわめて異常な才能」と呼ばれるものが、ナボコフならではの精密な表現で描写されている。[8]

> 英語のアルファベット（これ以降、とくに明記しないかぎり、念頭に置いているのはこのアルファベットである）で長母音のaは、雨風にさらされた木材の色合いを持つが、フランス語のaは光沢のある黒檀を想わせる。この黒のグループには硬音のg（加硫したゴム）やr（引きちぎった、煤だらけのぼろ布）も含まれる。白を引き受けるのは、オートミールのn、だらんとした麺のl、

それに象牙で裏打ちした手鏡のoである。私にとってフランス語のonは、奇妙なことに、小さなグラスに入れたアルコールがあふれそうになっている、その表面張力のように見える。青のグループに移れば、鋼鉄のようなx、雷雲のz、そしてハックルベリーのkがある。音と形のあいだには微妙な相互作用が存在するので、私にはqがkよりも茶色っぽく見え、それに対してsはcのような明るい青ではなく、紺碧色と真珠母色の奇妙な混合である。(若島正訳、作品社)[9]

ナボコフの共感覚者の告白(と、彼は呼んでいた)は、最初に色スペクトルとなってあらわれる言語の驚くべき美しさを誇示している。モノクロに甘んじるしかない私たちは、ナボコフの目に映る色とりどりのアルファベット——審美眼をもつ人のABC——についての記述を読みながら、胸が痛くなるほどの羨望を抱かずにはいられない。多くの人々がモノクロで感じるものを、ナボコフをはじめとする共感覚者たちは鮮やかな色彩で体験する。このような美的感覚は生まれつき備わっているもので、培われた感性ではない。ここで話題にしているのは、はじめから色彩の鑑識眼がデフォルト設定された人々だ——美学者というより神経美学者とでも呼ぶべきだろうか。[10] この種の体験——色の濃淡や質感、さらにはほかの人には知覚できない次元で言語を理解すること——からもうかがえるように、彼らの頭のなかでは傍目には想像がつかないほど多くのことが起こっている。さらにそこから浮かび上がってくるのが、共感覚と文芸評論の関連性だ。アルファベットを発光色で認識することは、読字体験にどのような影響を与えるのだろう?

一八八一年、フランシス・ゴルトンがはじめて発表した共感覚に関する報告書は、他人の頭も自分の頭と同じように機能しているという思い込みに警鐘を鳴らすものだった。[11] そこから数十年にわたる神経科学の研究により、共感覚の人々は実際に異なる世界を体験していることが確認された。共感覚者は、質的に異なる知覚世界の住人として、自分の現実と他人の現実のあいだを行き来していることがたびたび報告されている。[12] 書物はとくに、まったくの異世界に存在していると言ってもいいかもしれない。共感覚者の二重の視点は、活字やインクからレイアウトに至るまでのあらゆるものを含む頁の視覚的特徴、もしくは、「書誌的記号」を読者全員が同じ方法で理解すると想定してきた評論家たちに難問を突きつけるものだ。[13] この手のアプローチは、頭脳がカメラのように機能するという前提に立っている。しかし、現象学者が長年主張してきたように、実際の世界と認識された世界には根本的な違いがある。[14] 認知神経学者のスタニスラス・ドゥアンヌは、本を読んでいるときに感じる臨場感を、一連の精巧な脳の働きを覆い隠す「幻想」と呼んでいる。[15]

共感覚者は書面のどこにもない感覚を取り込んでいるのだから、頭がカメラのように機能するというモデルに欠陥があることは明らかだ。共感覚者の読字体験は、過剰な「クオリア」――赤い色などの現象を知覚したときに感じる主観的な体験を指す哲学用語――が原因で、ほかの読み手の体験とは異なるものになっている。[16] 独特な方法で情報を処理するニューロダイバージェントな読み手の実例は、彼らが見ている頁について、眼と同様、脳も大きな役割を果たしていることを強く印象づけるものだ。[17] 同じ本を読んでいるふたりの読み手がまったく異なる受け取り方をするという事実は、美観に関心を持つ者にとっては頭の痛い問題だ。「同じ頁を見ている」という言い回しは「認識が一致している」という意味で使われるが、共感覚に関してはその表現は通用しないことになる。

これから紹介するニューロダイバージェントな読者の物語は、個人の認知的な性質がテキストの受容に与える影響の大きさを示しており、読書史家、文芸評論家、読書心理学を研究するあらゆる人々が考慮に入れておくべきものだ。書物史家のロバート・ダーントンが読み手の経験の「内なる次元」と呼んだものを裏付ける文書を蘇らせたとまではいかないだろうが、それでも、この章では、個人の証言、報道記事、症例研究、文字に色を感じとる色字《しきじ》がどのような感覚なのかを明らかにする文書証拠を通じて、共感覚者の現象学的経験――ナボコフが言っていた、共感覚を持つ読み手の告白とでも呼ぶべきもの――の系統立てた説明に着手できることを示していく。[18] こういった共感覚にまつわる物語は、二重の美的体験を指し示している。つまり、一般の読者のあいだで広く共有される従来の体験と、共感覚者の頭のなかだけで起こる私的な体験だ。物理学者のリチャード・ファインマンは、共感覚者だったせいで広く使われている数式に褐色の「J」、紫色の「N」、茶色の「X」が見えるようになり、その違和感を彼らしい率直さで表現している。「だが話を聞いている学生たちの眼には、いったいどんなものが浮かんでいるのだろうか?」(『困ります、ファインマンさん』大貫昌子訳、岩波書店)[19] 本についても、文芸評論家たちが同じような疑問を抱くはずだ。共感者たちにはいったいどんなふうに見えているのだろう、と。

疑似共感覚

共感覚の歴史は読む行為からはじまった。のちに「共感覚」と呼ばれるようになる現象についての記録がはじめて登場するのは一八一二年、ゲオルク・トビアス・ルートヴィヒ・ザックスというドイツの医学生が、アルファベットに色が付いて見えるという短い記述を含む論文を発表したときのことだ。[20] その後医師たちは、この現象に「色覚過敏（ハイパークロマトプシア）」、「知覚過敏（ハイパーイースシージア）」、「疑似色覚過敏（スードクロメスシージア）」などの呼び名をつけたが、一九世紀の末には「共感覚（シナスタジア）」という言葉が一般的に使われるようになっていた。[21] その現象が目に起因するのか（ある研究者は、色覚異常の対極にある現象ではないかと提唱した）、ほかの感覚器官や脳に起因するものなのかは解明されていなかった。

一九世紀末に心理学が科学的な学問として確立されると、非定型的な知覚についてさらに多くの報告が行われるようになった。なかでも特筆すべきは、フランシス・ゴルトンが一八八三年に発表した『人間の能力とその発達に関する研究 *Inquiries into Human Faculty and Its Development*』で、心的イメージの本質に関する数百件の調査結果から抽出された共感覚の症例が紹介されている（図5）。たとえば、ある回答者は、「E」という文字を「澄んだ、冷たい、薄い灰色がかった青」と表現している。[22] 初期の研究では、主に色のついた聴覚、すなわち「色聴」が扱われたが、その後の研究では、色の知覚と識字の特異な関係が注目されるようになった。フランスの心理学者アルフレッド・ビネは、「読んでいるとき以外は色を感じない人もいる」と述べている。[23] これらの記述は、当時の医学的な言説から大きな影響を受けてはいるものの、従来の情報源に頼った歴史家の記述を補足するための貴重な資料となり、ときには、異なる主張の論拠となることさえあった。

しかし、一九二〇年代後半以降は、行動主義と、心理状態についての主観的な報告に対する懐疑主

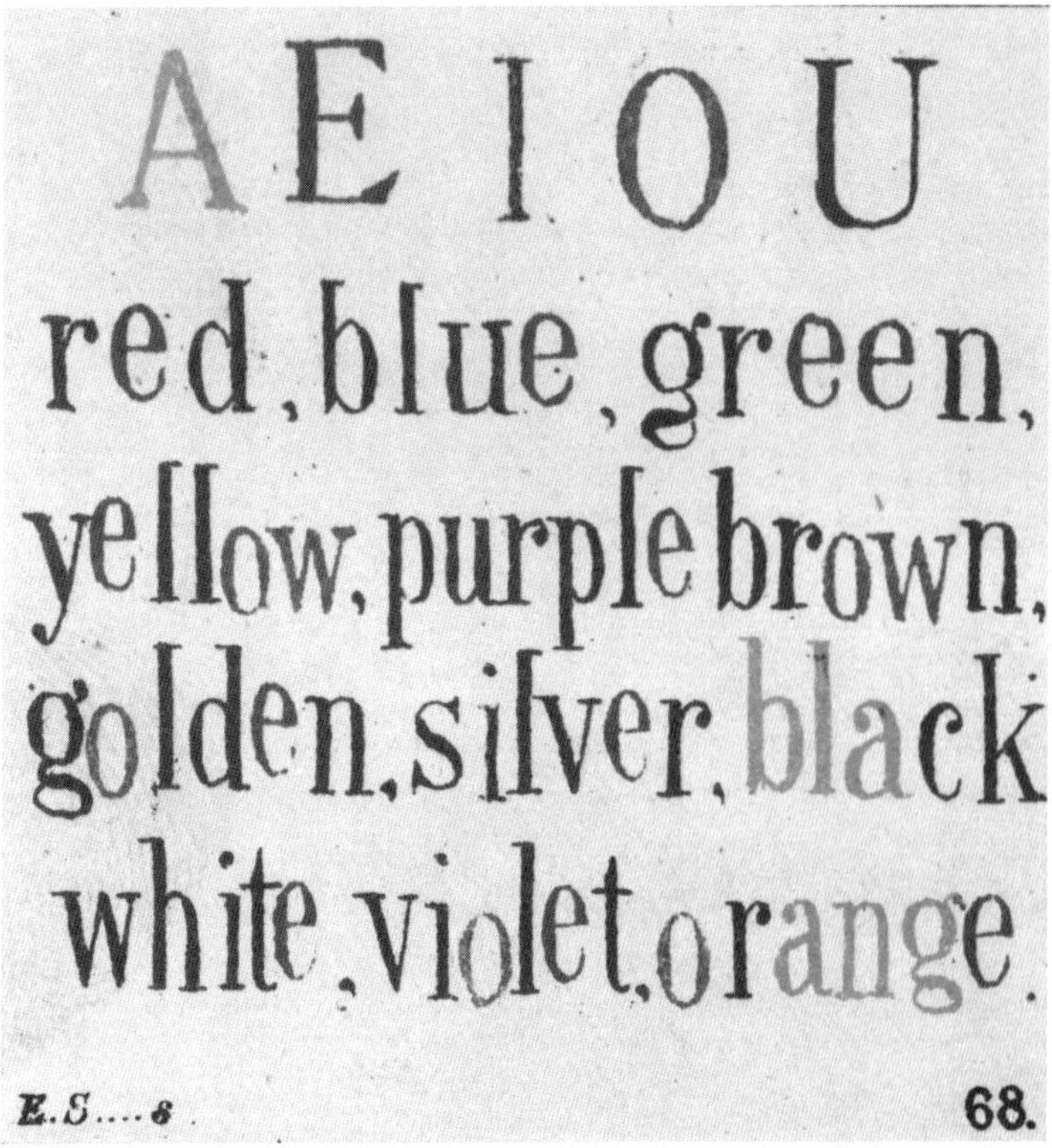

図5　フランシス・ゴルトン『人間の能力とその発達に関する研究』1883年）に掲載された「色の連想と心的イメージ」の図版にある色の付いた文字
Galton Papers, GALTON/2/11/5, UCL Library Special Collections

義が台頭したため、この症状への科学的な関心は低下していく。結局のところ、肉眼で観察する限り、文字に色を感じている人はほかの人と何ら変わらない行動を取っているようにしか見えないのだ。心的イメージや心の状態に再び科学的関心が向けられるようになるのは、認知主義への転換が見られるようになってからのことだ。[24] 認知神経科学が発展し、神経画像技術、心理物理学的実験、統計的アプローチの進歩とあいまって、研究チームは実験を通じて、共感覚が過剰な想像力の産物ではなく、神経学に基づく真の知覚現象であることを確認できるようになった。[25] 実際に、共感覚――かつては幻覚、錯覚、ある種の記憶痕跡で片付けられていた――を持つ人々がほかの人々の脳と異なる神経活動のパターンを示すことが、実験によって明らかになっている。

共感覚がはじめて注目を集めたのは、一九世紀後半に行われた一連の挑発的な芸術的実験がきっかけだった。[26] 作家たちは、臨床医が「共感覚」の命名に合意する前から、五感が混ざり合う共感覚の世界を頁の上で再現しようとしていた。シャルル・ボードレールの『万物照応』という詩は、あらゆる感覚を統合する超越的な現実を追求するために、香り、色彩、音を混ぜ合わせて表現したことで知られている（「たとえば子供の肉のようにさわやかで、オーボエのように甘く、牧場のように緑いろの香りがある」（『悪の華』安藤元雄訳、集英社）。[27] そして、アルチュール・ランボーの『母音』は、色のついた文字（「黒いA 白いE、赤いI、緑のU、青いO」）と強烈な主観的連想（「A、きらきら光るハエの、綿毛に覆われた黒いコルセット」）（『対訳 ランボー詩集』中地義和編、岩波書店）によって、共感覚をもつ読者の独特な感覚体験を代弁した作品だ。[28] 象徴主義運動はその後、私たちの世界を超越した世界を垣間見ることのできる高尚な意識形態として共感覚に注目した。その頂点に至ったのが、ジョリス＝カルル・ユイスマンスが描いたデカダン派の耽美主義者だ。この男は、さまざまなリキュールを巧みに組み合わせて、舌の上で交響曲を奏でるのだ。[29]

ところが、五感を融合させたメタファーで美的体験を高めることを狙った芸術運動は、実際の共感覚者とはほとんど関わりがなかったことが判明する。こういった実験の多くは、共感覚を直接体験していない人々によって考案されていた――もしかしたら、ランボー自身もそうだったのかもしれない。「私は母音の色を発明した！」というランボーの自慢げな言葉からは、彼の象徴的な詩が個人的な体験に基づくものなのか、単に色彩感覚を捏造しただけなのか判断がつかない。[30] 当時の実験は、外部からの刺激に反応して色を見る人の知覚状態よりも、科学者が「疑似共感覚」と呼ぶような、芸術的な目的のための感覚融合の利用に関心を示していた。[31]

本の世界でもそれ以外の世界でも、誰もが諸手を挙げてニューロダイバーシティという概念を受け入れたわけではない。文化評論家のなかには、あからさまな敵意を示す者もいた。医師のマックス・ノルダウは、共感覚を利用して芸術活動を行うことは「病的で衰弱した脳の活動」の症状であると、独特の辛辣さをもって糾弾している。[32] そこまで手厳しくはなかったものの、文芸評論家たちも共感覚を文学研究とは無関係なものとして切り捨てた。たとえばウィリアム・エンプソンは、詩を真剣に読む人々にはほとんど価値のない「曖昧な生理学的倒錯」と評し、アーヴィング・バビットは、五感を融合させようとする努力は「心理学や医学の学生、場合によっては神経専門家」だけが行うものだと主張した。[33]

後世の評論家たちは、共感覚の美的可能性に対してはるかに寛容な姿勢を示すようになった。一部の文芸評論家は、ラドヤード・キプリングの「夜明けは雷のようにやってくる」、エディ・シットウェルの「光はロバのように吼える」、F・スコット・フィッツジェラルドの「黄色いカクテル音楽」といった、ある感覚を別の感覚の観点から表現するイメージの使い方を詳細に調べている。[34] こういった評論家たちの一番の興味は、五感を融合したメタファーを使って美的経験を高めることにある。たとえば、ある研究では、シェリーは共感覚のイメージを「複雑で強力な芸術的道具」[35] に変えたと評価されている。ほかの研究では、共感覚者によるフィクションでの表現に焦点が当てられている。たとえば、ナボコフの『ベンドシニスター』の主人公アダム・クリュッグの場合は、「royalty ロイアルティ（忠誠心）」という言葉から「なめらかに拡がる淡い黄色の絹の上にのって日射しを浴びている、金色のフォーク」（加藤光也訳、みすず書房）を思い起こすのだ。[36] 評論家たちはまた、共感覚という神経学的な症状の影響下にある芸術家たちを、心理学者ジューン・ダウニーが「文学的共感覚」と呼んだ、単なる模倣者としての芸術家たちと区別しようとした。[37]（実際、ナボコフを除けば、共感覚的なイメージ実験を行った作家のほとんどにそのような症状は見られなかった[38]）。ここから先は、共感覚の文学的な表現から実際の共感覚者の証言に焦点を移し、この特異な知覚形態が読字体験そのものにどのような影響を与えているのかを明らかにしていく。

共感覚的知覚の現象学

共感覚者は本を読んでいるときに何を見ているのだろう？　共感覚者の証言は、彼らの現象学的な体験が、定型的な方法で情報を処理するニューロティピカルな人々の体験とどれほど異なるのかを明らかにするものだ。出版社は、レイアウト、書体、文字サイズといった視覚的表現——書誌学者のD・F・マッケンジーは本の「〝表現〟形式」と呼んでいる——に細心の注意を払っている。こういった要素は、テキストの受容に影響を与えるからだ。[39] ただし、共感覚者はこのアンサンブルに独自のカラーパレットを重ねるので、本の外観は、出版社の予測よりもさらに表情豊かなものになっている可能性がある——読者反応理論が通用しない世界なのだ。

言うまでもなく、大きな違いは、共感覚者がほかの人々には見えない色を知覚することにある。共感覚者の頭には、ある言葉を読んだり、聞いたり、あるいは単に思い浮かべたりするだけで色があらわれることがある。このグループの人々は、その色合いをきわめて正確に表現することで知られている。ゴルトンが行った調査では、回答者のひとりが、「O」の色を単なる黒ではなく「透き通った分厚い氷を通して見る深い水の色」と表現している。[40] さらに複雑なことに、共感覚者にはそれぞれに独自の配色がある（しかも、誰もが自分の配色が「正しい」と主張する）。一八九三年に心理学者のテオドール・フルールノイが行った調査では、二五〇人の共感覚者のうち、母音の色が同じように見えたのはふたりだけだった。[41] 同じような色であっても、色合い、明度、質感、そのほかの特徴において微妙な違いがある——ナボコフが、風化した木材や加硫ゴムという、極めて具体的なたとえ方をしたことからも想像はつく。そのような色は、他人だけでなく、本人にとっても識別しにくいものなのかもしれない。ある色盲の共感覚者は、文字記号を見ているときに知覚した色を、現実世界にはない「火星の色」と呼んでいる。[42]

共感覚者は、誰もが自分と同じように本を見ていると思い込んで成長する。だが、読字は統一された活動とは言い難いものだ。人々はそれぞれの考え方でテキストを解釈するだけではない。文字通り、異なる頁を見ているのだ。ほとんどの共感覚者は、他人が自分とは違う読み方をしていることに気づいた瞬間のことを覚えている。多色刷りのアルファベットが普通だと思い込んで生活していると、主に学校を舞台に、神の声を聞いた聖アウグスティヌスのような劇的な体験をすることになる。アーティストのキャロル・スティーンの場合は、「このＡは今まで見たなかで一番きれいなピンク色だわ」と口にしたあとで、クラスメートから「変な人ね！」と返されたときに、自分の発言を後悔することになった。[43] 変人扱いされることを恐れたスティーンは、二〇歳になるまで自分の色字《しきじ》について口外することはなかった。ほかの共感覚者の子どもたちも、笑われたり、からかわれたり、恥をかかされたりしないように、ＡＢＣが普通ではない見え方をしていることを隠すようになる。なかには、ごく少数だが、自分の例外性（ゴルトンが言うところの「自分自身の精神的特殊性に対する盲目的無意識」）に気づかないまま幸せな日々を送る者もいる。[44] あるスイス人女性は、六〇代になってナボコフの『記憶よ、語れ』を読んだときにはじめて、色の付いたアルファベットが見えるのは珍しいことだと気づいたという。[45]

その色がどこから来るのかは誰にもわからない。はじめて色の付いた文字が見えるようになるのは、アルファベットを覚える年頃が多いため、原因として常に挙げられるのが子ども用のおもちゃだ。これは昔から根強くある考え方だ。ゴルトンが行った調査の回答者のひとりは、色付きの文字が見えるのは、子どもの頃に読んだ絵本のせいだと言っている。[46] おもちゃと色字との相関関係はほぼ否定されているのだが、例外的なケースとして考えられるのは、幼少期に見た文字と色の組み合わせが心に刻み込まれている可能性だ（フィッシャー・プライスの冷蔵庫用マグネットの同じセットをきっかけとする事例が一一件あった[47]）。ニューロティピカルな脳の成人に色付きの文字で印刷された本を読むといった連想的なトレーニングを受けてもらい、文字と色を組み合わせる能力を育むという実験まで行われている[48]（共感覚者になりたいと思っているみなさんには残念なお知らせだが、この実験は失敗に終わっている）。共感覚を持つ人は、おもちゃが自分の配色と一致しないことが多いので、色付きの文字とおもちゃがリンクしないことを経験から知っているはずだ。ナボコフの家族が彼の共感覚を知ったのは、ナボコフが七歳のときに何気なくアルファベット・ブロックの色が「全部違っている」と言ったことがきっかけだった。[49]

共感覚者はほかの読者と同じ文字を見ているときに、彼らにしか感じることができない色彩効果を知覚している。こういった色は、後光、輪郭線、淡彩、背景のような姿であらわれる可能性がある。ある共感覚者は「それぞれの文字を取り囲む小さなオーラ」[50]にたとえた。安定している色調もあれば、パッと燃え上がってから消えていく色調もある。語学教師を務めていた男性は、時々「頁から活字が色鮮やかに飛び出してくる」[51]ことに気づいたという。また、理由はまだ解明されていないのだが、特定の文字が明るく輝いて見える一方で、ほかの文字が淡く、色褪せたように見え、無色に見えることすらある――もちろん、ほかの読者には普通の文字に見えるはずだ。さらに、文字の組み合わせによって色が変化することもある。作家でサヴァン症候群のダニエル・タメットの場合、単語の頭文字によって単語全体の色が少しずつ変化していくことがあるという。たとえば、「at」は赤だが、頭に

hがついた「hat」は白、さらにtがついた「that」はオレンジ、といった具合だ。あるいは、二重母音の母音が混ざり合うと考えられる現象も起こるそうだ。色と意味は必ずしも一致するとは限らない。たとえば、「raspberry ラズベリー」はその実のように赤い単語だったとしても、緑色の単語である「geese　ギース」はガチョウそのものの色とはまったく違う。[52] 句読点にまで色がつくことがある。ある少年は「レンガのようなどぎつい赤味のあるオレンジ色」をしているという理由で、疑問符の「?」を嫌っていた。[53]

文字の色調は、大文字でも小文字でも、斜体でも太字でも、異なるフォントやサイズでも、それ以外のバリエーションでも、常にではないが通常は変わることはない（たとえば、「Q」「q」はすべて同じ紫色になる）。また、聴覚障害者同士が手の動きで言葉を伝える指文字に反応して、文字に相当する色が見えるという報告もある。[54] それでも、少数派ではあるが、見た目の形の違いに反応する人もいる。たとえば、Arial や Times Roman のような一般的なフォントは、希少なフォントよりも鮮やかな発色を引き起こすことがあるそうだ。[55] 文字について考えるだけで色が見える人もいる。彼らの場合、文字の形というよりは文字の概念に反応して色が見えるようになり、想像上の文字のほうが実際の文字よりも明るく輝いている場合が多い。私が連絡をとったある共感覚者は、文字の色が普通の黒に戻ると、集中力が失われていくことを自覚していた。[56]

共感覚の色相は言語の壁を超えていく。ある事例では、多言語話者の教授が、ローマ文字とキリル文字を色付きで見ていたそうだ。ロシア語は、母国語である英語のアルファベットに由来する「寄生性のカラーコード」であらわれ、似ている文字は同じ色を共有するという法則に従っていた。[57] こういった視覚性共感覚《フォティズム》は、外国語を学ぶ際の補助記憶装置として役に立った。ロシア語を読むときには、次のような方法で単語の意味を覚えることもあったという。「頭文字が赤い単語は、残りの部分も赤くしてみると、単語全体が浮かび上がってくる」[58] 共感覚によって、彼女はある程度容易に言語を操ることができた。だが、文字の音が混ざり合ってしまう言語の場合は、フォティズムが邪魔になった。「つまり、フランス語の記憶がすべて水色なのだ」と、彼女は説明している。「すべてが水色でぼんやりしているように見えた」[59] さらに厄介なのがポーランド語で、文字の色がロシア語の色と混同してしまったそうだ。

共感覚者にはすべてが彩飾されて見える。普通の活字が装飾されて見えるのだから、豪華に飾り立てられた中世の写本など無用の長物だろう。あるドイツ人女性は、白黒の母音が「それぞれの色がきらめいている」と表現した。[60] 多くの共感覚者が、文字にスポットライトが当たって自分の注意を引こうとしているように感じている。[61] また、文字が頁を通して輝いて見えたり、全体に色が広がっているせいで「印刷された頁に彩飾が施されているように見える」との報告もある。[62] 文字の色が頁に染み出ているように見えることも知られている。共感覚の初期の症例記録で、ある女性が「頁を見ているうちに、紙がオレンジがかったピンクに染まっていく」と語っているのだ。[63] 文字とは関係なく淡い色が浮かび上がってくることもある。本と特定の色を結びつける共感覚者は(一例を挙げると、ディケンズの『二都物語』は緑色)、読んでいるものを自分の心的背景の色と一致させなくてはと感じてしまう。[64] 同じように、オレゴン大学の大学院生も、自分の感情に合った色を視覚野に投影していた。隣人の訃報が目に飛び込んできたとき、読んでいた新聞が突然緑色に変わったのだ。「詳細を読んでいくうちに、色はいくらか薄らいでいったが、それから数時間、私の心象は緑がかった色のまだった」と彼女は報告している。[65] その後、この件に触れた知人の言葉によって、緑色がバラ色、淡紫色、そして幸福を連想させるクリームイエローに変わっていったという。

このような摩訶不思議な事例を次々と紹介していくと、共感覚は視覚的な現象に限られるという誤解を招きかねない。しかし、盲目の読み手の体験談は、身体の器官だけでなく頭のなかでも読字のプロセスが進行していることを明確に示している。一一歳で失明し、後にオレゴン大学に心理学専攻の学生として入学したトーマス・カッツフォースは、ブライユ点字を読んでいるときに指先で色の広がりを感じ取った。それは、印刷された文字にどことなく似ていることもあれば、点字の文字の点をつないだ図形の形をしていることもあった。[66] 最近では、視力を失ったあとで色を知覚する事例が確認されている。「国境なき点字」の共同設立者であるサブリエ・テンバーケンは、「点字に指で触れると、指先の下を色が通り過ぎていくのが見える」と述べた。[67] 網膜色素変性症のため四〇代で失明したエンジニアは、指先で読むときの感覚が「LEDディスプレイのように」ライトアップされた色付きの小さなドットが集まったパターンを呼び起こすと報告している。[68] 点字の「E」は「薄い黄色がかったオレンジっぽいピンク色」だった（ローマ文字に触れたときにはそうはならなかった）。[69] 生まれつき視力に障害がある人でも、字を読むときに色を感じ取ることができる。ある女性にとって、六三通りある点字の組み合わせには、それぞれに独自の色相が備わっていた。「それ自体が発光しているように見えるものもあるし、別の光源からの光を反射しているようなものもある」と彼女は説明する。[70] その色合いは、点字で読み取った単語をローマ字に変換したあとも変わらなかった。

共感覚に見られる驚異の色彩体験は頁の上でもそれ以外の場でも起こるため、共感覚には明確な境界線がない。「投影型《プロジェクター》」と「連想型《アソシエイター》」（あるいは「位置特定型《ローカライザー》」と「非位置特定型《ノンローカライザー》」）の区別は、頁そのもの、身体の外側、あるいはある種の内的空間といった身体との位置関係において、フォティズムをとらえようとしたものだ。[71] このように色を体内で感じる人は、「心の目」や「内的スクリーン」といった表現を使う。ある女性は、額の奥にあるスクリーンに色付きの文字が見えると述べている。[72] 共感覚者のなかには、目に見える頁と現象的な頁のあいだに明確な隔たりがあるという人もいる。ローズマリーという女性は、「私はモノクロで読んで、カラーで**考えます**」と説明している。たとえば、「Scotland スコットランド」という単語は、「目では黒く見えますが、頭のなかでは色がついて感じられるのです」[73] だが、ほかの共感覚者にとっては、色は拡散した状態で知覚され、正確な空間座標を特定できるわけではない。ある症例では、女性の体全体に染みこむ「色の蒸気」という形をとっていた。[74] 多くの共感覚者にとっては、色は自分のなかに宿ると同時に、空中に浮かんでいるように見える。もちろん、共感覚者に限らず、ほとんどすべての人が読書中に何らかの心的イメージを体験する。多くの人にとって、それこそが読書の醍醐味なのだから。書記素が誘因となって知覚される色は、従来の心的イメージよりも鮮明に感じられるようだが、意志的な想像力の産物や、独創的な文学だけが見せてくれる色とは別種のものなのだ。[75]

本に関して言えば、共感覚を持つ読者は、書体がさまざまな色に覆われているように見える、書誌の二重意識を体験する。「頁を見ていると、本物のインクの色が見えているにもかかわらず、ほかの色もあるように見えるのです」M・Tというイニシャルの女性はそう説明する。「本当は「その色が」

そこにないことはわかっているのですが、それでもどうしても見えてしまうのです。その色がそこにあるという感覚があるのです」[76] この二重視点は「いつまでも残像が残る目の錯覚」に似ている。[77] にもかかわらず、ほとんどの共感覚者はスムーズに本を読むことができる。ほかの読み手と同じように、個々の文字の外見にとらわれることなく、言葉の意味を音韻化《デコーディング》することに集中し、ほかの読み手とは違って、「頁の上の鮮やかな色彩《テクニカラー》」を見失うことはない。[78]

単色の紙面に色が重なって見えるという現象学的な体験を伝えるために、さまざまなメタファーが使われてきた。「新聞や本で使われているインクが黒なのは知っているが、私にはそれ以上のものが見える」とモーリーン・シーバーグは記している。「この頁の上にそれぞれの文字が違う色になるように色付きのセロハンを置いてみれば、私が見ているものにかなり近いものになるだろう」[79] これに似たような表現としては「透明なシート」「プラスチックのような透明感」「熱の揺らめき」[80] といったものがある。パトリシア・リニー・ダフィーにとって、印刷物を読むことは、観客が自分のカラーパレットを重ねてモノクロ映画を見ることに似ている。[81] さらに、店のショーウィンドー越しに商品と自分自身の姿を眺める経験にもたとえられている。[82] いずれのメタファーも、共感覚者が打ち明けなければニューロティピカルな脳の読者が気づくことはない、別の次元や精神的なフィルターの存在を伝えようとするものだ。

共感覚者は、アルファベット全体をほかの人とは異なる方法で視覚化することがある。なかには、アルファベットが空間に配置された心象風景や、数学の天才が描く暦や数字の形に似たアルファベット型と呼ばれるものを常にスキャンしている人もいる。こういった幻のアルファベットは通常、左から右へ一直線に並んでいるが、アルファベットの中間点や、昔ながらの暗唱法、とくに『ＡＢＣの歌』の「A-B-C-D-E-F-G　H-I-J-K　L-M-N-O-P」のまとまりごとの特定の点で曲がったり折れたりすることがある。[83] さらに複雑な構成も報告されている。ある共感覚者が見るアルファベットは「Ａ」と「Ｚ」の文字に支えられた三次元ループの形をしており、暗い背景のなかで、スポットライトに照らされたかのようにほかの文字が輝いている。[84] このようなバーチャル・アルファベットは、複数の視点からとらえることができる。ダフィーは次のように書いている。「心の眼で彩色を施されたアルファベットを見て、ほしい文字を選ぶのだ。文字は坂道にＡを下に並んでおり、私はその坂を上へ、下へと滑りながら、綴りに必要な文字を見つける」（『ねこは青、子ねこは黄緑　共感覚者が自ら語る不思議な世界』石田理恵訳、早川書房）[85] 多くの共感覚者と同じように、ダフィーは自分のアルファベットを色の付いた文字が浮かぶ風景として空間的に表現している（ダニエル・タメットは眠れないとき、頭のなかの数字の風景を歩き回ると落ち着くと言う[86]）。オレンジ色の「Ａ」と緑色の「Ｂ」のあいだに立つと、ダフィーには通路のアルファベットの残りの部分が遠ざかっていくのが見えるのだ。

読字の歴史家が人々の頭のなかだけに存在する神経症状の痕跡を記録するためには、図書館のアーカイブや、自分たちにとって居心地のいいゾーンを超えていく必要があるだろう。音声を印刷物として視覚化する人々にとって、頁そのものはもはや読字の前提条件ではない。頭のなかにだけあらわれる識字形態を表すために、ここではそれを共感覚的な「読心術」と呼ぶことにする。ゴルトンはその最初の事例のひとつを記録している。

ごく少数の人は、心のなかで、発せられたすべての言葉が活字になったものを見ている。彼らは言葉の音ではなく、視覚に相当するものに注意を向け、電信機から吐き出される紙のような架空の長い紙片からそれを読み上げているのだ。[87]

このような、「ティッカー・テーパー」〔ティッカー・テープは受信した株価情報を印字するのに使うテープのこと〕とでも呼ぶべき人々は、仮想の文字を見ていることを除けば、ほかの読み手と似ている。彼らの脳は、耳から入ってきた情報をより利用しやすい形に変換しているのかもしれない。「オートキュー〔画面を読む人のために言葉を表示する電子装置〕を読んでいるみたいに、文字がスクロールしていくのが見えるんだ」ハリーは会話についてこう語る。[88] ほかのティッカー・テーパーは、そのやり方で自分の思考を視覚化する。これは、他人の心ではなく、自分の心を読むという不可思議な例なのだ。[89]

ティッカー・テーパーは、自分自身を、色とりどりの言葉の導管、あるいはプリズムのような役割を果たす者と表現することがある。ジーン・ミロガフは、「会話を読んだり聞いたりすると、私のなかを色が流れていくのです」と説明する。[90] 彼女は自分自身を、文字情報を表示するために使われるニュースのテロップにたとえている。

タイムズ・スクエアで、電光掲示板にニュースが流れるでしょう？　私の頭のなかもまさにそうなんです。入ってくる言葉はすべて、私のなかを色付きの文字で流れていくんです。[91]

多くのティッカー・テーパーが頭のなかのスクリーンから音声を読み上げる一方で、人の口から流れ出てくる言葉をそのまま視覚化する人々もいる。漫画の吹き出しのように、音声が擬音的に綴られていくというのだ――まさに、目の前で漫画本がめくられていくような光景だ。[92]

クロマティック・リーディング

読字の歴史という観点から見れば、色の知覚は奇っ怪な出来事――読書版のトリップ体験――にすぎないのかもしれない。確かに、ウィリアム・エンプソンの時代の文芸評論家たちが共感覚を取るに足りないものとみなしたのは仕方のないことだったのだろうが、共感覚の実例を安易に切り捨てるべきではない。なぜなら、テキストの外観は――それが幻であろうがなかろうが――、読者の受け取り方に影響を与えるからだ。そう考えると、共感覚者の美的判断は、原稿そのものとはほとんど関係のない基準に左右される可能性があるということになる。その美的判断を、美的な副次的影響《サイドエフェクト》、場合によっては副次的感情《サイドアフェクト》ととらえてほしい。つまり、色彩知覚がテキストの解釈に及ぼす潜在的な影響力を示す特異な反応ということだ。『マタイによる福音書』の退屈な名前の羅列（「アブラハムはイサクの父であり、イサクはヤコブの父、ヤコブは……」）を、『聖書』でもっとも心を揺さぶられる箇所として挙げる人はほとんどいないだろう。だが、画家のエリザベス・スチュワート＝ジョーンズは、この箇所を読んだときに四二個の色付きの斑点を目にした。そして、はじめて肖像画を手がけた際には、それを土台にしてひとつの作品を制作している。[93]

一見何の変哲もない単語が、説明のつかないほど強い反応を共感者に引き起こす。エンジニアのロバート・カイリューが、共同開発に携わったシステムにWorld Wide Web（ワールド・ワイド・ウェブ）という煩わしい名前をつけることに同意したのは、三つのWが彼の好きな緑色の光を発していたからだ。[94] 一方で、色同士が調和していないと、すぐさま不快な感情がもたらされる恐れがある。ある共感覚者は、「広告を見ると、文字や数字の色がいつも間違っているのでイライラする」と説明している。[95] おかしな色使いの言葉が並んでいるのを目にして、すべての椅子が逆さまに置かれた部屋に入ったような気分になる人もいる。[96] 文字の外観と情動が恣意的に結びつくことで、出版社が選んだ装丁が予期せぬ結果をもたらすことも考えられる。バーバラ・ライアンは、イギリスのレディーバード・ブックス社が出版している人気の児童書が「共感覚の悪夢」だと気づいてからは、そのシリーズの本を避けるようになった。[97] 視覚に訴えるようにデザインされた小文字と丸みを帯びた書体が、彼女にはめりはりがないように感じられたのだ（「a」「d」「p」はほとんど区別がつかなかった）。「それぞれの文字には確かに色はついていたが、活字の組み方のせいで弱々しい印象になり、高揚感を感じられなかった」[98] と彼女は説明している。

あなたが共感覚者なら、「名前には何がありますか？」という問いに「色」と答えるだろう。共感覚者は、自分たちだけに見える色彩レベルで名前と関わっており、言葉の文字通りの意味とそれに対する独特な感情的反応をなかなか切り離すことができないようだ。「色以外のことで、どうやってその名前がきれいかどうかを判断するのですか？」Myrtle（マートル）という名前を美しいと感じ、Alice（アリス）という名前を醜いと感じる生徒はそう尋ねた。[99] 魅力的な文字列を持つ名前は、独特の強烈な反応を引き起こすことがある。ある女性は、地図でCatonsville（ケイトンズヴィル）という地名を見て、光沢のある美しい「n」をはさんで並ぶ茶色と緑の組み合わせが気に入って、その町に住むことを決めたという。[100] 当然のことながら、調和のとれた文字列が共感覚者に与える喜びは、ほかの人々には伝わらないだろう。たとえば、ナボコフが家族の年代記の主人公にAda（アーダ）という名前を選んだのは、その文字の並びが、彼の好きな蝶であるキアゲハの色——黒と黄色——が交互に並ぶ配色を連想させたからだと推測されている。[101] ニューロダイバーシティに直面する文芸評論家の課題は、「kzspygv」という造語に集約できるかもしれない。この一見無意味な文字列には、ナボコフの頭のなかに虹の色を生み出す効果があったのだ。[102]

恣意的な文字列に対する奇妙な反応としか思えないかもしれないが、それが人間関係に影響を与える場合もある。ある母親は、「それがふさわしいように見えたので」息子にBenjamin Morgan（ベンジャミン・モーガン）という名前を選んだ。一方で、Benjamin David（ベンジャミン・デイヴィッド）という名前は色が調和していなかったので選ばれなかった。[103] またある母親は、青や紫の名前を息子につけると「家族のなかに他人がまぎれこんだような気がして」、両親と同じ黄色の名前Adam（アダム）を息子につけている。[104] この母親の不安が暗示しているように、色の不調和は人との不調和へとエスカレートしていく可能性がある。ある女性は、Phil（フィル）やLydia（リディア）のような淡い色の名前を持つ人に対して「不当な偏見」を持っていることを認めており、また別の女性は、調和のとれた色の名前を好むことを「言語人種差別」と表現している。[105] 誰もが不快な名前と名前の持ち主を難なく区別できるわけではないのだ。ある女性は、区別すべきだとわかってはいても、ポールという名前の人が好きになれないと告白した。「名前自体はそれほど悪くはないのでしょうが、とても嫌な気分になります。そして、そのことが人の印象に影響してしまうのです」[106]逆に、魅力的な名前は、その名前に対する好感度を不自然に押し上げる。その女性は、美しい青色のAlexandra（アレクサンドラ）に改名した（共感覚者のあいだでは珍しいことではない）。

これまでの実例が示唆しているように、共感覚はテキストの受容に知られざる役割を果たしており、喜びから嫌悪までさまざまな反応を引き起こす。共感覚が注目に値するのは、その能力が読字プロセスを向上させたり、混乱させたりするからだ。多くの場合、色が見えることでテキストへの集中力は高まっている。クリスティン・リーヒは、頁に「多色のモザイク」が見えるおかげで、個々の単語とその特徴的な色の配列を「味わう」ことができた——クロース・リーディングの一形態としての、色彩読《クロマティック・リーディング》みだ。[107]とはいえ、すべての人がリーヒのように識字と色の輝きのあいだを自由に行き来できる幸運に恵まれているわけではない。色彩は、瞬時にわきあがる感覚が五感を圧倒する際に混乱を招くこともあるのだ。神経学者のリチャード・サイトウィックは「ごくまれに、感覚的な体験があまりにも強烈で、理性的な思考を妨げることがある」と述べている。[108]

感覚が過度に結合してしまう心は、無意識のイメージがリーダーズ・ブロックにつながる危険性を説明する格好の例だ。自閉症の研究施設で受けた検査で、ティト・ラジャルシ・ムコパディヤイが心理学者の朗読を聴いたときの報告は、内容よりも色彩を優先して読む人々の姿を明らかにしている。

彼が何を読んでいるのか、わかるはずもなかった。私が彼の読んでいる内容を聞くことになっていることは知っていた。彼が読んでいる文章についてあとで質問を受けることも知っていた。そして、彼の声が聞こえていることも自覚していた。私は彼の話す言葉を聞いたのではなく、彼の声を聞いていたのだ。

クロードは読んだ。私は彼の声がファイルのあいだを埋め尽くし、コンピュータのモニターの背後を掘る音を聞いた。その声が青りんご色と黄色の長い紐に変わり、テーブルの下で何かはわからないが、何かを探っているのが見えた。クロードの声から絹糸のような紐が生成された。

クロードは読んだ。彼が無言の聴衆や神妙な面持ちの自閉症の研究者たちに、さまざまな音色を完璧に近い演技で印象づけようとして、その糸がさまざまな振幅で振動するのを私は見た。

クロードは読んだ。クロードの声がある一定の高さに達すると、私はその弦が応力とひずみを伴い、弾力的な限界に達し、時々切れるのを見た。その切れた紐が、絡み合った絹のような結び目を作り、青りんご色と黄色をしているのを私は見た。

クロードは読んだ。私は彼の声を聞き、その振動が絹糸を床一面に吹き飛ばすのを見た。[109]

ムコパディヤイの頭に浮かぶ色とりどりの鮮やかな絹糸のイメージに、言葉はほとんど太刀打ちできない。各段落の冒頭でくりかえされる「クロードは読んだ」というフレーズは、私たちに朗読を強く意識させると同時に、話し手の声に対するムコパディヤイの感受性を再現している。その結果、私たちの注意は、ムコパディヤイの絹糸に誘われるまま、ムコパディヤイとともに漂うのだ。一体何が読まれているのかは誰にもわからず、それを気にする者もいない。

多くの刺激を受容するポリモーダルな共感覚を持つソロモン・シェレシェフスキーも、同じような苦境に直面した。神経心理学者アレクサンドル・ルリヤの『偉大な記憶力の物語　ある記憶術者の精神生活』（天野清訳、岩波書店）によれば、シェレシェフスキーはその過剰な視覚化能力が原因で、単純な物語を理解するのに苦労したという。読解は「非常に徒労の多い」作業となり、「シィー（シェレシェフスキー）にとって複雑な工程」であり、「浮かび上がってくる像との苦しい闘い」だったとルリヤは記している。[110] 序章で触れたように、シェレシェフスキーは、常識に逆らう読字というより、脳に逆らう読字を実践する多くの読み手のひとりだった。

文字の味

この章では、神経学的な要因によって、ほかの人々とは一線を画した特異な方法で文字を読む人々の実例を紹介してきた。しかし、最後に紹介する共感覚の異型にくらべれば、色字《しきじ》ですら普通のことに思えるかもしれない。これから紹介する実例は、歴史家や文芸評論家が、さまざまな集団で共有される、転用可能な一貫性のあるスキルとして読字を語るときに直面する難題をさらに複雑なものにしている。むしろ、読字は社会経済的に複雑な活動であるのと同時に、認知的に多様な活動でもあると考えるべきだろう。

書物史家たちは、本に対するさまざまな感覚的反応を記録してきた。どんなふうに見えるのか、どんな手触りで、どんな匂いがするのか――味を確かめようとする人まであらわれた。しかし当然のことながら、その大半において、ニューロダイバージェントな読み手が本によって呼び起こされる特異な感覚は見逃されてきた。ここでは、文字を読むことで舌先、口蓋、喉の奥に特定の味や食感が誘発される、味覚の共感覚者の実例を取り上げたい。このグループが経験する味は、甘いとか塩辛いといった一般的なカテゴリーをはるかに超越したものだ。大学生のTDの場合、「chairman チェアマン（議長）」という単語は砂糖漬けのチェリーの味、「suggestive サジェスティヴ（示唆的な）」はイタリアンドレッシングをかけたアイスバーグ・レタスの味、「attendant アテンダント（従者）」は甘酸っぱいソースをかけたチキンナゲットの味がする。[111] 味覚の共感覚者にとって、本は試食のメニューのようなものだ。ある共感覚者は「単語のなかには、味、食感、温度があって、喉の奥や舌の先などの口内の特定の場所で感じられるという意味で、完全に体験できるものもあります」と説明する。「Richard（リチャード）はチョコレートバーのような味で、温かく、舌の上でとろけるような感じがします」[112] この女性がシェイクスピアの『リチャード三世』にほかの人とは違う反応を示したとしても、驚くにはあたらないだろう。

ここで読字の邪魔をするものの話をしよう。つまり、味覚の共感覚者は、文字の味に気を取られて心で味わう言葉に注意を払えないのではないだろうか？ 多くの事例では、そんな心配はご無用だった。四三歳のビジネスマン、ジェイムズ・ワナートンの場合は、頁に目を走らせているあいだに、さまざまな味が舌の上を通過していく。そのような感覚の交差によって、彼は意図的に好ましい味の組み合わせを作り出すことができた。たとえば、「New York ニューヨーク」（半熟の卵黄のような味がする）に関する新聞記事を読みながらトーストを食べる、といった具合だ。[113] だが、味覚はほかの味に「上書き」されるまで口のなかに残るので、読字の邪魔をすることがある——しかも、空腹なときだけではないのだ。[114] オレンジの味がする「absolute アブソリュート（絶対的な）」や、チョコレートクッキーの味がする「acrobat アクラバト（曲芸師）」のような単語は心地よく感じられても、嘔吐物の味がする「six シクス（六）」が出てくると読解のプロセスが停止してしまう。[115] 嫌な味を誘発する「醜い単語」を避ける共感覚者もいる。たとえば、ふたりの女性が、「novice ナヴァス（初心者）」、「yeast イースト（イースト菌）」、「Cincinnati スィンシナティ（シンシナティ）」など、ほかの読み手がほとんど意識しないような、一見何の変哲もない単語に強い嫌悪感を抱くことを報告している。[116] このような特異な例を見れば、読み手のテキストに対する反応を憶測だけで判断するのが無意味であることは明らかだ。バーナード・ショーの言葉を借りるなら、共感覚者と定型的な脳の持ち主は、共通の言語によって分断されたふたつの民族なのだ〔バーナード・ショーは、「（アメリカとイギリスは）同じ言語によって分かれた二つの国」という言葉を残している〕。

同じ共感覚者でも、感覚的なだけでなく概念的な読み方をする人は、集中力の妨げとなる最大の困難に直面する。一八九一年にアメリカ初の心理学研究室のひとつを創設したメアリー・ウィトン・カルキンズが、文字に個人的あるいは心理的な特性、時には明確な人格まで付与するという、書記素の擬人化現象を記録している。カルキンズは被験者に「文字に精神的、道徳的な特徴があるように見えますか？」、「文字が「人のように見えますか？[118]」といった質問をした。[117] ある被験者は「Tは概して気むずかしく、無愛想な人物だ」と回答した。別の被験者は、さらに踏み込んで、個々の文字同士の関係性を観察している。「Kは若い女性のようであり、Lの友人のようであり、Mの娘のようだ。NはKの未婚の叔母で、Mの妹のようだ。OはMの甥にあたる若い男性だ」[119] ただし、すべてのアルファベットが相性が良いわけではなく、「Qは変わり者で、やや偏屈な中年の男性として孤立している」という回答もあった。[120] 言うまでもないことだが、こういった文字の個性は往々にして読字の邪魔をする。カルキンズは、文字が「しばしば彼らのなかでくりひろげられる小さなドラマの役者となり」、その活動があまりにも活発になると脚本を台無しにする恐れがあることを指摘している。[121]

その後の研究によって、このような共感覚の異型——一部の臨床医は「共感覚に似た現象」と呼びたいようだが——の影響を受けている人は、性別、身体的特徴、性格的特徴、精神状態、認知能力、社会的関係、職業、興味、態度、さらには気分まで書記素に結びつけることが確認された。[122] 文字を無生物と考える人（ほとんどの人がそうだろうが）にとっては、このような文字の略歴は驚くほど詳細で具体的なものに感じられるだろう。たとえば、ある被験者は「G」を「どちらかといえば古風な」女性、「O」を「集団の中心にいるのが好きで、少し目立ちたがり屋の」男性、そして「E」は——文字通りの文学者タイプで——「学者肌だったり本好きだったりする穏やかな男性」と表現している。[123] とくに主張がなさそうに見える文字でさえ、好き嫌いの感情を掻き立てる可能性がある。「M」には好感をもっているが「S」は嫌いだという、ハイスクールの生徒の事例が報告されているのだ。[124]

ここで注意してほしいのは、文字に性格的特徴を結びつける行為は、記憶を助ける手段として意識的に行っているものではなく、共感覚者が自分ではほとんど制御できない、一種の極端なメンタライゼーション〔自分や他者の心の状態に思いをはせること〕によるものだということだ（ある女性は、なぜ文字に性別を結びつけるのに、性格を結びつけないのかと聞かれて、「そうですね——そこまでよく知らないからです」と答えている[125]）。彼らは独自のプロトコルやヒエラルキーを持つコミュニティの行動を観察する観客、もしくは、アルファベットの人類学者とでも呼ぶべき存在なのだ。共感覚者の心のなかでは、本のプロットとは無関係な、中味の濃い心理ドラマが展開している。ある人は、さまざまな文字に出会うことを「夕食会で人間観察をするようなもの」と表現した——しかも、夕食会と同じで、人間観察もなかなか時間通りには終わらない。[126]

共感覚が、感覚的な喜びを高める、記憶を呼び覚ます、といったさまざまな方法で読書をより豊かなものにできるとしても、文字がはっきりと擬人化されてしまうとテキストに集中することはほぼ不可能だ。一八九七年には、ある一九歳の学生が、単語の意味とはほとんど関係のない心理学的なプロファイルを連想するという事例が報告されている。この学生の場合、「bottle ボトル（瓶）」という単語が呼び起こしたイメージは、「背もたれのある小さなベンチに座り、テーブルを前にして笑っている大柄な女性。ただし、その光景のなかには瓶を連想させるものは存在しなかった」とのことだ。[127]なかには、単語の意味に忠実なイメージもあった。たとえば、「cat キャット（猫）」という単語は、猫が口をゆがめて笑っているようなイメージを思い起こさせた。その一方で、「shark シャーク（鮫）」が大きな馬を連想させるといった、単語の意味と矛盾するイメージを呼び起こす例もあった。この症例を報告したスイスの心理学者テオドール・フルールノイは、こういったイメージは、患者の読書の邪魔をすると指摘している——つまらない本の場合はなおさらだ。

ここまでの実例は、共感覚は頭のなかの劇場でひっそりと起こるものであり、傍観者や歴史家には理解できないという印象を与えるかもしれない。だが、聴覚と運動が結びついた珍しい異型は、人が単語に対して身体的にも反応することを示唆している——つまり、運動感覚としての共感覚だ。たとえば、名前に反応して自然に体が動いてしまうハンガリーのティーンエイジャーの実例はとくに印象に残る。彼は、ヨゼフという名前を聞くと蝶ネクタイを締める動作をした。ほかにも、カミソリでヒゲを剃る動作や、ハンカチを袖口に挟む動作、ピアノのペダルを足で踏む動作を促すそれぞれの名前があった。[128] このような共感覚を持つ読者は、どんな本を読んでも、ルネ・マグリットの絵画『従順な読者』に描かれた女性のような反応を示してしまう恐れがある。落ち着きのない様子で本を読んでいる人を見かけたら、この少年のことを思い出してほしい。

歴史家は、包括的な読書の歴史とでも呼べそうなものの編纂という、気が遠くなりそうな作業と向き合っている。本を構成する最小単位の文章でさえさまざまな意味を呼び起こすというのに、一冊の本の受け入れ方などという複雑なものを、どうすれば適切に記録することができるのだろう？　見た目はごく普通の読者が、「A」という文字から、緑色、冷たい感覚、不快な味をひとまとめに連想する多共感覚者かもしれないのだ。[129] とはいえ、最初はこのような反応が異質に思えたとしても、共感覚はほとんどの人が知覚している心的イメージの極端なバージョンをあらわしているにすぎない。したがって、知覚が解釈として機能する共感覚者の心のなかで何が起こっているのかを理解することは、すべての読み手の心のなかで何が起こっているのかをより深く理解するための指針となる。ダニエル・タメットが言語の美しさについて語る言葉は、多くの人々の共感を呼ぶはずだ。「本のなかのある文章を何度もくりかえし読むと、その言葉に感覚が揺さぶられる（『ぼくには数字が風景に見える』古屋美登里訳、講談社）。[130] 色付きの文字が見えなくても、私たちには彼が言おうとしていることが理解できる。

この章で取り上げた共感覚の症例は、歴史家や文芸評論家が、読字の歴史においてニューロダイバーシティが果たした役割を認め、それと同時に、現在そして未来の読み手に対する影響にも注意を払う必要があることを示唆するものだ。ニューロダイバージェントな読者たちの証言は、定型的な脳を持つニューロティピカルな読者が感知できる範囲を超えた読字体験のスケールの大きさを明らかにし、読字という行為の感覚的、認知的な複雑さに対する理解を深めてくれる。こういった証言から得られる教訓は、ほぼすべての点で似通っているふたりの読者が、同じ頁を根本的に異なる方法で――ひとりは白い背景に黒いインクの文字を、もうひとりは、きらめく色彩のコラージュを――目にしている可能性があるということだ。一世紀以上にわたる神経学的調査から得られた科学的根拠は、本を読むときに起こることについての基本的信念を考え直すように促している。あるいは、ウィトゲンシュタインに成り代わって問い直してみるのもいいかもしれない――「Aは何色ですか?」と。

第五章　幻覚

「私はベッドに横たわって、イタロ・ズヴェーヴォの本を読んでいた。なんとなく下を見ると、そこに彼らがいた。小さなピンク色の男と、ピンク色の雄牛で、背丈は六、七インチといったところだった」

——シリ・ハストヴェット

一八七九年、精神測定学者のフランシス・ゴルトンが、心的イメージの性質について情報を得ようと、質問票の送付を開始した。人は心の眼で何を見ているのか？——その疑問に対する数百人分の回答を集めて、対象を視覚化する人間の能力にかなりの違いがあることを統計的に裏づけようとしたのだ。最初の質問票には、読字に関する次の問いが含まれていた。「6．印刷された頁について——本の一節を思い出すとき、実際の印刷物がはっきりと見えますか？　頁のどのくらいの部分が心の眼に浮かび、そのまま見えつづけますか？」[1]　人によって思い浮かべる映像がいちじるしく異なることを、ゴルトンはすでに知っていた。だとしても、小説家のメアリー・エリザ・ハウェイズの回答は際立っていた。

印刷された単語には常に顔がついていた。明確な表情があり、ある顔を見るとある単語を思い出

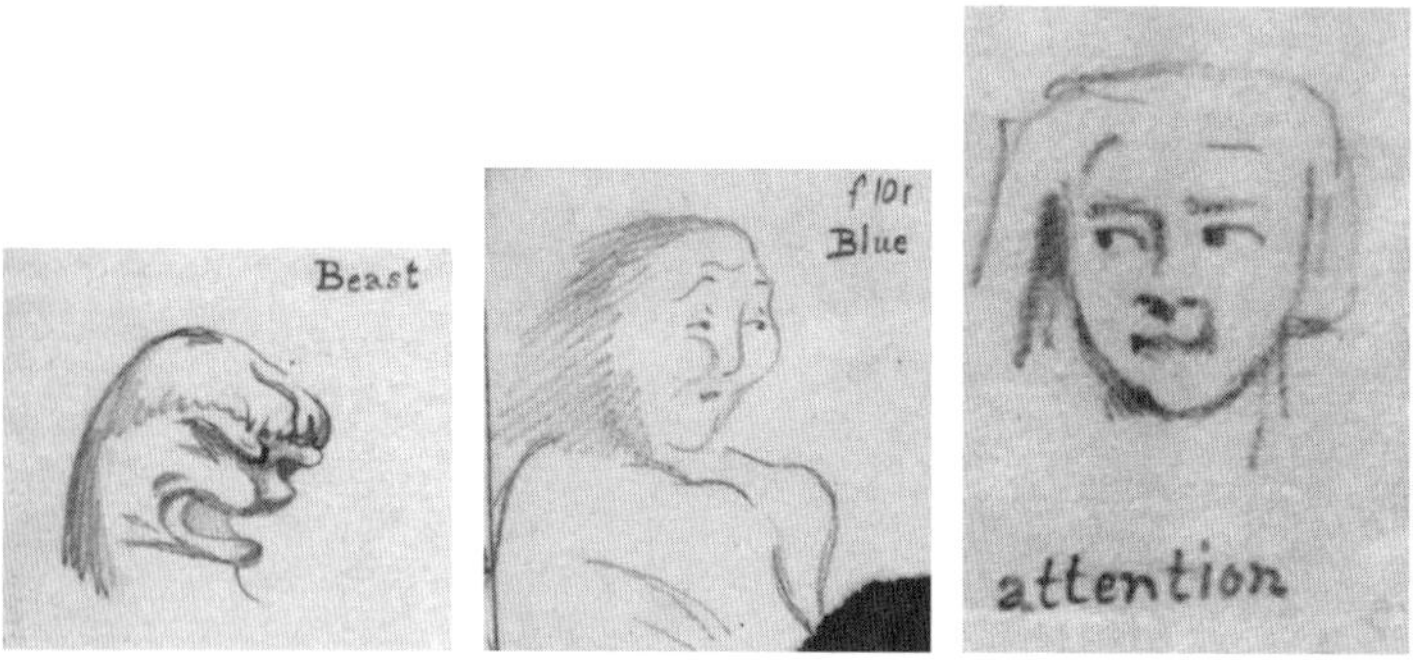

図6　メアリー・エリザ・ハウェイズによる、「ビースト」「ブルー」「アテンション」という単語に関連する心的イメージのスケッチ。

す、といった具合なのだ。そういった単語には、たまの偶然を除けば、何の関連性もなかった。ここに挙げるのはごく数例で、ばかげたものばかりだ。「Beast ビースト」という単語を考えると、ガーゴイルのような顔がついてくる。「Green グリーン」もガーゴイルの顔で、大きな歯が付け加わる。「Blue ブルー」は、目をパチパチさせてバカみたいな顔をして、右を向いてしまう。「Attention アテンション」は、両目が思いきり左を向いている。[2]

ハウェイズが絵にした単語（図版6）は、にわかには信じられないような共感覚と空想の混合物で、ほとんどが似たり寄ったりの（そして、間違いなくガーゴイルへの言及がない）回答のなかでは外れ値であることが判明した。ゴルトンはこの調査から、心的イメージは、イメージがほとんど欠如している状態――現在はアファンタジアとして知られる症状――から、あまりに途方もなくて幻覚として理解するしかないものまで、一連のつながりのなかに存在すると結論づけた。[3]

「幻覚」という用語は、個人の心の外には存在しない何かを、見たり、聞いたり、感じたりする経験を指す。「錯覚」が物体を誤解することを指すのに対し、「幻覚」はそもそも物体がない状況に適用される。精神分析医のウィリアム・ジェームズはこの体験に、そこにあるように見えて実は存在しない物体を感じること、という印象深い定義を与えた。[4] 幻覚は、単純な形（線、点、幾何学模様）から、複雑なもの（顔、物体、動物、風景）まで、見え方に幅がある。また、ほかの感覚様相でも幻覚は起こる――「声」が聞こえる人は誰でもそう言うはずだ。幻聴につきまとう悪いイメージは、幻覚は心の病に関連しているという昔からの世間の思いこみを示している。だが、この章では一貫して、幻覚は誰にでも起こるという立場を取っている。[5] それどころか、意識そのものを精巧に作り上げられた幻覚の一形態と考えることも可能なのだ。脳は現実感を構築するために周囲の世界から感覚データを収集し、たいていの場合、心のなかでの捉え方はほかの人々のそれと一致する。一致しないときに、それが幻覚と呼ばれるのだ。

読書と幻覚は、どちらにも、ほかの人には見えないものを見る行為が含まれている点で、気のあった仲間といえる。カナダの文芸評論家ノースロップ・フライも、同様の認識のもと、本の頁には「呼び起こされた幻覚のきらびやかな激しさ」があると考えている。[6] 読書をガイド付きの幻覚と考えることもできるだろう。[7] たとえば、読んでいる本の頁の上をピンク色の蜘蛛が這っているのが見えたら、それは幻覚とみなされるが、この文章を読んだ結果として見えたとなると話は変わってくる。[8] ピンク色の蜘蛛が見えるのは、次の一節を読んだあとに期待される結果とさえ言えるだろう。「ピンク色の蜘蛛のことを考えるな！」ほとんどの場合、幻覚と偽幻覚が近い関係にあることは、どちらにとっても都合がよい。問題が起こるのは、読み手にそのふたつの違いがわからないときだけだ。

この章では、読字と幻覚との密接な関係を探り、このふたつの心的イメージの形態を隔てる境界が、いかにたやすく――しかも、気づかないうちに――越えられるものなのかを示していく。これから見ていくように、読者のなかには、細部にこだわるクロース・リーディングを行ううちに、あまりにも緻密な読字の領域に絶えず踏みこみそうになっている人々がいる。心の病に冒されていると、その危険性がとくに高くなる。というのも、本を読みながら現実の世界と架空の世界をこっそりと行き来できるのだとしたら、心の病はそのふたつの世界を見分けにくくしてしまうからだ。古典小説は『ドン・キホーテ』から『ボヴァリー夫人』に至るまで、小説の世界と実生活を混同しないため、小説に没頭しすぎないようにと昔から警告してきた。言うでもなく、こうしたメタフィクションの物語は、本の表紙と裏表紙のあいだにきちんと収まっている――だからこそ仮想の現実を味わうという読書の魅力があるのだ。それに対して、ここで紹介するボヴァリズムの実例は、本の外にある現実とのつながりを失うことがいかに危険かを示している。ヴァージニア・ウルフの小説の主人公オーランドーに命じられたと信じこんで、フロリダ州オーランドー行の列車の切符を買った若い女性の人生に、ロマンスなど生まれはしない。[9]

読書と幻覚が交わる場所の探求によって、我々の関心は、なかなか理解できない読み手から、理解しすぎる読み手に向かっていく。第四章までは主に音韻化《デコーディング》、つまり、記号を意味ある情報に変換することに重点を置いてきたが、今あなたが読んでいるこの章で（読んでますよね？）強く主張するのは、誰もがロラン・バルトの言う「オーバーコーディング」、つまりテキストに意味を重ね合わせる潜在力を持つということだ。[10] この章に登場する読者たちは、ほかの人には感知できない、時には理解不能な意味を見つけ出す。物語のイメージを受け取るだけでなく、変えてしまうことにも心が強く働くのが、幻覚を伴う読書なのだ。そこには言葉の特異な認知（ハウェイズのガーゴイルのように）から、文字や単語、文章、本、さらにはほかの誰にも見えない別の読者が見えることまで、すべてが含まれる——この章ではそれを、「幻」を見る、と呼ぶことにする。

ビブリオトラウマ

一九世紀に実施された科学的調査によって、予想よりも多くの人々が幻を見ているという見解が導き出され、人々を落ち着かない気持ちにさせた。ゴルトンによる心的イメージの研究のおかげで、精神に異常のある人の幻覚から、正気の人が見る幻覚へと、関心の対象が移っていく。ゴルトンは『健全な人々のヴィジョン *The Visions of Sane Persons*』のなかで、精神疾患の病歴のない人々が見た幻覚イメージを列挙して、幻覚は考えられているよりも日常的なものだという自説を擁護した——その手のヴィジョンについて気軽に話せるかというと、必ずしもそうとはいえないのだが。[11] この研究に対する多くの反応が、ゴルトンの見解を裏付けることになった。たとえば、『セントジェームズ・ガゼット』紙は、光に照らされた顔や像、動物、風景、さらには本が描かれた「心の絵」を見たという人々の話をいくつか転載した。寄稿者のひとりは、書誌のイメージが目の前に出現するのを見たと説明している。「ふわふわした雲から巨大な本があらわれました。本は閉じてあり、二本の手がそれを持っていました。その手が本を開くと、あらわになった頁には手書きの奇妙な文字がびっしりと並んでいました。やがて本は消えてしまいました」[12] 幻覚を見るのは精神医学の助けを必要とする人々だけではないということが、明らかになりつつあった。誰でも目にする可能性があったのだ。

現代における幻覚の解釈は、一八三〇年代、精神医学の出現とともに表舞台に登場したものだ。フランスの医師ジャン＝エティエンヌ・ドミニク・エスキロールが、幻覚の概念の意味を明確にし、錯覚や夢といった類似の精神状態と区別することによって、未来の医学研究のための土台を築いた。とくにエスキロールは、幻覚をはじめて精神疾患――あるいは、当時はまだ「狂気」として知られていたもの――の症状とみなした人々のひとりだった。[13]「レクチュール・ドゥ・ロマン」（「小説を読むこと」）は、エスキロールが作成した精神障害を引き起こす行為のリストの上位にランクされていた。本は脳を過度に興奮させると考えられていたからだ。[14] 読者諸氏も要注意。エスキロールの訓話のなかには、罪人の死刑執行について読んだだけで、どこに行っても血まみれの頭の幽霊が見えるようになった女性が、ついには自殺に追いこまれたという話もあった。[15]

エスキロールの後継者たちのあいだでも、読書を無害なものと考えるべきか、それとも幻覚の原因となる病的なものと考えるべきかで、意見の一致はほとんど見られていなかった。フランスのソシエテ・メディコ＝サイコロジークの会員の一般的な見解では、幻覚は病理学的なものとされていた。[16] しかし、アンクサンドル・ブリエール・ド・ボワモンが、精神障害のある人もない人も同じように幻覚を見る可能性があると主張して、それまでの統一見解をくつがえす。ブリエール・ド・ボワモンは急先鋒の評論家として注目を浴びており、幻覚のイメージを売りにしていた歴史的人物――ゲーテやバルザックといった作家たちもいた――を過去にさかのぼって診断する行為に警告を発した。書くことと「狂気」の関係が完全に記録されていたら、同じように強いつながりがある、読むことと「狂気」との関係には、それほど関心が寄せられなかっただろう。[17] ブリエール・ド・ボワモンの『幻覚について *Des Hallucinations*』（一八四五年）に記録された、幻覚を伴う読書のエピソードは、ふたつの種類に分けることができる。幽霊本と、本にまつわる幽霊だ。前者では、実在しない本の目撃譚が取り上げられている。たとえば、ある若いエンジニアが語っているのは、『ソローニャ平原に運河を通すプロジェクト』というタイトルの冊子を読んでいたら、それが突然、目の前から消えてしまったという話――結局その冊子は彼の想像のなかに存在していただけだったのだ。[18] もうひとつのタイプの幻覚イメージは、実在の本に対応して生じるものだ。従って、ガーディナー大佐の信仰の転向が起こったのは、トーマス・ワトソンの小冊子『キリスト教徒の兵士、あるいは嵐に奪われた天国 *The Christian Soldier, or Heaven Taken by Storm*』をパラパラとめくっていたときのことだった。

［ガーディナーが］片手に本を持っていると、神がヴィジョンを与えてくださり、それが最高に幸福でもっとも重要な結果を生みだした。彼は本の上に特別な光が射すことに気づいた。最初はランプの光だと思ったが、目を上げると、驚いたことに、十字架上に我らの主イエス・キリストがおられ、光に包まれていた。それと同時に、声がこう言った。「おお、罪びとよ！　汝の罪のためにわたしがどうなったかを見よ！」[19]

こういった記述に神の啓示が行き渡っていることからも、本を読んでいるときの心が、現実と非現実の境界を曖昧にするイメージにとくに感化されやすいことがうかがえる。実際、書物と宗教的なヴィジョンとの結びつきは、一九世紀の医学論文において主要なテーマとなっている。イギリスの精神科医フォーブス・ウィンスローの著書『脳と心の原因不明の病　*Obscure Diseases of the Brain and Mind*』（ブリエール・ド・ボワモンに捧げた作品）では、教区民に向かって『聖書』を朗読するたびに、冒瀆的で淫らな考えが頭に浮かんでくるという牧師の事例が紹介されている。[20]

本は幻覚を育むだけでなく、それを打ち消すこともできると考えられていた。そのため、一九世紀以降は、精神科病院で行われる治療において重要な役割を果たしてきた。欧米全土で心の健康に対する姿勢が変化するにつれ、徐々に人間味ある治療計画が取り入れられるようになり、その多くにおいて、読書は精神の健康が優れない人々の幸せに役立つと考えられた——現在では読書療法と呼ばれている取り組みだ。[21] アメリカで小説を読むことの効能をいち早く提唱した医師のひとりが、ベンジャミン・ラッシュだ。読書は病的な関心事から気を逸らして心の働きを調整する助けとなる、というのがラッシュの持論だった。そのため、ラッシュはすべての精神科病院に対して、患者に朗読を聞かせたり、逆に患者が読むのを聞いたりする人員を配置するよう促した。[22] 一八四四年には、イギリスの狂気法委員会が同様の理論に基づく報告書を作成して、「すべての精神科病院に図書室を備えるべし」と勧告している。[23] そのような背景があったので、王立ベスレム病院のある患者は、本を持っている姿を写すという条件で、自分の写真を撮ることに同意した——その本が逆さまかどうかは気にせずに（図7）。[24] とはいえ、本そのものには何のリスクもないと考えられていたわけではなかった。一八五三年には、『精神障害者の読書、気晴らし、娯楽について』と題された影響力のある報告書に、

図7　王立ベスレム病院にて、本を手にする患者。
『Medical Times and Gazette』誌に 1858 年に掲載。

患者たちが精神病による妄想を実現させるために利用するのではないかと危惧していたのだ。[25] さえも、精神科病院の監督者たちの懸念が引用されている。彼らは、小説や新聞はもちろん『聖書』さえも、患者たちが精神病による妄想を実現させるために利用するのではないかと危惧していたのだ。

読書療法には、幻覚の影響を受けやすい読み手を読書地獄に陥れる危険もあった。一八六〇年には、ジェームズ・フレイムがグラスゴー・ロイヤル精神科病院での生活を綴った体験談によって、心を病んだ患者にとって読書が苦痛を伴う作業になり得ることが裏付けられた。「心がひどく乱れていると きに落ち着いて本を読める者などいない」とフレイムは書いている。[26] フレイムによると、文章は躁状態にある患者に隠された意味を伝え、その影響を受けた狂信者は、「子ども向けのトイ・ブックを一行読むたびに、そこに書き込まれた神の呪いを見つけてしまうのだ」[27] フレイムは自身の精神病がもっとも重かったころに、腹のなかに悪霊が住んでいると思い込んでいた。回想録によると、その悪霊が、のちに『地獄に落ちた者の聖書』と判明する書物を無理矢理読んで聞かせたという。「その言葉は、私の脳に雹のように冷たく降り注いだかと思うと、燃えさかる炎の流れのように押し寄せてくるのだった」[28] 想像上の本でも、その読者に極めて現実的な影響を及ぼす可能性があるということだ。

幻を見ると、あっという間に読んでいた頁を見失ってしまう――これも、病的な形態のリーダーズ・ブロックだ。一九世紀の医学文献には、本に集中する能力を妨げる幻視の例が数多く記録されている。こうした幻は、強烈さも影響力もさまざまだ。軽度の症例では、スコットランドの精神病院で暮らしていた女性が、本を読むたびに手にした本が光の輪に囲まれるのを目にしていたという報告がある。[29] 重度の例としては、ロシアの医師ヴィクター・カンディンスキーが、耳鳴りに襲われ、同時に火花や星、動く光の輪に目をふさがれたというのに、なんとか読書を再開した。彼はこうした妨害にも関わらず、なんとか読書を再開した。

最初のうちは、幻聴に邪魔をされ、幻視が本と眼のあいだに割りこんでくるので、読むことが困難だったが、そのうち、幻覚を気にかけずに読書をつづけられるようになった。[30]

精神病を発症しそうになっている読み手にとって、読書は、競合相手となる一連の幻覚を新たに見せてくれるものにすぎなかったのだ。

この種の奇怪なイメージを踏まえると、世紀末に向かうにつれて、多くの研究者が幻覚は精神病ではなく超自然の働きに起因すると考えるようになった経緯を理解しやすくなる。[31] 心霊現象研究協会（ウィリアム・ジェイムズもその会員だった）の創設者たちが、幻影、幽霊、亡霊（当時は多くの人が霊的境界の存在を信じていた）について調査をはじめたとき、読書をする場面は、目撃証言のなかで、異世界――想像上のものではなく実在のもの――への入口として重要な位置を占めていた。協会が記録する超常的な体験の多くは、幻覚が、悲しみや疲労、ストレス、心的外傷、社会的孤立、感覚遮断、あるいはよくある単純な眠気から生じるという、合理主義者の理解に一致することになる。とはいえ、今は亡き愛する人から悪魔まで、科学的に説明がつきそうな異世界の存在のヴィジョンは、超自然の存在を信じる多くの人の気持ちをかえって強めることになった。

心霊現象研究協会が一八八二年に設立されると、実験心理学者のエドマンド・ガーニーとその同僚たちは、幻覚についての証言を集めはじめ、『生者の幻影 *Phantasms of the Living*』と題して、人が亡くなる瞬間にその亡霊を見たと主張する五千人以上の証言に基づく事例集を作った。こうした証言のなかで読書が広まっていたことは、少なくとも、想像の世界に浸ることが、読者にまったく違う秩序のイメージを植えつける役割を果たしたことを示唆している。亡くなった両親や配偶者、きょうだい、親戚、クラスメート、ペットまでもが、読み手が本の頁から顔を上げると目の前にあらわれるのだ。ひとつ例を挙げると、ケイト・ボーランドは、かつての知りあいですでに亡くなった兵士の亡霊を見たという。

明るく陽の降り注ぐ午後、居間で寝そべって、『キングズリーの雑文集』の白亜川の章を読んでいると、不意に誰かが私と話そうとして待っているのを感じた。本から顔を上げると、肘掛け椅子の横に男性がひとり立っていた。二メートルほどしか離れていない。とても熱心に私を見つめていて、その目は特別に真剣な色を帯びていたが、私が近づいて話しかけようとすると、彼は消えてしまった。[32]

架空の人物の存在を想像することと、実在の人物（生死を問わず）の存在を感じることとはまったく別のものだ。いずれの訪問者も、ほかの誰かにわかる手がかりや証拠を残すことなく、いずれは姿を消してしまう――そういう点でも、本のなかに出てくる架空の登場人物を思わせる。

本を読むことと幻覚を見ること――このふたつの線引きはどこでするべきなのだろう？　当時の科学的な調査では、ある種の心的イメージが別の形に変わる危険性が指摘されている。心霊現象研究協会が委託して、超常的な遭遇についての追跡調査として行われた「幻覚調査　*The Census of Halluci-*

nations」（一八九四年）には、「read 読む」と「dread 恐れる」という単語の近接性を示す証言が数多く集められている。ある若い男性が語った次の事件について、よく考えてみてほしい。この男性の一番古い記憶は、表紙に恐ろしい動物の絵が描かれた童話の本だった。彼は、「この動物のことを、私はとても恐れていました」と述懐している。「ある日ひとりで部屋に入っていくと、その動物が（だいたい絵の大きさのままで）カーペットの上に立っている姿が目に飛び込んできたんです」[33] 少年が二度とその部屋に入ろうとしなかったことが、現実とフィクションを隔てる何らかの境界線を超えてしまったことの証だろう。もっと一般的な幻覚としては、ほかの人間の存在を感じ取ったり、精神分析医が「フェルト・プレゼンス」（感知された存在）と呼ぶものを感じたりすることが報告されている。たとえば「ミスター・H」は、ある晩遅く、キケローの『老年について』を読んでいるときに、肩の上からのぞきこんでくる女性の存在を感じ取った。それ以降、この亡霊はしょっちゅう彼の肩越しに読むようになったが、とうとう耐えきれなくなったミスター・Hは、ある晩、「ああ、もう行ってくれーっ！」と怒鳴りつけたそうだ。[34]

心霊現象研究協会によって記録されたエピソードは、現実と架空の世界のあいだの明確な線引きがいかにむずかしいものであるかを物語っている。さらには、こうしたイメージの多くが、超自然の領域からではなく、人の心そのものから生まれているという認識の高まりを示すものでもあった。本のなかにある言葉を読むことが、通常は知性の高さを示すものとみなされたのに対し、本の外にある言葉を読むことは、ある程度の認知機能障害を示唆していた。それがわかっていたからこそ、ロバート・ウィルソン牧師は、至るところに文章が見えはじめたときに何かがおかしいと気づいたのだった。

ある日、かなり時間をかけて村の教会の墓地を見回ったあと、そこを去ろうとすると、なんとも恐ろしく仰天したことに、どこに目を向けても碑銘しか見つけられなくなった。道端のごみが、どういうわけか文字を形づくっているように見えた。砕石舗装した道路にも、哀悼と悲嘆と苦悩がびっしりと書かれているように見えた。道の両側にある石の溝に視線を向けても、脳の微妙な化学反応なのか、風雨による変色やひび割れが、形を変えて言葉を作るだけだった。私にはそれがはっきりと読み取れ、ついさっきまで墓地で読んでいたのと同じ類のものであることがわかった。[35]

ウィルソンの幽霊碑銘は、このあと取り上げるテキスト幻覚の内容を少しばかり先取りしたものだ。だが今の時点では、一見、超自然に思われるこうしたヴィジョンが、すでに脳に起因するものと考えられていたことに着目してもらえれば充分だ。認知文芸批評が、物語が心的イメージを生成するメカニズムの特定において飛躍的な進歩を遂げてきたとしても、この分野では依然としてテキストそのものと、あったとしても、ごくわずかな関わりしか持っていない状態なので、この実例のような非典型的な事例と向き合わなくてはならない。

壁に書かれた文字

幻覚の影響を受けやすいのは誰でも同じだ。違いがあるとしたら、しかるべき時に、しかるべき状況で、それを見る人がいるということだろう。心の病が原因でテキストが歪んで見えるという事例に驚きはないかもしれないが、健康な読者の体験については、特異な心的イメージ（ゴルトンのアファンタジアや共感覚者を思い返してほしい）が広く行き渡っていることに気づいている人はほとんどいない。次の項では、狂気と連携するテキスト幻覚から、社会的に許容される範囲内のものとして容認されている幻覚へと、軸足を移していく。これから紹介する幻覚的読書の実例は、人生の三つの領域――神、夢、薬物――に関わるもので、そこでは、別の状況ならほぼ間違いなく病的なものとみなされる幻や声に人々が熱中する。こういった事例は、現実の世界と読書の世界を隔てる境界がいかにたやすく越えられるものであるかを、わかりやすく説明してくれている。

　最初に神の言葉を取り上げるが、そもそも、キリスト教の聖典に出てくる超自然的な出来事は、その伝統からはずれた場所ではほとんど信じられていないはずだ。『聖書』のなかでもっとも記憶に残る神の顕現のなかに、バビロニアのベルシャツァル王が開いた大宴会で出現した、壁に書かれた文字がある。『ダニエル書』によると、客人たちが見つめるなか、肉体から分離した手が王宮の壁に、アラム語の光る文字で「メネ、メネ、テケル、パルシン」と書いた（図8）。[36]王国の誰もがこの言葉を目にする。だが、ダニエル以外の人間にはそれが読めず、ダニエルは、王の差し迫った破滅を予告する神のメッセージを正しく読みとる。もちろんその意味は、逐語的であると同じくらい隠喩的でもある。というのもこの警告は、最終的に神に答える人すべてに向けられたものだからだ。「壁に書かれた文字のようだ」とジョナサン・スウィフトが印象的に表現したとおりなのだ。[37]しかし、

図8 レンブラント作「ベルシャツァ王の宴」（1635-1638年）に描かれた、壁に書かれた文字

宗教的な伝統の外では、どこかから聞こえてくる声や、正体不明の発信元からの暗号化されたメッセージ——たとえて言うなら、壁に書かれた文字——を読み解く能力は、叡智ではなく心の病（次の項で見るように、たいていは統合失調症）を示している。

謎めいたメッセージは、幻視体験が自分の心ではなく神の恩寵に由来すると信じる聖人の人生においても重要な役割を果たす。宗教的な伝統では、声を聞くことは病的なことではなくきわめて貴重な体験とされることが多い。聖アウグスティヌスのキリスト教への改宗は、文学史上もっとも有名な幻聴のおかげだと考えられている。精神的な危機の真っただ中にあったとき、ある声が彼に「トレ、レゲ(取って読め)」と告げる。[38] 神のこの命令がアウグスティヌスを聖書の一節に導き、人生を神に捧げる決意をさせたのだ。声を聞くというのは、ほかのたいていの状況なら現実を見失ったしるしとされるが、アウグスティヌスはそのようにみなされることもなく、この啓示は後世の読者たちのあいだで、神性との直接の交わりと認められている。

前世紀までの幻視体験では、読書が直接関わっているとされていた。中世の時代、さまざまな形態の敬虔な読書によって、異世界のヴィジョンを育むことが奨励された。そういったヴィジョンは、神の存在の顕現に敏感に反応するように信者を導く、祈りや瞑想、精神修養といった背景から生まれるものだった。[39] 一二世紀以降、聖職者たちは『イエス・キリストの生涯に関する瞑想録』をはじめとする一連のテキストを製作している。読者がイエスの生涯を視覚化する助けになるように意図されたもので、幻覚と見紛うような鮮やかな色が使われた。とはいえ、男子修道院や女子修道院、その他の祈りの場の至る所に配布された神聖な写本からあまたのヴィジョンが出現したとしても、神との親密さが最高の段階に到達すれば、もう文字を読みつづけることはできなくなる。アヴィラの聖テレジアが、恍惚としたトランス状態に入ったあとの様子を詳しく説明している。「文字は確かに見えますが、理解はなんの助けにもならないため、いくら真剣に試みても、読むことがまったくできなくなってしまうのです」[40] 神の豊かさに包まれれば、それを伝える手段そのものすら不要になるのだ。

もちろん、神の訪問を過去の話として片づけるわけにはいかない。人類学者のタニヤ・ラーマンの著書『神が言葉を返す時――神とアメリカ人の福音主義的な関係を理解する　*When God Talks Back: Understanding the American Evangelical Relationship with God*』は、現代生活への神の介入について、数多くの証言を引き出している。こうした神のあらわれは実に幅広く、『聖書』を通して神が語るという広く共有されている感覚もあるが、極端な例になると、人の額に言葉が見えて何のために祈るかを指示してくるという男性もいた。アメリカの福音主義の聖書研究会は、参加者に神の声を聞くよう勧めている。ラーマンのインタビューを受けた高校生のひとりは、まるで言葉が次々と変わっていくだけのことだと言わんばかりに、神の声を聞くことを「頁に書かれた言葉を思い出すようなもの」となぞらえた。[41] ラーマンが取り上げたほかの対象者は、高いところからの声をじかに聞いた。ある女性は、「ジェームズを読め」と神に命じられてから、夜明け前に目覚めて『聖書』の勉強をするようになった（私なら小説家を思い出すところだが、彼女は欽定訳聖書を意味すると解釈したのだ）。[42] 実のところ、ラーマン自身も、自分の研究のために記録していたヴィジョンに影響されたことを否定しない。ある時、夜更かししてアーサー王について読んだあと、目覚めると窓の外に六人のドルイド僧が立っていて、仲間に加われと手招きしていた。彼女がベッドから出たときには、僧たちはもう消えてしまっていた。[43]

夢は、読み手にとって現実と幻覚を区別するのがむずかしい、別の領域を表している。昼間の世界と夢の世界を混同することは、心の病を患った経験がない人でも驚くほどよくあることなのだ。この章の冒頭で言及したゴルトンによる心的イメージの調査によると、予想外に多くの人々が、眠りにつく直前のまどろみの状態のときにイメージを見ているという。[44] 入眠時のイメージの度合いは、ぼんやりした万華鏡の模様から、本格的な視覚による幻覚（顔や花、動物や天使）、聴覚による幻覚（声や鐘の音、音楽）まで、さまざまだ。[45] 遅くとも一九世紀には、作家たちがこうした半覚醒状態の閾《いき》値《ち》で目にした奇妙な光景を書き残そうとするようになった。たとえばウラジーミル・ナボコフは、知らぬ間に眠りに落ちかけていたとき、鼻孔や耳が大きい、赤ら顔のこびとが訪ねてきたことを、印象的に描写している。[46] 同じように、ほかの作家たちの創造的な作品にも、風変わりなイメージが直接入りこんでいる。イーニッド・ブライトン、チャールズ・ディケンズ、ロバート・フロスト、ヨハン・ヴォルフガング・フォン・ゲーテ、ナサニエル・ホーソーン、フランツ・カフカ、エドガー・アラン・ポー、マルセル・プルースト、メアリー・シェリー、ロバート・ルイス・スティーヴンソン、レフ・トルストイ、そしてマーク・トウェイン。いずれの作家たちも、入眠状態を執筆の材料として生かしている。[47]

読者のほうでもこのような幻覚を感受しやすいことがわかっている。入眠時のヴィジョンは、眠りに落ちる前に行われた活動に影響されるので、このようなイメージは就寝前の読書によっていっそうあらわれやすくなるだろう。ある研究によると、ベッドで読書をする人は、ほかの人々より就寝前幻覚を体験しやすい――読書そのものの幻覚まで含まれている。[48] たとえば、歴史家のロバート・チャールズ・ゼーナーは、意識を失うまえに本を読んでいたように感じたという。「印刷した文字がはっきりと見え、単語も見分けられたが、その単語が何か特別な意味をもつようには見えなかった」[49] もちろん、重要かどうかは見る人しだいだ。シュルレアリスム運動も、元をたどれば、アンドレ・ブルトンがうたた寝していたときにちらっと目にした、意味があるとは思えない文章（「男が窓で半分に切られている」）に由来しているのだから。[50] 架空の文章は依然として、目覚めているときの暮らしにきわめて現実的なインパクトを与える可能性がある――誰かがそれを読めるとすればの話だが。

夢判断の例としてもっとも有名な（論争の的でもある）ものは、サミュエル・テイラー・コールリッジの書いた『クーブラ・カーン』という詩で、これには「夢のなかのヴィジョン」という副題がついている。この詩はアヘンを吸ったときの夢の産物とされているが、詳細はあまりに漠然としており、逸話の起源の正確さは確かめられないうえに、詩が披露されるのを見ていたときにコールリッジが眠っていたのかさえわからない。いずれにしても、一七九七年のとある日に、散歩をしていた詩人は休憩するためサマセットの農家に立ち寄った。一説によると、詩のスタンザが、アヘンの吸引によってもたらされた「一種の空想のように」、コールリッジの目の前に浮かびあがったという。[51] それとは別に、詩人が紀行文集を読みながら眠りに落ち、文学史上もっとも創造性に富む夢のひとつを見ているあいだに、その本から三〇〇もの詩の行が溢れ出したという説もある。散歩を終えたコールリッジは、そのうちの五四行をどうにか書き留めたが、伝えられるところによれば、そこで匿名の訪問者に邪魔をされ、それ以来この人物は詩が不完全であることを責められつづけたということだ。

疑い深い人々は、コールリッジの言い訳には矛盾点が山ほどあると指摘し、そもそも本当に詩の夢を見たのかと疑問を投げかけてさえいる。[52] 説明としてもっとも説得力があるのは、夢が提供したのは出来上がった詩ではなく詩の材料だった、あるいは、入眠時とよく似た半覚醒状態で一行一行を書いた、というものだ。だが、「見る人」としてのコールリッジの評判は今も損なわれていない。彼が少なくとも一度は詩を夢想したことに異論を唱える者はいないからだ。「長らくここに眠る、哀れなコールリッジよ」とはじまる彼の短い詩は、芸術的に見るところはないとしても、その出所はいくら調べられても問題ない。[53] 当然のことながら、本当に夢から生まれた詩は、そうではない偽の詩に比べて、記憶に残らないものなのだ。

夢を読むことができるなら、夢のなかで本を読むことはできるのだろうか？　多くの人にとって、その答えはノーだ。精神科医のアーネスト・ハルトマンによる研究論文「人は三つのRの夢を見ない」では、二〇〇名以上が参加した調査から、文字を読む行為は夢のなかではめったに起こらないと結論づけた。おそらくは、少なくとも進化論の観点から見れば、識字が最近になって獲得されたスキルであることが理由であり、言語のプロセスを司る脳の領域が睡眠中は停止していることも理由に挙げられるかもしれない。ハーマンが述べているように、夢のなかで文字を読んでいたと報告した研究者たちも、実際に読んだ単語や文字を明らかにすることはできなかった。ある論文の著者は、夢のなかで何かを読んでいる気がしたのに、紙が真っ白なことがわかったと回想している。[54]リーダーズ・ブロックは、あなたが夢のなかにいることを教えてくれる鍵にさえなるのかもしれない。

夢のなかの情景を読字とは無縁の地帯と考えることは、直観に反しているように思えるかもしれない。私が話をした大勢の人々は、本能的なレベルで、夢の中で字を読んでいたと確信しており、彼らが読字そのものではなくても、読字の感覚を体験していたというのは確かにありそうなことに思える。というのも、夢の世界のテキストを詳しく調べてみると、たいていはわけのわからないものだと判明するからだ。夢のなかのテキストは象形文字と比較されることが多い――こうした暗号を解く鍵はないので、誤解を招く恐れがある。オカルト信仰者のオリヴァー・フォックスは、この、夢の形態としてのリーダーズ・ブロックを認識する人々のひとりだった。「印刷の文字は充分はっきり見えるが、それも読もうとするまでのこと。やがて文字がぼやけてきたり、混ざったり、消えていったり、ほかのものに変わったりする」[55] 夢の中の人が見るのは、本というよりむしろ、その象徴なのだ。

しかし、作家というものは、夢に関する通常のルールに当てはまらない。一般の人より言語について考えている人種は、夢のなかで普通よりも長い文章を読むと言われている。また、作家は言語性幻覚のあらわれに気づきやすい傾向もある。なかでも詩人はとくに、夢に出てきた言葉の断片を高く評価しがちだ。見たところ無意味で、文法にも文脈にも縛られない、暗号のような文字列にすぎず、ほかの人ならばかげていると無視するところだろう。文芸評論家なら誰でも知っているように、誰かのゴミは別の詩人の宝となるのだ。

エドマンド・ゴスの一九〇七年の著作『父と子——二つの気質の考察』(川西進訳、ミネルヴァ書房)に出てくる夢には、ひとつの言葉がつきまとう。自分の受けた厳しい宗教教育についての回想録のなかで、ゴスは不思議な力によって、到達できない終点に向かって駆り立てられる夢をくりかえし見たことを語っている。「はるか遠く、大きな光り輝く渦巻きの脈動のなかに、そのゴールが見えた。ルビー色の点が満ち欠けし、そこにカーマイン(洋紅色)という単語が掲げられ、というより正確にはゴールがその文字でできていた」[56] そのメッセージの簡潔さと含みは、いかにも夢にありがちなものだ。ゴスの場合、意味が生じるのは、この特定の言葉からというより、その言葉が著者にとって持つ心理的な連想のほうからだった。話のなかでのちに明らかになるように、カーマインとは高価な深紅色の絵の具の名前で、ゴスは父親からそれを使うことを禁じられていた——贅沢な、つまり、それゆえに宗教的な禁欲主義よりも快楽主義を重んじるという、禁じられた生き方の象徴だった。野心あふれる作家にとって、睡眠中に目にした言葉は、覚醒を意味していたのだ。

一方、ロバート・ルイス・スティーヴンソンが夢のなかで出会ったのは、単なる言葉ではなく、ひとつの物語だった。スティーヴンソンは学生として二重生活を送っていた。その生活は、目覚めているときの世界と、奇妙な夢の世界に分かれていて、夢の世界では読書をして過ごすことが多かった。こうした幻覚のなかの物語は、ジョージ・ペイン・レインスフォード・ジェームズの歴史小説に表向きは似ているものの、生身の作家が無意識下で読んだ物語と張り合えるわけもない。スティーヴンソンが「夢についての章」のなかで明らかにしているように、彼が睡眠中に読んだ物語は、「どんな書物よりも、信じられないほど生き生きとして感動的だったので、それからずっと、文学に不満を抱きつづけた」[57] スティーヴンソンにとって、想像上の本は常に現実の本より優れていたのだ。キーツの名言「耳に聞こえるメロディーは美しい。だが、聞こえないメロディーはさらに美しい」を借りて、言わせてもらおう。「読めない物語はさらに美しい」と。

すべての作家が読書にまつわる夢から恩恵を受けられるわけではない。こうしたヴィジョンはいともたやすく悪夢に変わることがあるからだ。アメリカ人ジャーナリスト、フィッツ・ヒュー・ラドローは、ドラッグの使用をやめたあと、耐えがたいほどの悪夢に苦しめられた。薬物離脱の際によく見られる副作用だ。著書『ハシーシュ・イーター』(本の扉に『クーブラ・カーン』の詩が転載されている)のなかで、ラドローが明らかにしているのは、ランプの灯を吹き消す前に目にしたものが、夢のなかに染み渡ってしまうということだった。

横になる直前に本を閉じただろうか?――最後に読んだ文章が、まるで巻物にでも書かれたようにはっきりと暗闇に印刷されていた。そして私は夜半までそれを読みつづけ、ついには気がおかしくなってきた。[58]

「立ち去れ、汝ら、呪われし者どもよ！」（『マタイによる福音書』25章41節）という心を苛む言葉が、一晩じゅう彼を眠らせなかった。

読書にまつわる悪夢のようなヴィジョンのせいで、こうした不穏な感覚から本を切り離して考えることがむずかしくなった。ブリエール・ド・ボワモンがインタビューしたアヘン常用者は、ドラッグが夢に与える影響に言及している。「脳のなかで劇場が突然オープンしたようでした」[59] こうした悪夢のなかでもっとも恐ろしいのは、死体――腐敗のイメージはアヘン乱用者の夢によく見られた――が部屋に入ってきて、抱きしめてくることだったという。「また別のときには」と、この患者は振り返った。「肩にもたれかかってきて、私が手に持っている本を読むんです。おぞましい顎ひげが私の喉や頬をこするのを感じました」[60] 見知らぬ人間が肩越しに本をのぞいてくるのはいささか不快という程度だが、相手が死体となったら、それはまさに目覚めることのできない悪夢だった。

作家の夢にアヘンが大きく関わっていることから、普段は正気の人々が幻覚を見るのには、第三の誘因があることが示唆される。幻覚剤だ。麻薬は、神と交信するか眠りに落ちるかしてあとは成り行き任せだったヴィジョンを、化学的に誘発する手段を与えるものだ。酒や麻薬の影響下での読書（RUI）は、もちろんある種のドラッグを用いた方が簡単になる。アルコールは必然的にリーダーズ・ブロックをもたらす。とはいえ、イラク戦争の退役兵であるケヴィン・パワーズは、本が自分の命を救い、ビールが本の邪魔をした、と語っている。彼の記憶では、酔っぱらうと「何かを読もうとしてもばかみたいな動きになり、しまいには震える手で本を斜めに持ち、片目を細め、もう一方の目をつぶって眺める始末だった」[61] 読書をするのは、しらふの時と、最終的にはリハビリの時だった。アルコール依存者更生会の基本テキスト『ビッグブック』は、冷静な状態を前提としていたからだ。[62] なんとか読むことができる程度の強さの薬を服用すると、アルファベットの音韻化《デコーディング》ができなくなってしまう。音楽評論家のティム・ペイジが、ＬＳＤを摂取したあとで身をもって学んだことだ。

だが今は、雑誌の頁の活字がこっちに飛び出してきてでたらめな単語になり、震えたりイタリック体になったりした。そして突然、赤い炎の落書きが、タイムズ・スクエアの電光看板のように壁を駆けめぐった。[63]

向精神薬はコードそのものを主役に変えてしまう。デコーディングなしのリコーディング――つまり、再コード化が行われている状態だ。

それでも読書は、過去一世紀に集められた幻覚体験の報告のなかで大きな意味をもっている。その最たる例は、先住民の人々によって数千年前から使われてきたメスカリンかもしれない。一九一九年に実験室で合成されるようになって以来、精神分析医や芸術家、精神的な悟りを求める人々によって追い求められてきた。意識の代替状態を呼び起こす力を持つという評判があるからだ。こうした実験から、メスカリンに誘発されたヴィジョンの体験談が何百件も残されている。[64] 世紀の変わり目にメスカリンを使って実験をした知識人たちは、本性に忠実に、自分の日課は向精神薬になど影響を受けないとでもいうように、読書をつづけながらそれを行った。色がより鮮やかに見えるというのが、印刷物に注目して自己実験を行った人々が指摘した劇的効果のひとつだった。医師のサイラス・ウィアー・ミッチェルとハヴロック・エリスは、どちらも頁に紫色のもやがかかることに気づいた――第四章でクロマティック・リーディングと呼んだ、化学的に誘発された変化だ。エリスはこう記している。「薄紫色の影が頁の上や点のまわりに漂い、私の目はそこに釘付けになった」[65]（エリスは自作のエッセイに『メスカリン――新たな人工楽園』とタイトルをつけた。これはシャルル・ボードレールが自身のハシシ体験をつづった『人工楽園』にちなんだものだ）。しかし、彼らと同時代の人々は、もっと穏やかならぬ反応を示した。薬理学者のアーサー・ヘフターは、強烈な色彩のヴィジョンを生じさせる化学成分を特定しようとして、メスカリンを摂取した。ヘフターが読もうとすると、他の自己実験者も体験したとおり、緑色と紫色の斑点が紙面に広がって、同時にひどい吐き気にも見舞われた。目の前の文章が悪文だったことだけが原因ではない。[66]

一九五四年にオルダス・ハクスリーの『知覚の扉』が出版されたおかげで、メスカリンが個人だけでなく社会全体にも変革を起こす可能性をはらんでいることが世に広まった。ハクスリーが幻覚剤についての哲学的な熟考を発表したとき、向精神薬は生物医学の研究者のあいだで（もちろん芸術家やボヘミアン、スリルを求める人々にとっても）、盛んに研究が行われている分野だった。ハクスリーが気づいた初期症状のひとつは、書斎の壁に並ぶ本が、うっとりするほど鮮やかな色に光っていることだった。

ルビーのように赤い本。エメラルド色の本。白翡翠で飾られた本。瑪瑙の本。アクアマリンの本。イエロートパーズの本。ラピスラズリの本はあまりにも色が濃く、本質的な意味を秘めており、今にも棚から抜け出し、出しゃばってきて、もっとしつこくこちらの気を引こうとするかのように見えた。（河村錠一郎訳、平凡社）[67]

残念なことに、本の装丁にここまで気をとられている分だけ、内容のほうは犠牲にされている――この薬物使用者は、本を表紙で判断しているにも等しいのだ。

自己実験者のなかでどうにか本を開いた人々も、そこからさらに先へ進むことはめったになかった。少なくともそのひとりは、能力を阻害する薬物の影響で、読み方を忘れてしまったようだった。カンザス州トピーカにある退役軍人局病院の医師フィリップ・スミスは、メスカリンを服用したことで従来の読み方を考え直す気になったものの、読書の最適化を目指した試みは、正反対の影響を及ぼした。分析麻痺だ。スミスは実験のあとにこう報告している。

私は、たとえば読もうとするときにどこからはじめるべきかといったことを、新たに決めなければならなかった。まず左からはじめて、左から右に読み、上の行から下へ進むということはきちんと知っていたが、それはまだ最終的に決められていないことのように思われた。しばらくのあいだ、何か違うパターンで読んでみようと漠然と考えた。この無知な考えを止めたり、よく学んで身につけた読み方を思い出させたりする作用は、記憶のなかから何ひとつ湧きだしてこなかった。逆から読んで、それでも文章が意味を成すか、ちょっと試してみようと考えた（意味を成さないことはわかっていた）。一文字おきに読んでみよう、でまかせに文字を選んでみよう、読まないようにしてみよう、つづりを「大声で」言ってみよう、さらには紙に手を押しつけて、わざわざ努力しなくても何かのメッセージが手に「染みこむ」かどうかやってみよう、とまで考えた。[68]

再びデコーディングにこだわることにより、読もうとする試みが妨げられたこれらの例は、明らかな結論を指し示している。つまり、ある伝達手段によって生まれた心的イメージは、別の伝達手段によって生まれた心的イメージと衝突しかねないということだ。理想的な読者が伝達の手段をすぐに忘れるのに対し、薬物で酩酊した読み手は過敏にそれを感じ取って集中力を削がれてしまう。

さらに、リーダーズ・ブロックが致命的なものとなる危険は常にある。眠りのなかでコールリッジに詩を書かせたまさにその薬物が、そうした夢から二度と醒めない者もいることを知らしめたのだ。カンディンスキー（前出のロシア人医師）が書いた最後のメモに、アヘンの過剰摂取が文字を読む能力を奪っていく過程が刻々と記されている。「アヘンを数グラム飲みこんだ。まだ読める」、それから「ほとんど読めない」、そのあとはもう一言もない。[69]

パラノイド・リーディング

統合失調症は、重篤な心の病につながりかねない——人類学者のタニヤ・ラーマンとジョスリン・

マロウはそれを「人間にとってもっとも厄介な狂気」と呼んでいる。[70] この疾患の正確な輪郭についてはさまざまな意見があるが、症状としては、認知機能障害、感情消退、そしてこの章にもっとも関わりのある幻覚が含まれ、そのいずれもが頁への集中を困難にする。[71] ジャーナリストのスザンナ・キャハランは精神分析医から、「統合失調症の患者は読書をしない」と言われたという。[72] だが、統合失調症の患者であっても、人によって、あるいは時によっては、読書をするのだ。たとえ精神病の発作のために、現実と乖離したり、存在しないものが見えたり、真実であるはずがない考えを信じたり――「消極的な不信の停止」――するようなときでも。

妄想読《パラノイド・リーディング》みの習慣に関するもっとも有力な理論的議論は、偏執症患者の臨床症状との比較を意図的に避けている。文学研究者のイヴ・コゾフスキー・セジウィックによると、偏執的なスタンスは、他の人々が見ることのできない、あるいはあえて見たくない真実を暴くことに徹する現代の文芸批評の特徴となっている。テキストには隠された意味があり、用心深い読者によってそれが暴露されるのを待っているのではないかと疑う点において、統合失調症の患者と文芸評論家は互いに似ている。その意味で、読者は誰しも偏執的な存在であり得る。だが、この用語の使い方が比喩的か、病理学的か、そこにはきわめて重要な違いがある。というのも、これらのグループの一方だけが、解釈戦略に支配を及ぼすが、もう一方のグループは同じゴールに向かって一行一行を音韻化《デコーディング》（あるいは誤ったデコーディング）せずにはいられない。純粋な偏執症なら自分が偏執的になっていることがわからなくなるし、実際、セジウィックの「あなたはとても偏執的だから、このエッセイを自分のことだと思うだろう」という挑発的な文章から、ユーモアを感じることもできなくなる。[73]

偏執的な読者は、読んでいる内容と現実をなかなか区別できない可能性がある。すでに見てきたように、幻覚は一九世紀から心の病に関連づけられるようになった。ほどなく、ドイツの精神科医で、統合失調症をその他の似た病理から区別した張本人であるエミール・クレペリンが、幻聴と幻視は、患者の読む能力を阻害すると述べた。[74] クレペリンの患者の少なくともひとりは、「声」によって研究を断念させられた。「読んでいると、私の左側でそれに合わせて不愉快な調子で読む声が聞こえてきて邪魔をされました」とその男性は説明している。[75] 幻視も同じように混乱をもたらした。クレペリンの別の患者は、本のなかからいくつもの奇妙な顔が笑いかけてくるのを見たという。[76]

統合失調症の読み手が直面する混乱は、感覚障害から明らかな幻覚まで多岐に渡っている。軽度の症状でいうと、光過敏のせいで読むことが不快になった女性が、鮮やかな色と活字が「過度に黒く」見えると訴えた。[77] 知覚過敏症の患者は、視覚刺激に打ちのめされそうになることがある。たいていの脳は、入ってくる眺めや音をふるいにかけるが、機能不全の脳は、感覚データの洪水に対処しなければならないので、認知活動はほぼ不可能になってしまう。また、統合失調症の患者は、聴覚と視覚の刺激を首尾一貫した全体に統合するのに骨を折ることもある。ある患者はこう述懐する。「私はアパートの部屋に座って読もうとしていた。言葉は絶対に見たことがある気がした。まるで古い友だちのようで、顔はとてもよく覚えているのに、名前は思い出せないのだった」[78] 彼はパラグラフを十回読んでも理解できず、本を閉じた。

症状が重くなると、誤った認識が読字のプロセスを妨げる。心の病を持つ患者には、活版印刷の不変性が当然のものとして受け入れられない——第一章で「頁の流動性」として紹介した概念のことだ。

そのため、統合失調症の患者は、自分がほかの読み手と同じ頁を見ているのかどうか、どうしても確信が持てないのだ。ある女性は、自分の本の文章がすべて幻覚の文章に置き換えられてしまったと訴えた。彼女の証言によると、「そういう時、私の見ている一節が、見ているそばから溶けていって、別の、時にはまったく違う一節が、その位置にあらわれるのです」[79] また、ほかの誰にも知覚できないメッセージが見えるという患者もいた。スイスの精神科医で、一九〇八年に「統合失調症《スキゾフレニア》」(字義通りには「分裂した心」)という用語を紹介したオイゲン・ブロイラーは、ある患者が、窓の鉄格子で形作られる言葉がおまえのせいで見えなくなったと言って、ほかの患者につかみかかるようすを目の当たりにした。

声が聞こえることも、頁によって呼び覚まされる声の受信をむずかしくする。[81] これがとくに当てはまるのは、自分の心の声だけでなく、誰かが一緒に読むのが聞こえるという患者だ——この雑音はエコー・リーディングとして知られている。たいていの場合、読み手が頁上の言葉を認識するのに合わせて、あるいはそれに先立って、エコーが読み上げる。ある患者はこうした声について、「私が読むと、向こうも同時に読んで、一語一語をくりかえすんです」[82] それが当人の普段の内なる声と釣りあわない声になると、いっそう心をかき乱される。「五歳ぐらいの女の子たちが、こちらの思ったことをくりかえすんです」ある四十代の女性はそう訴えた。「読書をしているとき、その子たちがわたしのあとについて読み上げることもあります。本のとおりに読んだり、好き勝手なことを言ったりするんです」[83] こうした内なる声は、いとも簡単に数が増えていく。あるドイツ人男性の例では、ずっと読書を楽しんできたのに、今では不愉快にも五〇〜六〇人の女性の大合唱で読み上げられるようになってしまったという。[84]

同様に、超自然の代理人が、著者と読者のあいだの会話に、良くも悪くも割りこんでくるケースもあった。神と対話していたあるパリの助任司祭は、『聖書』を朗読する前に天使の声が聞こえることを誇りに思っていたが、一方、同じパリの男性は、悪魔たちが『聖書』に対する理解を誤らせようとするので、読むのをあきらめてしまった。[85] その男性はそうした煩わしい声についてこう語っている。「連中がときどき間違ったことを言うので、こっちも間違って読んでしまう。だからもうやめました。やつらはわたしが神とともにあることを望まないのです」[86] 要領の良い患者は、ふたつの面を互いに対抗させることができるようになった。たとえばあるガーナ人男性は、『聖書』を読むことによって悪魔のような声をかき消した。『聖書』が有害な声を、心やすらぐ聖霊の声に置き換えてくれたのだ。[87]

きわめて熱心な読書家でも、競合する声のせいで集中できなくなってしまうことがある。キャロル・ノースは、著書『ようこそ静けさ――わたしは統合失調症に打ち勝った *Welcome, Silence: My Triumph over Schizophrenia*』のなかで、自分に聞こえる声はそれほどひどい妨げとは思わず、「本に集中しているあいだ小さくつぶやいている」程度にすぎない、と述べている。[88] しかし、「声」はほかの多くの人々を苛立たせたり悩ませたりし、なかには読むことをすっかりやめてしまう人もいた。「以前はよく本を読んでいたが、とても煩わしかった。私を助けようとする声が多すぎて。あれこれ口出ししてきて、つきまとおうとする」何かを読もうとするたび複数の声に悩まされていた女性はそう語った。「できるときは声たちも言葉を変えるけれど、ほとんど同じことを言っていた」[89] 思考伝播も同じように読み手の心をかき乱す。著名な指揮者と「脳を共有している」と主張していた女性は、相手が読書しているのを感じると集中できなくなった——代理人によるリーダーズ・ブロックというわけだ。[90]

多くの統合失調症の読者にとって、著者の声という概念は比喩的な意味にとどまらなかった。活字メディアのおかげで、そうした声から離れてちょっと休息できるという人もいた。一九〇三年、ドイツの裁判官ダニエル・パウル・シュレーバーは、著書『ある神経病者の回想録』（渡辺哲夫訳、筑摩書房）のなかで、幻聴に対する一番の防衛手段として、本と新聞が頼りであることを記している。シラーの詩をひとりで暗唱することが、そうした声を静まらせるのに効果的であり、それはおそらく暗唱という技法が心のなかで声を発することを禁じているからだろう、と述べている。[91] エコーを抑えるために使われた同じ戦術（息を止める、唇をすぼめる、声を出して読む）が、頭のなかの声を弱めるのにも役立った。最近の例でいうと、クリスティナ・モーガンは、自傷行為に駆り立てる声に立ち向かうための手段として、本に頼るようになった。「ときに読書は、〈声〉がほかの現実を追いやってしまうのを、止めてくれることさえある」と彼女は振り返る。だが、「ときに」という限定詞をここで見落としてはならない。この発言から間もなく、彼女ははじめての自殺を試みるのだから。[92]

統合失調症は、ディケンズの「まるで死ぬまでそうしているみたいに、読書し続けている」（『デイヴィッド・コパフィールド』石塚裕子訳、岩波書店）という神聖化された言葉に、新たな意味を与えた。[93] ケン・スティールは、十代の頃から幻聴が聞こえるようになった。ラジオやテレビを通して送られてくる声が、おまえは無価値だ、死んで当然だ、と言い張った。だが、すべてのメディアが彼に反目したわけではなかった。『デイヴィッド・コパフィールド』などの本で見つけた一人称の語りが、敵意の大合唱をかき消してくれたのだ。「それから声は、裏で流れているラジオみたいにかすかになった」スティールは『幻聴が消えた日——統合失調症32年の旅』のなかで語っている。「それから僕は貪るように本を読んだ。手に入るものなら何でも読む。声たちは舞台袖に控え、僕が最後の頁をめくったらすぐさま舞台に飛び出していこうと待ち構えていた」（前田ケイ監訳、金剛出版）[94] 物語に集中することで、自殺しろと促す声から気持ちをそらすことができたのだ。とにかく読んでさえいれば、読むものが何であっても関係なかった。あるときスティールは頭の中の声を閉め出すために、『ワールドブック百科事典』の全巻を苦労して読み通した。残念ながら、これはつまり、本が終われば心の平和も終わるということだった。「読むのをやめたとたん、声はボリュームを上げてきた」[95] ほかの媒体、たとえばラジオやテレビは、本とは正反対の効果をもたらした。ボリュームを最大まで上げてしまうのだ。スティールのような統合失調症の患者にとって、メディアは最悪の形でメッセージを伝えてくる。

統合失調症の読み手は、本に没頭しすぎる危険性がある。多くの人々は現実の世界から逃避するために本を開くが、心の病を抱える読み手は、反対の問題に直面する。本から逃避するのだ。マーク・ヴォネガットは、カナダの人里離れたコミューンで暮らしていたとき、『アンナ・カレーニナ』と『戦争と平和』を読んで時間をつぶしていた。しかし、ジャック・ロンドンの『海の狼』を読んでいたとき、リアリズムが高じて、過剰なリアリズムに発展した。「半分ほど読んだころ、何もかもがあまりにも現実的になってきた」彼はこの精神病的なエピソードをそう説明している。ヴォネガットは「ただの本で終わるはずがない」という感情を振り払うことができなかった——何もかもが自分のことなのではないかと疑う、偏執的な読み手が抱く共通の妄想である。[96] こうした読み手は、本が終わってほしくないと願う。物語を楽しむ気持ちからというより、結果を恐れる気持ちからだ。

頁も単語も、実におぞましい様子でねじれたりぼやけたりしていく。私は二、三頁ごとに止まって息を整えなければならなかった。終わりに近づくにつれ、それがさらにひどくなっていった。決して本を読み終えてはいけないと強く思った。もし読み終えたら、死んでしまうか、世界が終わるか、あるいはもっと悪いことが起こると確信していた。[97]

彼に息もつかせなかったサスペンスは、もちろん本のプロットとはほとんど関係がない。代わりに示しているのは、虚構の物語と一体化しすぎたり、魔術的思考に陥ったりすることの危険性だ。確かに本は世界を変えるかもしれない――ただしそれは、統合失調症の患者が考えるような形ではない。偏執的な読者は、もっともらしいことを無理やりこじつけて、隠された意味を見分けたりもする――これは「統合失調性誤謬」とでも名づけられるもので、精神病的な読み手がテキストに対して見せる、強烈で、たいていは支離滅裂な主観的反応を指す。[98] 文芸批評家たちは、テキストの正当な解釈に限界があるかどうか、議論をつづけてきた。エスキモーとはまったく関係のないウィリアム・フォークナーの物語を、仮に「エスキモー・リーディング」と呼ぶことに象徴される問題だ。[99] スタンリー・フィッシュは、どんなに奇抜な読み方だろうと完全に排除することはできないと結論づけているが、その彼でさえ、極端な解釈は、それを支える適切な解釈戦略がなければ受けいれられないことを認めている。正真正銘のパラノイド・リーディングは、他者にその正当性を納得させようという気がまったくない――相手に見えていてもいなくても構わないのだ。それに対して、文芸評論家が用いる「パラノイド・リーディング」という用語は、やはり説得力のある戦術と証拠となる基盤に今も頼っており、臨床的に偏執的な精神状態とはほとんど関わりがない。何しろその多くには、ゆがんだ世界観を他人に対して正当化する資質や意思が欠けている――とくに、懐疑論者自身が陰謀の張本人かもしれないと疑われている場合はなおさらだ。

パラノイド・リーディングは、読み手が必ずしも解釈戦略をコントロールできているとは限らないことを示唆している。時にはそうした戦略の側が、逆にこちらを選んでいる場合もある。だから妄想のある患者はしばしば、この本は自分について書かれている、と主張するのだ。[100] クリフォード・ホイティンガム・ビーアズがいくつもの精神病院で虐待された体験をつづった一九八〇年の手記『わが魂にあうまで』(江畑敬介訳、星和書店)は、統合失調症の読み手が、匿名性の高いテキストのなかに個人的な意味を見つける能力を持つという実例をあげている。それはまるで、物語がその読み手と密かに交信するための手の込んだ口実に過ぎないかのようだ。ビーアズは、家族が「悪辣な偽物」に取り換えられて、それが「魔法の提燈《ちょうちん》」を使ってベッドのシーツにメッセージを映し出すと信じるようになった。

壁に現われた文字は、私だけではなく、正気の人たちにも心臓をも凍らせるほどの恐怖を起こすでしょう。ひとつの非常に不快な経験を思いだします。ベッドのシーツに文字が見えはじめ、それが、じっと私の顔を見つめました。いや私だけではなく、傍らで立ったり座ったりしている家族の顔をもじっと見つめたのです。新しいシーツが敷かれるたびに、そこに自分自身で書いた単語や文章やサインが見えました。しかし、そのいずれも判読はできませんでした。私は、このことにひどく動揺させられました。なぜなら、傍らにいる人たちが、きっとそれを読んで、私が罪に落とされようとしていることを知るだろうと固く信じたからです。(江畑敬介訳、星和書店)[101]

『ダニエル書』を連想させるこの一節のなかで、偏執症が『聖書』の物語を逆転させ、ビーアズは告発が読めない人物にされている。迫害されていると感じたビーアズは、全権を握るシークレット・サービスが療養所でのやりとりを監視し、暗号メッセージで自分に接触する道を探っていると、ますます信じこむようになった。「この憂うつな期間中、あらゆる印刷物が私のために、いや私だけのために書かれていると思いました」とビーアズは記している。「本も、雑誌も、新聞も、特別に編集されているように見えました」[102] ジョージ・エリオットの小説はとくに面白いと思ったが、迫害者によって文章がひとつならず書き換えられているのではないかとビーアズは疑っていた。このように、他人の人生に寄り添えることで名高い作家の作品でさえも、偏執症の読み手にとっては、自分の人生に思いを巡らせつづける機会に変えられてしまうのだ。

妄想を抱きやすい心にとって、非人格的な文書などというものは存在しない。政治学者のベネディクト・アンダーソンの言葉を借りれば、マスコミに代表される〈想像の共同体〉は、疑念を抱く読者を外の世界と接触させるが、結局はそのなかでの自分の特別な立場を確認するだけに終わる。[103] たとえば、『統合失調症ぼくの手記』の著者であるリチャード・マクリーンは、かつてメルボルンの新聞各紙の連載漫画を詳しく調べて「魔法のメッセージ」を探したものだった。一方、アニーシャ・チャトゥルヴェーディーは、事件記事の犯人の次なるターゲットが自分だと想像していた。[104] 同じようにマスコミを個人的なコミュニケーションの源と考えるオランダのある教授は、脚を骨折した赤ん坊たちのニュース記事を読んだことから、自分が想像上の諜報機関の指令に従わなければ、地元の病院の乳児病棟が襲撃されると思いこんだことを告白している。[105] ほかの人の不運が自分のものになる恐れがあるとしたら、もはや他人の不幸を喜ぶ気持ちになどなりようがない。別のケースでは、「生きたまま棺に入れられた男」と題したニュース記事を読んだ女性が、それをきっかけに墓所恐怖症になってしまった。[106] 彼女はその脅威にひどく心を蝕まれ、家のあちこちに、自分の遺体を発見した者は、埋葬する前に遺体をばらばらに切断するようにと指示する詳細なメモを貼った。

読者というものはある程度は被害妄想的であるはずだ。パラノイド・リーディングのいつもの顔ぶれ（政府機関、共産主義者、暴力団員など）に容疑がかかるというのは、あながちあり得ないことではない。平均的なアメリカ市民なら、冷戦の隠れ蓑のひとつとして創作ワークショップを推進した中央情報局（ＣＩＡ）の役割を考えるだけで、国家権力がどこではじまりどこで終わるか、疑問を感じずにはいられないはずだ。[107] 真の被害妄想的な読者は、自分だけが陰謀の全容を見抜くことができると考える可能性がある点が大きな違いといえる。統合失調症の患者に共通する妄想は、政府機関が自分の思考を操ろうとしていると疑うことだ。たとえばクルト・シュナイダーは、ＣＩＡが精神科病棟の看護師に雑誌を届けさせて、自分と交信しようとしていると信じこんでいた。そのレンズを通して見ると、新しい職を見つける方法についてアドバイスする記事が、政府機関が彼を採用するための手段だということももっともらしく思われた。[108] 同様に、ある女性はアイリス・マードックの小説で描かれる人生哲学を、この作家を密かに雇っているソ連の主計官への指令と解釈すると、この事実に異論を唱える者は陰謀の共犯者とみなすという点で一巻した態度を崩さなかった。[109]

妄想症の人にとっては、どんなテキストでも暗号に見えかねない。作家のミラ・バルトークは、統合失調症の親から、本や映画やテレビ番組のなかに隠された意味に気をつけるよう警告されていた。見たところ害のない植物をテーマにした本を読み終えたあと、母親はこう説明した。「言っていることも書いてあることも、暗号になっていてその意味どおりではない場合が多いのよ」[110] 同じようにスーザン・ワイナーは、CIAと国家安全保障局（NSA）、そして米国をテロの恐怖に陥れようとしている邪悪な独裁者との共謀の中心に自分自身がいると信じこんでいた。のちの彼女の説明によると、内情に通じた人々は、ほかの誰にも見えない自己確認のメッセージを見分けることができるのだという。「映画もテレビも新聞も、読み方を知っている人たちのための情報で一杯でした」[111] ワイナーはそれを知っている人間のひとりとして、来る日も来る日も新聞をにらみ、腐敗した権力に立ち向かう架空の抵抗勢力を助けるために、暗号通信を探しつづけた——しかしそれも、抗精神病薬が反政府活動を終わらせて、もっともらしい陰謀説と病気による陰謀説の違いを浮き彫りにするまでの話だった。

幻聴によって、読み手の心に迫害の妄想が生まれることもある——クロース・リーディングというよりホスト・リーディングだ。「声」のせいでミヤニシカツコは、『北海道新聞』に報じられる事件のほとんどすべての真犯人が自分であると確信するようになった。

新聞を読むと、「幻聴さん」の声がわたしに言うんです。「おまえがやった。お前がそれをやったに違いない」って。そういうことを耳元でささやくので、わたしもそう信じるようになりました。[112]

だが、彼女はそれと同時に、こうした告発が、ワルオという名の架空のヤクザによって捏造されたものだと主張した。ワルオは彼女の頭の中の声と共謀して、治安部隊を支配しているのだという。彼女はただ、ワルオの暗殺団に抹殺される前に潔白を証明しようと声を上げただけだったが、結果的に自分が関与しているのではないかと疑っていた事件と同じように新聞の大見出しを飾ることになった。

それでも、妄想的だからといって、本があなたを夢中にさせようとしないということにはならない。統合失調症の患者もほかの人々と同じ理由で本を心のよりどころにしているということは覚えておいたほうがいいだろう。シルヴィア・プラスの『ベル・ジャー』は、一九六三年に出版されて以来、心の病に苦しむ人々に多大なる影響を与えてきた。この小説の主人公は、普通の女性であると同時に、心の病によって分離された人間でもある。その症状は、おそらくは鬱病か、あるいは双極性障害とのプラス自身の闘いの投影だ。主人公のエスター・グリーンウッドが、一九五〇年代のアメリカの息苦しい文化のなかで、自分にとって満足のいく役割を探す旅は、多くの女性に訴えかける。だが、彼女の苦悩の症状は、心の病の兆候に敏感な人々にとって、何か違うものを意味していた。彼らにとって、グリーンウッドがジェームズ・ジョイスの『フィネガンズ・ウェイク』に集中できないことには、好み以上のものが反映されている。本の頁を目の前でぱらぱらとめくる様子はほとんど幻覚のようで、そうした読者によくわかる非人格化の感覚を表現している。「本の中の言葉はわずかに知っているものもあったけれど、遊園地のびっくりハウスのマジックミラーに映る顔みたいに歪んでいて、鏡のつるつるした表面みたいな私の空っぽの脳に、映った跡さえ残さずにさっと通り過ぎた」(青柳祐美子訳、河出書房新社)[113]。グリーンウッドの場合、リーダーズ・ブロックは、自分自身の外へ出ることができない心を映し出している。架空と思われるこの人物を理解できるのは、実のところ、正気を失っている人々だけなのだ。ある時点で、グリーンウッドは読者に告白する。「頭のおかしくなった人について書かれたものはすべて憶えられるのに、ほかのことは全部頭から抜けていく」[114](同前)。プラスのもっとも熱烈な読者たちにも、同じことが言えるかもしれない。

統合失調症の女性が書いた回想録のなかには、個人的に影響を受けたものとしてプラスの小説を挙げている本がいくつもある。この小説のヒロインと一体化する様子は、さまざまな点でいかにも若い女性らしい。「彼女はわたしよ!」と思うのだ。[115] しかし、文字通りにも比喩的にも受け取れる、心の病に特有の症状に共感することで、彼らは一般読者の域を超えてしまう。たとえば、精神病財団の公式スポークスマンであるロリ・シラーは、高校の文学のクラスで『ベル・ジャー』と出会ったが、それはちょうど幻聴が聞こえはじめた年のことだった。「これまで、本を読んであんなに動揺したことは一度もない」とシラーは日誌に書いている。「心がいかれたシルヴィア・プラス=エスター・グリーンウッドの姿は、わたしそのものだ。もちろんすべてではないが、充分だ。もしかするとわたしは、自分から狂気に陥ろうとしているのかもしれない」[116] その見立ては、社会学的というよりも精神医学的なものだった。ほかの読者が自分の社会生活をグリーンウッドのそれと比べているのに対し、シラーは互いの症状を比べた──すなわち、眠らない夜をどちらが長くつづけられるかという比較だ（二三対二一というスコアで、シラーがその競争に勝った）。

同様に、エリン・サックス（現在は著名な法学教授）は、プラスの孤独や乖離、社会不安の描き方が、多くの十代の若者、とくに読書好きで感受性の鋭い子たちに影響を与えたと認めている。だが、サックスは、ヒロインの心の健康の悪化が、著者の個人的な体験に起因していることも感じていた。だからサックスは、ある日学校から歩いて帰る途中で、あたりの家々に幻覚的なメッセージが映し出されるのが見えはじめると、すぐさまプラスのことを思い浮かべた。「しかと見よ、されば見つかるなり」[117] この一節は統合失調症の読者の標語といえるかもしれない。彼らの確証バイアスはクロース・リーディングから、細部にこだわりすぎるクロース・リーディングにいつ傾いてもおかしくない状態にあるのだ。

「幻」を見る

テキスト幻覚は、この本で読心術と呼んできたもののなかでもっとも極端な形を指している。妄想症の読者が、ロラン・バルトのオーバーコーディングの精神病バージョンとして、ほかの誰にも見えない「幻」をテキスト内に見るとしたら、幻覚を見る人の最終グループには、誰にも見えないテキストが見える。脳の視覚野、とくに読字に関与する視覚性単語形状領野（ＶＷＦＡ）の過活動は、語彙の幻覚を引き起こす可能性があり、文字や単語が見える場合から、ベルシャツァル王の祝宴の病的な続編として壁に広がる完璧な文章が見える場合まである。デコーディングではなくプリコーディングするため、テキスト幻覚は、読むものがなくても――少なくとも、読み手の頭の外には何もなくても――それでも読むことは可能だということを示している。

幻視はさまざまな深刻さで読字に影響をもたらす。モンロー・コールの場合、脳卒中のあと、実体のない犬や馬や人間が視界にあらわれるようになった。また、細いブルーの斜線が右側の視野を横切り、何か読もうとするたびに気を散らされた（老化した視野に小さな点が漂う、あの飛蚊症に匹敵するほど不愉快なものだ）。[118] 頁そのものから立ち上がってくるような幻覚を見る人々もいた。年配の患者のなかには、新聞に顔写真が掲載された人々のことを、今ここにいる人のように扱って――もはや「擬似」ではない擬似社会の交流だ――その人影が室内を動きまわるのを眺めたり、話しかけたり、飲み物まで勧めたりする人々がいる。[119] さらには、本を開くだけでお客を招き入れてしまう人もいた。ある八〇歳の女性は、脳梗塞のあと、ビジネススーツからカウボーイスーツまでさまざまな服装の、顔のない（「暗がりにいるかのような」）男たちの一団が見えるようになった。[120] この、思いがけない読書会は、彼女が本を読みはじめたとたんにはじまり、読むのをやめた瞬間にお開きになるということだ。

神経生理学の実験は、架空の人物が我々の脳内に閉じこめられているような印象を与える。ある女性はてんかん治療の一環として、シャルル・ペローの童話『長靴をはいた猫』を読んでいたとき、そのことに気づいた。脳に取りつけた刺激電極が幻覚の猫を生みだし、それが童話の猫だと彼女にはわかった。女性の証言によると、この仮想のネコちゃんは、やかんほどの背丈で紙のように平たく、目の前の本からあらわれると、ベッドの脇に移動し、彼女が近づいてよく見ようとするたびにさっと逃げてしまったそうだ。[121]脳に電極をつけなくても、本にまつわるイメージを生みだす人たちもいる。発作のあいだの幻視に出てくるのは顔や物や風景が多いが、文字があらわれることもある。フランスのある十代の若者は、頭を負傷したあと、黒い文字で書かれたバラバラの単語が見えるようになった。「cha,eau」（ラクダ）、「ciseaux」（ハサミ）、「voiture」（車）、「magnetophone」（テープレコーダー）――いずれも発症前に使ったり、考えたりしていたものだった。[122]

高齢の人々は、テキスト幻覚は自分が正気を失いつつあることの証拠なのではないかと心配する。ゲルダ・サンダースは、黒と赤の arial 書体の文字が列になってまぶたの裏をスクロールするのを見たあと、自分が「すっかりいかれてしまった」と感じた。[123]また、認知症のある別の女性は、それが宙に浮かんでいるかのように、自分の考えを読み上げるようになった――前章のティッカー・テーパーによく似た、マインドリーディングの一種だ。「自分が考えていることが文章になって目の前にあらわれます」とその女性は説明した。「たとえば、友人との会話について考えると、自分が彼女に言ったことが文章になって見えるんです。ちょうど映画の字幕を読むみたいに、その文章が読めるんですよ」[124]彼女はいつも会話の途中でそれを声に出して読み上げるのだった。

マインドリーディングにおける脳の優位性は、目の不自由な人に触覚で感知できる活字が見えることにもはっきりとあらわれている。「B・H」として知られるアメリカ人女性は、かつて働いていた工場について考えたあと、「防御施設」というフレーズが見えるようになったと報告されている。彼女によるとそのフレーズは「手書きでも印刷でもない形で出てきます。点字の文字になって、おでこの前とか、目の前にあらわれるようなんです」[125]こうしたイメージは、さらにまた別のことに気づかせてくれる。人間が読むときに機能するのは脳であり、目ではない――指でさえないのだ。意外に思うかもしれないが、失明が幻視を引き起こす事例はきわめて多い。実際には存在しないものが見えるシャルル・ボネ症候群の患者を対象にしたある調査によると、約二五％がテキスト幻覚を見ていると推定された。ほとんどの場合、それは単独の文字や単語、あるいは意味のない文字列から成り立ち――ものを見るというより、この章で言うところの、「幻」を見ているのだった。[126]患者はタイプ原稿の黒い文字の列から、見るたびに形が変わる天井の筆跡まで、さまざまな形態のテキストを見るとされている。通常、こうしたシナリオは、夢の中で垣間見るもののように、意味のない言語や解読できない暗号としてあらわれる。幻覚の言葉は、夢の中でちらっと見る偽物の言葉に似ている――かつてオリヴァー・サックスが「文字に似た不可解な記号」（『見てしまう人びと』（大田直子訳、早川書房）と呼んだものだ。[127]

サックスは、壁に刻まれた文字や単語や文章が見えるという人たちから、自分の母親の顔にEメールが重なって見えるという女性まで、実にさまざまなテキスト幻覚の症例を記録していた。[128]サックスが文通していたある女性が目にしていたのは、未知の言語だった。母音のない単語がある一方で、母音が多すぎる単語（「skeeeekkseegsky」）があったのだ。彼女の視野のなかを踊りまわるそれぞれの単語を識別するのはむずかしかったが、自分の名前の一部や、変形したもの（「ドロ」「ドルシー」など）は垣間見えた。[129]別の男性患者は、印刷された文章をすらすらと楽譜に書き換え、本の頁を目の前で五線譜に変えてみせた。だが、この男性が新聞を「演奏」しようとした試みは、まったくうまくいかなかった。言語性幻覚のほとんどが判読できないのと同じで、幻覚のなかで作曲された曲は大部分が演奏できないものなのだ。[130] サックスはこのような幻覚が誰にでも――彼自身にも――起こり得ることを明らかにしている。その原稿には、サックス自身のサイケデリックな体験談が盛りこまれており、そこには少なくともひとつの言語性幻覚が含まれている――歴史家のエドワード・ギボンが書いたとされた記述が、サックスの想像の産物だったことが判明したというのだ。[131]

これまで紹介してきた幻覚は、ほとんどが判読できないものだった。だが、筋が通っていて文法的に正しい文章に出会う場合もある。ある七八歳の脳卒中の生還者《サバイバー》は、週に何回か、壁に書かれた複数のメッセージを見るようになった。そのメッセージは黒い活字か赤い手書き文字で、ほとんどが指示か警告だった。「魚を食べるな」「錠剤を飲むな」「やつらはおまえの金を狙っている」といった具合だ。[132] 彼女はそのメッセージが現実のものではないと認識していたが、ある時期、宙に浮かんでいるそのメッセージが家族にも読めると信じこんでしまい、その命令に従って娘に熱いお茶をかけてしまったことまであった。

シャルル・ボネ症候群の深刻なケースでは、絶えずテキストを目にすることになる――逃避のための読書というより、逃げ場のない読書だ。神経学者のエリック・ニーマンは、緑内障による進行性の視力低下のため、毎日ひどいテキスト幻覚が見えるようになり、それがどんどん悪化していった。[134] 目を開けていても閉じていても、まばゆい濃霧が、光り輝く活字とともに見えるのだった。日によって、薄緑色の霧が小文字の活字とともに出てくることもあれば、濃い灰色の霧が白い大文字とともにあらわれ、そこに新たな活字が加わって変化することもあった。幻影の言葉は、本人がじかに接した医学用語、知人の発言、そしてオーディオブックやラジオで聞いた話に由来していた。幻覚が無害であることを知っても（ボネは「脳のおもちゃ」に過ぎないと述べていた）、苦しみはまったく和らがなかった。[135] かつては熱心な読書家だったニーマンが、今では終わりのない物語のなかに閉じこめられてしまったのだ。

天使たちに囲まれて

この章では、幻覚が人と本との出会いにもたらす影響を理解することを目指し、読字がデコーディングの手段としてよりも、プリコーディングやリコーディング、あるいはオーバーコーディングの手段として作用する例を挙げてきた。ソール・ベローが「創作する必要のない小説」と評したとおり、幻覚は本によって生まれる心的イメージの極端な形であり、これまで見てきたように、読書体験そのものを刺激する可能性すらある。[136] この本で検証しているほかの疾患と同様に、幻覚もまた、すべての読み手によって知覚される心的イメージに当てはまる範囲という観点から考えるべきだ。「幻」を見る可能性があるということは、現実の世界と架空の世界を隔てる境界線がどこにあるか、読み手が自力で見分けることを――不可能ではないとしても――むずかしくすることによって、テキストの解釈に脳が及ぼす影響を強調する。自分の読んでいるものが現実かどうか確信できる読み手はいない。それでもすべての読み手は、確信しているかのように先へ進まなければならない。このような考えの行き着く先にあるのが……妄想症だ。

この章で紹介した症例は、自分の命を救うために読む人から、読みながら死んでしまう人までさまざまだ。しかし、読書がそこで止まってしまうとは限らない——死後の世界でもつづくかもしれないのだ。なぜなら、臨死体験の証言のなかで本が驚くほど目立っていることがわかってきたからだ。生還者の話からは、多種多様な感情がよみがえる。肉体の外へ漂い、光源に向かって旅をして、異世界の領域に入り、霊的な存在と出会い、至福の感覚を味わうのだ。[137] 本との邂逅もそのリストに入っている。人が最期に見るもののひとつが本であるというのは、理にかなっている。なぜなら、こうした体験談の実に多くが、新約聖書の『ヨハネの黙示録』を引き合いに出しているからだ。そのなかで預言者はこう証言する。「わたしはまた、死者たちが、大きな者も小さな者も、玉座の前に立っているのを見た。いくつかの書物が開かれた」[138]（新共同訳20章12節）行間を読む必要などない。命の書に記された名前は最後の審判で赦され、それ以外の者は火の池に投げこまれるのだ。

池のふちから持ち帰られた報告によると、キリスト教終末論の伝統に見られる比喩的な書物は、必ず実際の本の形をとっている——文化的に特異な細々した情報が、こうした異世界のヴィジョンを、個々の生い立ちや信仰や望みと調和させてくれる。複数の文書によれば、天国の門では、古めかしい革表紙の本を手にした聖ペトロが死者を待っているという。またほかの文書では、天使たちが、高さ一マイル、幅四分の三マイルの本の頁をめくるという。[139] こんな生還者の話もある。テキサスの牧師ゲイリー・ウッズは、自動車の衝突事故で生死をさまよい、天国の門で本を手にした天使と会った。そのあと、亡くなった友人に案内されて町を見て回り、死後の人生には死後の読み書きがあると教えられる。

ジョンは私を、図書館のように見えるとても大きな建物に連れて行った。純金の壁は、まぶしい光の列にきらめき、それがドーム型の水晶の天井まで高くそびえていた。おびただしい数の本が見えた。どの本にも美しい彫刻をほどこした金のカバーがかかり、外側にアルファベットが一文字だけ刻まれていた。たくさんの天使たちがそこにいて、本を読んでいた。[140]

ここで告白するが、ウッズの見た天国は、私自身のヴィジョンと実によく似ている。いずれにしても、臨死体験のいくつもの報告から、天使たちのあいだでも読書が行われていることが確認できる——もしかすると『聖書』の影響かもしれないし、幻覚には書物にまつわるイメージがつきものだからかもしれない。それとも、天使たちも私たちと同じように読書を楽しんでいるのだろうか。生還者の証言から判断する限りでは、天国にはリーダーズ・ブロックは存在しないようだ。

第六章　認知症

「来る年も来る年も『ハムレット』を読んでそのときの思いを書きつづけていけば、それはとりもなおさず自分自身の伝記となるだろう」
——ヴァージニア・ウルフ

二〇一〇年、テリー・プラチェットはＢＢＣが主催する毎年恒例のリチャード・ディンブルビー講演を行う栄誉に浴した。ただし、実際にその栄誉を担ったのは〝テリー・プラチェットの代役〟を務める俳優だった。人々に愛されたファンタジー作家は、言葉を解読する能力が徐々に蝕まれていくという、まれな型のアルツハイマー病に罹患していたからだ。作家にとっては致命的な宣告といっていい。[1] それでもプラチェットは——必要なら代役を立ててでも——「死と握手する」と題したテレビ講演を行い、不治の病に冒された人々が直面する課題について社会の認識を高めたいと考えた。テレプロンプターに表示される原稿を読むのはむずかしいため（暗記はもはや不可能だった）、プラチェットは代わりにオープニングを受け持つことになった。「残念ながら、この病気の性質上、きちんと原稿を読んで講演を行うのは無理なのだとお伝えしなければなりません」と作家は述べてから、マイクを代役に渡した。[2] アルツハイマー病に冒された作家はプラチェットだけではない（著名な作家のなかには、アガサ・クリスティやアイリス・マードックがいる)。[3] しかしプラチェットの症例は、記憶障害が書く能力だけでなく読む能力にも影響を与えることについて、ありのままの姿を垣間見ることができる希有な機会を与えてくれるものだった。[4]

この本を締めくくる章では、人生のはじまりに読み方を学ぶところからはじまる円を一周し、人生の終わりに読む力を手放していく過程をたどっていく。識字能力は、シェイクスピアがいみじくも「二度目の赤ん坊」(『お気に召すまま』松岡和子訳、筑摩書房)と呼んだ時期にさしかかった大人が手放す、数多くのスキルのひとつだ。[5] ただし、その原因は加齢ではなく、神経変性疾患にあることが判明している。認知症や、その関連疾患のアルツハイマー病などを患う人々は、たいていの場合、本に集中したり、本から得た情報を記憶にとどめたりすることが困難になる。これは短期記憶の喪失、集中力の減退、言語能力の衰退などをともなう進行性の認知機能低下に由来するものだ。[6] 認知症が読者におよぼす影響は、ジョナサン・スウィフトが描く老いたストラルドブルグの姿によくあらわれている。彼らは「もはや読書を楽しむこともできない。ひとつの文章を読みおえるまで記憶力が保たず、右から左へ抜けてしまう」(『ガリバー旅行記』山田蘭訳、角川書店)のだ。[7]

成人の人生後半に生じる能力欠如の主因となる認知症は、認知機能全般の低下につながる症状の集合体とされる。[8] さまざまな疾患が認知症(dementia の語源は「精神が逸脱していく」という意味をもつ)を引き起こすが、もっとも一般的な原因は神経変性脳疾患のアルツハイマー病であり、不可逆的な進行の果てにあらゆる認知能力が破壊される。[9] 記憶障害は認知症とアルツハイマー病の特徴だ。この章では、両者をほぼ同義語として扱うことにする。認知機能低下は病的なもので、正常な老化現象のひとつではない――トーマス・カーライルは八四歳のときに全シェイクスピア作品を読んだ――ものの、認知症のおもな危険因子は高齢だ。[10] たとえば登場人物の名前を思い出せないなどのごく軽い物忘れ――リーダーズ・ブロックというよりは、心理学者が「ブロッキング」と呼ぶもの――は、誰でも経験したことがあるだろう。[11] それとは対照的に、アルツハイマー病に関わる記憶力の変化は深刻であり、時間の経過とともに悪化し、生活に甚大な影響をおよぼす。知性が徐々にすり減っていく過程はアルツハイマー病にかかった本人にとっても、身近な人にとっても、心に深い傷を残す恐れがある。

記憶力は、わたしたちの生活のほぼすべての活動で必要となる。記憶力がなければ、話すことも、物を認識することも、もちろん読むこともできない。言葉の意味を思い出すことから、小説の筋を思いおこすことまで、なにもかも手に負えなくなってしまう。身をもって記憶の喪失を体験した心理学者は、「かつて言葉が持っていた意味の豊かさが失われていった」と述べている。[12] 読字能力の評価は、認知症の有無を調べるためにも応用できる。もっとも簡易な検査では、医師は患者にどんな本を読んでいるか尋ねたり、『リーダーズ・ダイジェスト』誌の記事を要約させたりする。[13] もう少しくわしい検査になると、臨床医はナショナル・アダルト・リーディング・テスト（National Adult Reading Test）〔不規則な読みを持つ五〇の英単語を音読させて推定IQを算出する心理検査〕を用いて、認知機能低下の程度を判断する。[14]

記憶障害は、わたしたちの行動の多くがどれほど記憶力に頼っているか、また脳機能の変化によってどれほど簡単にそうした能力が失われてしまうかをあらわにする。記憶力がなければ、わたしたちはダニエル・シャクターとイレイン・スカーリーが「永遠の現在」と呼ぶ状態で生きることになる

——記憶機能障害と読字の関係を扱うこの章では、それを「永遠の現在形」と呼ぶことにしよう。[15]記憶とは、人が知覚したり、考えたり、感じたりしたことを記憶に変換する過程——符号化という段階——を経ないと生まれない。[16] わたしたちは符号化された経験なら覚えているが、そのほかは忘れてしまう。従ってほとんどの人は本を読むときに、文章の音韻化《デコーディング》と、記憶にとどめるための符号化の両方を行っている。しかし認知症の読者はなにを読んだか覚えていない場合がある。つまり、符号化をともなわないデコーディングをしていたことになる。そういう人々は病気のせいで、ジョージ・ギッシングの小説に登場するヘンリー・ライクロフト——彼は「わたしはかたっぱしから通読する——そして忘れてしまう」（『ヘンリー・ライクロフトの四季随想』松田銑訳、河出書房新社）と告白した——と同じ状態に置かれているのだ。[17]

　なにを読んだか忘れるのは老年のきざしとは限らない。たとえば、本人が自分は読んだ本の内容を覚えていられないと告白したからといって、ミシェル・ド・モンテーニュやチャールズ・ダーウィンの精神的な健康を疑う人はいなかった（モンテーニュは『随想録』「書物について」のなかで、自らを「てんで覚えていることのできない男」（関根秀雄訳、白水社）と称している）。[18] また、本を途中まで読んでから、すでに読んだことがあると認識した（既読感《デジャリュ》）としても、認知症と診断してもらう必要があるわけではない。心理学者はとうの昔に、読者は読んだ内容のほとんどを忘れてしまい、覚えているのはだいたいの内容や要旨だけだということを確認していた。[19] 作家のミラン・クンデラは、「一頁をめくると、私はもうすでにいま読んだことを忘れている」（『カーテン——7部構成の小説論』西永良成訳、集英社）と、リアルタイムでの自分の記憶保持力のなさを記した。[20] しかしこの章で取りあげる実例は、認知的ショートカットや記憶力の衰えの範囲を超えるものだ。ここに登場する読者たちは、心理学者ウィリアム・ジェームズの言葉を借りれば、「忘却が習得を上まわる、というよりもむしろ習得がない」状態に達している。[21] これからみていくように、病的な記憶の喪失は最終的にリーダーズ・ブロックに行きつく。プルーストを読みながら老後をすごす人もいれば、「プルーストって誰？」と問う人もいるだろう。

さらに興味深い問題は、識字能力を失ったあとも、なぜ本が人々の生活の一部でありつづけるのかということだ。認知症になった人は一夜で読書をやめるのではなく、長い時間をかけて別れを告げる。彼らの姿は、記憶の喪失という禍《わざわい》をくいとめるため「椅子」「牝牛」「神は在《おわ》す」とあらゆるものに名前を書いて覚えておこうとした、ガブリエル・ガルシア＝マルケスの『百年の孤独』（鼓直訳、新潮社）に登場する男と似ている。[22] 図式的にいえば、認知症の初期段階は、記憶力の衰えはあるものの、読書に困難は感じない。中等度になると、理解力が段階的に低下し、単語の意味を理解したり、文意を把握したり、読んだ内容を記憶したりすることがしだいにむずかしくなる。そして最終的には、読書への興味を完全に失ってしまう。しかしその最終段階においても、人々は本から喜びを見いだす方法を見つけるのだ。たとえ、そうすることで記憶の欠落を実感しつづけることになったとしても。

プロットや、物語を溯りながら理解を深めることに注力するのが文学作品の読み方とされているが、認知症とともに生きる人々の証言は、そういった言説によって過小評価されてきた読字の側面に注意を促すことになるのではないだろうか。後述するように、認知症の人の読書は作品全体を理解するものから、ほんの一頁、一文、さらには一節を長い時間をかけて眺めたりして、単に読書をつづけているにすぎないものまで、さまざまな形態がある。頁上の単語を理解できない人でも、指で文字を追ったり、単語を声にだして読んだり（発音のみで意味の理解はない）、挿し絵を見たりすることに満足を覚える場合もあるだろう。また、本がそばにあるだけで心が安らぐこともあるかもしれない。従ってこの章は、文字の読み方を忘れることについての章であると同時に、普通の意味での読書をやめていた人々が、ふたたび読みはじめるための手段を見つけることについての章でもある。

グラフィック・リーディング

覚えることができない読者を考える前に、まずは忘れることができない読者に目を向けてみよう。老年の対極にいるのが神童、つまり驚異的な記憶力でほとんど苦もなく記憶できる子どもたちだ。イギリスの文学者サミュエル・ジョンソンは、幼いころ、「サム、ここを暗記しておきなさい」と母親から命じられると、ものの数秒で祈禱書のその部分を暗唱してみせたという。[23] 同様に、ジョンソンの生徒で早熟な才能を示したヘスター・マリア・スレイルは、六歳になるころには『小さな『古代ギリシア・ローマ史概論』が頭のなかに」入っていたという。[24] 学術書をまるごと暗記したことで知られる子どもは多い。ヴィルナのガオンと呼ばれたエリヤ・ベン・ソロモン・ザルマンは、四歳までにヘブライ語の『聖書』を暗記し、その後も二五〇〇冊もの書物を暗記して、意のままに引用できたと伝えられている。[25] 神童はその知性と同様に、記憶力でも称賛された。ジョンソンは（そして、オランダの法学者フーゴー・グローティウス、ドイツの哲学者ゴットフリート・ヴィルヘルム・ライプニッツ、フランスの哲学者ブレーズ・パスカルなど多くの天才も）一度読んだものは決して忘れなかったという。

書物が貴重な時代には、暗記はきわめて重要なスキルだった。古代の教育では、抒情詩人シモニデスが発案し、『ヘレンニウスへ――記憶術の原典』（紀元前八六～八二年頃）などの書物を通して広まった記憶術を用いる訓練がさかんに行われた。並外れた記憶力についてプリニウスがあげたリストには、「図書館のどの書物の内容でも誰かに引用を請われたら、まるで読んでいるかのように暗唱した」ギリシャ人カルマダスのほか、本を丸暗記した人々の名前も挙がっている。[26] はるか昔の時代には、ホメロスやウェルギリウスの作品の一言一句を諳《そら》んじているのは珍しいことではなかった。たとえばアウグスティヌスによれば、友人のシンプリキオスはウェルギリウスの詩を逆から暗唱できたという。[27] トマス・アクィナスやアッシジのフランチェスコなどの中世の学者は、書物のどの部分も思い出せることで有名だったし、一七世紀イギリスの劇作家ベン・ジョンソンもそうだった――少なくとも、四〇代になって記憶力が「だいぶ衰えた」と愚痴をこぼしはじめるまでは。[28]

スマートフォンの時代になっても、暗記は過去のものにはなっていない。古代に書物を覚えるために使われたのと同じ記憶術は、現在のプロの記憶者たちにも受け継がれている。最近まで、世界記憶力選手権は参加者に未発表の詩の暗記を課し、古代とのつながりを前面に打ちだしていた（第一回大会の課題はほかならぬテッド・ヒューズの作品だった）。参加者は一五分間で約五〇行の詩を暗記したあと、スペル、大文字、句読点に至るまで、三〇分間でその詩を忠実に、できるかぎり多く再現しなければならない。[29] ほとんどの参加者は、ラヴェンナのペトゥルスが――彼の自慢話を信じるなら──古代ローマの詩人オウィディウスの一〇〇〇行を頭に入れたときに用いた記憶術《アルス・メモラティワ》を使っていた。[30] ジョシュア・フォアの『ごく平凡な記憶力の私が1年で全米記憶力チャンピオンになれた理由《わけ》』には、「詩を憶える」という章があり、ジャーナリストの著者がはじめて記憶力選手権に挑戦する際、その準備として場所法（一般に「記憶の宮殿」と呼ばれる方法）を使いながらなんとか『現代詩選』を覚えた顛末が綴られている──しかし、ルイス・キャロルのナンセンス詩『ジャバウォックの詩』にでてくる「夕火《あぶり》」と「粘滑《ねばらか》なるトーヴ」（梶浦真美訳、エクスナレッジ）という言葉は心的イメージに変換しきれなかったそうだ。[31]

何世紀ものあいだ、記憶の達人たちは一万行以上にもおよぶ叙事詩、ミルトンの『失楽園』で自分の記憶容量を試してきた。[32] 一九世紀イギリスの歴史家トーマス・バビントン・マコーリーと社会理論家ハリエット・マーティノーはふたりとも、若いときにこの詩に取り組んだ。マコーリーはなにも本が読めない状況におちいったときは、頭のなかでミルトンの詩を反芻したものだという。[33] 飽くことを知らない読書家だったマコーリーは、一回しか読んでいない何百冊もの本の頁を暗唱することができた。彼の甥は、この歴史家には「印刷物をひと目みただけで吸収するなみはずれた能力」があったと述べている。[34] 数学者のアレクサンダー・エイトケンも、やはり一〇代のころにミルトンの叙事詩を暗記した。その才能は、第一次世界大戦中に彼が所属する小隊の名簿がなくなったときに役立った。エイトキンは塹壕戦のストレスで記憶増進状態になりかけており、失われた名簿に記載されていた名前と所属連隊名を眼前に「浮かんでいるように」よみがえらせることができた。[35] とはいえ、エイトキンはなんでも無差別に記憶できたわけではない。彼が思い出せるのは自分に興味があるもの、つまり名前、日付、場所、数字、音楽、文学に限られていた。ランダムに並べられた数字の列など、彼が「非常に不快」と感じた情報は覚えようとしなかった。[36] エイトキンの選択的記憶は、実験心理学者のフレデリック・バートレットが「意味を求める努力」(『想起の心理学』宇津木保、誠信書房)と呼んだものの好例だ。この言葉は個人的な興味、文化的な期待、一般的な知識などの主観的要素が、人が物語を記憶する能力にどのような影響をおよぼすかを説明する際に使われた。[37]

記憶の喪失は読書を困難にする。いや、不可能にさえするだろう。しかし、逆もまた真なり、にはならない。圧倒的な記憶力も読書を困難にする可能性がある。言語学者のジョン・ライデンは、一度読んだ文書はどんなものでも諳んじることができた。しかしライデン自身は、自分の大容量の記憶力に不便を感じていた。というのも、ひとつの箇所を探し出すには、文書全体を冒頭から暗唱しなければならなかったからだ——頭のなかで書類の入ったキャビネットを引っかき回している状態といえるだろう。[38] また、想起できるからといって理解しているとは限らない。記憶の達人に対してよくいわれる批判は、彼らは内容よりも感覚を重視しているというものだ。そのため、『バビロニア・タルムード』全編を暗記したグループのメンバーは、意味をほとんど理解していないのではないかと疑われた。[39]

完全記憶能力も読む能力を害する場合があるらしい。ジル・プライスは一四歳以降の人生のすべての日を思い出せることを証明し、超常記憶症候群—現在では「非常に優れた自伝的記憶(HSAM)」と呼ばれている状態—の第一号症例となった。[40] 第二章に記した人々が、単語や数字の羅列など無機的な情報の想起に卓越した能力を示したのに対し、プライスが思い出せるのは個人的な情報だけだった。ある特定の日付を提示すると、プライスはその日の午後になにをしたか正確に述べることができた。実際、プライスは過去のことを考えずにはいられなかった。こうした記憶はまるでホームビデオの画面のように頭のなかで再生されつづけ、一時停止ボタンもない。皮肉にも、プライスの驚異的な記憶力は学校でほとんど役に立たなかった。丸暗記が功を奏する教育システムのなかでは、優れた記憶力は有利に思えるが、たえまなく流れる記憶が無機的な事柄への集中を妨げた。エイトキンと同じく、プライスも算数、科学、言語など自分に興味のない科目を覚えるのに苦労した。「詩の暗記は不可能ではなかったけれども、とくに苦痛だった」とプライスは語っている。[41] プライスの記憶は文学と人生をはっきりと隔ててしまうものだった。

無機的な情報を膨大に記憶できる能力も、同じように読書を困難にしてしまう（第四章で簡単にふれた）。ロシアの記憶の達人ソロモン・シェレシェフスキーは、さまざまな記憶術、生まれつきの能力、共感覚を組みあわせて用い、驚異的な記憶力の妙技を舞台で披露する仕事をはじめた。たとえば、シェレシェフスキーはイタリア語を話せないにもかかわらず、一五年前に音読で聞いただけのダンテの『神曲』のカントを正確に再現してみせた。言葉を直感像に変換する能力と、自身の特異な共感覚反応（さまざまな色の「斑点」「水煙」「線」）によって、シェレシェフスキーはどうやら無制限に一連のものをやすやすと思い出せるらしかった──心理学者のあいだで知覚連鎖として知られる技法だ（『ルリヤ 偉大な記憶力の物語──ある記憶術者の精神生活』天野清訳、岩波書店）。[42] しかし読書にとっては、言葉が生みだすイメージはよい方向にも悪い方向にも働くことがわかった。まず、シェレシェフスキーの場合、頁上の各単語から次々にイメージが生まれるため、その読書は「直感像的読書（graphic reading）」というスタイルになる（神経心理学者アレクサンドル・ルリヤはこう呼んだ）。

出来事が視覚化されることによって、彼はほかの読者が見落とすような矛盾点にまで気がついた――たとえば、チェーホフの登場人物がある場面では帽子をかぶっているのに、次の場面ではかぶっていないことなどである。シェレシェフスキーによれば、「ほかの人々は読みながら考えます――しかし、私はこの目で見るのです」[43] その一方、たえまなく生成されるイメージが彼の注意を細部に集中させるため、意味の把握がおろそかになり、ときには細部と意味が対立することもあった。これもまた、音韻化《デコーディング》が必要なときに再コード化《リコーディング》をしてしまっている実例だ。シェレシェフスキーが外国語や数式、無意味な音節を覚えるために使った技法そのものが、読書を耐えがたいものにした。「もう無理です」と、朗読を聞きながらシェレシェフスキーは訴えた。「どの単語もイメージを呼び起こします。そのイメージがたがいにぶつかりあって、その結果は混沌《カオス》です」[44] 詩などの寓意的な文章は、たいてい彼の手にあまった。たとえば『雅歌』が呼び起こすイメージの氾濫は、それぞれの行を比喩的に理解することをほぼ不可能にした。

　自分が負け戦を闘っていることをシェレフスキーは自覚していた。たとえば、ジョルジュ・デュ・モーリエの『トリルビー』を読んでいたとき、筋がわからなくなったことがある。物語に屋根裏部屋が出てきたとたん、隣人の部屋に関わる子ども時代の記憶があれこれとよみがえってきて、頭から離れなくなったのだ。「そんなわけで、わたしは読書ができないんです」とシェレシェフスキーは嘆いた。「膨大な時間を費やさなければなりませんから」[45] 心に入ってくるイメージの数を制限するための唯一の手段は、飛ばし読みだった――それはこのあとみていくように、認知症の人々も使っているテクニックだ。シェレシェフスキーの読書に役立ったのは優れた記憶力ではなく、悪い記憶力だった。つまり、過剰な記憶のためにシェレシェフスキーの心は、自分の写真記憶をごみの山にたとえた、ボルヘスが描く作中人物の現実版になってしまったのだ。[46]

永遠の現在時制

何を読んだか忘れてしまうのは、認知症の人だけではない。健忘症の人にも同じことが起こる（「健忘 amnesia」はギリシャ語の「記憶がない」という言葉に由来する）。しかし、認知症が複数の認知領域にまたがる障害をともなうのに対し、健忘症は記憶のみに影響をおよぼす。読書に関する本なのに記憶を作りだせない人の集団をとりあげるのはおかしい、と思うかもしれない。たとえばある研究によると、一過性全健忘（記憶定着能力が突然一時的に消失する状態）の患者は三〇分前に読んだ話の内容を思い出せなかったという。[47]しかしほかの記憶障害の人々と同様、健忘症の人々も活字と複雑な関係を維持しているのだ。

健忘症者は読んだ内容を忘れるだけでなく、そもそも本の読み方まで忘れてしまう場合がある。スー・メックはシーリングファンが頭を直撃したことが原因で、自分の名前も思い出せなくなり、当然のことながら本がなんなのかもわからなくなった。自著『記憶するのを忘れたわたし――健忘症の手記 *I Forgot to Remember: A Memoir of Amnesia*』によれば、はじめて読んだ本として記憶に残っているのは、ドクター・スースの幼児向け絵本『ホップ・オン・ポップ *Hop on Pop*』――しかも、それは二二歳のときの記憶だった。[48]とはいえ、健忘症は記憶を完全にぬぐいさってしまうわけではない。

初期の健忘症研究のひとつが示したように、通常、患者の話す・書く・読む能力は保たれる。[49] 健忘症の場合、個人的な記憶は忘れてしまうものの、事実情報やスキルは維持されやすい。つまり、健忘症は失読症（第三章参照）にはつながらないのだ。[50] たとえば、シーリア・モークスは話の筋を追えなくなったため本を読むのはやめたが、毎日何時間も新聞を読んだ。[51] 重度の健忘症でも識字能力は保たれるので、かつては航空宇宙産業で働いていた技術者「E・P」のように、昼食後に新聞を読むのを日課にしていた人もいる。[52] ロニー・スー・ジョンソンの場合は、ミシガン大学で美術の学位を取得したことはまったく覚えていないのに、読むことも読んでもらうことも楽しめた（一分以内で終わる寓話が一番だった）。言葉遊びが好きなジョンソンはしょっちゅう辞書を引き、頁がばらばらにならないようテープで補強しなければならないほどだった。[53]。

記憶の喪失によってもたらされるリーダーズ・ブロックは、症例によっては一過性で終わる。クリスティーン・ヒョン＝オーク・リーは脳卒中をおこしたが、そのサインのひとつが、気づかないままカート・ヴォネガットの『スローターハウス５』の冒頭部分を何度も読んでいたことだった。「読んでいたのは『ここにあることは、まあ、大体そのとおり起った』（伊藤典夫訳、早川書房）。それでもまだ、わたしは何が起きているのか気づかなかった」。[54] 一週間以上たって医師から脳血管発作だと告げられるまで、リーは読んだ内容をひとつも覚えていないという事実に気づいてもいなかった。そのころのヴォネガットの小説が彼女にとってどんな感じだったかというと、「読んだあと数分もすれば消えてしまう行の断片のようで、何度もくりかえし読まなければならなかったが、自分がそんなことをしていたとは夢にも思わなかった」。[55] かつてのリーは、本の頁を心の目で視覚化できるタイプの大学生だった。それがいまでは、スウィフトの小説に登場するストラルドブルグのように、読んだそばから言葉が消えていってしまう。しかしリーは一年もたたないうちに小説の読書を再開し、『スローターハウス5』を最後まで読み通した。

一方、リーダーズ・ブロックから完全には回復しない人もいる。一〇代の少年ジャックは自殺未遂で一酸化中毒になったあと、物事をなかなか覚えられなくなったことに気づく。受診した病院の問診票には、事件の前後で「読んだ内容」を記憶する能力に差があるかという問いがあり、ジャックと両親は「非常に悪くなった」という回答を選んだ。[56] またメモリーブックにも、「新聞や雑誌を読んだときに話の筋を追えない」「すでに読んだことがあると気づかないまま、なにか（本または新聞や雑誌の記事）を読みはじめてしまう」という記述があった。[57] 記憶術の戦略を用いたリハビリは、健忘の症状を補完するのに役立った。それでもジャックは自分の限界を把握しており、「小説は読まない」と言い切った。[58] 自分の人生に悪影響を及ぼした記憶障害のなかでも最たるもののひとつがリーダーズ・ブロックだと、ジャックは考えていた。

ただし、重度の記憶障害を抱える人でも、読むための力をある程度は温存している可能性がある。優れた音楽家だったクライヴ・ウェアリングはウイルス性脳炎に罹患したせいで、前向性健忘と逆行性健忘という二重苦にみまわれ、新しい記憶を保つことも過去を思い出すこともできなくなってしまった。ウェアリングが生きる――そして読む――世界は、過去三〇秒に限定された永遠の現在になった。妻のデボラが『七秒しか記憶がもたない男――脳損傷から奇跡の回復を遂げるまで』に書いたように、「クライヴは一瞬前に発したことばさえ記憶できなかった」（匝瑳玲子訳、武田ランダムハウスジャパン)。[59] にもかかわらずウェアリングは毎日『タイムズ』紙に目を通し、自分を苦しめるこの不可解な状況の説明になりそうな事件を紙面に探した。その結果、第五章でくわしく述べた妄想症に陥った。新聞の一面に登場する人物には誰であれ、ヨルダンのフセイン国王も政治家のジェフリー・ハウも社会活動家のヴィクトリア・ギリックも、自分に対する陰謀に加担しているに違いないと疑いの目を向けた。[60] 第五章の妄想型統合失調症患者と異なる点は、そうした陰謀を事前に察知するすべを彼が持たなかったことだ。デコーディングは陰謀を確認するためではなく、失われた記憶をおぎなうために使われた。

科学界でもっとも有名な健忘症患者は、まちがいなくヘンリー・モレゾンだろう。彼は無数の研究で「H・M」と表記された人物だ。H・Mの脳の研究に費やされた半世紀以上の歳月は、記憶の仕組みに関する科学的理解を大きく変えた。というのもモレゾンは脳手術の失敗によって新しい記憶を定着する能力をうばわれ、記憶の持続時間は約二〇秒になってしまったからだ。会話も自己紹介も経験も、起こったとたんに頭から消えていった。モレゾンは神経科学者スザンヌ・コーキンのいう「永遠の現在」(スザンヌ・コーキン『ぼくは物覚えが悪い――健忘症患者H・Mの生涯』鍛原多惠子訳、早川書房)を――従ってほかの健忘症患者と同じく、H・Mも話の筋を追うのが不可能な時制を――生きていた。[61] とはいえ、出来事の一部始終をたどれなくても、H・Mは読書をすっぱりやめたわけではなかった。悲劇的な結果をもたらす外科手術を経て自宅へ帰ったあと、モレゾンは趣味の銃の雑誌を楽しみ、同じ号を手にしているとは気づかないまま、彼なりのやり方でくりかえし読んでいた。[62] 入院しているときも、読むのは彼の楽しみのひとつだった。モレゾンは新聞を読んでは、それを下におき、二〇分もするとはじめて手にとったかのように読み進めるのだった。[63] 日常的にメディアに接することで、自分はこの出来事を見たことがあるという感覚が蓄積され、知識全般とまではいかなくても、文化的知識の集積を高めた可能性はある。[64]

記憶喪失者であっても小説と縁を切る必要はない。もちろん、話の筋を覚えられなければ長い物語を読むのは確実にむずかしくなる。ジェイソンという健忘症患者は、数秒しか記憶が持たなかったため、現代のH・Mと呼ばれることもあった。しかしふたりの患者の決定的な違いは、ジェイソンが工夫しながら小説を読んだことだ——H・Mが決してやらなかったことだ。具体的には、ジェイソンは本の余白に数頁ごとの要約をメモしながら、スティーブン・キングの小説を読んでいった。[65] この代償的アプローチにより、ジェイソンは小説を永遠の現在形で読みすすめることができた——かつてピーター・ブルックスが述べたようにプロットのために読むのではなく、プロットを忘れながら読んだのだ。[66]

読書を楽しむのが贅沢だとしても、健忘症の人々にとって機能的識字能力が不可欠であることに変わりはない。ネオノワール映画『メメント』は、その事実を一部の隙もなく描きだした。主人公の保険金詐欺調査員のレナード・シェルビーは、およそ一〇分間しか記憶力がもたない。シェルビーは自分の状態について、「いつもいま目が覚めたという感じ」だと説明する（主人公は自分が記憶障害だと認識しているので、これは映画の必要に迫られた健忘症の概念になる）。[67] この映画を動かしていく疑問は次のとおり。健忘症の男が、いったいどうやって殺人犯への復讐を遂げるのか？　そもそも、妻が殺されたこと自体を覚えていないのに？

映画の基となったジョナサン・ノーランの短編『メメント・モリ』は、眠る前の記憶がないまま目覚める人間が生きていくためには識字能力がどれほど欠かせないかを描いた作品だ。[68] ノーランは、ジョージタウン大学で学んでいたときに、心理学の講座で研究したH・Mなどの実在の健忘症患者の事例から着想を得たのだという。ノーランの短編では、「一〇分間の男」は目覚めると、いつも妻の葬儀の写真を大きく引き伸ばしたものを最初に目にする――小説のタイトルにもなった「死を思え《メメント・モリ》」は、そうやって日々新しく何度も突きつけられるのだ。[69] 墓碑銘を読んでいる自分の写真を眺めながら、主人公は疑問を抱く。「覚えていられないことを、なんだってわざわざ読む必要があるんだ?」[70] ひとつには、健忘症の人間は覚え書きがないと復讐をはたせないからだ。そのため主人公の寝室には、自分の使命に集中できるよう、さまざまな貼り紙やポストイット、レポート用紙、リストが要領よく並べられている(本は長い集中力を必要とするため、もちろんそういったものはない)。使命の目的はいみじくもこう記される――ループを閉じるためには、処刑の確認は処刑そのものと同じくらい重要だ。

いつも同じ場所で目覚めるとは限らないため、ポストイットに頼るのは危険が大きい。そこで健忘症の主人公は解決策としてタトゥー――シェルビーによれば絶対になくさないメモ――を選ぶ。そうすれば手首の矢印から前腕、肩、胸に彫られた指示へ視線を進め、最終的に警察が描いた容疑者の似顔絵にたどりつける。もう何も読めそうにないというときでも、自分の体なら読める。シェルビーの見当識障害を再現するために物語を逆からたどるこの映画は、主人公の胸のいちばん上にきざまれた鏡文字の文章――「ジョン・Gはぼくの妻をレイプして殺した」――によって、読むという、およそドラマティックな要素のない行為をドラマティックに描きだす。健忘症の主人公に事前警告はない。シェルビーの一日は、自分の妻が性的暴行を受けたという不快なメモを見ることではじまる。シェルビーの使命という点では、映画自体はストーリーより曖昧かもしれないが、このタトゥーはストーリーを端的に物語る。シェルビーは、プロットのはじまりも覚えていなければ、結末さえ覚えていられない主人公なのだ。映画では、シェルビーが、次に起こることがわかっているのにお気に入りの小説を読み返す妻をからかう場面が、フラッシュバックとして挿入される。もちろん、これはシェルビーに対するジョークだ。健忘症の人は最後に起こったことを突き止めるために読むのだから。

プロットを見失う

二〇一〇年、『ニューヨーク・タイムズ』紙のブログ『新しき高齢者 *The New Old Age*』に、「本にやすらぎをみいだすアルツハイマー病患者たち」と題した投稿が掲載され、認知症であっても本が読めるのかと、多くの介護者たちを驚かせた。[71] それどころか、言葉のやりとりがむずかしい認知症患者でも、活字を完全に理解する場合がある。一部の人は（決して全員ではないが）認知症の最終段階まで識字能力を維持する――文章を解釈する方法が、以前の方法とはかけ離れたものであったとしてもだ。ブログを読んだある読者は、「わたしたちは『読書』という行為について、さまざまな解釈を受け入れる必要があると思います」とコメントしている。[72]

記憶障害があると、読書は大きな楽しみにはなりにくい。認知症の人は、注意力の持続時間が短くなったり、短期記憶が低下したり、会話についていけなくなったりするなどの困難を抱えている。どれも本には不向きなものばかりだ。実際、認知症が人々の生活におよぼす悪影響のひとつが、それまで楽しんできた活動から遠ざけられてしまうことなのだ——本も例外ではない。にもかかわらず、認知症患者を診ている心理学者たちによれば、文学作品をとりあげる読書会への参加は治療効果があるという。また読書療法士も、こうした読書会が社会的な交流の場となり、自己表現を可能にするため、参加者の幸福度を向上させる可能性があると指摘する。[73] とくに詩には、少なくとも学校で詩を暗唱して育った世代にとっては、文学だけでなく毎日の生活における興味を刺激し、集中力を保ち、記憶を呼びさます効果があるようだ。[74]「アルツハイマー病患者のためのポエトリー・プロジェクト」の創始者は、アメリカの詩人ヘンリー・ワズワース・ロングフェローの『矢と歌』に取り組んでいた男性参加者がある一節を完全に暗唱したとき、驚きと喜びに胸を打たれたと語っている。[75]

認知症になった人は、もう二度と、プルーストの『失われた時を求めて』を読む立場にはならないかもしれない。読書と認知症に関しては、二種類の考え方がある。第一のアプローチは、シェイクスピアのいう「二度目の赤ん坊」を文字どおりにとらえ、記憶の喪失に適応できるようになった大人を児童書へ誘導していくものだ。この回帰的モデルは、読む能力が衰えた認知症患者を子どもと同等の存在とみなすものだ。国際図書館協会連盟（ＩＦＬＡ）のガイドラインによれば、認知症の図書館利用者には「子ども向けの大きくてわかりやすい挿し絵のある絵本が適切」だという。[76] その理由は、大人向けの洗練された文体——独特の構文、豊富な語彙、比喩的な表現など——は記憶障害の人には通用しない。というのも、声にだして読む能力が保たれる人々がいるとはいえ、読解力は認知症の重症度が上がるにつれて低下するからだ。[77]

「二度目の赤ん坊」のアプローチを突きつめていくと、言葉を極限まで削ぎ落とした本になる。イギリスのリーディング・ウェル・プログラムの「本の処方箋プロジェクト」が推薦する認知症患者向けの本のうち、もっとも人気のあるタイトルの多くは「写真をシェアしよう *Picture to Share*」のシリーズだ。この本は家庭やペット、旅行などのテーマにそった、短い解説付きの写真で構成されている。海辺での休暇の写真はなにやら現実からの逃避を思わせるが、(出版業界用語を使えば)「記憶力に課題のある」成人向けの本の目的は、夢中にさせること——読者の注意をしっかりと引きつけ、回想のきっかけをつくることにある。本の体裁はとっているものの、ここでは言葉は最低限の役割しか果たしていない——内容に対して「非言語的アプローチ」を勧める本のひとつといえるだろう。[78] イングランド北東部のニューカッスル・アポン・タインの老人ホームでアクティビティ・コーディネーターを務める人物はこう述べている。「ほとんど文字がないのに、これほどポジティブな感情を呼びおこす本は見たことがありません」[79]

高齢の読者に狙いを定める出版社は、彼らが読んでいるのはプルーストではないという事実を隠しておいたほうがいいと思うかもしれない。認知症の人向けの本の多くは、子ども向けの内容を求めているけれども子ども同然という烙印を押されたくない成人読者に配慮したタイトルをつけている。エマ・ローズ・スパロウの認知症シリーズのセールスポイントは、どれも「〝本物の〟本に見せかけて」つくられていることだ。介護者は、たとえ児童書を読む大人であっても、子ども用と明記してあるものには拒否反応を示したりすることを経験から知っている。スパロウは顧客の懸念を取り去るため、次のように述べている。

この本が認知症やアルツハイマー病の患者さんに最適だということは、買った方にしかわかりません。読む人には、手にしている本がじつに美しくて読みやすいことがわかるだけです。本のタイトルにも内容にも、この本が認知症をはじめとする記憶／認知障害の人向けであるとは、いっさい書かれていません。読む人が屈辱を感じないよう、完璧に配慮されています。[80]

つまり認知症向けの本は、こうした大人たちの尊厳ある読書を実現しようとしているのだ。

このジャンルの最大の利点は、老いた親が自分のペースで読書をつづけられるところにあるだろう。エリエザー・ソベルの八六歳の母はアルツハイマー病の症状が進み、会話もままならなくなった。ソベルは当然ながら、母親はもう読むことはできないだろうと考えていた。というのも、母親はまとまった文章の意味を覚えていられず、話の筋を追えなくなっていたからだ。それでも彼女は雑誌をパラパラとめくりながら、短い説明文を声に出して読んだ。母親に残っていた識字能力は、ソベルを驚かせた。「母はまだ読めるんだ、とわたしは気づいた。おそらく本は無理だ。段落ひとつ、いや文章ひとつでも無理だろう。それでも単語だけとか、短いフレーズなら読めるのだ」。[81] ソベルが自分の母親の記憶障害を念頭におきながら制作した「おとなの絵本」は、人と本の関係が本来の読書とはかけ離れたものになっても、人が読みつづけることを可能にしている。

認知症向けの本のほとんどは、ひとりの読書用というより、誰かと一緒に読むためにつくられている。「ひざを寄せて読む絵本」は題名が示すとおり、患者と介護者の両方を読者に想定したものだ。おそらくふたりは並んで本を読み、患者がつっかえたときにそなえ、介護者が代役としてスタンバイしているのだろう。作者の臨床心理学者リディア・バーディックは、単音節しか発話できなくなった母親のためにシリーズの第一作を書いた。母親が草稿を手にしたときの様子を、バーディックはこうふりかえる。「母が自分で文章を読みすすめるのか、声にだしてわたしに読み聞かせてくれるのか、どうなるのか、わたしにはわかりませんでした」。[82] 時折ヒントを出せば、バーディックの母親はどの単語でも読むことができた――そのやり方は図書目録の行の呼び出しに相当するものといえる。

読者の高齢化に対する第二のアプローチは、読者を子どもと同列にみなして子ども向けの本を提供する代わりに、大人の文学を扱うよう求めるものだ。ドクター・スースではなくシェイクスピアを、というわけだ。[83] リバプールの慈善団体「ザ・リーダー」の報告書は、文学に描かれる人間模様のいっさいから認知症の人々を遠ざけておこうとするやり方に対して、はっきりと警鐘を鳴らしている。[84] また、そのほかの諸団体も、複雑な文体を鑑賞する能力は疾患の最終段階になるまで保たれる可能性があるため、古典文学を排除する必要はないと主張する。とはいえ、どんな人でも原作をそのまま読めばよいと考えているわけではない。ダヴテイルプレス［認知機能に障害のある読者向けの文学作品を扱う出版社］の編集者が指摘するように、「文章が非常に長いと、物語を理解するのはむずかしいかもしれない」。[85] 彼らの報告によると、登場人物のリスト、大きな活字、挿し絵、要約などを活用して覚えやすくすれば、「認知症にやさしい」本がつくれるという。古典文学を理解して読みすすめられる人であっても、誰もがすべてを覚えていられるとは限らないからだ。[86]

ダヴテイルプレスの「改訂版」（こちらのほうが「要約版」よりふさわしいとされる）は、認知症の人向けに古典作品をリメイクするためのよい指針となる。探偵小説は記憶の喪失を体験している人々にはとくに不向きだと――クライマックスで明かされる事実がなんのことかわからないかもしれないから――思われるかもしれないが、編集者たちは『シャーロック・ホームズの冒険』を再構成して、そもそもの犯罪を忘れてしまっても読者が興味を持ちつづけられるように工夫した。ダヴテイル版は、冒頭にホームズを「名探偵」と紹介する登場人物リストを配し、全一二話のうち『青いガーネット』のみを収録して、それを約八〇〇〇字から半分の四〇〇〇字に減らし、なおかつ読者に推理させるための伏線もはぶいた。[87] 物語をわかりやすくするため、偽名、話の筋に関係のない余談、みなれないラテン語（「ディスジェクタ・メンブラ」――意味は詩の断片やバラバラ死体）も切り捨てた。さらに、途切れずにつづいている原作を複数のセクションにわけ、各項のはじめに「前の章では……」という簡単な要約を載せて、忘れやすい読者の記憶を新たにするようにした。コナン・ドイルの原作では、「ガチョウの丸焼き《ローストグース》」と「監獄の鳥《ジェイルバード》（常習犯の意）」をひっかけたしゃれで終わるが、改訂版は事件の簡潔なまとめで物語を締めくくっており（「シャーロック・ホームズは、ジェイムズ・ライダーが泥棒だと見破る」）、犯人発見のくだりを読者が忘れても確実に納得できるようになっている。[88] この合理化された短編は、物語《ファブラ》と主題《スジェ》のあいだ、つまり事件とその解明のあいだを近づけ、世界でもっとも有名な探偵と読者が知恵比べをする心理的な部分をなくすことに成功した。原作の冒頭の段落でホームズが証拠調べに使っていた拡大鏡とピンセットを削除したのも、やはり科学鑑定という認知的負荷を最小限にしようとする出版社の基本姿勢のあらわれにほかならない。ここでは男の山高帽が「知的問題」にされることもなければ、ホームズが——ワトソン博士の姿を通して——推理してみたまえと読者を誘うこともない。この改訂版は、ほんのわずかな煙幕や目くらましが、知的楽しみではなく混乱をまねいてしまう読者のためのものなのだ。

「認知症にやさしい」改訂によって実際に違いが生じているという証拠も示されている。おもにディケンズのダヴテイル版『クリスマス・キャロル』の読書会を行っている複数のグループは、各章のはじめにもうけられた要約、代名詞の固有名詞への変更（「彼」を「スクルージ」にするなど）、さらに曖昧さの除去（ダヴテイル版は冒頭の段落で「マーリーはスクルージの会社の共同経営者」と明記）といった小さな変更が役に立つと述べている。[89] 認知的負荷の少ないテキストは、プロットのためではなく、プロットがあるにもかかわらずに読書をする人にとって、本を向きあいやすいものに変える。[90] 閉合——不完全な対象物を完全なものにするため知覚を補うこと——つまりピーター・ブルックスのいう「回顧の予感」は、回顧できない読者にはほとんど魅力がないだろう。[91]

このふたつのアプローチは、認知障害のある人には従来の物語はハードルが高すぎるかもしれない、という点で一致している。かつては熱心な読書家だった人も、もう本の頁をめくるだけだったり、本そのものに見向きもしなくなったりしているかもしれない。そのため、「リーディング2コネクト」を設立した言語聴覚士は、原作のレイアウトや長さ、構文（とくに受動態、否定、節など認知的に要求度の高い文体——要するにヘンリー・ジェイムズは不適当）などの形式的特徴をわかりやすいものに変えて、文学を利用しやすくすることを提唱している。原典への忠実度は、ここではささいな関心事にすぎない。最優先事項は、人々が本と関わりつづける方法を見つけることなのだ。リーディング

2コネクトの制作チームが述べているように、「読者が本の内容全体を理解するにしろ、数頁に集中するにしろ、フレーズひとつを熟考するにしろ、挿し絵や図版を楽しむだけにしろ、印刷物に親しんでいることに変わりはありません」[92] こうやって本を親しみやすいものにすれば、認知障害の人々も本と関わる行為を——わたしが「読んでいる」と称するべきだと主張してきた行為を——つづけていける。たとえその方法が、かつての読書法とかすかに似ているだけのものであったとしても。

暗闇のなかで読む

認知症の回想録は一九九〇年代から出版されはじめた。[93] その多くが親族（たいていは娘）や介護者によって書かれているのは、記憶を失っていく人には自分がたどってきた道を語るすべがないからだ——長いお別れというよりも長い挨拶の本になってしまうだろう。比喩的にいえば、このジャンルは愛する人の認知機能が低下したとき、個人の思い出を後世のために記録し、もう完全な人間とみなしてもらえないかもしれない人生を記念することによって、その運命に抗おうとするものだ。[94] こうした回想録は、本人とその周囲にいる人間の両方の視点から認知機能低下という経験が語られる。ある女性は認知症患者として生きる日々を、「本を読んでいるのに、しょっちゅう誰かに頁を引き裂かれるような感じ」と表現している。[95]

このジャンルでもっとも有名なのは、一九九九年に文芸評論家のジョン・ベイリーが、妻の作家アイリス・マードックを襲ったアルツハイマー病の悲劇について綴った『作家が過去を失うとき——アイリスとの別れI』だろう。回想録は、文学の徒であるふたりが一九五〇年代に出会ったオックスフォード大学時代の求婚期からはじまり、作家の認知機能が低下した一九九〇年代へとつづいている――マードック自身はそれをいみじくも「暗闇に向かって船出している」(小沢瑞穂訳、朝日新聞出版社)気分だと称した。[96] 文字を中心とした日々を送り、おもに本というプリズムを通して世界を把握してきた夫妻にとって、言葉の喪失は強烈なストレスだった。最晩年のマードックは、二〇世紀でもっとも評価された作家のひとりだったのに、自分が作家であったことも覚えていなかった。

ベイリーは妻に本の読み聞かせをしたものの、その努力は、診断がくだる前と後との作家の心の溝を露呈させただけだった。『源氏物語』や『指輪物語』はマードックのお気に入りだったが、想像の世界にたやすく入りこめなくなった彼女に対して、そうした物語の読み聞かせはなぜか「不自然」に感じられた。「彼女のように川や海にするりと滑り込むごとく本の世界に没入し読むのに慣れていない者が」とベイリーは考える。「彼女の意識に言葉を押し込もうとする骨折りなど、退屈で的外れのしわざに見えるに違いない」(小沢瑞穂訳、朝日新聞出版社)[97] 一家のなかで、この神経変性疾患のために読書をやめざるを得なかったのは、マードックだけではなかった。ベイリーもまた、趣味の読書をやめた。昼食をともにしながら読書をしていたこの知識人夫妻は、幼児向けのテレビ番組『テレタビーズ』をみて午後を過ごすようになった。

愛する人が本に興味を失う姿をみて、介護者のほうが本に逃げ場を求める場合もある。詩人のレイチェル・ハダスと彼女の夫はどちらもプルーストをこよなく愛していたが、やがて夫に新聞がほとんど読めなくなる時期がきた。夫の行動は妻の読書法にも変化をもたらし、ハダスは、よく知る物語を新たな視点で読みはじめた。ハダスはディケンズの風変わりで、強迫観念的で、偏執的で、心に傷をかかえ、あきらかに精神を病んでいる登場人物たちにどんどん惹かれていった。「ディケンズは認知症の人を知っていたのだろうか？」自分の夫と『デイヴィッド・コパフィールド』にでてくる風変わりなミスター・ディックの類似に気づいたハダスは、そう自問した。[98]

それ以上によく似ている小説中の人物といえば、ジョージ・エリオットの『ロモラ』に登場する、認知症の苦しみを吐露した老人バルダサッレ・カルヴォではないだろうか。かつてはギリシャ語に通暁した高名な学者であったのに、バルダサッレはそのギリシャ語を理解できない自分に気がつく（この症状については第三章で簡単に触れた）。以前は「ひとつの世界を呼び出す魔法の符号」（工藤昭雄訳、集英社）だった文字は、ただの黒い染みになり果てた。[99] バルダサッレは、「消えてしまった！——なにもかも無くなってしまった！」と、知識が忘れ去られてしまったことを嘆くのだ。[100] マードックが「暗闇への船出」と語った一〇〇年も前に、エリオットは認知症によってもたらされる空白に対して同じような比喩を用いていた。老いてゆくバルダサッレは、ほとんどいつも「新しい暗闇をおのれのうちに感じ」ながらすごしていたが、過去の明晰さが閃光のように戻ってくる瞬間がないわけではなく、そうすると「ふたたび満ちてくる暗闇はそのぶんよけいに恐ろしく思われた」。[101] バルダサッレには、識字能力がもどってくるかどうかわからないことがとりわけ不安だった。そう感じるあいだも、目の前にある頁は「彼の完全な無力さの、嘲りの象徴のようであった」[102] かつては慰めの源泉だった本が、彼を恥じ入らせるものに変わってしまったのだ。

リーダーズ・ブロックの発現によって配偶者の異変に気づく場合は多い。ジーン・タイラーは『失

われていく心 *The Diminished Mind*』のなかで、歴史書を読むのが大好きで熱心な教師だった夫が、『ナショナル・ジオグラフィック』誌の写真を眺めているだけの人間へ変貌していく様子を見守っていたときの心境を回想している。「夫はもう読めない」と気づいたとたん、タイラーは涙にくれた。「知性は彼の人生の中心で輝いていた。それはもう消え失せてしまった」[103] ステフ・ブースが夫の認知機能の問題にはじめて気づいたのは、夫が小説の登場人物を実在の人間であるかのように話しはじめたときだった。あれほど読書が好きだったのに、トニー・ブースはもはや読み終えた章も、段落も、文章さえも覚えていられなかった。読書が不可能になったトニーは、それでも本に慰めを見いだしつづけた。書店を訪れては新たな本を買いもとめ、また俳優時代に覚えたシェイクスピアの一節を引用することさえあった。[104]「言葉とともに過ごしたい」という夫の望みをかなえるため、ステフは夫に詩の読み聞かせをした。

未読の本や新聞が山積みになるのも、人と言葉の関係が終わりつつあるサインのひとつだった。パム・フォークナーが罹患したアルツハイマー病（テリー・プラチェットと同じ型）では、頁のどこを読んでいるのかすぐにわからなくなるため、パムは読書をあきらめた。新聞のコラムを読んでいても、行の終わりになると混乱してしまい、「次はどこに行けばいいの？」と尋ねたものだ。[105] パムはもう、三〇〇〇冊以上もある自分の蔵書に手を触れていない。

図書館をわが家同然にしていた人でも、活字との関係をつづけていけないことがある。マリー・マーリーはロマンス語と文学の学位を持つ男性と恋に落ち、愛情をこめて彼を「歩く図書館」と呼んだ。[106] しかし一八世紀スイスの美学者ヨハン・ゲオルク・ズルツァーについての論文を書いたこの学者が、『ニューヨークタイムズ』紙の一面を読むのさえ苦労するようになる。「キティ、新聞がさっぱりわからないよ」と、歩く図書館は訴えた。「記事が多すぎる。情報がありすぎる。いったいどうすればいいんだ」[107] その一方、ほかの人にとっては、新聞は連続性という安心感の源になる。たとえば、教育者で社会活動家のジョナサン・コゾルは、父親が読むのをやめてしまったあとも、ずっと『ボストン・グローブ』紙を購読しつづけた。[108] 認知症が進んだ人々が、一日中新聞を手にしていることはよく知られている。何をしているのかを問われると、そういう人は「読んでいるんだ」と答えたりする。[109]

子どもが書いた回想録には、親と子の立場の逆転から生まれる複雑な思いが詳細に記録されている。ヴィッキー・タピアは母親が新聞を読むのを聞きながら、「まるで読み方を学んでいる小学一年生の発音を聞いているみたい」だと感じた――二度目の赤ん坊には二度目の子育てが義務づけられる。[110] 同様に、ある小学校教師も、日中には読み方を学ぶ子どもたちの姿を、夜には読み方を忘れた母親の姿を目にしていると、どうにも奇妙な感覚に襲われると述べている。[111] このような事例では、大人の脳の退行が子どもの成長と同時に進んでいくように見えてしまう。子どもが読み方を覚えていくかたわらで、大人の頭からは読み方がこぼれ落ちていくからだ。ある男性の孫娘は、寝る前にたどたどしくお話を聞かせる祖父を遮ってこう言った。「おじいちゃん、読み方を忘れちゃったの?」[112]

口がうまくまわらなくなった大人たちのなかには、遂行の罪ではなく不作為の罪を犯してしまう人々もいる。サラ・リーヴィットのイラストを主体にした回想録『もつれ *Tangles*』には、読み聞かせをしてもらっていた子どものころの思い出と、大好きだった本を段落ごと読み飛ばしてしまう高齢の母親の姿が並べて描かれている。[113] こうした読み間違いは、少なくとも、公衆の面前ではなく、プライバシーが保たれる家庭という空間で起きていた。しかし、誰もがそのような幸運に恵まれていたわけではない。スコットランドのジャーナリスト、マミー・ベアードは葬儀で感動的な弔辞を述べていたところ、自分ではまったく気づかないまま、同じ原稿をふたたび読みはじめていたそうだ。[114] 認知症の人は、書店に通いつづけたり、身の回りに本を置いたり、一種のトーテムとして本を持ち歩いたりして読者になりすますことで、自分の認知機能低下を隠しているのかもしれない。それでも、親が読むのをやめれば子どもは気づく。人差し指で単語を追う、頁をめくらない、本を上下逆さまに持つなど、いくつかのサインがあるからだ。『わたしに子どもなんていた？ *Did I Ever Have Children?*』という回想録には、ディケンズの『二都物語』を手にとるたびに冒頭から読みはじめる母親の姿が描かれている。[115] 「本には終わりがあるところが大きな魅力のひとつだ」と文学研究者のフランク・カーモードは述べたが、認知症の読者の場合、本には決して終わりが来ないのだ。[116]

子ども世代が書いた回想録は、幼いころに読み聞かせをしてもらった思い出をたどってから、親に読み聞かせをしている現在を明かすというのがお決まりの流れだ。ソフィーの子どもたちは、ソフィーが小説の冒頭を思い出せなくなったところで本を読んであげるようになった。[117] ある父親は情感たっぷりにイーヨーのくだりを読み、就寝前の子どもたちを涙にくれさせたものだったが、いまは娘が読む『聖書』に耳を傾けている。[118] 親におびただしい数の物語を読んでいる娘は、まるでシェヘラザードになったみたいだと思うようになった。[119] 親の識字能力の低下によって、子どもはセラピストのいう「あいまいな喪失」（ポーリン・ボス『「さよなら」のない別れ 別れのない「さよなら」――あいまいな喪失』南山浩二訳、学文社）——愛する人が身体的には存在しているものの心理的には不在になったときに生じる感覚——に直面する可能性がある。[120]アレックス・ウィッチェルは、母親が『タイム』誌を読むのに苦労している——これもストラルドブルグ病の一形態——姿を目にして、母親の認知機能の低下を悟った。「ちょっと読みはじめたんだけどね」と、母親は説明した。「段落が終わったら、なんの話だったかわからないのよ」[121] 同様に、フェイス・マーシャルも、まちがった本を読んでいることに気づかない母親の姿を目の当たりにして、診断を受け入れた。「あれほど本が好きだった母はいなくなってしまった」と、娘は悲しみに打ちのめされた。[122]

アンドレア・ギリーズは、感傷的になりすぎないようにしながら、義父母の認知機能の衰えを淡々と描く。とはいえ、脳機能の喪失を自己の喪失と位置づけている点は、ギリーズの回想録も変わらない。「ナンシー（仮名）」が愛情深いおばあちゃんから口汚く攻撃的な偏執病患者に変性していく様子を克明に綴ったギリーズの日記には、常にある疑問がつきまとう——認知症の人はどの段階で本来の自分ではなくなってしまうのだろう？　従って、ナンシーが文字を認識できなくなったことも、より深刻なアイデンティティーの喪失と受け止められる。ナンシーが家の外にある真鍮の文字に指を這わす様子を見守っていたギリーズは、「お義母さんは読めない。もう読めなくなったのよ」と、夫に言う。「こんなのひどすぎる。あまりに決定的な、あまりに完全な喪失だもの」[123] ナンシーが自分の夕食をこっそり捨てる場所に本棚を選んだのには、なにか重大な比喩が隠されているようにも感じられる——イーディス・ウォートンの小説の頁にビネグレットソースが染みこんでいき、やがて本の列全体がソーセージと野菜で固められてしまった。アイリス・マードックの夫ジョン・ベイリーがそうだったように、家族のリーダーズ・ブロックは伝染する。小説家のギリーズもまた、介護に追われて想像の世界へ逃れる暇がなくなり、小説を読むことができなくなってしまう。

読者のままで

認知症の回想録だなんて矛盾している、と思うかもしれない。「回想録」という言葉自体、過去の物事の想起を指し示している。それがこのジャンルの決定的な特徴なのだ。出来事を思い出したり、何を書いたか把握したり、流ちょうに言葉を操ったりすることさえ困難な人々が、自分の人生を語れるものなのだろうか？　少なくともある回想録は冒頭で、同じことがくりかえされる内容についてあらかじめ断りを入れている。つまり、何を書いたか覚えていられない著者にとって、礼儀正しくいえば「認知症にやさしい」仕様になっているということだ——再回想機能をそなえた回想録といえるだろう。[124]

認知症になると、多くの人が自我の概念に不可欠だと考える要素を語り手本人が失ってしまうため、物語表現に独特の課題が生じる。[125]　老年学者のアン・デイヴィス・バスティングが問いかけるように、「記憶に基づいて物語を構築する能力が失われたとき、『自己』は可能なのか？」[126]　何をもって人格とするかという生命倫理的な議論において、認知症は避けて通れない試金石だ。[127]　哲学者は長きにわたって、記憶はアイデンティティーの構築と心理的な連続性の維持に欠かせないと主張してきた。記憶がなければ自己もない、というわけだ。チャールズ・テイラーが言うように、「物語の展開」（『自我の源泉——近代的アイデンティティの形成』下川潔ほか訳、名古屋大学出版会）と呼ぶ作業を通して自分の人生を把握しようとするとき、記憶は自分が紡ぐ物語を形づくる。[128]

記憶の喪失は認知症に特有のものであり、ほかの末期疾患の物語との違いを際立たせる症状だ。スティーヴン・ポストが「超高度認知的文化」と名づけた、ほかのいかなる特性よりも合理性を重んじる社会のなかで、認知症の物語の作者は自分たちが人間としての身分そのものを失う危険にさらされていることが、嫌というほどわかっている。[129] 従って、認知症についての回想録の執筆は、人間界から排除されることを拒否する行為となる。排除される代わりに、別の方法を用いることで、記憶によって定義されないアイデンティティーを概念化できると訴えているのだ。加齢にまつわる回想録では読書の喜びをことほぐのが常だとしたら、認知症の回想録は、本を再読できなくなった経験から学んだ教訓を共有するためのものといえる。[130] 活字を読めなくなるのはそれほど大きな問題には思えないかもしれない。結局のところ、それは機械的なスキルにすぎないのだし、オーディオブックを聞いたり、テキスト読み上げソフトを活用したりする行為に置き換えることも可能だ。しかし、本書でくりかえし示してきたように、読者自身は活字を読むことを単なる機械的スキルとはとらえていない。それどころか、かつて支障なく読めていた人は、依然としてその能力を自身のアイデンティティーを決定づける要素と考えている。トマス・デバッジオは『アルツハイマーと闘う——言葉と記憶がすべり落ちる前に』のなかで、「記憶を失い、子供時代に学んだ読み書きという簡単な技術すら失ってしまえば、私は『だれか』でいられるのだろうか」（黒川由美訳、原書房）と問いかける。[131]

本とともに人生を歩んできた大人であれば、読めない自分という新しいアイデンティティーはなかなか受け入れられないだろう。一例をあげると、ジャーナリストのケイト・スワファーは、文章を読むたびに内容がわからなくなっていくことに気がついた。スワファーは自著の『認知症を乗り越えて生きる』でこう嘆く。「読んで、メモをとっても、また忘れてしまいます。読んで、線を引いて、そしてメモをとっても、それでも忘れてしまうのです」（寺田真理子訳、クリエイツかもがわ）[132] 実際、著者はこの箇所についても忘れてしまったのかもしれない。数章先でふたたび同じ内容をくりかえしているのだから。メモはほとんど役に立たなかった。スワファーはまるで、リディア・デイヴィスの小説『ほとんど記憶のない女』の登場人物のようだ。この女は、「読んでいながら読んだことを覚えていない」（岸本佐知子訳、白水社）ものについての考えを記したノートを棚に並べているのだ。[133] 大の読書家だったスワファーは、ポストリテラシーの状態に動揺し、屈辱を覚え、脅威すら感じる。彼女にとっては、認知症について読むことだけが慰めを得る唯一の治療形態なのに、その選択肢を選べない。この回想録には、認知症の症状だけでなく、それによって引き起こされたネガティブな感情が赤裸々に綴られている。悲しみにひたる時期を通り過ぎたあと、認知症にもいい面がひとつある、とスワファーは書く。泣いていても、たいていの場合、そもそもなぜ泣いていたのかを忘れてしまうからだ。この本は回想録というより、反回想録といっていい。

いつか読む能力を喪失するという予見は、実際の喪失よりも苦しいものかもしれない。クリスティーン・ブライデンは四六歳で認知症と診断されたが、そのときもっとも苦痛だったのは、自分の記憶がいつまでもつのか予測できないことだった。本を読むのにも、行を追ったり、登場人物の名前を覚えたり、話の筋を頭に入れておいたりするのに難儀して、読書はますます困難になっていく。必然的に

「この本、前に読んだかしら?」と最初に訊くようになったが、いずれにせよ筋を覚えていないため、これは事実確認のための質問にすぎなかった。それでもよい面はある。記憶の喪失があると、たとえ読むのが二度目であろうと、はじめて読むように感じられるのだ。ブライデンは徐々に低下する自分の記憶力に抗い、速く読むことに決めた。「たいていはざっと流し読みをする。そうしないと話の流れがつかめない」とブライデンは説明する。

> あまりゆっくり読んでいるとその前に起きたことを忘れてしまうので、なんとかストーリーをつなげるためには速く読む必要がある。ひとまとまりにして意味のあるものとして把握するには言葉が多すぎると感じてしまう。頭の中の容量が足りないので、たくさんある言葉を理解してストーリーを組み立てて話の筋を追えるほど、言葉を長く覚えていることができない。
> (『私は私になっていく——認知症とダンスを』馬籠久美子・桧垣陽子訳、クリエイツかもがわ)[134]

この章で前述した出版社が一頁におさまる単語数を減らそうとしたのと同じように、流し読みをすれば読者の目に届く単語の数は減る。こうした代替技法は効果がある一方で、とても消耗するものでもある。たとえば、いちいちメモをとる作業にうんざりして、ブライデンは自分なりのやり方でアレクサンドル・ソルジェニーツィンの『収容所群島』を読むのをやめた。認知症の読者の場合、現実からの逃避はたいてい本を閉じることを意味する。

歴史の専門家ほど、記憶の保存に適した立場にいる人間はいないだろう。五五歳でアルツハイマー病と診断されたケーリー・スミス・ヘンダーソンは、識字能力の衰えで早期退職を余儀なくされるまで、二年間歴史を教えつづけた。気がつけば、一頁を読むために何時間も座っていることもあった。しかし最後まで歴史家だったヘンダーソンは、小型テープレコーダーを使って、認知症の実体験を記録にとどめた。ヘンダーソンの証言によると、頁上の単語はじっとしておらず、捕まえようとしてもすり抜けて自由自在に動きまわる。「単語はあちらかと思えばこちらに動いて、とても捕まえられない」[135]言葉はコミュニケーションの手段というより、立ちはだかる壁になりつつあった。それについてヘンダーソンは次のように語る。

読まなければならないのに本が読めない。ごく簡単な本であろうと、それこそ何回も読もうと努めた。ところが書き言葉ときたら、なんともわたしを困惑させるのだ。文字も見えるし、それが何なのかだいたいの見当もつくのに、いざ論理的な順番に並べようとすると、ほぼお手上げの状態になってしまう。[136]

認知症はヘンダーソンを事実上、歴史的記録から閉め出された歴史家に変えた。

苛立ちのあまり、読書を完全にあきらめてしまう退職者もいた。ビルという名前の男性は、米国情報庁の外務部門で雑誌の編集にたずさわっていたが、アルツハイマー病と診断されてキャリアに終止符を打った。生涯にわたって言葉を扱う仕事をしてきたにもかかわらず、そのうちにどこまで読んだかも、うんざりするほどゆっくり読まなければ何が書いてあったかも忘れてしまうようになった。しかしビルはそれに順応するのではなく、本とすっぱり手を切る道を選んだ。本は、自分の認知機能の衰えを際立たせるだけだったからだ。ビルの言葉によれば、「読もうとすると自分のふがいなさを思い知らされる」[137]認知症の読者には、解釈学の円は正方形のように感じられるのかもしれない。

末期疾患と診断された人々の一般的な反応は、その疾患に関する資料をできるだけたくさん読むことだ。当然ながら、この方法を選ぶことができる認知症患者はめったにいない。博士号まで取得したリチャード・テイラーも、読むそばから情報を忘れるようになった。手描きのメモをとっても、あとから読み返したときになんのことかわからないから役に立たない。アルツハイマー病支援グループに参加したとき、参加者の半数近くがもう読めなくなったと認めるのを聞いたテイラーは、当初は心のなかでこう思った。「どうすれば読み方を忘れられるんだ？　読めなくなった人生とはいったいどんなものだろう？　読めなくなったらもっと動揺するものじゃないのか？」[138]しかし、テイラーはまもなく、ポストリテラシーの状態は非識字よりもずっと複雑であることを思い知り、読み方を知っていることと読む能力があることを区別するようになる。テイラーの場合、単語、文法、どうやって読んでいくかは、結局のところ理解しており、道路標識や指示なども理解できた。彼にできないのは、新聞記事の内容全体を理解することだった。何度試してもだめだった。テイラーは回想録『完全にアルツハイマー病　*Alzheimer's from the Inside Out*』で、その状態をこう説明する。「読み方はわかっている！　できないだけだ」[139]

同じようなジレンマから察するに、認知症患者は読むことをまったくやめてしまうよりも、新たな読書法に順応しながらなんとかやっていくべきなのかもしれない。ウェンディ・ミッチェルは、頁に折り目をつけたままベッドサイドテーブルに置きっぱなしにしている本を見ないようにしていた(「動かないストーリーラインで登場人物が立ち往生している」)(『今日のわたしは、だれ？——認知症とともに生きる』宇丹貴代実訳、筑摩書房)。本を見ると、以前の自分が就寝前のひとときをどう過ごしていたかを嫌でも思い出してしまう。[140]「頁をめくる」という概念は、前の頁の内容を覚えていられない人間にとっては、ほとんど意味をなさない。ミッチェルによれば、「同じ数頁をくりかえし読んでいること、筋がちゃんと頭に残らないことに気づいて、ついには匙を投げてしまったのだ」。記憶力が低下している読者にとって、本の世界への没入はまったく新しい意味をおびる。しかしミッチェルは、長編小説から短編小説へ切り替えることによって、識字か非識字かという究極の選択の中間点に着地した。短編というジャンルは、集中できる時間が縮小しているミッチェルにはずっと適していた。記憶力の低下によってミッチェルはより注意深い読者になったらしく、以前は物語の展開の陰に隠れていた形式的な要素を意識するようになった。いまでは「筋そのものよりもページの一節に喜びを見出せている」。[142] 読書とはこうあるべきだという考えを改め、プロットではなく頁に集中する読書に変えたことで、ミッチェルは読書をつづけていけたのだ。

フィクションの世界でも、認知症の人々の本の読み方が変化していく様子を取りあげてきた。[143] 神経科学者から作家に転身したリサ・ジェノヴァの小説『アリスのままで』は、認知症の影響を正確無比に描きだしている。これは、ハーバード大学の心理学教授がゆっくりと記憶を失っていく物語だ。[144] アリス・ハウランド博士は、単なる度忘れではすまされないような不穏な物忘れをいくつか経験したあと、若年性アルツハイマー病と診断される。小説は、ハウランドが同じ文章を三回読んでも理解できない冒頭の段落から、自分で書いた本を認識できなくなる最終章へとつづいていく。[145] このふたつのリーダーズ・ブロックに挟まれた頁では、患者の視点から下降の軌跡が描かれ——そこからは、三人称による限定的な視点が増えていく。心理言語学の専門家であるが故に、アリスから言語が段階的に失われていくさまはいっそう痛ましい。アリスは自分で書き残しておいた自殺指示書さえ理解できなくなるのだ。

神経科学者のジェノヴァによって書かれたこの小説は、まぎれもなく臨床的であり、フィクションの形式をとった診断カルテと考えることもできる。小説では次々とあらわれる認知低下の症状が、どのアルツハイマー病患者にもあてはまる臨場感で記録されていく。たとえば「読めない」などといった、症状の程度を評価するためのアンケートに回答をすませたあと、やがてアリスの身に現実の症状が襲いかかる。

> 本を読むことがたちまちつらい作業になった。何度も何度も元に戻って読み直さなければ、テーマや物語の流れがよくつかめなかった。しばらく本を下に置いてしまうと、流れをつかむために章のはじめに戻らなければならなくなるときがある。(『アリスのままで』古屋美登里訳、キノブックス)[146]

識字能力の低下は、まだ時間があるうちに古典文学を読むというアリスの決心を着実に蝕んでいく。自身の記憶障害に苦しむ老王を描いた、シェイクスピアの『リア王』は数頁であきらめ、『白鯨』はうっかり電子レンジのなかに置き忘れてしまう。彼女に選択肢はほとんど残されていなかったが、かわりに映画を見ることを解決策にした。リーダーズ・ブロックは、アリスが自分で書いた文章を理解する能力にも影響をおよぼす。「認知症介護会議」でオープニングの発表をするとき、かつては自信に満ちあふれた発表者だったアリスは、読んでいる箇所がわからなくならないよう、決して原稿から顔を上げなかった。映画版『アリスのままで』のこの場面では、アリスが蛍光マーカーで行に印をつけながら、どこまで読んだかを明らかにしていく様子が描かれている。

しかしこの小説が認知症の人々に人気を博した背景には、もっと複雑な衰退の物語がひそんでいる。『アリスのままで』を読むこと（少なくとも映画版をみること）は、一時期、認知症と診断された人々にとって資料を参照するのと同じ役割を果たしていた。たとえば、この小説は、イギリスで認知症支援を行うリーディング・ウェル・プログラムの「本の処方箋プロジェクト」のリストに載ったはじめてのフィクションとなった。[147] また個々に発信された意見も、『アリスのままで』が、認知症の実情を反映した人生記録を求める人々の心に届いたことをうかがわせる。たとえばグレッグ・オブライエンは、この小説を読むことは鏡をみるようなものだと述べた。「ぼくはアリスだった、服装を除いては」。[148] ウェンディ・ミッチェルはこの小説を三回読んだ（三回ともはじめて読むような感じではあったが）。[149]

彼らは、認知症になっても小説を読みつづけている多くの人々のひとりなのだ。いずれは自分たちが小説を読めなくなる日が来る――そもそも、『アリスのままで』を読んだことがあるかどうかも思い出せなくなる日が来ることが描かれている小説を。だが、その日が来るまでは、そして、ひょっとしたらその日が来たあとも、認知症の読者たちは――この章で紹介したほかの記憶障害の人々も――喜びの源として物語に目を向けつづけるだろう。ほかの読者たちと同じように。どのような手段をとっていようと、彼らが読んでいることに変わりはないのだから。

終章

この本では、「読む」という行為に対する考え方を変えることを目指してきた。文字を読む行為は単純明快な活動とみなされることが多いが、よくよく調べてみると、「読む」という言葉には多種多様な活動が包含されており、それぞれに共通する決定的な特徴はひとつとして存在していないことがわかる。この本では、読字が一般に認識されているよりも多様な現象であることを示すために、非定型的な読字スタイルを一堂に集結させた。そういった実例には、書記記号の音韻化《デコーディング》、読解、解釈の観点のみによる読字プロセスの理解を超えて、テキストとの多様な関わり方にまで拡張された読字の定義が必要だ。私は、認知力の多様性を受け入れるニューロダイバーシティ運動の考察に基づき、これまで病的、異常、あるいは「読んだとはいえない」という理由で退けられてきた印刷物との関わり方に注目することで、多くの学びを得られると考えている。

本書で取り上げた難読症《ディスレクシア》、過読症《ハイパーレクシア》、失読症《アレクシア》、共感覚、幻覚、認知症は、読字を阻む六種類のリーダーズ・ブロックとして、文字を読むプロセスがスムーズに機能しているときには気づかれにくい読字の側面を浮き彫りにするものだ。従って、この本で紹介した行動をまるごと受け入れられる領域という観点から読字について考えることで、「読む」ということがなにを意味するのかを、私たち全員がより深く理解できるようになる。

この本のテーマであるもうひとつの読字の歴史は、一般的な読字の歴史から取り残されてきた「厄介な」読み手、もしくは、独特な方法で情報を処理するニューロダイバージェントな読み手の証言を集め直すことを目指したものだ。この種の説明は、型にはまらない読み方をするときの感覚を現象学的経験として第三者に伝えるという、困難な役割を担っている。アレクシアを抱えながら成長した哲学者のジリアン・ローズは、「読むことは、単に読むことではなかった」と述べた。[1] 脳と身体がうまく調和して頁をスムーズに読み解ける人々とは対照的に、本書で紹介した読み手たちは、脳と身体が緊張した状態、あるいは、真っ向から対立した状態で頁と向き合っている。だがそれは、読字を支える神経学的な基盤の複雑さと、そのせいで頻繁に不具合が生じてしまうことについてじっくり考えたことがある人にとっては驚くことではないはずだ。リーダーズ・ブロックの症例は、脳がどのような方法で読字プロセスに影響を与え、読字の邪魔をしたり、中断させたりするのかを――私が「脳に逆らう読字」と呼んできた状態を――明らかにする。ただし、この本では、読字差異をあまり否定的にとらえないように警告している。なぜなら、このような代替的な読字プロセスにも利点はあるからだ。これまで見てきたように、リーダーズ・ブロックに阻まれた多くの人々にとって、たとえ代替的な方法に頼らざるを得なくなったとしても――「脳に従った読字」という表現がふさわしい状況――文字を読む行為が人生において重要な位置を占めていることに代わりはない。

この本の目標は、読字には標準的なアプローチがあるという一般的な思い込みに異議を唱えることだった。この終章も例外ではない。この章を締めくくりとして読んでいる人であれば、他の読者が最初から順を追って読み進めているとは限らないことを理解しているはずだ。ひょっとすると、この章から逆の順番で読んでいく人もいるかもしれない。読み書きに困難を感じる人々が「知的発達が遅れた《バックワード》」読み手と呼ばれなくなったのは良いことだが、文字通り逆方向《バックワード》から読む人もいるからだ。二〇世紀初頭の医学雑誌では、右から左へ、あるいは文末から文頭へと、うっかり逆から読んでしまう（たとえば「God（神）」を「dog（犬）」と読んでしまう）症例が数多く報告されている。[2] ある女性は、朗読するように言われたときに、頁の右下の単語を後ろから読みはじめたそうだ。[3] ほとんどのみなさんはこの本のタイトルを「Reader’s Block」と読んでいるだろうが、なかには、「kcolB s’redaeR」と読んでいる人もいるかもしれない。

　私がまとめた読字の歴史とニューロダイバーシティは、「読む」という言葉に対する包括的な理解の必要性を訴えてきた。序章では、読字の本質を理解するために、トップダウンではなくボトムアップのアプローチ——文字を読むのにどれほど多くの方法があるかを示す実例を積み重ねること——を優先して、便宜上、用語の定義という課題を先送りした。私の狙いは、読字の新しい定義を提示することよりも、読字という言葉が当てはまる可能性があるすべての活動を人々に認識してもらうことにあった。そのため、「リーダーズ・ブロック」という言葉を、この本で紹介したニューロダイバージェントな人々の読字のエピソードだけでなく、彼らの読み方を読字の形態として認めようとしない人々の姿勢にも当てはめている。

　誰よりも読字に精通している人々であれば、「読む」という言葉の弾力性に真っ先に気づくはずだ。

今から半世紀ほど前、識字の研究者であるジェイムズ・マクスウェルは「読字に関する本を書くほうが、読字を定義するよりも簡単なようだ」と述べている。[4] マクスウェルのエッセイでは、今日の読字に関する多くの議論の特徴である用語の混乱、すなわち、同じ単語を、異なる意味、さらには相反する意味で使っているという事実がいち早く指摘されている。『はらぺこあおむし』を音読する小学生と、『白鯨』を読み進める文芸評論家では、「読む」という同じ用語が使われるにもかかわらず、その認知活動はまったく異なっている。何をもって読字とするかについての論争は、まず、「読む」という言葉自体に流動性があることを認めるところからはじめなくてはならない。

読字の定義には便利なものが多数あるので、新たな定義を提案する必要はない。既存の定義は、扱いにくくてもあらゆる置換えをカバーしようとする苦心がうかがえる表現から、わざと曖昧にすることで単なる読字を越えた多くのものをカバーしていると思われる簡潔なものまで、多岐に渡っている。マクスウェル自身は包括的な定義の考案を試み、読字を「内容（Reading C）」、「読み手（Reading R）」、「プロセス（Reading P）」の三つの明確なカテゴリーに分類した。より簡潔な表現としては、作家のルドルフ・フレッシュの「文字の組み合わせから意味を理解すること」という古典的な定義から、ノースカロライナ大学のアラン・G・カムヒ教授の報告に見られる「印刷物によって導かれる思考」[5]という新しいものまで、さまざまなものがある。

これらの定義は使われる状況によってそれぞれに利点と限界がある。その定義が役に立つかどうかは、読字として認定される範囲を定めることを目的とするのか、あるいは逆に、人々が印刷物との多様な関わり方を認めることが目的なのかによって異なるだろう。私は既存の定義を、どのような種類の行動を除外すべきかを見極めるために使うだけでなく、従来とは異なる読字の方法にも当てはめることを提案している。もうこれ以上読字の定義を増やす必要はない。必要なのは、既存の定義を物惜しみせずに使うことなのだ。

私にとって、読字の説明のなかでもっとも有益だと思えるものは、さまざまな読み方を受け入れる余地を残した定義だ。たとえば、メアリアン・ウルフの「読字とは、書かれた言語をデコーディングおよび読解する行為に関わる、複数の知覚的、認知的、言語的、感情的、生理的プロセスである」という定義は、誰かが本を開いたときに行うさまざまな活動のすべてをほぼ網羅している。[6] ただしこれは、この表現をゆるやかに解釈した場合にのみ当てはまる。厳密な解釈（デコーディングおよび読解）では、この本で紹介したあらゆる種類の活動が除外されてしまう。一方、便宜的な解釈（デコーディングおよび／または読解）であれば、完全な理解には至らないかもしれないが、本に関する行動のきわめて広い範囲を認めることになる。読字をひとつの領域とみなしたからと言って、読める人と読めない人のあいだに境界線を引くことができないわけではない。小学校の教師が、ある児童に追加的な支援が必要かどうかを判断するために、狭義としての読字を基準にするのは至極当然のことだろう。しかし、さまざまな行為を特徴づけるものからそれらの行為の共通点に焦点を移すために、読字の定義をより制限の少ないやり方で使うことも同じように意識すべきだ。この本では、これまで認識されることがなかった、あるいは阻害されてきたとさえ言えるかもしれない、読字、あるいは読字に似たありとあらゆる行動を受け入れるひとつのモデルを提示して、読字の包括的な理解を可能にしている。

「読字」の定義を拡大し、通常とは異なる読み方を受け入れるのは、単なる社会正義の問題ではない。この本が提案する「読字」の包括的な定義によって誰もが恩恵を受ける立場になり、そのこと自体が障害学の基本原理を確かなものにする。つまり、ひとつの主題をめぐる話し合いにハンディキャップを持つ人々にも参加してもらうことで、私たちの考え方を変えることができるということだ。障害学と医療人文科学（健康人文科学という、より広範な旗印のもとで交わる二つの分野）では、当事者の声に価値があることを認めるようになっている。患者の視点よりも臨床的な視点を優先してきた医療従事者たちの多くは、もはやオリヴァー・サックスの「常に患者の声に耳を傾ける必要がある」という基本的ルールをめぐって論争を引き起こすことはないだろう。[7] サックスの提案は人文科学にも向けられている。患者が医療当局に反論した数多くの実例からわかるように、リーダーズ・ブロックを体験した当事者たちの知識は、読字についてのもっとも基本的な仮定の多くに異議を唱えるものだ。認知的差異の影響下にある人々の視点は、従来の考え方に支配された研究ではめったに取り上げられない読字プロセスの側面に光を当てる、効果的な注意喚起となっている。何よりも、傍目には読んでいるように見えないとしても、彼らにとって文字を読むことにどれほどの価値があるのかを、当事者の声は伝えてくれている。

この本で扱っているのは、単なる、読めない人々の歴史ではない。ほかの人々とは異なる方法で文字を読む人々の歴史でもある。私が見いだしたものをきっかけにして、書物史家たちが、ニューロダイバーシティを視野に入れた上での歴史的記録の見直しに取り組んでくれることを願っている。この分野の創始者たちが予言した、過去の読み手たちの認知プロセスに基づく、「内側からの読字の歴史」

にはたどり着けなかったかもしれないが、それでも、逸話、個人の証言、科学的な事例研究といった文献証拠が、ニューロダイバージェントな読み手や、認知力が原因で言語能力に差異が生じている可能性がある人々の現象学的な経験を伝えてくれていることは明らかにできた。読字困難に関する初期の医学的診断から、患者自身が書いた現代の回想録に至るまで、この本では、識字能力、知能、能力欠如に対する考え方の変遷に翻弄された人々の証言を位置づけるための歴史の枠組みを提供している。ホフストラ大学の名誉教授G・トーマス・カウザーは、近年、障害を持つ人々の視点から書かれた回想録が急増していることを、個人の記録《ライフ・ライティング》におけるもっとも重要な発展のひとつと評している。つまり、ディスレクシア、自閉症、認知症、その他の神経学的疾患に焦点を当てた回想録は、ほかの種類の社会経済的多様性と平行してニューロダイバーシティの影響を理解したいと考える人にとって貴重なアーカイブになるというのだ。[8]

私の研究では、デジタル・メディアによって認知的差異の影響下にある人々の主観的な体験がかつてないほど身近になった、現在の時点までをカバーしている（デジタル・メディアは、対面での交流よりもオンラインでのコミュニケーションを好む自閉症者にはとくに有益だ）。こういった、インターネットを介したやりとりを追跡する仕事は、未来の歴史家に任せることにしよう。そこでは、科学的根拠を見つけるにあたって情報量の少なさよりも膨大さが問題になるはずだ。幸いなことに、彼らはデジタル時代以前には存在しなかったツールを利用できる。未来の研究者たちは、見え方の違いを身をもって体験できるようになるので、神経疾患に関する文献だけで我慢する必要はなくなるはずだ——少なくとも、ディスレクシアや共感覚といった症状を持つ人の視点に立った読字の感覚的体験の再現をシミュレーションすることは可能になるだろう。[9]

ニューロダイバーシティも、現在志向の学問領域によって考慮されるべきだ。認知科学は目覚ましい進歩を遂げ、かつて哲学者アンリ・ベルクソンが「予見」と呼んだような神秘主義的な読字観から脱却するための一助となった。[10] 神経科学の分析ツールは、人が本を開いたときの精神活動を可視化するうえでとくに優れていることが証明されている。それでも、文学を認知的な観点から研究する人々が、人間の経験を全領域に渡って説明できないような還元的なモデルは使いたくないと考える場合は、認知プロファイルが読字プロセスにどのような影響を与える可能性があるのかを認識しておく必要がある。たとえば、物語を読んでいると心のなかにイメージが湧いてくるという基本的な前提には、心的イメージをまったく見ない人もいれば、頁上の単語とほとんど関係のないイメージを見る人もいるという事実を踏まえて修正を加えるべきだ。定型的な方法で情報を処理するニューロティピカルな人々の読み方が、文字記号を意味に変換することに関連づけられているのと対照的に、ニューロダイバージェントな読者のなかには、文字記号からあまりにも多くの意味を読みとってしまう人もいれば、ほとんど意味が理解できない人もいる。このような相違には、読字そのものの複雑な性質が反映されている。文字を読む行為は、それぞれの読み手によって異なる経験であるのと同時に、すべての読み手に広く共有される一連の精神的プロセスをよりどころとするものでもあるからだ。異なる読字スタイルをまたいで連続するプロセスと、それぞれに独立したプロセスの両方を考慮することによって、普遍的《ユニバーサル》な読者などという誤った概念を前提としたモデルよりも、正確で、堅固で、啓発的になりうるモデルが誕生するはずだ。

熟練の読者でも、なじみのない方法で読んでいる人々から学ぶことがある。文芸評論家のリア・プライスが言うように、日常的な読み方を基準にすることで読字という行為が「一見理解できる」ように感じられるとすれば、この本で紹介した実例は、読字のプロセスについて私たちが知らないことがいかに多いかを思い起こさせてくれる。[11] 文芸評論家は「読字」を解釈と同一視する傾向にあり、解釈に至るまでのすべての段階を軽視している。そのプロセスは知覚そのものからはじまるのだ。第一章で紹介したディスレクシアの読み手の姿から、私たちはこんなふうに考える。小説を読むときに会話以外のすべてを読み飛ばしたらどんな影響があるのだろう？　本との型破りな関わり方は、テキストへの反応を劇的に形作る可能性があるとはいえ、普段はあたりまえだと思われている読字プロセスの様相に注意を向けさせる。具体的に言うと、注意、感情、記憶、知覚、生理、感覚、心的イメージなどが、人によって異なるであろうテキストの受け取り方に影響を与えるのだ。普段は気づかれない、あるいは少なくとも言及されることのない、デコーディングと読解の側面について考えることによって、文芸評論家は、こういった解釈プロセスの予備的要素が自らの美的判断の一因になりうることを認識しやすくなるだろう。

この本を読み終えたニューロティピカルな読者のみなさんは、「定型的な《ティピカル》」読者などというものは存在しないことを知っている。この世界に存在するのは、その人特有の、極めて限定的な方法で文字を読んでいる大勢の読み手なのだ。そう考えると、すべての読み手は非定型的といえる。これまで紹介してきたニューロダイバージェントな読み手の実例は、読字方法の全領域についての認識を高めると同時に、自分自身の嗜好がほかの読み手の嗜好のどの部分と一致するのか、あるいは乖離しているのかについて考えるように——私自身、本書を執筆しながらそのことを考えていた——促すものだった。この知識は、人目にさらされることのない読字プロセスの側面を理解するのに役立つかもしれない。この本を執筆した動機のひとつは、風変わりな読字習慣のせいで自分がまわりから浮いているように感じていたことにあるのだが、その後のさまざまな会話から、自分の読み方が「普通」だと考えている人はほとんどいないのではないかと感じるようになった。自分がおかしな読み方をしているように感じる人は、そう思っているのが自分だけではないことがわかって、ほっと胸をなでおろすことだろう。

訳者あとがき

いま世界では、「多様性（ダイバーシティ）」という言葉が、健全な未来を築くにあたってのキーワードとして盛んに用いられている。人種、国籍、性別、文化、信仰といったものの違いを尊重して、集団のなかに異なる属性の人々を包摂するという概念だ。そして、いままでは障害とみなされてきた脳や神経（ニューロ）の特性をその人の個性として受け入れようとする考え方が、「ニューロダイバーシティ」と呼ばれている。本書は、ニューロダイバーシティに深く関わる行為としての「読字」、つまり、文字を読む行為に着目したユニークな作品だ。

世の中には、主に教育現場で〝正しい〟とされている読み方に困難を感じている人々が大勢いるそうだ。たとえば、本書でも数多くの体験談が紹介されているディスレクシア（難読症）。日本では「読み書き障害」「識字障害」といった言葉で、読み書きを覚えられない子どもたちの学習障害として広く認知されるようになった。本書では、読字の歴史をふりかえりながら、文字を読めない人が不当に貶められていた時代に、読めるふりをしながら生きてきた人々や、周囲の無理解のせいで苦難の道を歩んできた人々の姿が紹介されている。ディスレクシアのほかにも、主に自閉症と関連づけられるハイパーレクシア（過読症）、文字に色がついて見える共感覚、実際には存在しないものが見えてしまう幻覚が原因で、〝正しい〟読み方ができない人々が登場する。本書の原題でもある「リーダーズ・

ブロック *Reader's Block*」が、読字プロセスを阻む障壁を意味する言葉として用いられている。

とはいっても、子どものころからすらすらと文字を読んできた人や、読書を趣味や生きる糧にしている人、情報収集のために速読を常としている人たちには、ディスレクシアの人々が直面している苦労はどこか他人事に思えるのではないだろうか。本書の真骨頂は実はその先にあって、識字能力が簡単に失われてしまう現実にも多くの頁が割かれている。その最たる例が、アレクシア（失読症）や認知症だ。昨日まで読めていた人が突然読めなくなったり、本を片時も手放したことがない人が少しずつ読めなくなったりする。その衝撃、悲嘆、絶望、喪失感は察するに余りあるのだが、本書では、新たな読み方を見つける人々や、識字能力を失っていく人ができるだけ長く「読者」でいられるように支援する人々の姿も紹介されている。

そうした人々の姿を通して、著者のマシュー・ルベリーはこう訴える――世の中で〝正しい〟とされてきた読み方にこだわることはない。好きなように文字を追ってもかまわない。オーディオブックを聞くのだって立派な読書だ。さらに言えば、大好きな本を手に取り、紙の感触を確かめながら頁をめくり、本を五感で味わうことだって、「読書」と呼べるのではないだろうか？

つまりそれは、文字を読む行為にも多様性を認めようという主張であり、「あなたはあなたのやり方で読めばいい」という著者からのエールでもあるのだ。ぜひとも、ご一読を。

二〇二四年三月

片桐晶

マシュー・ルベリー（Matthew Rubery）
ロンドン大学クイーン・メアリー校現代文学教授。ヴィクトリア朝文学、メディア史専攻。主な著書に *The Novelty of Newspaper's, The Untold Story of the Talking Book* などがある。

片桐晶（かたぎり・あきら）
翻訳家。児童書からビジネス書まで幅広いジャンルを手がけている。主な訳書に『ジュリアン・アサンジ自伝』（学研プラス）、『ゴジラ』(KADOKAWA)、『完全版　タロット事典』（朝日新聞出版）、『ザ・ペンシル・パーフェクト』（学研プラス）『『赤の書』と占星術』（原書房）などがある。

注

序章

1. Charles Dickens, *Great Expectations*, ed. Margaret Cardwell (Oxford: Oxford University Press, 2008), 42.

（チャールズ・ディケンズ『大いなる遺産』石塚裕子訳、岩波書店、2014 年）

2. Fran Peek, *Th e Real Rain Man: Kim Peek*, ed. Stevens W. Anderson (Salt Lake City: Harkness, 1996), 16.

3. Fran Peek and Lisa Hanson, *Th e Life and Message of the Real Rain Man: Th e Journey of a Mega-Savant* (Port Chester, NY: Dude Publishing, 2008), 53.

4. Th e term "neurodiversity" has a complex genealogy in blogs, journalism, memoirs, websites, and scholarship. One of the most accessible introductions to the concept is Th omas Armstrong, *Th e Power of Neurodiversity: Unleashing the Advantages of Your Diff erently Wired Brain* (Cambridge, MA: Da Capo, 2010).

5. Laura Otis, *Rethinking Th ought: Inside the Minds of Creative Scientists and Artists* (Oxford: Oxford University Press, 2015), 3.

6. See, for example, V. S. Ramachandran, *Th e Tell-Tale Brain: A Neuroscientist's Quest for What Makes Us Human* (New York: W. W. Norton, 2011), 46.

7. Richard E. Cytowic and David M. Eagleman, *Wednesday Is Indigo Blue: Discovering the Brain of Synesthesia* (Cambridge, MA: MIT Press, 2011), 37.

8. Jonathan Swift , *Gulliver's Travels*, ed. Robert DeMaria Jr. (New York: Penguin, 2001), 197.（ジョナサン・スウィフト『ガリバー旅行記』山田蘭訳、角川書店、2011 年）

9. Ludwig Wittgenstein, *Philosophical Investigations*, trans. G. E. M. Anscombe, 2nd ed. (Oxford: Blackwell, 1958), 32 / §67.

（ジョナサン・スウィフト『ガリバー旅行記』山田蘭訳、角川書店、2011 年）

10. Th e neurological forms of reader's block discussed by this book should be distinguished from previous uses of the term to describe, for instance: psychological obstacles in Eve Kosofsky Sedgwick and Adam Frank, "Shame in the Cybernetic Fold: Reading Silvan Tomkins," in *Shame and Its Sisters: A Silvan Tomkins Reader*, ed. Sedgwick and Frank (Durham: Duke University Press, 1995), 1–28; the accumulation of anecdotes collated by David Markson, *Reader's Block* (Normal, IL: Dalkey Archive, 1996); the antisocial uses of books in Leah Price, "Reader's Block," *Victorian Studies* 46.2 (2004): 231–242; or the diminished motivation associated with age in Geoff Dyer, "Reader's Block," in *Working the Room: Essays and Reviews, 1999–2010* (Edinburgh: Canongate, 2010), 343–347.

11. Alberto Manguel, *A History of Reading* (New York: Penguin, 1996), 39.（アルベルト・マングェル『読書の歴史—あるいは読者の歴史』原田範行訳、柏書房、2013 年）

12. Daniel C. Dennett, *From Bacteria to Bach and Back: Th e Evolution of Minds* (London: Allen Lane, 2017), 75.（ダニエル・デネット『心の進化を解明する - バクテリアからバッハへ -』木島泰三訳、青土社、2018 年）

13. Mark Seidenberg, *Language at the Speed of Sight: How We Read, Why So Many Can't, and What Can Be Done About It* (New York: Basic Books, 2017), 3. See also Daniel T. Willingham, *Th e Reading Mind: A Cognitive Approach to Understanding How the Mind Reads* (San Francisco: Jossey-Bass, 2017).

14. Stanislas Dehaene, *Reading in the Brain: Th e New Science of How We Read* (London: Penguin, 2009), 219.

15. Steven Roger Fischer, *A History of Reading* (London: Reaktion, 2005), 11.

16. Fischer, *A History of Reading*, 343.

17. William Morris, *News from Nowhere*, ed. David Leopold (Oxford: Oxford University Press, 2003), 25.

18. Philip B. Gough and Michael L. Hillinger, "Learning to Read: An Unnatural Act," *Bulletin of the Orton Society* 30.1 (1980): 179–195.（フィリップ・ゴフ、マイケル・ヒリンジャー『プルーストとイカ—読書は脳をどのように変えるのか？』小松淳子訳、インターシフト、2008 年）

19. Maryanne Wolf, *Proust and the Squid: Th e Story and Science of the Reading Brain* (New York: HarperCollins, 2007), 3. On the brain's repurposing of neuronal networks for reading, see Dehaene, *Reading in the Brain*.

20. Sigmund Freud, *On Aphasia: A Critical Study* (New York: International Universities Press, 1953), 75–76.

（ヴァレリー・D. グリーンバーグ『フロイトの失語症論—言語、そして精神分析の起源 - 付録 S・フロイト「失語症の解釈について」』安田一郎訳、青土社、2003 年）

21. Frank Smith, *Reading Without Nonsense*, 2nd ed. (New York: Teachers College Press, 1985), 93.

22. Anne Castles, Kathleen Rastle, and Kate Nation, "Ending the Reading Wars: Reading Acquisition from Novice to Expert," *Psychological Science in the Public Interest* 19.1 (2018): 5–51, at 6; Keith Rayner et al., "How Psy-

chological Science Informs the Teaching of Reading," *Psychological Science in the Public Interest* 2.2 (2001): 31–74, at 34.

23. Sally Andrews, "Individual Diff erences in Skilled Visual Word Recognition and Reading: Th e Role of Lexical Quality," in *Visual Word Recognition, Volume 2: Meaning and Context, Individuals and Development*, ed. James S. Adelman (Hove, UK: Psychology Press, 2012), 151.

24. On the move away from hermeneutics among literary studies, see Rachel Sagner Buurma and Matthew K. Gold, "Contemporary Proposals About Reading in the Digital Age," in *A Companion to Literary Th eory*, ed. David H. Richter (Chichester: Wiley Blackwell, 2018), 139–150; Deidre Shauna Lynch and Evelyne Ender, "Introduction— Time for Reading," *PMLA* 133.5 (2018): 1073–1082; and "Introduction: Reading Spaces," *PMLA* 134.1 (2019): 9–17; and Matthew Rubery and Leah Price, eds., *Further Reading* (Oxford: Oxford University Press, 2020).

25. N. Katherine Hayles, *How We Th ink: Digital Media and Contemporary Technogenesis* (Chicago: University of Chicago Press, 2012), 79; Mara Mills, "What Should We Call Reading?" *Flow* (December 3, 2012): https:// www .fl owjournal .org/ 2012/ 12/ what -should -we -call -reading/

26. McLuhan describes his elective hemineglect in "My Reading Habits (1967)," YouTube (August 29, 2012): https:// www .youtube .com/ watch ?v = Xi-8ULoGh8DY

27. Jenni A. Ogden, *Trouble in Mind: Stories from a Neuropsychologist's Casebook* (New York: Oxford University Press, 2012), 90.

28. Ludwig Wittgenstein, *Th e Blue and Brown Books* (New York: Harper & Row, 1958), 19–20.

29. Sarah McNicol and Liz Brewster, eds., *Bibliotherapy* (London: Facet, 2018).

30. John Stuart Mill, *Autobiography*, ed. John M. Robson (New York: Penguin, 1989).

31. Robert Burton, *Th e Anatomy of Melancholy*, ed. Holbrook Jackson (London: J. M. Dent, 1932), 38.

32. James Boswell, *Life of Johnson*, ed. R. W. Chapman (Oxford: Oxford University Press, 2008), 690.

33. Andrew Solomon, *Th e Noonday Demon: An Atlas of Depression* (New York: Scribner, 2001), 99.

（アンドリュー・ソロモン『真昼の悪魔―うつの解剖学』堤理華訳、原書房、2003 年）

34. Quoted in Siegfried Wenzel, *Th e Sin of Sloth: Acedia in Medieval Th ought and Literature* (Chapel Hill: University of North Carolina Press, 1967), 28.

35. Raymond Klibansky, Erwin Panofsky, and Fritz Saxl, *Saturn and Melancholy* (London: Nelson, 1964), 85; Stanley W. Jackson, *Melancholia and Depression: From Hippocratic Times to Modern Times* (New Haven: Yale University Press, 1986), 191.

36. N. S. Sutherland, *Breakdown: A Personal Crisis and a Medical Dilemma*, 2nd ed. (Oxford: Oxford University Press, 1998), 3.

37. Sutherland, *Breakdown*, 3.

38. Matt Haig, *Reasons to Stay Alive* (Edinburgh: Canongate, 2016), 130. Emphasis in original.（マット・ヘイグ『# 生きていく理由』那波かおり訳、早川書房、2018 年）

39. Daniel Smith, *Monkey Mind: A Memoir of Anxiety* (New York: Simon & Schuster, 2013), 136.

40. Kay R. Jamison, *An Unquiet Mind: A Memoir of Moods and Madness* (London: Picador, 2015), 37.（ケイ・レッドフィールド・ジャミソン『躁うつ病を生きる』田中啓子訳、新曜社、1998 年）

41. Jamison, *Unquiet Mind*, 95.

42. Jamison, *Unquiet Mind*, 98.

43. Susanne Antonetta, *A Mind Apart: Travels in a Neurodiverse World* (New York: Jeremy P. Tarcher, 2007), 2.

44. R. G. Bickford et al., "Reading Epilepsy: Clinical and Electroencephalographic Studies of a New Syndrome," *Transactions of the American Neurological Association* 81 (1956): 100–102.

45. Herbert Spencer, *An Autobiography*, 2 vols. (London: Williams and Norgate, 1904), 1:467.

46. Spencer, *An Autobiography*, 1:474. For a fuller account of Spencer's symptoms, see Martin N. Raitiere, "Did Herbert Spencer Have Reading Epilepsy?" *Journal of the History of the Neurosciences* 20.4 (2011): 357–367.

47. Abena D. Osei-Lah et al., "Focal Reading Epilepsy—A Rare Variant of Reading Epilepsy: A Case Report," *Epilepsia* 51.11 (2010): 2352–2356.

48. M. Koutroumanidis et al., "Th e Variants of Reading Epilepsy. A Clinical and Video-EEG Study of 17 Patients with Reading-Induced Seizures," *Brain* 121.8 (1998): 1409–1427, at 1416.

49. Donald F. Weaver, "Font Specifi c Reading-Induced Seizures," *Clinical Neurology and Neurosurgery* 125 (2014): 210–211, at 210.

50. Quoted in Oliver Sacks, *An Anthropologist on Mars: Seven Paradoxical Tales* (London: Picador, 1995), 81.

51. John Wiltshire, *Samuel Johnson in the Medical World: Th e Doctor and the Patient* (Cambridge: Cambridge University Press, 1991), 29–34.

52. Samuel Johnson, *Johnsonian Miscellanies*, ed. George Birkbeck Hill, 2 vols.

(Oxford: Clarendon, 1897), 2:297. Robert DeMaria Jr. discusses additional accounts in *Samuel Johnson and the Life of Reading* (Baltimore: Johns Hopkins University Press, 1997).

53. Quoted in Margaret Cheney, *Tesla: Man Out of Time* (New York: Simon & Schuster, 1981), 39.

54. See, for example, statement 42 in Ezio Sanavio, "Obsessions and Compulsions: Th e Padua Inventory," *Behaviour Research and Th erapy* 26.2 (1988): 169–177.

55. Marc Summers, *Everything in Its Place: My Trials and Triumphs with Obsessive Compulsive Disorder* (New York: Penguin Putnam, 1999), 72–73.（マーク・サマーズ『すべてのものは、あるべきところに』二宮千寿子訳、青山出版社、2000年）

56. Amy Wilensky, *Passing for Normal: Tourette's, OCD and Growing Up Crazy* (London: Simon & Schuster, 2006), 151.

57. Summers, *Everything in Its Place*, 42.

58. Catherine Malabou, *Th e New Wounded: From Neurosis to Brain Damage* (New York: Fordham University Press, 2012), 9.

59. Tracy Kidder, *Old Friends* (London: Granta, 1994), 30.

60. Manguel, *A History of Reading*, 293.

61. Robert McCrum, *My Year Off* (London: Picador, 1998), 75.

62. See, for example, John T. MacCurdy, *War Neuroses* (Cambridge: Cambridge University Press, 1918), 52.

63. Adhemar Gelb and Kurt Goldstein, "Analysis of a Case of Figural Blindness," in *A Source Book of Gestalt Psychology*, ed. Willis D. Ellis (New York: Harcourt, Brace, 1938), 317.

64. "Minerva," *British Medical Journal* 318 (1999): 1018.

65. According to one study, a group tasked with reading novels upside down three times per week achieved dramatic gains in fl uency. Elsa Ahlen et al., "Learning to Read Upside-Down: A Study of Perceptual Expertise and Its Acquisition," *Experimental Brain Research* 232.3 (2014): 1025–1036.

66. Quoted in Darold A. Treff ert, *Islands of Genius: Th e Bountiful Mind of the Autistic, Acquired, and Sudden Savant* (London: Jessica Kingsley, 2010), 200.

67. Kara L. Swanson, *I'll Carry the Fork! Recovering a Life Aft er Brain Injury* (Los Altos, CA: Rising Star, 1999), 18. More fi rsthand accounts are available in the Routledge series *Aft er Brain Injury: Survivor Stories*: https:// www .routledge .com/ Aft er -Brain -Injury -Survivor -Stories/ book -series/ ABI

68. Barbara K. Lipska and Elaine McArdle, *Th e Neuroscientist Who Lost Her Mind: My Tale of Madness and Recovery* (Boston: Houghton Miffl in Harcourt, 2018), 139.

69. Tom Lubbock, *Until Further Notice, I Am Alive* (London: Granta, 2012), 22.

70. Lubbock, *Until Further Notice*, 134.

71. Lubbock, *Until Further Notice*, 129.

72. Marion Coutts, *Th e Iceberg: A Memoir* (London: Atlantic, 2015), 107.

73. Quoted in Oliver W. Sacks, *Awakenings*, rev. ed (London: Picador, 2012), 88.（オリヴァー・サックス『レナードの朝』春日井晶子訳、早川書房、2000年、2015年）

74. Sacks, *Awakenings*, 120.

75. Sacks, *Awakenings*, 132 fn 77.

76. Sacks, *Awakenings*, 212.（オリヴァー・サックス『レナードの朝』春日井晶子訳、早川書房、2000年、2015年）

77. Ogden, *Trouble in Mind*, 227–249.

78. On the potential benefi ts of having a disability, see H-Dirksen L. Bauman and Joseph J. Murray, eds., *Deaf Gain: Raising the Stakes for Human Diversity* (Minneapolis: University of Minnesota Press, 2014).

79. Quoted in Barbara A. Wilson, *Case Studies in Neuropsychological Rehabilitation* (New York: Oxford University Press, 1999), 206.

80. Roger Chartier and Guglielmo Cavallo, "Introduction," in *A History of Reading in the West*, ed. Guglielmo Cavallo and Roger Chartier (Cambridge: Polity Press, 1999), 4.

81. Karin Littau, *Th eories of Reading: Books, Bodies, and Bibliomania* (Cambridge: Polity Press, 2006), 10.

82. *Reading Sites: Social Diff erence and Reader Response*, edited by Patrocinio Schweickart and Elizabeth A. Flynn (New York: MLA, 2004) exemplifi es the fi eld's reorientation toward cultural variations. For overviews to the fi eld, see Shafquat Towheed, Rosalind Crone, and Katie Halsey, eds., *Th e History of Reading: A Reader* (London: Routledge, 2011); and Mary Hammond and Jonathan Rose, eds., *Th e Edinburgh History of Reading*, 4 vols. (Edinburgh: Edinburgh University Press, 2020).

83. Chartier and Cavallo, "Introduction," 3.

84. Robert Darnton, "First Steps Toward a History of Reading," *Australian Journal of French Studies* 23.1 (1986): 5–30, at 15.

85. Darnton, "First Steps Toward a History of Reading," 7.

86. Representative approaches can be found in Lisa Zunshine, ed., *Th e Oxford Handbook of Cognitive Literary Studies* (New York:

Oxford University Press, 2015).

Useful discussions of reading through the lens of the cognitive sciences include Paul B. Armstrong, *Stories and the Brain: Th e Neuroscience of Narrative* (Baltimore: Johns Hopkins University Press, 2020); Elaine Auyoung, "What We Mean by Reading," *New Literary History* 51.1 (2020): 93–114; and Andrew Elfenbein, *Th e Gist of Reading* (Stanford: Stanford University Press, 2018). Th ese studies, valuable as they are, show minimal interest in neurodiversity (with the notable exception of Zunshine and Ralph Savarese's work on autism) and largely embrace universal cognitive models that do not vary from one reader to the next.

87. Th e phrase is used in Wolfgang Iser, *Th e Act of Reading: A Th eory of Aesthetic Response* (London: Routledge & Kegan Paul, 1978), 29; and Jonathan Culler, *Structuralist Poetics: Structuralism, Linguistics and the Study of Literature* (London: Routledge & Kegan Paul, 1975), 124. Further discussion of this rhetorical fi gure can be found in Elizabeth Freund, *Th e Return of the Reader: Reader-Response Criticism* (London: Methuen, 1987).

88. See, for example, Gillian Silverman, "Neurodiversity and the Revision of Book History," *PMLA* 131.2 (2016): 307–323.

89. Oliver Sacks, *Th e Man Who Mistook His Wife for a Hat* (London: Picador, 1986), x.（オリヴァー・サックス『妻を帽子とまちがえた男』高見幸郎訳、早川書房、2009 年）

90. Oliver Sacks, *On the Move: A Life* (New York: Alfred A. Knopf, 2016), 14.

91. Oliver Sacks, *Th e Mind's Eye* (London: Picador, 2010), 165. Sacks describes having suicidal thoughts in *On the Move*, 379.（オリヴァー・サックス『心の視力』大田直子訳、早川書房、2011 年）

92. Walter Benjamin, *Selected Writings, Volume 2: 1927–1934*, ed. Michael W.

Jennings, Howard Eiland, and Gary Smith, trans. Rodney Livingstone and others (Cambridge, MA: Belknap, 1999), 123.

93. Th e most forceful critique can be found in Tom Shakespeare's review of Oliver Sacks's *An Anthropologist on Mars* in *Disability and Society* 11.1 (1996): 137–142.

More measured appraisals include Leonard Cassuto, "Oliver Sacks and the Medical Case Narrative," in *Disability Studies: Enabling the Humanities*, eds. Sharon L. Snyder, Brenda Jo Brueggemann, and Rosemarie Garland-Th omson (New York: MLA, 2002): 118–130; and G. Th omas Couser, *Vulnerable Subjects: Ethics and Life Writing* (Ithaca: Cornell University Press, 2004), 74–122.

94. Th e importance of self-advocacy to the disability rights movement is captured by the title of James I. Charlton's *Nothing About Us Without Us: Disability Oppression and Empowerment* (Berkeley: University of California Press, 1998). On the value of personal testimony, see Arthur W. Frank, *Th e Wounded Storyteller: Body, Illness and Ethics* (Chicago: University of Chicago Press, 1995); and Anne Hudson Jones, "Reading Patients—Cautions and Concerns," *Literature and Medicine* 13.2 (1994): 190–200.

95. Brian Hurwitz discusses the critical role played by mediation among medical case studies in "Narrative Constructs in Modern Clinical Case Reporting," *Studies in History and Philosophy of Science* 62 (2017): 65–73.

96. Sacks, *Awakenings*, xxxi.（オリヴァー・サックス『レナードの朝』春日井晶子訳、早川書房、2000 年、2015 年）

97. Robin Nunn, "Mere Anecdote: Evidence and Stories in Medicine," *Journal of Evaluation in Clinical Practice* 17.5 (2011): 920–926.

98. William St. Clair, *Th e Reading Nation in the Romantic Period* (Cambridge: Cambridge University Press, 2004), 5–6.

99. A formidable defense of the anecdote's utility can be found in Catherine Gallagher and Stephen Greenblatt, *Practicing New Historicism* (Chicago: University of Chicago Press, 2000), 49–74. See also Daniel Allington, "On the Use of Anecdotal Evidence in Reception Study and the History of Reading," in *Reading in History: New Methodologies from the Anglo-American Tradition*, ed. Bonnie Gunzenhauser (London: Pickering and Chatto, 2010), 11–28.

100. Kathryn Montgomery Hunter, *Doctors' Stories: Th e Narrative Structure of Medical Knowledge* (Princeton: Princeton University Press, 1991), 75.

101. Aldous Huxley, *Point Counter Point* (New York: Modern Library, 1928), 465. On the relation between neurological speech disorders and literature, see Laura Salisbury, "Aphasic Modernism: Languages for Illness from a Confusion of Tongues," in *Th e Edinburgh Companion to the Critical Medical Humanities*, ed. Anne Whitehead and Angela Woods (Edinburgh: Edinburgh University Press, 2016), 444–462.

102. Huxley, *Point Counter Point*, 465.

103. Diane Price Herndl, "Disease Versus Disability: Th e Medical Humanities and Disability Studies," *PMLA* 120.2 (2005): 593–598. On the move toward the more encompassing label of "health humanities," which widens the scope beyond

medical frameworks to the social, cultural, and historical dimensions aff ecting wellbeing, see Th erese Jones et al., "Th e Almost Right Word: Th e Move from *Medical* to *Health* Humanities," *Academic Medicine* 92.7 (2017): 932–935.

104. For insightful refl ections on the competing models of disability, see Tobin Siebers, *Disability Th eory* (Ann Arbor: University of Michigan Press, 2008).

105. A brief note about the book's terminology: I have sought to use language respectful of people with disabilities and evolving standards of judgment while at the same time considering stylistic constraints. Concision motivates the use of identityfi rst terms like "dyslexic" or "dyslexic person" when the risk of off ense is minimal, whereas person-fi rst formulations have been used for phrases such as "person with dementia" for which there is no acceptable shorthand. Where possible, my choices have largely been guided by the precedents of and preferences expressed by people personally aff ected by these disabilities.

106. See especially Michael Berube, *Th e Secret Life of Stories: From Don Quixote to Harry Potter, How Understanding Intellectual Disability Transforms the Way We Read* (New York: NYU Press, 2016); G. Th omas Couser, *Vulnerable Subjects: Ethics and Life Writing* (Ithaca: Cornell University Press, 2004); Eva Feder Kittay, *Learning from My Daughter: Th e Value and Care of Disabled Minds* (New York: Oxford University Press, 2019); Ralph James Savarese, *See It Feelingly: Classic Novels, Autistic Readers, and the Schooling of a No-Good English Professor* (Durham: Duke University Press, 2018); and Siebers, *Disability Th eory*.

107. Kate Brousseau and H. G Brainerd, *Mongolism: A Study of the Physical and Mental Characteristics of Mongolian Imbeciles* (Baltimore: Williams & Wilkins, 1928), 172.

108. Nigel Hunt, *Th e World of Nigel Hunt: Th e Diary of a Mongoloid Youth* (New York: Garrett, 1976), 23.

109. Berube, *Th e Secret Life of Stories*, 6–12.

110. Georgina Kleege, *Sight Unseen* (New Haven: Yale University Press, 1999), 167.

111. Siebers calls for disability studies to recognize both the negative and the positive aspects of disability in *Disability Th eory*, 5; Susan Wendell and Tom Shakespeare criticize the fi eld's neglect of the negative aspects of impairment in Wendell, "Unhealthy Disabled: Treating Chronic Illnesses as Disabilities," *Hypatia* 16.4 (2001): 17–33; and Shakespeare, "Th e Social Model of Disability," in *Th e Disability Studies Reader*, 4th ed., ed. Lennard J. Davis (New York: Routledge, 2013), 217–218.

Christina Crosby writes explicitly, and movingly, about the experience of loss in *A Body, Undone: Living on Aft er Great Pain* (New York: NYU Press, 2016); and Michael Davidson explores loss's critical potential in "Cleavings: Critical Losses in the Politics of Gain," *Disability Studies Quarterly* 36.2 (2016): https:// dsq -sds .org/ article/ view/ 4287

112. Claudia L. Osborn, *Over My Head: A Doctor's Own Story of Head Injury from the Inside Looking Out* (Kansas City, MO: Andrews McMeel, 1998), 91.（クローディア・オズボーン『オーバーマイヘッド　脳外傷を超えて、新しい私に』原田圭訳、クリエイツかもがわ、2006年）

113. William Empson, *Seven Types of Ambiguity*, 2nd ed. (Harmondsworth: Penguin, 1973), 32.

114. William James, *Th e Writings of William James: A Comprehensive Edition*, ed. John J. McDermott (Chicago: University of Chicago Press, 1977), 630.

115. Marcel Proust, *In the Shadow of Young Girls in Flower: In Search of Lost Time, Volume 2*, trans. James Grieve (London: Penguin, 2003), 378.

116. Vladimir Nabokov, *Pale Fire* (New York: Vintage, 1989), 289.（ナボコフ『青白い炎』富士川義之訳、岩波書店、2014年）

117. Quoted in William James, *Th e Principles of Psychology* (Cambridge, MA: Harvard University Press, 1983), 741. James is quoting from Moritz Lazarus, *Das Leben der Seele* (1857), 2:31.（ウィリアム・ジェイムズ『心理学　上下』今田寛訳、岩波文庫、1992年）

118. Jeanne L. Lee, *Just Love Me: My Life Turned Upside-Down by Alzheimer's* (West Lafayette, IN: Purdue University Press, 2003), 26.

119. Barb Rentenbach and Lois Prislovsky, *Neurodiversity: A Humorous and Practical Guide to Living with ADHD, Anxiety, Autism, Dyslexia, the Gays, and Every one Else* (Knoxville: Mule and Muse Productions, 2016).

第一章

1. Macdonald Critchley, *Th e Dyslexic Child*, 2nd ed. (London: Heinemann Medical, 1970), 112.

2. A more comprehensive defi nition can be found in Jim Rose, *Identifying and Teaching Children and Young People with Dyslexia and Literacy Diffi culties* (London: Department for Children, Schools and Families [DCSF], 2009), 28–34: https:// webarchive .nationalarchives .gov .uk/ 20130321060616/ https: // www .education .gov .uk/ publications/ eOrderingDownload/ 00659 -2009DOM -EN .pdf

3. Mark Seidenberg speaks of

"the dyslexia spectrum" in *Language at the Speed of Sight: How We Read, Why So Many Can't, and What Can Be Done About It* (New York: Basic Books, 2017), 178.

4. See, for example, Th omas G. West, *In the Mind's Eye: Visual Th inkers, Gifted People with Dyslexia and Other Learning Diffi culties, Computer Images, and the Ironies of Creativity* (Amherst, NY: Prometheus, 1997).

5. Sally E. Shaywitz, *Overcoming Dyslexia: A New and Complete Science- Based Program for Reading Problems at Any Level* (New York: Alfred A. Knopf, 2004), 116.（サリー・シェイウィッツ『読み書き障害（ディスレクシア）のすべて―頭はいいのに、本が読めない』藤田あきよ訳、ＰＨＰ研究所、2006 年）

6. Maryanne Wolf with Stephanie Gottwald, *Tales of Literacy for the 21st Century* (Oxford: Oxford University Press, 2016), 3.

7. Rudolf Flesch, *Why Johnny Can't Read—And What You Can Do About It* (New York: Harper & Brothers, 1955), 130.

8. Isaac Asimov, *In Memory Yet Green: Th e Autobiography of Isaac Asimov, 1920–1954* (New York: Doubleday, 1979), 48.

9. Charles Dickens, *Great Expectations*, ed. Margaret Cardwell (Oxford: Oxford University Press, 2008), 40.（ディケンズ『大いなる遺産』石塚裕子訳、岩波書店、2014 年）

10. Jean-Paul Sartre, *Th e Family Idiot: Gustave Flaubert, 1821–1857*, vol. 1 (Chicago: University of Chicago Press, 1981), 8.

11. Critchley, *Th e Dyslexic Child*, 97.

12. Janice Edwards, *Th e Scars of Dyslexia: Eight Case Studies in Emotional Reactions* (New York: Cassell, 1994); John Osmond, *Th e Reality of Dyslexia* (Cambridge, MA: Brookline, 1995); Shirley Kurnoff , ed., *Th e Human Side of Dyslexia: 142 Interviews with Real People Telling Real Stories* (Monterey, CA: Universal, 2001).

13. Many of these narratives belong in the category of "autobiographical collaborations" since they involve multiple authors. For more on this category, see Philippe Lejeune, *On Autobiography*, ed. Paul John Eakin, trans. Katherine Leary (Minneapolis: University of Minnesota Press, 1989), 186.

14. Eileen B. Simpson, *Reversals: A Personal Account of Victory over Dyslexia* (Boston: Houghton Miffl in, 1979), viii.

15. Peter A. Harrower, *Th e World Th rough My Dyslexic Eyes: Battling Learning Disabilities Depression and Finding Purpose* (self-pub., CreateSpace, 2018).

16. Quoted in Paul J. Gerber and Marshall H. Raskind, *Leaders, Visionaries, and Dreamers: Extraordinary People with Dyslexia and Other Learning Disabilities* (New York: Novinka, 2014), 26.

17. Jan van Gijn, "A Patient with Word Blindness in the Seventeenth Century," *Journal of the History of the Neurosciences* 24.4 (2015): 352–360. Other historical cases can be found in Arthur L. Benton and Robert J. Joynt, "Early Descriptions of Aphasia," *Archives of Neurology* 3.2 (1960): 205–222.

18. Rudolf Berlin, *Eine besondere Art der Wortblindheit (Dyslexie)* (Wiesbaden: J. F. Bergmann, 1887).

19. Sylvia O. Richardson, "Historical Perspectives on Dyslexia," *Journal of Learning Disabilities* 25.1 (1992): 40–47.

20. James Kerr, "School Hygiene, in Its Mental, Moral, and Physical Aspects," *Journal of the Royal Statistical Society* 60.3 (1897): 613–680, at 668.

21. W. Pringle Morgan, "A Case of Congenital Word Blindness," *British Medical Journal* 2 (1896): 1378.

22. Hinshelwood would later publish his fi ndings in *Letter-, Word-, and Mind- Blindness* (London: H. K. Lewis, 1900), a seminal work on reading disabilities.

23. Quoted in James Hinshelwood, "Congenital Word-Blindness," *Lancet* 155.4004 (1900): 1506–1508, at 1508.

24. James Hinshelwood, "A Case of Congenital Word-Blindness," *British Medical Journal* 2.2289 (1904): 1303–1304, at 1303; Charles Dickens, *Th e Personal History of David Copperfi eld*, ed. Trevor Blount (London: Penguin, 1966), 103.（チャールズ・ディケンズ『デイヴィッド・コパフィールド』 石塚裕子訳、岩波書店、2002 年）

25. On the establishment of dyslexia as a diagnostic category, see Tom Campbell, *Dyslexia: Th e Government of Reading* (New York: Palgrave Macmillan, 2013).

26. Hinshelwood, "Congenital Word-Blindness," 1508.

27. Peggy L. Anderson and Regine Meier-Hedde, "Early Case Reports of Dyslexia in the United States and Europe," *Journal of Learning Disabilities* 34.1 (2001): 9–21, at 17.

28. Josephine Horton Bowden, "Learning to Read," *Elementary School Teacher* 12.1 (1911): 21–33, at 21.

29. For more on attitudes toward learning disability, see Scot Danforth, *Th e Incomplete Child: An Intellectual History of Learning Disabilities* (New York: Peter Lang, 2009).

30. Marion Monroe, *Children Who Cannot Read: Th e Analysis of Reading Disabilities and the Use of Diagnostic Tests in the Instruction of Retarded Readers* (Chicago: University of Chicago Press, 1932), 1.

31. Samuel T. Orton,

"'Word-Blindness' in School Children," *Archives of Neurology and Psychiatry* 14.5 (1925): 581–615, at 611. See also Samuel Torrey Orton, *Reading, Writing and Speech Problems in Children: A Presentation of Certain Types of Disorders in the Development of the Language Faculty* (New York: W. W.

Norton 1937).

32. Orton, "'Word-Blindness' in School Children," 581.

33. Quoted in Orton, "'Word-Blindness' in School Children," 593.

34. On eff orts to raise dyslexia's profi le, see Philip Kirby, "Literacy, Advocacy and Agency: Th e Campaign for Political Recognition of Dyslexia in Britain (1962– 1997)," *Social History of Medicine* 33.4 (2020): 1306–1326.

35. On the dyslexia movement, see Philip Kirby, "Worried Mothers? Gender, Class and the Origins of the 'Dyslexia Myth,'" *Oral History* 47.1 (2019): 92–104.

36. Macdonald Critchley, *Developmental Dyslexia* (London: Heinemann Medical, 1964), vii.

37. Quoted in Clara Schmitt, "Congenital Word-Blindness, or Inability to Learn to Read," *Elementary School Journal* 18.9 (1918): 680–700, at 682.

38. On recent disputes over terminology, see Julian G. Elliott and Elena L.

Grigorenko, *Th e Dyslexia Debate* (Cambridge: Cambridge University Press, 2014).

39. Frank R. Vellutino, *Dyslexia: Th eory and Research* (Cambridge, MA: MIT Press, 1979).

40. Stanislas Dehaene, *Reading in the Brain: Th e New Science of How We Read* (London: Penguin, 2009), 236–261.

41. Quoted in Saskia van der Stoel, ed., *Parents on Dyslexia* (Clevedon, UK: Multi lingual Matters, 1990), 169.

42. Girard J. Sagmiller and Gigi Lane, *Dyslexia, My Life: One Man's Story of His Life with a Learning Disability: An Autobiography* (Waverly, IA: G & R Publishing, 1995), 116.

43. Naomi Folb, "Introduction," in *Forgotten Letters: An Anthology of Literature by Dyslexic Writers*, ed. Naomi Folb (London: RASP, 2011), 7. Further refl ections on the complex relationship between dyslexia and authorship can be found in Naomi Folb, "Dyslexic Writers and the Idea of Authorship," *Journal of Writing in Creative Practice* 5.1 (2012): 125–139.

44. Robert Tate, *Former NFL Veteran Robert Tate Reveals How He Made It from Little League to the NFL: Overcoming His Secret Battle with Dyslexia* (self-pub., 2010).

45. John D. Rodrigues, *High School Dropout to Harvard* (self-pub., 2013).

46. Jeff Nichols, *Trainwreck: My Life as an Idoit* (New York: Simon & Schuster, 2009); Sky Rota, *Look Mom, I'm the Dumest One in My Clas!: One Boy's Dyslexic Journey* (Centennial, CO: Wavecloud Corporation, 2017).

47. Argie Ella Hoskins, *Please Don't Call Me Dumb!: Memoirs of Unique Cognitive Processing: Dyslexia, Sequencing, or What?* (Provo, UT: Argies, 2018); Abraham Schmitt and Mary Lou Hartzler Clemens, *Brilliant Idiot: An Autobiography of a Dyslexic* (Intercourse, PA: Good Books, 1994).

48. Nelson C. Lauver, *Most Unlikely to Succeed: Th e Trials, Travels, and Ultimate Triumphs of a "Th rowaway Kid": A Memoir* (New York: Five City Media, 2011).

49. Margaret Rooke, ed., *Dyslexia Is My Superpower (Most of the Time)* (London: Jessica Kingsley, 2018).

50. Richard W. Kraemer, *Dyslexic Dick: True Adventures of My World* (self-pub., CreateSpace, 2012), back cover.

51. Jo Rees, *Don't Forget to . . . Smile: A Memoir Uncovering the Hidden Diffi culties of Dyslexia* (self-pub., Another Way Round, 2017), 4.

52. See, for example, Barbara Maughan, "Annotation: Long-Term Outcomes of Developmental Reading Problems," *Journal of Child Psychology and Psychiatry* 36.3 (1995): 357–371.

53. "Will, 13, Victoria, Australia," in Rooke, *Dyslexia Is My Superpower*, 96.

54. "Louise Baker" and Margaret B. Rawson, "I Am Me!" *Bulletin of the Orton Society* 25 (1975): 192–193.

55. Schmitt and Clemens, *Brilliant Idiot*, 19.

56. Christopher M. Lee and Rosemary F. Jackson, *Faking It: A Look into the Mind of a Creative Learner* (Portsmouth, NH: Boynton/Cook, 1992), 11-12.

57. Quoted in Osmond, *Reality of Dyslexia*, 37.

58. Nichols, *Trainwreck*, 13.

59. Nichols, *Trainwreck*, 82.

60. Osmond, *Reality of Dyslexia*, 24.

61. Ruth Fuller Lature, *Dyslexia: A Teacher's Journey: A Memoir* (Louisville: Darby, 2013), xii.

62. "X," "Experiences of a Suff erer from Word-Blindness," *British Journal of Ophthalmology* 20.2 (1936): 73–76, at 74; Victor Villasenor, *Burro Genius: A Memoir* (New York: Rayo, 2004), 13.

63. Villasenor, *Burro Genius*, 198.

64. Schmitt and Clemens, *Brilliant Idiot*, 24.

65. Dayle A. Upham and Virginia H. Trumbull, *Making the Grade: Refl ections on Being*

Learning Disabled (Portsmouth, NH: Heinemann, 1997), 12.

66. Erving Goff man, *Stigma: Notes on the Management of Spoiled Identity* (Englewood Cliff s, NJ: Prentice-Hall, 1963), 5.

67. John Young Stewart, "Sir Jackie Stewart OBE," in *Creative, Successful, Dyslexic: 23 High Achievers Share Th eir Stories*, ed. Margaret Rooke (London: Jessica Kingsley, 2016), 183.

68. W. Somerset Maugham, *Trio: Original Stories* (Garden City, NY: Doubleday, 1950), 8.（サマセット・モーム『コスモポリタンズ』「会堂守り」龍口直太郎訳、筑摩書房、1994 年）

69. Sally E. Shaywitz, "Dyslexia," *Scientifi c American* 275.5 (1996): 98–104, at 98.

70. Lissa Weinstein and David Siever, *Reading David: A Mother and Son's Journey Th rough the Labyrinth of Dyslexia* (New York: Berkley, 2003), 214.

71. Quoted in Lature, *Dyslexia*, xi.

72. Quoted in Osmond, *Reality of Dyslexia*, 10.

73. Lee and Jackson, *Faking It*, 48.

74. Esme Fuller-Th omson and Stephen R. Hooper, "Th e Association Between Childhood Physical Abuse and Dyslexia: Findings from a Population-Based Study," *Journal of Interpersonal Violence* 30.9 (2015): 1583–1592.

75. Kenny Logan, "Kenny Logan," in Rooke, *Creative, Successful, Dyslexic*, 120.

76. Quoted in Lature, *Dyslexia*, 50.

77. Edwards, *Scars of Dyslexia*, 26.

78. Quoted in Barbara Riddick, *Living with Dyslexia: Th e Social and Emotional Consequences of Specifi c Learning Diffi culties* (London: Routledge, 1996), 193.

79. W. B. Yeats, *Th e Autobiography of William Butler Yeats* (New York: Macmillan, 1938), 23. On the evidence of Yeats's dyslexia, see Marylou Miner and Linda S.

Siegel, "William Butler Yeats: Dyslexic?" *Journal of Learning Disabilities* 25.6 (1992): 372–375.

80. Lauver, *Most Unlikely to Succeed*, 72.

81. Quoted in Shaywitz, *Overcoming Dyslexia*, 359.

82. Tobin Siebers, *Disability Th eory* (Ann Arbor: University of Michigan Press, 2008), 96–119.

83. Simpson, *Reversals*, ix.

84. "X," "Experiences of a Suff erer from Word-Blindness," 75.

85. Howard D. Rome, "Th e Psychiatric Aspects of Dyslexia," *Bulletin of the Orton Society* 21 (1971): 64–70, at 68.

86. Lee and Jackson, *Faking It*, 11.

87. Archie Willard, with Colleen Wiemerslage, *Last Reader Standing: Th e Story of Archie Willard* (Solana Beach, CA: Bettie Youngs, 2013), 55.

88. Lature, *Dyslexia*, xi.

89. Rees, *Don't Forget to . . . Smile*, 38.

90. Jennifer Smith, *Dyslexia Wonders: Understanding the Daily Life of a Dyslexic from a Child's Point of View* (New York: Morgan James, 2010), 4.

91. Catherine A. Hirschman and R. Christine Melton, *Backwords Forword: My Journey Th rough Dyslexia* (self-pub., Hirschman Publishing, 2011), 16.

92. Alby Lee Lewis, *Life with No Words* (self-pub., Lulu, 2016), 53.

93. Simpson, *Reversals*, 8.

94. Osmond, *Reality of Dyslexia*, 14.

95. Recent examples include Alberto Manguel's *Packing My Library: An Elegy and Ten Digressions* (New Haven: Yale University Press, 2018) and Rebecca Mead's *My Life in Middlemarch* (New York: Crown, 2014).

96. "X," "Experiences of a Suff erer from Word-Blindness," 74.

97. Quoted in Gerber and Raskind, *Leaders, Visionaries, and Dreamers*, 26.

98. Quoted in Anne Boyd Rioux, *Meg, Jo, Beth, Amy: Th e Story of Little Women and Why It Still Matters* (New York: W. W. Norton, 2018), 125.

99. Simpson, *Reversals*, 78, 79.

100. Louisa May Alcott, *Little Women*, ed. Valerie Alderson (Oxford: Oxford University Press, 2008), 39.（ルイザ・メイ・オルコット『若草物語』吉田勝江訳、角川書店、2008 年）

101. Simpson, *Reversals*, 79; Alcott, *Little Women*, 167.

102. Elizabeth L. Eisenstein, *Th e Printing Press as an Agent of Change: Communications and Cultural Transformations in Early Modern Europe* (Cambridge: Cambridge University Press, 1979), 113.

103. Simpson, *Reversals*, 42.

104. Lois Letchford, *Reversed: A Memoir* (Acorn, 2018); Robert Chilcoate, *My Backward Life with Dyslexia* (Baltimore: PublishAmerica, 2006).

105. Nancy Lelewer, *Something's Not Right: One Family's Struggle with Learning Disabilities: An Autobiography* (Acton, MA: VanderWyk and Burnham, 1994).

106. A six-year-old who "mixed the letters up" is mentioned in J. Herbert Fisher, "Case of Congenital Word-Blindness (Inability to Learn to Read)," *Ophthalmic Review* 24 (1905): 315–318, at 315.

107. Orton, *Reading, Writing and Speech Problems in Children*, 71.

108. Dehaene, *Reading in the Brain*, 239.

109. Gregg T. Lueder et al., "Learning Disabilities, Dyslexia,

and Vision," *Pediatrics* 124.2 (2009): 837–44.

110. Quoted in Knud Hermann, *Reading Disability: A Medical Study of Word- Blindness and Related Handicaps*, trans. P. G. Aungle (Copenhagen: Munksgaard, 1959), 33.

111. Simpson, *Reversals*, 42. See, for example, Sam Barclay's print simulation *I Wonder What It's Like to Be Dyslexic* (self-pub., 2013) and Victor Widell's digital simulation at http:// geon .github. io/ programming/ 2016/ 03/ 03/ dsxyliea 112. Susan Hampshire, *Susan's Story: An Autobiographical Account of My Struggle with Dyslexia* (New York: St. Martin's, 1982), 137, 12.

113. Hampshire, *Susan's Story*, 26–27.

114. Arthur Sweeney, "Mirror-Writing, Inverted Vision, and Allied Ocular Defects," *St. Paul Medical Journal* 2 (1900): 374–391, at 378.

115. See, for example, Orton, "'Word-Blindness' in School Children," 592; and Samuel T. Orton, "Specifi c Reading Disability—Strephosymbolia," *Journal of the American Medical Association* 90.14 (1928): 1095–1099, at 1096; Critchley, *Th e Dyslexic Child*, 31. Brain injury survivors might even fi nd reverse scripts easier to read than ordinary writing. See the case of an Australian woman who read mirror scripts twice as fast as other ones, as reported in Matthew A. Lambon-Ralph, Carrie Jarvis, and Andrew W. Ellis, "Life in a Mirrored World: Report of a Case Showing Mirror Reversal in Reading and Writing and for Non-Verbal Materials," *Neurocase* 3.4 (1997): 249–258.

116. Giorgio Vasari, *Th e Lives of the Most Excellent Painters, Sculptors, and Architects*, ed. Philip Jacks, trans. Gaston du C. de Vere (New York: Modern Library, 2006), 237.

117. Maryanne Wolf provides a detailed analysis of da Vinci's reading diff erences in "Dyslexia: Th rough the Eyes of da Vinci," in *Further Reading*, eds. Matthew Rubery and Leah Price (Oxford: Oxford University Press, 2020), 294–308.

118. Macdonald Critchley, *Mirror-Writing* (London: Kegan Paul, Trench, Trubner, 1928), 8.

119. G. D. Schott, "Mirror Writing: Allen's Self Observations, Lewis Carroll's 'Looking-Glass' Letters, and Leonardo da Vinci's Maps," *Lancet* 354.9196 (1999): 2158–2161, at 2159.

120. Kraemer, *Dyslexic Dick*.

121. Upham and Trumbull, *Making the Grade*, 1.

122. Quoted in Phyllis Steingard and "Gail," "Th e Unheard Cry—Help Me! A Plea to Teachers of Dyslexic Children," *Bulletin of the Orton Society* 25 (1975): 178– 184, at 181.

123. Riddick, *Living with Dyslexia*, 73; Upham and Trumbull, *Making the Grade*, 11.

124. O. Frank [Overton Frank Turner], *O. Turtle's Journal: Th e Captivating Life of an Autistic/ Dyslexic* (self-pub., O. Turtle Publishing, 2018), 115.

125. Lee and Jackson, *Faking It*, 107.

126. Lee and Jackson, *Faking It*, 42.

127. Hampshire, *Susan's Story*, 34.

128. Randymary de Rosier, *Dyslexia: I Live with It* (Bloomington, IN: Balboa, 2018), xii–xvii.

129. Simpson, *Reversals*, 14.

130. Quoted in Rooke, *Creative, Successful, Dyslexic*, 84; John Corcoran, *Th e Teacher Who Couldn't Read: One Man's Triumph Over Illiteracy* (self-pub., Amazon Digital Services, 2018), Kindle edition, 494.

131. Stephen Sutton, *Life in a Jar: Living with Dyslexia* (Bloomington, IN: AuthorHouse, 2005), 2.

132. Phyllis Dunakin Snyder, *Nothin Keep You Movin Like the Trooth* (self-pub., Amazon Digital Services, 2014), Kindle edition, 82.

133. Osmond, *Th e Reality of Dyslexia*, 29; Evelyne, "Evelyne, 17, County Whitlow, Ireland," in Rooke, *Dyslexia Is My Superpower*, 200; Jane Austen, *Emma* (New York: Bantam, 1981), 3.（ジェーン・オースティン『エマ』ハーディング祥子訳、青山出版社、1997 年）

134. Sutton, *Life in a Jar*, 23.

135. Lee and Jackson, *Faking It*, 24.

136. Schmitt and Clemens, *Brilliant Idiot*, 138.

137. Smith, *Dyslexia Wonders*, 20.

138. Osmond, *Th e Reality of Dyslexia*, 20.

139. Lee and Jackson, *Faking It*, 43.

140. Simpson, *Reversals*, 58.

141. Eva Germano, Antonella Gagliano, and Paolo Curatolo, "Comorbidity of ADHD and Dyslexia," *Developmental Neuropsychology* 35.5 (2010): 475–493.

142. Schmitt and Clemens, *Brilliant Idiot*, 146.

143. Schmitt and Clemens, *Brilliant Idiot*, 16.

144. Frank Smith, *Reading Without Nonsense*, 2nd ed. (New York: Teachers College Press, 1985), 140.

145. Kate Kelly and Peggy Ramundo, *You Mean I'm Not Lazy, Stupid or Crazy?! Th e Classic Self-Help Book for Adults with Attention Defi cit Disorder* (New York: Scribner, 2006), 4. For more on the reading diffi culties associated with hyperactivity, see Mark Selikowitz, *ADHD: Th e Facts*, 2nd ed. (Oxford: Oxford University

Press, 2009), 34.

146. Gail Saltz, *Th e Power of Diff erent: Th e Link Between Disorder and Genius* (New York: Flatiron, 2017), 57.（サルツ・ゲイル『脳の配線と才能の偏り』竹内要江訳、パンローリング社、2018 年）

147. Tom Nardone, *Chasing Kites: A Memoir About Growing up with ADHD* (self-pub., CreateSpace, 2015), 89.

148. Th ese characters can be found in Heinrich Hoff mann, *Struwwelpeter, or, Merry Rhymes and Funny Pictures* (London: Blackie & Son, 1903). On the history of ADHD, see Matthew Smith, *Hyperactive: Th e Controversial History of ADHD* (London: Reaktion, 2012).

149. Robert Reinhold, "Drugs Th at Help Control the Unruly Child," *New York Times* (July 5, 1970): 96.

150. Robert Reinhold, "Rx for Child's Learning Malady," *New York Times* (July 3, 1970): 27.

151. Nichols, *Trainwreck*, 187.

152. Olive Meares, "Figure/Ground, Brightness Contrast, and Reading Disabilities," *Visible Language* 14.1 (1980): 13–29, at 24.

153. Hirschman and Melton, *Backwords Forword*, 12.

154. Quoted in Hermann, *Reading Disability*, 154.

155. Paul Nixon, "Paul Nixon," in Rooke, *Creative, Successful, Dyslexic*, 152.

156. Quoted in Rooke, *Dyslexia Is My Superpower*, 210.

157. Simpson, *Reversals*, 80.

158. Gavin Newsom, who is currently the governor of California, once said of his reading habits, "I will be daydreaming and still reading." Quoted in Gerber and Raskind, *Leaders, Visionaries, and Dreamers*, 22.

159. Hoskins, *Please Don't Call Me Dumb!*, 14.

160. Quoted in Orton, "'Word-Blindness' in School Children," 587.

161. Rees, *Don't Forget to . . . Smile*, 8.

162. Philip Schultz, *My Dyslexia* (New York: W. W. Norton, 2012), 26. Th e chapter opening epigraph is also from this page.（フィリップ・シュルツ『私のディスレクシア』藤堂栄子監訳、東京書籍、2013 年）

163. Schultz, *My Dyslexia*, 68.

164. Steingard and Gail, "Th e Unheard Cry," 184.

165. Natalie Nielson, "Natalie Nielson, Recent Graduate, Brigham Young University," in Kurnoff , *Human Side of Dyslexia*, 297.

166. Lauver, *Most Unlikely to Succeed*, 233.

167. Peter M. Allen, Bruce J. W. Evans, and Arnold J. Wilkins, *Vision and Reading Diffi culties* (London: Ten Alps Creative, 2010), 4–7.

168. Arnold J. Wilkins, *Reading Th rough Colour: How Coloured Filters Can Reduce Reading Diffi culty, Eye Strain, and Headaches* (Chichester, UK: John Wiley, 2003), 16.

169. Jeannette Jeff erson Jansky, "A Case of Severe Dyslexia with Aphasic-like Symptoms," *Bulletin of the Orton Society* 8 (1958): 8–11, at 10. Th is case is cited in Critchley, *Developmental Dyslexia*, 62.

170. Quoted in Meares, "Figure/Ground, Brightness Contrast, and Reading Disabilities," 16.

171. Aft er seeing reports of Irlen's methods in the press, a Cambridge psychologist designed the Intuitive Colorimeter to assess the eff ectiveness of various tints.

Arnold J. Wilkins, *Visual Stress* (Oxford: Oxford University Press, 1995), xvi.

172. Helen Irlen, *Reading by the Colors: Overcoming Dyslexia and Other Reading Disabilities Th rough the Irlen Method* (New York: Avery, 1991), 19. 。（ヘレン・アーレン『アーレンシンドローム―「色を通して読む」光の感受性障害の理解と対応』熊谷恵子監訳、金子書房、2013 年）

173. Quoted in Irlen, *Reading by the Colors*, 33.

174. Quoted in Irlen, *Reading by the Colors*, 35.（ヘレン・アーレン『アーレンシンドローム―「色を通して読む」光の感受性障害の理解と対応』熊谷恵子監訳、金子書房、2013 年）

175. Quoted in Irlen, *Reading by the Colors*, 39.

176. Quoted in Irlen, *Reading by the Colors*, 39.

177. Quoted in Irlen, *Reading by the Colors*, 41.

178. Quoted in Irlen, *Reading by the Colors*, 43.

179. Irlen, *Reading by the Colors*, 50.

180. Quoted in Irlen, *Reading by the Colors*, 43.

181. Lauver, *Most Unlikely to Succeed*, 249.

182. Lauver, *Most Unlikely to Succeed*, 249.

183. Quoted in David Grant, *Th at's the Way I Th ink: Dyslexia, Dyspraxia, ADHD and Dyscalculia Explained*, 3rd ed. (New York: Routledge, 2017), 118.

184. Alison Hale, *My World Is Not Your World*, 2nd ed. (self-pub., CreateSpace, 2017), 22.

185. Hale, *My World Is Not Your World*, 80. An animated reconstruction of Hale's view of the page can be found at http: // www .hale .ndo .co .uk/ scotopic/ index .htm

186. On the eff ectiveness of colored lenses, see Philip G. Griffi ths et al., "Th e Eff ect of Coloured Overlays and Lenses on Reading: A Systematic Review of the Literature," *Ophthalmic & Physiological Optics: Th e Journal of the British College of Ophthal-*

mic Opticians (Optometrists) 36.5 (2016): 519–544.

187. Lee and Jackson, *Faking It*, 57.

188. T. A. McMullin, *Gathering Courage: A Life-Changing Journey Th rough Adoption, Adversity, and a Reading Disability* (self-pub., Gathering Courage Media, 2016), 185.

189. Simpson, *Reversals*, 158.

第二章

1. Fran Peek and Lisa Hanson, *Th e Life and Message of the Real Rain Man: Th e Journey of a Mega-Savant* (Port Chester, NY: Dude Publishing, 2008), 53. Uta Frith refers to Peek as the "Human Google" in *Autism: A Very Short Introduction* (Oxford: Oxford University Press, 2008), 28.

2. Fran Peek, *Th e Real Rain Man, Kim Peek*, ed. Stevens W. Anderson (Salt Lake City, UT: Harkness, 1996), 6.

3. Peek and Hanson, *Life and Message of the Real Rain Man*, 131.

4. Peek, *Th e Real Rain Man*, 27.

5. Peek, *Th e Real Rain Man*, 47.

6. Darold A. Treff ert, *Islands of Genius: Th e Bountiful Mind of the Autistic, Acquired, and Sudden Savant* (London: Jessica Kingsley, 2010), xiv.

7. William James, *Th e Principles of Psychology*, eds. Frederick Burkhardt, Fredson Bowers, and Ignas K. Skrupskelis (Cambridge, MA: Harvard University Press, 1981), 621 fn 19.

8. Approximately half of all savants show signs of autism, and as many as one in ten people with autism qualify as savants. Darold A. Treff ert, "Th e Savant Syndrome: An Extraordinary Condition. A Synopsis: Past, Present, Future," *Philosophical Transactions of the Royal Society B: Biological Sciences* 364.1522 (2009): 1351–1357, at 1352. See also Francesca Happe and Uta Frith, eds., *Autism and Talent* (Oxford: Oxford University Press, 2010).

9. For concision, this book will use the phrase "autism" as shorthand to refer to autism spectrum condition (ASC) or what medical resources refer to as autism spectrum disorder (ASD). Recent histories of autism include Bonnie Evans, *Th e Metamorphosis of Autism: A History of Child Development in Britain* (Manchester: Manchester University Press, 2017); John Donvan and Caren Zucker, *In a Diff erent Key: Th e Story of Autism* (New York: Crown, 2016); Steve Silberman, *Neurotribes: Th e Legacy of Autism and the Future of Neurodiversity* (New York: Avery, 2015); Mitzi Waltz, *Autism: A Social History and Medical History* (Basingstoke, UK: Palgrave Macmillan, 2013); and Adam Feinstein, *A History of Autism: Conversations with the Pioneers* (Chichester, UK: Wiley-Blackwell, 2010).

10. See, for example, the *Diagnostic and Statistical Manual of Mental Disorders: DSM-5*, 5th ed. (Washington, DC: American Psychiatric Association, 2013).

11. A note about terminology: Th is book uses the phrases "autistic," "autistic person," and "person with autism" in accordance with the precedents set by writers who either identify as autistic or are parents of children with autism. Th oughtful refl ections on the advantages and disadvantages of various terms can be found in Stuart Murray, *Autism* (New York: Routledge, 2012), xiv; Jim Sinclair, "Why I Dislike 'Person First' Language," in *Loud Hands: Autistic People, Speaking*, ed. Julia Bascom (Washington, DC: Autistic Press, 2012), 223–224; and Terra Vance, "On Autism and Intelligence: Language and Advocacy," *NeuroClastic* (April 12, 2020): https:// neuroclastic .com/ 2020/ 04/ 12/ on -autism -and -intelligence -language -and -advocacy/ 12. See, for example, Steven K. Kapp et al., "Defi cit, Diff erence, or Both? Autism and Neurodiversity," *Developmental Psychology* 49.1 (2013): 59–71.

13. On the potential strengths of neurodiversity, see Laurent Mottron, "Th e Power of Autism," *Nature* 479.3 (2011): 33–35; and Simon Baron-Cohen, "Neurodiversity— A Revolutionary Concept for Autism and Psychiatry," *Journal of Child Psychology and Psychiatry* 58.6 (2017): 744–747.

14. Douglas Biklen, "Framing Autism," in *Autism and the Myth of the Person Alone*, ed. Douglas Biklen (New York: NYU Press, 2005), 57.（ダグラス・ビクレン『「自」らに「閉」じこもらない』自閉症者たち』鈴木真帆監訳、エスコアール、2009年）

15. Mark Osteen discusses the challenges of representing people with cognitive diff erences in "Autism and Representation: A Comprehensive Introduction," in *Autism and Representation*, ed. Mark Osteen (New York: Routledge, 2007), 6–9.

On the challenges presented by using autism case studies, see Mitzi Waltz, "Reading Case Studies of People with Autistic Spectrum Disorders: A Cultural Studies Approach to Issues of Disability Representation," *Disability & Society* 20.4 (2005): 421–435. See also Julia Miele Rodas on the potential hazards of relying on autistic life writing as source material, in *Autistic Disturbances: Th eorizing Autism Poetics from the* DSM *to* Robinson Crusoe (Ann Arbor: University of Michigan Press, 2018), 19–24.

16. See Melania Yergeau's

moving personal response to theories of mindblindness in "Clinically Signifi cant Disturbance: On Th eorists Who Th eorize Th eory of Mind," *Disability Studies Quarterly* 33.4 (2013): http:// dsq -sds .org/ article/ view/ 3876/ 3405. On the theory's disputed use within cognitive literary studies, see Michael Berube, *Th e Secret Life of Stories: From Don Quixote to Harry Potter, How Understanding Intellectual Disability Transforms the Way We Read* (New York: NYU Press, 2016), 22–25, 167–171. Additional misunderstandings have been recounted in publications by the Autistic Self Advocacy Network such as *Loud Hands: Autistic People, Speaking* (Washington, DC: Autistic Press, 2012).

17. Kamran Nazeer, *Send in the Idiots: Stories from the Other Side of Autism* (London: Bloomsbury, 2007), 38–39.

18. Mel Baggs, "In My Language," YouTube (January 14, 2007): https: // www .youtube .com/ watch ?v = JnylM1hI2jc; Gillian Silverman, "Neurodiversity and the Revision of Book History," *PMLA* 131.2 (2016): 307–323, at 321 fn 19.

19. Silverman, "Neurodiversity and the Revision of Book History"; Ralph James Savarese, *See It Feelingly: Classic Novels, Autistic Readers, and the Schooling of a No-Good English Professor* (Durham, NC: Duke University Press, 2018), 197–198.

20. See, for example, Ian Hacking, "Humans, Aliens & Autism," *Daedalus* 138.3 (2009): 44–59.

21. Joseph Spence, *A Parallel; in the Manner of Plutarch: Between a Most Celebrated Man of Florence; and One, Scarce Ever Heard of, in England* (London: William Robinson, 1758), 39.

22. See Th eodore W. Koch, "Some Old-Time Old-World Librarians," *North American Review* 200.705 (1914): 244–259, at 245.

23. Spence, *A Parallel*, 15.

24. Spence, *A Parallel*, 28.

25. On the shift ing terminology used for cognitive disabilities, see Patrick Mc- Donagh, *Idiocy: A Cultural History* (Liverpool: Liverpool University Press, 2008).

For a critique of that terminology, see Joseph Straus, "Idiots Savants, Retarded Savants, Talented Aments, Mono-Savants, Autistic Savants, Just Plain Savants, People with Savant Syndrome, and Autistic People Who Are Good at Th ings: A View from Disability Studies," *Disability Studies Quarterly* 34.3 (2014): https:// doi .org/ 10 .18061/ dsq .v34i3 .3407 26. Edward Seguin [Edouard Seguin], *New Facts and Remarks Concerning Idiocy, Being a Lecture Delivered Before the New York Medical Journal Association, October 15, 1869* (New York: William Wood, 1870), 17.

27. John Langdon Down, *Mental Aff ectations of Childhood and Youth* (London: MacKeith, 1990), 58.

28. Down, *Mental Aff ectations of Childhood*, 58.

29. "Th e Life of Jedediah Buxton," *Gentleman's Magazine* (1754): 251–252. For more on calculating prodigies, see Steven B. Smith, *Th e Great Mental Calculators: Th e Psychology, Methods, and Lives of Calculating Prodigies, Past and Present* (New York: Columbia University Press, 1983).

30. Edward Seguin [Edouard Seguin], *Idiocy: And Its Treatment by the Physiological Method* (New York: William Wood, 1866), 444.（エドゥアール・セガン『初稿 知的障害教育論　白痴の衛生と教育』川口幸宏訳、幻戯書房、2016年）

31. Down, *Mental Aff ectations of Childhood*, 59.

32. Down, *Mental Aff ectations of Childhood*, 59.

33. A. F. Tredgold, *Mental Defi ciency*, 2nd ed. (London: Bailliere, Tindall and Cox, 1914), 306.

34. Quoted in A. A. Brill, "Some Peculiar Manifestations of Memory with Special Reference to Lightning Calculators," *Journal of Nervous and Mental Disease* 90.6 (1940): 709–726, at 720–721. Th e source is Eugen Bleuler, *Die Mneme als Grundlage des Lebens und der Psyche* (Berlin: Julius Springer, 1933), 14.

35. Quoted in Sarah Warfi eld Parker, "A Pseudo-Talent for Words," *Psychological Clinic* 11.1 (1917): 1–17, at 6.

36. By way of comparison, see Ron Suskind's account of how his son communicated using dialogue from Disney fi lms. *Life, Animated: A Story of Sidekicks, Heroes, and Autism* (New York: Kingswell, 2014).

37. Hans Asperger, "'Autistic Psychopathy' in Childhood," in *Autism and Asperger Syndrome*, ed. Uta Frith (Cambridge: Cambridge University Press, 1991), 75.

38. Hiram Byrd, "A Case of Phenomenal Memorizing by a Feeble-Minded Negro," *Journal of Applied Psychology* 4.2–3 (1920): 202–206, at 205. For further details about Hoskins's life, see Jesse Bering, "Eugene Hoskins Is His Name," *Slate* (February 15, 2012): https:// slate .com/ technology/ 2012/ 02/ eugene -hoskins -the -black -autistic -man -who -crossed -paths -with -william -faulkner .html 39. "Remarkable Powers of Memory Manifested in an Idiot," *Lancet* 173.4475 (1909): 1641.

40. Harold Ellis Jones, "Phenomenal Memorizing as a 'Special Ability,'" *Journal of Applied Psychology* 10.3 (1926): 367–377, at 375.

41. Jones, "Phenomenal Memorizing," 371.

42. Jones, "Phenomenal Memorizing," 376.

43. Michael J. A. Howe, *Fragments of Genius: Th e Strange Feats of Idiots Savants* (New York: Routledge, 1989), 46.

44. Martin Scheerer, Eva Rothmann, and Kurt Goldstein, "A Case of 'Idiot Savant': An Experimental Study of Personality Organization," *Psychological Monographs* 58.4 (1945): 1–63, at 14.

45. Quoted in Scheerer, Rothmann, and Goldstein, "A Case of 'Idiot Savant,'" 9.

46. Th is concept is usually traced back to Rosemarie Garland-Th omson, "What We Have to Gain from Disability," Disabling Normalcy Symposium (July 29, 2014), University of Virginia.

47. See Stuart Murray, *Representing Autism: Culture, Narrative, Fascination* (Liverpool: Liverpool University Press, 2008), 65–103.

48. On the links between savant syndrome and autism, see Pamela Heaton and Gregory L. Wallace, "Annotation: Th e Savant Syndrome," *Journal of Child Psychology and Psychiatry, and Allied Disciplines* 45.5 (2004): 899–911.

49. Straus, "Idiots Savants."

50. Asperger, "'Autistic Psychopathy' in Childhood," 56.

51. Leo Kanner, "Autistic Disturbances of Aff ective Contact," *Nervous Child* 2 (1943): 217–250, at 243.

52. Warren Burton, *Th e District School as It Was: By One Who Went to It* (Boston: Carter, Hendee, 1833), 59.

53. Quoted in Burton, *Th e District School*, 62.

54. Burton, *Th e District School*, 62.

55. Parker, "A Pseudo-Talent for Words," 12.

56. Leta Stetter Hollingworth, *Special Talents and Defects: Th eir Signifi cance for Education* (New York: Macmillan, 1923), 52.

57. Marion Monroe, *Children Who Cannot Read; the Analysis of Reading Disabilities and the Use of Diagnostic Tests in the Instruction of Retarded Readers* (Chicago: University of Chicago Press, 1932), 1.

58. Norman E. Silberberg and Margaret C. Silberberg, "Hyperlexia—Specifi c Word Recognition Skills in Young Children," *Exceptional Children* 34.1 (1967): 41– 42, at 41.

59. N. E. Silberberg and M. C. Silberberg, "Case Histories in Hyperlexia," *Journal of School Psychology* 7 (1968): 3–7, at 4; C. C. Mehegan and F. E. Dreifuss, "Hyper lexia. Exceptional Reading Ability in Brain-Damaged Children," *Neurology* 22.11 (1972): 1105–1111, at 1106.

60. Yvan Lebrun, Claudie Van Endert, and Henri Szliwowski, "Trilingual Hyperlexia," in *Th e Exceptional Brain: Neuropsychology of Talent and Special Abilities*, eds. Loraine K. Obler and Deborah Fein (New York: Guilford, 1988), 253–264.

61. Mehegan and Dreifuss, "Hyperlexia," 1106.

62. Mehegan and Dreifuss, "Hyperlexia," 1106.

63. Audra Jensen, *When Babies Read: A Practical Guide to Help Young Children with Hyperlexia, Asperger Syndrome and High-Functioning Autism* (London: Jessica Kingsley, 2005), 15.

64. Alexia Ostrolenk et al., "Hyperlexia: Systematic Review, Neurocognitive Modelling, and Outcome," *Neuroscience & Biobehavioral Reviews* 79 (2017): 134–139, at 139.

65. Darold A. Treff ert, "Hyperlexia III: Separating 'Autistic-like' Behaviors from Autistic Disorder; Assessing Children Who Read Early or Speak Late," *WMJ: Offi cial Publication of the State Medical Society of Wisconsin* 110.6 (2011): 281–286, at 281.

66. P. R. Huttenlocher and J. Huttenlocher, "A Study of Children with Hyperlexia," *Neurology* 23.10 (1973): 1107–1116, at 1108.

67. Quoted in Luke Jackson, *Freaks, Geeks and Asperger Syndrome: A User Guide to Adolescence* (London: Jessica Kingsley, 2003), 117.

68. See Nancy Ewald Jackson, "Precocious Reading of English: Origins, Structure, and Predictive Signifi cance," in *To Be Young and Gift ed*, ed. Pnina S. Klein and Abraham J. Tannenbaum (Norwood, NJ: Ablex, 1992), 171–203.

69. Francis Galton to Adele Galton, February 15, 1827. Quoted in Karl Pearson, *Th e Life, Letters and Labours of Francis Galton*, 4 vols. (Cambridge: Cambridge University Press, 1914), 1:66.

70. Amy Wallace, *Th e Prodigy* (New York: E. P. Dutton, 1986), 23.

71. John Stuart Mill, *Autobiography*, ed. John M. Robson (New York: Penguin, 1989), 39.

72. Jean-Henri-Samuel Formey, *Th e Life of John Philip Baratier* (London: Golden Lion, 1745), 245–248. Further examples of precocious reading can be found in *Genetic Studies of Genius, Volume 2, Th e Early Mental Traits of Th ree Hundred Geniuses*, ed. Catharine Morris Cox (Stanford: Stanford University Press, 1926).

73. Richard Holmes, *Coleridge: Early Visions* (New York: Viking, 1990), 130.

74. John Matteson, *Th e Lives of Margaret Fuller: A Biography* (New York: W. W.

Norton, 2012), 1; Joan Von Mehren, *Minerva and the Muse: A*

Life of Margaret Fuller (Amherst: University of Massachusetts Press, 1994), 12.

75. Harriet Martineau, *Autobiography*, ed. Linda Peterson (Peterborough: Broadview, 2007), 62.

76. Lewis M. Terman, "An Experiment in Infant Education," *Journal of Applied Psychology* 2.3 (1918): 219–228, at 219.

77. Terman, "An Experiment in Infant Education," 219.

78. Jane M. Healy, "Th e Enigma of Hyperlexia," *Reading Research Quarterly* 17.3 (1982): 319–338, at 333.

79. Stephanie Allen Crist, *Discovering Autism, Discovering Neurodiversity: A Memoir* (self-pub., CreateSpace, 2015), 107; Silberberg and Silberberg, "Case Histories in Hyperlexia," 5.

80. Healy, "Th e Enigma of Hyperlexia," 324.

81. Michael Lewis, "Gift ed or Dysfunctional: Th e Child Savant," *Pediatric Annals* 14.10 (1985): 733–742, at 737.

82. Joan Goodman, "A Case Study of an 'Autistic-Savant': Mental Function in the Psychotic Child with Markedly Discrepant Abilities," *Journal of Child Psychology and Psychiatry* 13.4 (1972): 267–278, at 270.

83. Mehegan and Dreifuss, "Hyperlexia," 1107.

84. Huttenlocher and Huttenlocher, "A Study of Children with Hyperlexia," 1109.

85. Stephen Best and Sharon Marcus, "Surface Reading: An Introduction," *Representations* 108.1 (2009): 1–21.

86. Savarese, *See It Feelingly*, 54.

87. Alison Hale, *My World Is Not Your World*, 2nd ed. (self-pub., CreateSpace, 2017), 5.

88. David Miedzianik, *My Autobiography* (Nottingham: University of Nottingham, Child Development Research Unit, 1986), 36.

89. Crist, *Discovering Autism*, 132.

90. Barry Neil Kaufman, *Son-Rise: Th e Miracle Continues* (Tiburon, CA: H. J.

Kramer, 1994), 325.

91. Donna Williams, *Nobody Nowhere: Th e Extraordinary Autobiography of an Autistic* (New York: Times Books, 1992), 25. Th e chapter opening epigraph is from p. 126.

92. Clara Claiborne Park, *Th e Siege: Th e First Eight Years of an Autistic Child: With an Epilogue, Fift een Years Later* (Boston: Little, Brown, 1982), 264.

93. Tito Rajarshi Mukhopadhyay, *Th e Mind Tree: A Miraculous Child Breaks the Silence of Autism* (New York: Arcade, 2003), 120.

94. Lucy Blackman, *Lucy's Story: Autism and Other Adventures* (London: Jessica Kingsley, 2001), 121, 173, 145.

95. Jim Sinclair, "Bridging the Gaps: An Inside-Out View of Autism (Or, Do You Know What I Don't Know?)," in *High-Functioning Individuals with Autism*, eds.

Eric Schopler and Gary B. Mesibov (New York: Plenum, 1992), 298.

96. Barry Nurcombe and Neville Parker, "Th e Idiot Savant," *Journal of the American Academy of Child Psychiatry* 3.3 (July 1964): 469–487, at 473.

97. Sparrow Rose Jones, *No You Don't: Essays from an Unstrange Mind* (self-pub., Unstrange Publications, 2013), 31.

98. Mary-Ann Tirone Smith, *Girls of Tender Age: A Memoir* (New York: Free Press, 2006), 52.

99. Trevor Clark, *Exploring Gift edness and Autism: A Study of a Diff erentiated Educational Program for Autistic Savants* (New York: Routledge, 2016), 14.

100. Catherine Maurice, *Let Me Hear Your Voice: A Family's Triumph over Autism* (New York: Alfred A. Knopf, 1993), 50.

101. Quoted in Bruno Bettelheim, *Th e Empty Fortress: Infantile Autism and the Birth of the Self* (New York: Collier Macmillan, 1972), 235.（ブルーノ・ベッテルハイムの『自閉症・うつろな砦』黒丸正四郎訳、みすず書房、1973年）

102. Bettelheim, *Th e Empty Fortress*, 252.

103. Bettelheim, *Th e Empty Fortress*, 252.

104. Stephen M. Shore, *Beyond the Wall: Personal Experiences with Autism and Asperger Syndrome*, 2nd ed. (Shawnee Mission, KS: Autism Asperger Publishing, 2003), 55.

105. Ralph James Savarese, *Reasonable People: A Memoir of Autism & Adoption: On the Meaning of Family and the Politics of Neurological Diff erence* (New York: Other Press, 2007), 33. It is worth repeating here that many autistic readers engage with books in conventional ways, too. See also David James Savarese's account of reading classic fi ction such as *Th e Adventures of Huckleberry Finn* in "Coming to My Senses," *Autism in Adulthood* 1.2 (2019): 90–92.

106. Tito Rajarshi Mukhopadhyay, *How Can I Talk If My Lips Don't Move? Inside My Autistic Mind* (New York: Arcade, 2008), 202.

107. Jen Birch, *Congratulations! It's Asperger's Syndrome* (London: Jessica Kingsley, 2003), 98.

108. Macdonald Critchley, *Th e Divine Banquet of the Brain and Other Essays* (New York: Raven, 1979), 173.

109. Gustave Flaubert, *Bibliomania: A Tale*, trans. Th eodore Wesley Koch (Evanston: North-

western University Library, 1929), 10. On the history of bibliomania, see Nicholas A. Basbanes, *A Gentle Madness: Bibliophiles, Bibliomanes, and the Eternal Passion for Books* (New York: Henry Holt, 1995).

110. Baggs, "In My Language." 111. Kenneth Hall, *Asperger Syndrome, the Universe and Everything* (London: Jessica Kingsley, 2001), 36.

112. Frith, *Autism*, 93; Shore, *Beyond the Wall*, 58.

113. Charlotte Moore, *George and Sam: Autism in the Family* (London: Viking, 2004), 39.

114. Th erese Jolliff e, Richard Lansdown, and Clive Robinson, "Autism: A Personal Account," *Communication* 26.3 (1992): 12–13.

115. Elena L. Grigorenko, Ami Klin, and Fred Volkmar, "Annotation: Hyperlexia: Disability or Superability?," *Journal of Child Psychology and Psychiatry, and Allied Disciplines* 44.8 (2003): 1079–1091, at 1079.

116. Grigorenko, Klin, and Volkmar, "Annotation," 1084; Ostrolenk et al., "Hyperlexia," 146.

117. Dawn Prince-Hughes, *Songs of the Gorilla Nation: My Journey Th rough Autism* (New York: Harmony, 2004), 26.

118. Asperger, "'Autistic Psychopathy' in Childhood," 56.

119. Tito Rajarshi Mukhopadhyay and Douglas Biklen, "II. Questions and Answers," in *Autism and the Myth of the Person Alone*, ed. Douglas Biklen (New York: NYU Press, 2005), 142.（ダグラス・ビクレン編著『「自」らに「閉」じこもらない自閉症者たち』 鈴木真帆監訳、エスコアール、2009 年）

120. Jean Bryant, *Th e Opening Door* (self-pub., 1993), 151.

121. Autistics stretch the limits of slow reading, too. Page-turners made Lois Prislovsky self-conscious in airports and other public spaces where people could see how infrequently she moved from one page to the next. Barb Rentenbach and Lois Prislovsky, *Neurodiversity: A Humorous and Practical Guide to Living with ADHD, Anxiety, Autism, Dyslexia, the Gays, and Everyone Else* (Knoxville: Mule and Muse Productions, 2016), 162.

122. Margaret Eastham and Anne Grice, *Silent Words: Th e Story of David Eastham* (Ottawa: Oliver-Pate, 1992), 58.

123. Quoted in Blackman, *Lucy's Story*, 137–138.

124. Bernard Rimland and Deborah Fein, "Special Talents of Autistic Savants," in *Th e Exceptional Brain: Neuropsychology of Talent and Special Abilities*, eds. Loraine K. Obler and Deborah Fein (New York: Guilford, 1988), 480; Jeanne Simons and Sabbine Oishi, *Th e Hidden Child: Th e Linwood Method for Reaching the Autistic Child* (Rockville: Woodbine House, 1997), 226.

125. Rentenbach and Prislovsky, *Neurodiversity*, 195.

126. Arthur Fleischmann and Carly Fleischmann, *Carly's Voice: Breaking Th rough Autism* (New York: Touchstone, 2012), 181.

127. *Temple Grandin*, dir. Mick Jackson ([New York]: HBO Home Entertainment, 2010), DVD.

128. Temple Grandin, *Th inking in Pictures: And Other Reports from My Life with Autism* (New York: Vintage, 1996), 31.（テンプル・グランディ『自閉症の才能開発　自閉症と天才をつなぐ環』カニングハム公子訳、学習研究社、1997 年）

129. Grandin, *Th inking in Pictures*, 38.

130. Gunilla Gerland, *A Real Person: Life on the Outside*, trans. Joan Tate (London: Souvenir, 2003), 52.（グニラ・ガーランド『ずっと「普通」になりたかった。』ニキ・リンコ訳、花風社、2000 年）

131. Gerland, *A Real Person*, 52.

132. Gerland, *A Real Person*, 228.

133. Gerland, *A Real Person*, 150.

134. Priscilla Gilman, *Th e Anti-Romantic Child: A Memoir of Unexpected Joy* (New York: Harper Perennial, 2012), 45.

135. Nazeer, *Send in the Idiots*, 80.

136. Birch, *Congratulations! It's Asperger's Syndrome*, 93.

137. Tom Cutler, *Keep Clear: My Adventures with Asperger's* (London: Scribe, 2019), 304.

138. Shore, *Beyond the Wall*, 51.

139. Shore, *Beyond the Wall*, 57.（スティーブン・ショア『壁のむこうへ　自閉症の私の人生』（森由美子訳、学研、2004 年）

140. Savarese, *See It Feelingly*, 43.

141. Park, *Th e Siege*, 281.

142. Blackman, *Lucy's Story*, 69.

143. Alberto Frugone, "II. Salient Moments in the Life of Alberto as a Child, a Youth, a Young Man," in *Autism and the Myth of the Person Alone*, ed. Douglas Biklen (New York: NYU Press, 2005), 186.

144. Gerland, *A Real Person*, 125.

145. Quoted in Biklen, "Framing Autism," 68.

146. On the complex relationship between speech and autism, see Melanie Yergeau, *Authoring Autism: On Rhetoric and Neurological Queerness* (Durham: Duke University Press, 2018).

147. Quoted in Silberman, *Neurotribes*, 96.（スティーブ・シルバーマン『自閉症の世界』正高信男訳、講談社、2017 年）

148. John Elder Robison,

Look Me in the Eye: My Life with Asperger's (New York: Crown, 2007), 267.（ジョン・エルダー・ロビソン『眼を見なさい！アスペルガーとともに生きる』テーラー幸恵訳、東京書籍、2009年）

149. See, for example, Francesca G. E. Happe, "Th e Autobiographical Writings of Th ree Asperger Syndrome Adults: Problems of Interpretation and Implications for Th eory," in *Autism and Asperger Syndrome*, ed. Uta Frith (Cambridge: Cambridge University Press, 1991), 223.

150. Simon Baron-Cohen et al., "Th e Autism-Spectrum Quotient (AQ): Evidence from Asperger Syndrome/High-Functioning Autism, Males and Females, Scientists and Mathematicians," *Journal of Autism and Developmental Disorders* 31.1 (2001): 5–17, at 15.

151. Judy Barron and Sean Barron, *Th ere's a Boy in Here* (New York: Simon & Schuster, 1992), 256.

152. Frith, *Autism*, 8.

153. N. V. Smith and Ianthi-Maria Tsimpli, *Th e Mind of a Savant: Language Learning and Modularity* (Oxford: Blackwell, 1995), 1–2.

154. "Jim," in *Aquamarine Blue 5: Personal Stories of College Students with Autism*, ed. Dawn Prince-Hughes (Athens: Swallow Press/Ohio University Press, 2002), 67.

155. Gerland, *A Real Person*, 126.（グニラ・ガーランド『ずっと「普通」になりたかった。』ニキ・リンコ訳、花風社、2000年）

156. Peek and Hanson, *Th e Life and Message of the Real Rain Man*, 47.

157. Sue Rubin, "II. A Conversation with Leo Kanner," in *Autism and the Myth of the Person Alone*, ed. Douglas Biklen (New York: NYU Press, 2005), 87.

158. Shore, *Beyond the Wall*, 87.

159. Shore, *Beyond the Wall*, 87.。(スティーブン・ショア『壁のむこうへ』森由美子訳、学習研究社、2004年）

160. Daniel Tammet, *Every Word Is a Bird We Teach to Sing: Encounters with the Mysteries and Meanings of Language* (New York: Little, Brown, 2017), 6.

161. Gerland, *A Real Person*, 145.（グニラ・ガーランド『ずっと「普通」になりたかった。』ニキ・リンコ訳、花風社、2000年）

162. Williams, *Nobody Nowhere*, 43.（ドナ・ウィリアムズ『自閉症だったわたしへ』河野万里子訳、新潮社、2000年）

163. Williams, *Nobody Nowhere*, 116.

164. Williams, *Nobody Nowhere*, 43.

165. Oliver Sacks, "Foreword," in Grandin, *Th inking in Pictures*, 14. For a counter point to Sacks's account, see the discussion of Grandin's sensitivity to literature in Savarese, *See It Feelingly*, 155–190.（テンプル・グランディ『自閉症の才能開発：自閉症と天才をつなぐ環』カニングハム久子訳、学研プラス、1997年）

166. Tammet, *Every Word Is a Bird We Teach to Sing*, 10; Daniel Tammet, *Born on a Blue Day: Inside the Extraordinary Mind of an Autistic Savant: A Memoir* (New York: Free Press, 2007), 130.

167. Tammet, *Every Word Is a Bird We Teach to Sing*, 11.

168. Tim Page, *Parallel Play* (New York: Anchor, 2010), 74.

169. Liane Holliday Willey, *Pretending to Be Normal: Living with Asperger's Syndrome* (London: Jessica Kingsley, 1999), 20.（リアン・ホリデー・ウィリー『アスペルガー的人生（ニキ・リンコ訳、東京書籍、2002年）

第三章

1. Sam Martin and June Martin, *A Stroke of Luck: Learning How to Read Aft er a Stroke* (self-pub., 2013), 5. Th e chapter opening epigraph is from George Gissing, *Th e Private Papers of Henry Ryecroft* (Westminster: Archibald Constable, [1903]), 165.

2. Martin and Martin, *A Stroke of Luck*, 9.

3. For a comprehensive review, see Alexander Leff and Randi Starrfelt, *Alexia: Diagnosis, Treatment and Th eory* (London: Springer-Verlag, 2014).

4. David F. Mitch, *Th e Rise of Popular Literacy in Victorian England: Th e Infl uence of Private Choice and Public Policy* (Philadelphia: University of Pennsylvania Press, 1992), xvi.

5. Carl F. Kaestle, "Preface," in *Literacy in the United States: Readers and Reading Since 1880*, ed. Carl F. Kaestle et al. (New Haven: Yale University Press, 1991), xix.

6. Samuel Smiles, *Self-Help, with Illustrations of Character, Conduct, and Perseverance*, ed. Peter W. Sinnema (Oxford: Oxford University Press, 2002), 274.（サミュエル・スマイルズ『自助論』竹内均訳、三笠書房、2002年）

7. Francis Bacon, *Th e Essayes or Counsels, Civill and Morall*, ed. Michael Kiernan (Oxford: Clarendon, 1985), 153.8. C. S. Moss, "Notes from an Aphasic Psychologist, or Diff erent Strokes for Different Folks," in *Injured Brains of Medical Minds: Views from Within*, ed. Narinder Kapur (Oxford: Oxford University Press, 1997), 79.

9. Gustave Flaubert to Mademoiselle Leroyer de Chantepie, June 1857, in Gustave Flaubert, *Correspondance: Nouvelle Edition Augmentee: Quatrieme Serie*

(1854– 1861), 9 vols. (Paris: Louis Conard, 1927), 4:197. Emphasis in original.

10. Various perspectives on reading's benefi ts can be found in Shafquat Towheed, Rosalind Crone, and Katie Halsey, eds., *Th e History of Reading: A Reader* (London: Routledge, 2011). See also Frank Furedi, *Th e Power of Reading: From Socrates to Twitter* (London: Bloomsbury, 2015).

11. Helen Keller, *Th e Story of My Life* (London: Doubleday, Page, 1903), 117.

12. Samuel Johnson, "Illiterate," in *Johnson's Dictionary Online*, *A Dictionary of the English Language* (1755, 1773), eds. Beth Rapp Young et al. (2021): http:// johnsonsdictionaryonline .com/ ?p = 14863 13. Robert Darnton, "First Steps Toward a History of Reading," *Australian Journal of French Studies* 23 (1986): 5–30, at 15.

14. See Pliny, *Natural History*, 5 vols., trans. H[arris] Rackham (London: Folio Society, 2012), 1:346. Th is and other historical cases of alexia are documented in Arthur L. Benton and Robert J. Joynt, "Early Descriptions of Aphasia," *Archives of Neurology* 3.2 (1960): 205–222.

15. Jan van Gijn, "A Patient with Word Blindness in the Seventeenth Century," *Journal of the History of the Neurosciences* 24.4 (2015): 352–360.

16. Benton and Joynt, "Early Descriptions of Aphasia," 209.

17. Quoted in Walther Riese, "Auto-Observation of Aphasia: Reported by an Eminent Nineteenth-Century Medical Scientist," *Bulletin of the History of Medicine* 28 (1954): 237–242, at 238. A survey of self-reports of aphasics can be found in Claude Scott Moss, *Recovery with Aphasia: Th e Aft ermath of My Stroke* (Urbana: University of Illinois Press, 1972), 185–199. Moss describes his own struggles with reading as "an unholy, tortuous business" (7).

18. Quoted in Riese, "Auto-Observation," 238.

19. Quoted in Riese, "Auto-Observation," 238 20. Joseph Arnould, *Memoir of Th omas, First Lord Denman Formerly Lord Chief Justice of England,* 2 vols. (London: Longmans, Green, 1873), 2:343.

21. Alberto Manguel, "Some Th oughts About Th inking," *Cognitive and Behavioral Neurology* 28.2 (2015): 43–45.

22. On early eff orts at brain localization, see Edwin Clarke and L. S. Jacyna, *Nineteenth-Century Origins of Neuroscientifi c Concepts* (Berkeley: University of California Press, 1987), 212–307.

23. On the emergence of aphasiology in the nineteenth century, see L. S. Jacyna, *Lost Words: Narratives of Language and the Brain, 1825–1926* (Princeton: Princeton University Press, 2000).

24. H. Charlton Bastian, "On the Various Forms of Loss of Speech in Cerebral Disease," *British and Foreign Medico-Chirurgical Review* 43 (1869): 209–236, 470–492, at 484. Emphasis in original.

25. James J. Adams, "On the Amaurosis and Painful Aff ections Which Attend Strabismus," *Provincial Medical and Surgical Journal* 2.30 (1841): 66–68, at 66.

26. Th omas Inman, "Remarks upon the Treatment of Th reatened Apoplexy and Hemiplegia," *British Medical Journal* (November 14, 1857): 944–947.

27. John Buckley Bradbury, "A Discussion on Headaches and Th eir Treatment," *British Medical Journal* (November 4, 1899): 1241–1243, at 1242.

28. J. Crichton Browne, "Clinical Lectures on Mental and Cerebral Diseases," *British Medical Journal* (May 6, 1871): 467–468, at 467.

29. J[ohn] Hughlings Jackson, "On a Case of Loss of Power Expression; Inability to Talk, to Write, and to Read Correctly Aft er Convulsive Attacks," *British Medical Journal* (July 28, 1866): 92–94, at 93.

30. William Henry Broadbent, "On the Cerebral Mechanism of Speech and Th ought," *Medico-Chirurgical Transactions* 55 (1872): 145–194, at 166.（オリヴァー・ゴールドスミスの『ビカー・ウエイクフィールドの牧師』（小野寺健訳、岩波書店、2012年）

31. Quoted in Broadbent, "On the Cerebral," 163.

32. Quoted in Broadbent, "On the Cerebral," 164.

33. Quoted in Broadbent, "On the Cerebral," 164.

34. Broadbent, "On the Cerebral," 151.

35. J[ohn] T[homas] Banks, "On the Loss of Language in Cerebral Disease," *Dublin Quarterly Journal of Medical Science* 39.77 (1865): 62–80, at 78.

36. George Eliot, *Romola*, ed. Dorothea Barrett (London: Penguin, 1996), 273.（ジョージ・エリオット『ロモラ』工藤昭雄訳、集英社、1981年）

37. Sally Shuttleworth, *George Eliot and Nineteenth-Century Science: Th e Make- Believe of a Beginning* (Cambridge: Cambridge University Press, 1984), 111.

38. Eliot, *Romola*, 352.（ジョージ・エリオット『ロモラ』工藤昭雄訳、集英社、1981年）

39. Jack Goody and Ian Watt, "Th e Consequences of Literacy," *Comparative Studies in Society and History* 5.3 (1963): 304–345, at 335.

40. See, for example, Georges Poulet, "Phenomenology of Reading," *New Literary History* 1.1 (1969): 53–68.

41. Armand Trousseau, *Lectures on Clinical Medicine, Delivered at the Hotel- Dieu, Paris*, 5 vols., trans. P. Victor Bazire (London: Robert Hardwicke, 1866), 1:238.

42. Alfred Mantle, "Motor and Sensory Aphasia," *British Medical Journal* (February 6, 1897): 325–328, at 325.

43. Quoted in Mantle, "Motor," 326.

44. Quoted in Mantle, "Motor," 326.

45. "Phases of Aphasia," *Saint Paul Globe* (Minn.) (September 10, 1899): 22, *Chronicling America: Historic American Newspapers*: http:// chroniclingamerica .loc .gov/ 46. Quoted in Banks, "On the Loss," 75.

47. Banks, "On the Loss," 75.

48. Trousseau, *Lectures*, 224. Emphasis in original.

49. Freud discusses the concept of magical thinking in Sigmund Freud, *Th e Origins of Religion: Totem and Taboo, Moses and Monotheism and Other Works*, Th e Pelican Freud Library, trans. James Strachey, vol. 13 (London: Penguin, 1985), 143–145.

50. Trousseau, *Lectures*, 260.

51. J. S. Bristowe, "Th e Lumleian Lectures on the Pathological Relations of the Voice and Speech," *British Medical Journal* (May 17, 1879): 731–734, at 732.

52. Bristowe, "Th e Lumleian Lectures," 731.

53. Trousseau, *Lectures*, 260–61.

54. Trousseau, *Lectures*, 258.

55. A[dolph] Kussmaul, "Disturbances of Speech," in *Cyclopaedia of the Practice of Medicine*, ed. Dr. H[ugo] von Ziemssen, trans. E. Buchanan Baxter et al. (New York: William Wood, 1877), 14:770, 14:775. Kussmaul's monograph was published simultaneously in German as *Die Storungen der Sprache* (Leipzig: Verlag von F. C. W. Vogel, 1877).

56. Quoted in Willy O. Renier, "Jules Dejerine," in *Reader in the History of Aphasia: From Franz Gall to Norman Geschwind*, ed. Paul Eling (Amsterdam: John Benjamins, 1994), 207. Th e case study reprinted by this volume is translated from "Contribution a l'etude anatomique et clinques des diff erentes varietes de cecite verbale," *Memoires de la Societe de Biologie* 4 (1892): 61–65.

57. Quoted in Daniel N. Bub, Martin Arguin, and Andre Roch Lecours, "Jules Dejerine and His Interpretation of Pure Alexia," *Brain and Language* 45.4 (1993): 531–559, at 542.

58. Quoted in Israel Rosenfeld, *Th e Invention of Memory: A New View of the Brain* (New York: Basic Books, 1988), 34. Th e translation is Rosenfeld's own.

59. Quoted in Rosenfeld, *Invention*, 36.

60. J. M. Charcot, *Clinical Lectures on Diseases of the Nervous System*, ed. Ruth Harris (London: Tavistock/Routledge, 1991), 133.

61. Quoted in Charcot, *Clinical Lectures*, 136.

62. James Hinshelwood, "Th e Treatment of Word-Blindness, Acquired and Congenital," *British Medical Journal* 2.2703 (1912): 1033–1035, at 1033.

63. James Hinshelwood, *Letter-, Word-, and Mind-Blindness* (London: H. K.

Lewis, 1900), 12.

64. Hinshelwood, *Letter-*, 14.

65. Hinshelwood, *Letter-*, 38.

66. Hinshelwood, *Letter-*, 44.

67. Henry R. Swanzy, "Th e Bowman Lecture on the Value of Eye Symptoms in the Localisation of Cerebral Disease," *British Medical Journal* (November 17, 1888): 1089–1096, at 1095.

68. Poulet, "Phenomenology of Reading," 54.

69. William Ogle, "Aphasia and Agraphia," in *St. George's Hospital Reports*, 10 vols., eds. John W. Ogle and Timothy Holmes (London: John Churchill and Sons, 1867), 2:83–122.

70. H. Charlton Bastian, "Th e Lumleian Lectures on Some Problems in Connection with Aphasia and Other Speech Defects," *British Medical Journal* (May 1, 1897): 1076–1080, at 1077.

71. Charcot, *Clinical Lectures*, 139. Emphasis in original.

72. Bub et al., "Jules Dejerine," 547.

73. Oliver Sacks, *Th e Mind's Eye* (London: Picador, 2010), 78. See also Oliver Sacks, "Aft erword," in Howard Engel, *Th e Man Who Forgot How to Read* (New York: Th omas Dunne Books/St. Martin's Press, 2007), 149–157.（オリヴァー・サックス『心の視力——脳神経科医と失われた知覚の世界』大田直子訳、早川書房、2011 年）

74. Th is case is described in Adhemar Gelb and Kurt Goldstein, "Analysis of a Case of Figural Blindness," in *A Source Book of Gestalt Psychology*, ed. Willis D. Ellis (London: Kegan Paul, Trench, Trubner, [1938]), 315–325.

75. Oliver Sacks, "Aft erword," in Howard Engel, *Memory Book* (New York: Carroll & Graf, 2006), 245.

76. Kurt Goldstein, *Th e Organism: A Holistic Approach to Biology Derived from Pathological Data in Man* (New York: Zone, 1995), 196.

77. J. Richard Hanley and Janice Kay, "Monsieur C: Dejerine's Case of Alexia Without Agraphia," in *Classic Cases in Neuropsychology*, 2 vols., eds. Chris Code et al. (Hove, UK: Psychology Press, 2002), 2:64.

78. A. Hughes Bennett, "Clinical Lectures on Diseases of the Nervous System," *British Medical*

Journal (February 18, 1888): 339–342, at 340.

79. Hinshelwood, *Letter-*, 70.

80. Kurt Goldstein, *Language and Language Disturbances: Aphasic Symptom Complexes and Th eir Signifi cance for Medicine and Th eory of Language* (New York: Grune & Stratton, 1948), 124.

81. On the limited benefi ts of therapeutic treatment, see Randi Starrfelt, Rannveig Ros Olafsdottir, and Ida-Marie Arendt, "Rehabilitation of Pure Alexia: A Review," *Neuropsychological Rehabilitation* 23.5 (2013): 755–779.

82. Marlene Behrmann, "Pure Alexia: Underlying Mechanisms and Remediation," in *Converging Methods for Understanding Reading and Dyslexia*, eds. Raymond M. Klein and Patricia McMullen (Cambridge, MA: MIT Press, 1999), 156.

83. Quoted in Barbara A. Wilson, *Case Studies in Neuropsychological Rehabilitation* (Oxford: Oxford University Press, 1999), 217.

84. Quoted in Wilson, *Case Studies*, 221.

85. Victor W. Henderson explains the twentieth century's contrasting approaches in "Alexia and Agraphia," in *History of Neurology*, eds. Stanley Finger, Francois Boller, and Kenneth L. Tyler (Edinburgh: Elsevier, 2010), 583–601, esp.
596–599.

86. Goldstein, *Th e Organism*, 203.

87. Norman Geschwind, "Disconnexion Syndromes in Animals and Man (Part I)," *Brain* 88.2 (1965): 237–294, at 239. Th e term "diagram makers" was originally used in Henry Head, *Aphasia and Kindred Disorders of Speech*, 2 vols. (Cambridge: Cambridge University Press, 1926), 1:54.

88. Quoted in A. R. Luria, *Th e Man with a Shattered World: Th e History of a Brain Wound*, trans. Lynn Solotaroff (Cambridge, MA: Harvard University Press, 1972), 64.

89. Quoted in Luria, *Th e Man*, 62, 63.

90. Quoted in Luria, *Th e Man*, 64.（アレクサンドル・ルリヤ『失われた世界―脳損傷者の手記』杉下守弘訳、海鳴社、1980年）

91. Quoted in Luria, *Th e Man*, 99.

92. Quoted in Luria, *Th e Man*, 75.

93. Quoted in Luria, *Th e Man*, 35.（アレクサンドル・ルリヤ『失われた世界―脳損傷者の手記』杉下守弘訳、海鳴社、1980年）

94. Luria, *Th e Man*, xxi.

95. Philippe F. Paquier et al, "Acquired Alexia with Agraphia Syndrome in Childhood," *Journal of Child Neurology* 21.4 (2006): 324–330; C. A. H. Fisher and A. J.
Larner, "Jean Langlais (1907–91): An Historical Case of a Blind Organist with Stroke- Induced Aphasia and Braille Alexia but Without Amusia," *Journal of Medical Biography* 16.4 (2008): 232–234; Ian McDonald, "Musical Alexia with Recovery: A Personal Account," *Brain* 129 (2006): 2554–2561; Jordan S. Robinson, Robert L. Collins, and Shalini V. Mukhi, "Alexia Without Agraphia in a Right-Handed Individual Following Right Occipital Stroke," *Applied Neuropsychology: Adult* 23.1 (2016): 65–69.

96. See, for example, the essays in Rachel Ablow, ed., *Th e Feeling of Reading: Aff ective Experience and Victorian Literature* (Ann Arbor: University of Michigan Press, 2010). Mary A. Favret considers the experiences of those who fi nd reading diffi cult in "Th e Pathos of Reading," *PMLA* 130.5 (2015): 1318–1331, esp. 1320–1321.

97. Hinshelwood, *Letter-*, 2.

98. Engel, *Th e Man Who Forgot How to Read,* xiv.

99. Engel, *Th e Man Who Forgot How to Read*, xiii, 7. Engel's case is described at length in Sacks, *Th e Mind's Eye*, 53–81.

100. Engel, *Th e Man Who Forgot How to Read*, 28.

101. Banks, "On the Loss," 78.

102. Engel, *Th e Man Who Forgot How to Read,* 43, 29.

103. Engel, *Th e Man Who Forgot How to Read*, 37.

104. Engel, *Th e Man Who Forgot How to Read.* 73.

105. Engel, *Th e Man Who Forgot How to Read*, 41.

106. Engel, *Th e Man Who Forgot How to Read*, 99.

107. Engel, *Th e Man Who Forgot How to Read*, 133.

108. Engel, *Th e Man Who Forgot How to Read*, 134.

109. Engel, *Th e Man Who Forgot How to Read,* 129.（ハワード・エンゲル『メモリーブック―病室探偵クーパーマンの受難』寺坂由美子訳、柏艪舎、2010年）

110. Engel, *Memory Book*, 13.

111. Engel, *Memory Book*, 226.

112. See, for example, the prophetic remarks about a "post-literate time" made in Marshall McLuhan, *Th e Gutenberg Galaxy: Th e Making of Typographic Man* (London: Routledge & Kegan Paul, 1967), 2.

113. Quoted in Jason Cuomo, Murray Flaster, and Jose Biller, "Right Brain: A Reading Specialist with Alexia Without Agraphia: Teacher Interrupted," *Neurology* 82.1 (January 7, 2014): e5–e7, at e5.

114. Quoted in Cuomo et al., "Right Brain," e7.

第四章

1. Gladys A. Reichard, Roman Jakobson, and Elizabeth Werth, "Language and Synesthesia,"

Word 5.2 (1949): 224–233, at 224.

2. Ludwig Wittgenstein, *Zettel*, eds. G. E. M. Anscombe and G. H. von Wright, trans. G. E. M. Anscombe (Oxford: Basil Blackwell, 1967), 32e.

3. A detailed overview of this multivariant condition is available in Julia Simner and Edward M. Hubbard, eds., *Th e Oxford Handbook of Synesthesia* (Oxford: Oxford University Press, 2013). Another good starting point is Richard E. Cytowic, *Synesthesia* (Cambridge, MA: MIT Press, 2018).

4. Julia Simner et al., "Synaesthesia: Th e Prevalence of Atypical Cross-Modal Experiences," *Perception* 35.8 (2006): 1024–1033.

5. Julia Simner identifi es synesthesia's key features in "Defi ning Synaesthesia," *British Journal of Psychology* 103.1 (2012): 1–15. See also Jamie Ward and Julia Simner, "Synesthesia: Th e Current State of the Field," in *Multisensory Perception: From Laboratory to Clinic*, eds. Krishnankutty Sathian and V. S. Ramachandran (Amsterdam: Academic, 2019), 283–300.

6. Jacques Lusseyran, *And Th ere Was Light: Th e Autobiography of a Blind Hero in the French Resistance* (Edinburgh: Floris, 1985), 76. Numerous accounts of colored hearing can be found in Oliver W. Sacks, *Musicophilia: Tales of Music and the Brain* (London: Picador, 2007), 165–183.

7. Isador H. Coriat, "An Unusual Type of Synesthesia," *Journal of Abnormal Psychology* 8.2 (1913): 109–112; Janina Nielsen et al., "Synaesthesia and Sexuality: Th e Infl uence of Synaesthetic Perceptions on Sexual Experience," *Frontiers in Psychology* 4 (2013): https:// doi .org/ 10 .3389/ fpsyg .2013 .00751. Sean Day maintains a comprehensive list of the diff erent forms of synesthesia: http:// www .daysyn .com/ Types -of -Syn .html

8. Vladimir Nabokov, *Strong Opinions* (London: Penguin, 2012), 34.

9. Vladimir Nabokov, *Speak, Memory: An Autobiography Revisited* (London: Penguin, 2012), 17. For an artist's rendition of Nabokov's letters, see Jean Holabird, Vladimir Nabokov, and Brian Boyd, *Vladimir Nabokov: AlphaBet in Color* (Corte Madera, CA: Gingko, 2005). (ウラジーミル・ナボコフ『記憶よ、語れ』若島正訳、作品社、2015年)

10. Th e emerging fi eld of neuroaesthetics seeks to understand the neural underpinnings of artistic encounters. A good entry point is G. Gabrielle Starr, *Feeling Beauty: Th e Neuroscience of Aesthetic Experience* (Cambridge, MA: MIT Press, 2015).

11. Francis Galton, "Visualised Numerals," *Journal of the Anthropological Institute of Great Britain and Ireland* 10 (1881): 85–102, at 85.

12. Sean A. Day, "Some Demographic and Socio-Cultural Aspects of Synesthesia," in *Synesthesia: Perspectives from Cognitive Neuroscience*, eds. Lynn C. Robertson and Noam Sagiv (Oxford: Oxford University Press, 2005), 27.

13. Jerome J. McGann, *Th e Textual Condition* (Princeton: Princeton University Press, 1991), 57.

14. Maurice Merleau-Ponty, *Phenomenology of Perception*, trans. Colin Smith (London: Routledge, 2005); see also Andre J. Abath, "Merleau-Ponty and the Problem of Synaesthesia," in *Sensory Blending: On Synaesthesia and Related Phenomena*, ed. Ophelia Deroy (New York: Oxford University Press, 2017), 151–165.

15. Stanislas Dehaene, *Reading in the Brain: Th e New Science of How We Read* (New York: Penguin, 2009), 225.

16. Michael Tye, "Qualia," in *Th e Stanford Encyclopedia of Philosophy*, ed. Edward N. Zalta (Stanford: Stanford University, 2017): https:// plato .stanford .edu/ archives/ win2017/ entries/ qualia/

17. Max Velmans, *Understanding Consciousness*, 2nd ed. (New York: Routledge, 2009), 121–148.

18. Robert Darnton, "First Steps Toward a History of Reading," *Australian Journal of French Studies* 23.1 (1986): 5–30, at 7.

19. Richard P. Feynman, *"What Do You Care What Other People Th ink?": Further Adventures of a Curious Character* (New York: W. W. Norton, 1988), 59. (R・P・ファインマン『困ります、ファインマンさん』大貫昌子訳、岩波書店、2001年)

20. Sach's dissertation was written in Latin and subsequently translated into German. Th ere is no English translation. See Jorg Jewanski, Sean A. Day, and Jamie Ward, "A Colorful Albino: Th e First Documented Case of Synaesthesia, by Georg Tobias Ludwig Sachs in 1812," *Journal of the History of the Neurosciences* 18.3 (2009): 293–303.

21. Jorg Jewanski et al., "Th e Development of a Scientifi c Understanding of Synesthesia from Early Case Studies (1849–1873)," *Journal of the History of the Neurosciences* 20.4 (2011): 284–305.

22. Quoted in Francis Galton, *Inquiries into Human Faculty and Its Development* (London: Macmillan, 1883), 110. See also David Burbridge, "Galton's 100: An Exploration of Francis Galton's Imagery Studies," *British Journal for the History of Science* 27.4 (1994): 443–463, at 443.

23. Alfred Binet, "Th e Problem of Colored Hearing," *Pop-*

ular Science Monthly 43 (1893): 812–823, at 815; translated from "Le probleme de l'audition coloree," *La revue de deux mondes* 113 (1892): 586–614.

24. John E. Harrison, *Synaesthesia: Th e Strangest Th ing* (Oxford: Oxford University Press, 2001).

25. Lynn C. Robertson and Noam Sagiv, eds., *Synesthesia: Perspectives from Cognitive Neuroscience* (Oxford: Oxford University Press, 2005).

26. On the history of artistic experimentation with synesthesia, see Cretien van Campen, *Th e Hidden Sense: Synesthesia in Art and Science* (Cambridge, MA: MIT Press, 2008).

27. Charles Baudelaire, "Correspondences" ("Correspondances"), in *Th e Flowers of Evil*, trans. James McGowan (Oxford: Oxford University Press, 1993), 19.（シャルル・ボードレール『悪の華』安藤元雄訳、集英社、1991 年）

28. Arthur Rimbaud, "Voyelles," in *Selected Poems and Letters*, trans. Jeremy Harding and John Sturrock (London: Penguin, 2004), 211–212.（アルチュール・ランボー『対訳、ランボー詩集』中地義和編、岩波書店、2020 年）

29. Joris-Karl Huysmans, *Against Nature* (Harmondsworth: Penguin, 1973), 58.

On synesthesia's persistence as a Romantic ideal among the arts, see Kevin T. Dann, *Bright Colors Falsely Seen: Synaesthesia and the Search for Transcendental Knowledge* (New Haven: Yale University Press, 1998).

30. Arthur Rimbaud, *Collected Poems*, trans. Oliver Bernard (Harmondsworth: Penguin, 1997), 327. Quoted in Lawrence E. Marks, *Th e Unity of the Senses: Interrelations Among the Modalities* (New York: Academic, 1978), 235.

31. Simon Baron-Cohen and John Harrison, "Synaesthesia," in *Encyclopedia of Cognitive Science*, ed. Lynn Nadel, 4 vols. (London: Nature Publishing, 2003), 4:296.

32. Max Nordau, *Degeneration* (London: William Heinemann, 1896), 142.

33. William Empson, *Seven Types of Ambiguity*, 2nd ed. (Harmondsworth: Penguin, 1973), 33; Irving Babbitt, *Th e New Laokoon: An Essay on the Confusion of the Arts* (New York: Houghton Miffl in, 1929), 175.

34. Rudyard Kipling, *Rudyard Kipling's Verse* (London: Hodder and Stoughton, 1940), 418; Edith Sitwell, *Facade* (London: Duckworth, 1987), 33; F. Scott Fitzgerald, *Th e Great Gatsby*, ed. Matthew Joseph Bruccoli (New York: Scribner, 2003), 44.

35. Glenn O'Malley, *Shelley and Synesthesia* (Evanston: Northwestern University Press, 1968), 178.

36. Vladimir Nabokov, *Bend Sinister* (London: Penguin Classics, 2012), 104; Patricia Lynne Duff y provides a useful survey of fi ctional representations in "Synesthesia in Literature," in *Th e Oxford Handbook of Synesthesia*, eds. Julia Simner and Edward M. Hubbard (Oxford: Oxford University Press, 2013), 647–670.（ウラジーミル・ナボコフ『ベンドシニスター』加藤光也訳、みすず書房、2001 年）

37. June E. Downey, "Literary Synesthesia," *Journal of Philosophy, Psychology and Scientifi c Methods* 9.18 (1912): 490–498, at 490.

38. See Harrison, *Synaesthesia*, 115–140.

39. D. F. McKenzie, *Bibliography and the Sociology of Texts* (London: British Library, 1986), 8.

40. Quoted in Galton, *Inquiries into Human Faculty*, 150.

41. Th eodore Flournoy, *Des Phenomenes de Synopsie (Audition Coloree): Photismes, Schemes Visuels, Personnifi cations* (Paris: Felic Alcan, 1893), 79.

42. V. S. Ramachandran and Edward M. Hubbard, "Synaesthesia—A Window into Perception, Th ought and Language," *Journal of Consciousness Studies* 8.12 (2001): 3–34, at 26.

43. Quoted in Patricia Lynne Duff y, *Blue Cats and Chartreuse Kittens: How Synesthetes Color Th eir Worlds* (New York: Times Books, 2001), 55.

44. Galton, *Inquiries into Human Faculty*, 47.

45. Richard E. Cytowic and David M. Eagleman, *Wednesday Is Indigo Blue: Discovering the Brain of Synesthesia* (Cambridge, MA: MIT Press, 2009), 2.

46. Galton, "Visualised Numerals," 99.

47. Nathan Witthoft and Jonathan Winawer, "Learning, Memory, and Synesthesia," *Psychological Science* 24.3 (2013): 258–265. See also Peter Hancock, "Synesthesia, Alphabet Books, and Fridge Magnets," in Simner and Hubbard, *Oxford Handbook of Synesthesia*, 83–99.

48. Nicolas Rothen and Beat Meier, "Acquiring Synaesthesia: Insights from Training Studies," *Frontiers in Human Neuroscience* 8 (2014): https:// doi .org/ 10 .3389/ fnhum .2014 .00109 49. Nabokov, *Speak, Memory*, 18.

50. Alexandra Dittmar, *Synaesthesia: A "Golden Th read" Th rough Life?* (Essen: Verl Die Blaue Eule, 2009), 43.

51. Richard E. Cytowic, *Synesthesia: A Union of the Senses* (Cambridge, MA: MIT Press, 2002), 34.

52. Daniel Tammet, *Born on a Blue Day: Inside the Extraordinary Mind of an Autistic Savant: A Memoir* (New York: Free Press, 2007), 11. Th is chapter's opening

epigraph is from p. 160.

53. Quoted in Sean A. Day, *Synesthetes: A Handbook* (Granada: International Foundation Artecitta Publishing, 2016), 31.

54. Joanna Atkinson et al., "Synesthesia for Manual Alphabet Letters and Numeral Signs in Second-Language Users of Signed Languages," *Neurocase* 22.4 (2016): 379–386.

55. Simner, "Defi ning Synaesthesia," 4.

56. Email correspondence with Marie Harris (November 1, 2017).

57. Carol Bergfeld Mills et al., "Th e Color of Two Alphabets for a Multilingual Synesthete," *Perception* 31.11 (2002): 1371–1394, at 1375.

58. Quoted in Mills et al., "Th e Color of Two Alphabets," 1374.

59. Quoted in Mills et al., "Th e Color of Two Alphabets," 1375.

60. Quoted in Dittmar, *Synaesthesia*, 143.

61. Cytowic, *Synesthesia*, 34.

62. Mary Whiton Calkins, "A Statistical Study of Pseudo-Chromesthesia and of Mental-Forms," *American Journal of Psychology* 5.4 (1893): 439–464, at 459.

63. Quoted in Mary Whiton Calkins, "Synasthesia," *American Journal of Psychology* 7.1 (1895): 90–107, at 98.

64. Mary Collins, "A Case of Synaesthesia," *Journal of General Psychology* 2.1 (1929): 12–27, at 13.

65. Quoted in Th omas D. Cutsforth, "Th e Role of Emotion in a Synaesthetic Subject," *American Journal of Psychology* 36.4 (1925): 527–543, at 539: https:// doi .org/ 10.2307/ 1413908 66. Raymond H. Wheeler, "Th e Synaesthesia of a Blind Subject," *University of Oregon Publications* I (1920): 3–61, at 49.

67. Quoted in Dittmar, *Synaesthesia*, 127.

68. Quoted in Megan S. Steven and Colin Blakemore, "Visual Synaesthesia in the Blind," *Perception* 33.7 (2004): 855–868, at 859.

69. Quoted in Steven and Blakemore, "Visual Synaesthesia in the Blind," 864.

70. Quoted in Cytowic, *Synesthesia: A Union of the Senses*, 27.

71. See Christine Mohr, "Synesthesia in Space Versus the 'Mind's Eye': How to Ask the Right Questions," in Simner and Hubbard, *Oxford Handbook of Synesthesia*, 440–458.

72. Mills et al., "Th e Color of Two Alphabets for a Multilingual Synesthete," 1374.

73. Quoted in Jamie Ward, *Th e Frog Who Croaked Blue: Synesthesia and the Mixing of the Senses* (New York: Routledge, 2008), 5.

74. Collins, "A Case of Synaesthesia," 16.

75. On the mental imagery generated by fi ctional narratives, see Elaine Scarry, *Dreaming by the Book* (Princeton: Princeton University Press, 2001).

76. Quoted in Cytowic, *Synesthesia: A Union of the Senses*, 36.

77. Cytowic, *Synesthesia: A Union of the Senses*, 29.

78. Cytowic and Eagleman, *Wednesday Is Indigo Blue*, 74.

79. Maureen Seaberg, *Tasting the Universe: People Who See Colors in Words and Rainbows in Symphonies* (Pompton Plains, NJ: Career Press/New Page Books, 2011), 21.

80. Cytowic, *Synesthesia: A Union of the Senses*, 34.

81. Duff y, *Blue Cats and Chartreuse Kittens*, 25.

82. Ward, *Th e Frog Who Croaked Blue*, 83.

83. Clare N. Jonas et al., "Visuo-Spatial Representations of the Alphabet in Synaesthetes and Non-Synaesthetes," *Journal of Neuropsychology* 5.2 (2011): 302–322.

84. Cytowic, *Synesthesia: A Union of the Senses*, 199.

85. Duff y, *Blue Cats and Chartreuse Kittens*, 18.（パトリシア・リン・ダフィー『ねこは青、子ねこは黄緑　共感覚者が自ら語る不思議な世界』石田理恵訳、早川書房、2002 年）

86. Tammet, *Born on a Blue Day*, 9.

87. Galton, *Inquiries into Human Faculty*, 96.

88. Quoted in David Grant, *Th at's the Way I Th ink: Dyslexia, Dyspraxia, ADHD and Dyscalculia Explained* (New York: Routledge, 2017), 102.

89. Noam Sagiv and Chris D. Frith, "Synesthesia and Consciousness," in Simner and Hubbard, *Oxford Handbook of Synesthesia*, 934.

90. Quoted in Cytowic and Eagleman, *Wednesday Is Indigo Blue*, 74.

91. Quoted in Cytowic, *Synesthesia: A Union of the Senses*, 35.

92. Charlotte A. Chun and Jean-Michel Hupe, "Mirror-Touch and Ticker Tape Experiences in Synesthesia," *Frontiers in Psychology* 4 (2013): https:// doi .org/ 10 .3389/ fpsyg .2013 .00776 93. Alison Motluk, "Two Synaesthetes Talking Colour," in *Synaesthesia: Classic and Contemporary Readings*, eds. Simon Baron-Cohen and John E. Harrison (Oxford: Blackwell, 1997), 271.

94. Seaberg, *Tasting the Universe*, 69.

95. Quoted in Cytowic, *Synesthesia: A Union of the Senses*, 1.

96. Ward, *Th e Frog Who Croaked Blue*, 84.

97. Quoted in Dittmar, *Synaesthesia*, 224.

98. Quoted in Dittmar, *Synaesthesia*, 224.

99. Quoted in William O. Krohn, "Pseudo-Chromesthesia, or the Association of Colors with Words,

Letters and Sounds," *American Journal of Psychology* 5.1 (1892): 20–41, at 29.

100. Mills et al., "Th e Color of Two Alphabets for a Multilingual Synesthete," 1376.

101. Cytowic and Eagleman, *Wednesday Is Indigo Blue*, 175.

102. Nabokov, *Speak, Memory*, 18.

103. Mills et al., "Th e Color of Two Alphabets for a Multilingual Synesthete," 1376.

104. Quoted in Ward, *Th e Frog Who Croaked Blue*, 5–6.

105. Quoted in Alison Motluk, "Living with Coloured Names," *New Scientist* 143.1938 (1994): 36; Mills et al., "Th e Color of Two Alphabets for a Multilingual Synesthete," 1376.

106. Quoted in Cytowic, *Synesthesia: A Union of the Senses*, 45.

107. Quoted in Sacks, *Musicophilia*, 175 fn 8.

108. Richard E. Cytowic, "Synaesthesia: Phenomenology and Neuropsychology," in *Synaesthesia: Classic and Contemporary Readings*, eds. Simon Baron- Cohen and John E. Harrison (Oxford: Blackwell, 1997), 19.

109. Tito Rajarshi Mukhopadhyay, *How Can I Talk If My Lips Don't Move? Inside My Autistic Mind* (New York: Arcade, 2008), 200–201. Th is passage is discussed in Ralph James Savarese, "What Some Autistics Can Teach Us About Poetry: A Neurocosmopolitan Approach," in *Th e Oxford Handbook of Cognitive Literary Studies*, ed.

Lisa Zunshine (Oxford: Oxford University Press, 2015), 406.

110. A. R. Luria, *Th e Mind of a Mnemonist: A Little Book About a Vast Memory*, trans. Lynn Solotaroff (Cambridge, MA: Harvard University Press, 1987), 113.（A・R・ルリヤ偉大な記憶力の物語　ある記憶術者の精神生活』天野清訳、岩波書店、2010 年）

111. Quoted in Mathew H. Gendle, "Word-Gustatory Synesthesia: A Case Study," *Perception* 36.4 (2007): 495–507, at 502.

112. Quoted in Cytowic and Eagleman, *Wednesday Is Indigo Blue*, 145.

113. Ward, *Th e Frog Who Croaked Blue*, 55–56.

114. Jamie Ward and Julia Simner, "Lexical-Gustatory Synaesthesia: Linguistic and Conceptual Factors," *Cognition* 89.3 (2003): 237–261, at 240.

115. Ward, *Th e Frog Who Croaked Blue*, 43.

116. Olympia Colizoli, Jaap M. J. Murre, and Romke Rouw, "A Taste for Words and Sounds: A Case of Lexical-Gustatory and Sound-Gustatory Synesthesia," *Frontiers in Psychology* 4 (2013): https:// doi .org/ 10 .3389/ fpsyg .2013 .00775; Gendle, "Word-Gustatory Synesthesia," 497.

117. Calkins, "Synasthesia," 107.

118. Quoted in Calkins, "Synasthesia," 107.

119. Quoted in Calkins, "A Statistical Study of Pseudo-Chromesthesia and of Mental-Forms," 454.

120. Quoted in Calkins, "A Statistical Study of Pseudo-Chromesthesia and of Mental-Forms," 454.

121. Calkins, "Synasthesia," 100.

122. Noam Sagiv, Monika Sobcak-Edmans, and Adrian L. Williams, "Personifi cation, Synaesthesia, and Social Cognition," in *Sensory Blending: On Synaesthesia and Related Phenomena*, ed. Ophelia Deroy (Oxford: Oxford University Press, 2017), 304.

123. Quoted in Maina Amin et al., "Understanding Grapheme Personifi cation: A Social Synaesthesia?" *Journal of Neuropsychology* 5.2 (2011): 255–282, at 261.

124. Daniel Smilek et al., "When '3' Is a Jerk and 'E' Is a King: Personifying Inanimate Objects in Synesthesia," *Journal of Cognitive Neuroscience* 19.6 (2007): 981–992, at 986.

125. Quoted in Sagiv, Sobcak-Edmans, and Williams, "Personifi cation, Synaesthesia, and Social Cognition," 298.

126. Quoted in Smilek et al., "When '3' Is a Jerk and 'E' Is a King," 987.

127. Th eodore Flournoy, "Strange Personifi cations," *Popular Science Monthly* 51 (1897): 112–116, at 113; translated from "Un cas de personnifi cation," *L'Annee Psychologique* 1 (1894): 191–197.

128. G. Devereux, "An Unusual Audio-Motor Synesthesia in an Adolescent. Signifi cance of Th is Phenomenon in Psychoanalytic Th erapy," *Psychiatric Quarterly* 40.3 (1966): 459–471, at 463.

129. Henry Laures, *Les synesthesies* (Paris: Bloud, 1908), 44.

130. Tammet, *Born on a Blue Day*, 161.（ダニエル・タメット『ぼくには数字が風景に見える』古屋美登里訳、講談社、2007 年）

第五章

1. Th e original questionnaire is reprinted in Table 1 of David Burbridge, "Galton's 100: An Exploration of Francis Galton's Imagery Studies," *British Journal for the History of Science* 27.4 (1994): 443–463, at 448. Th e fi nal version can be found in an appendix to Francis Galton, *Inquiries into Human Faculty and Its Development* (New York: Macmillan, 1883), 378–380.

2. Quoted in Francis Galton, "Th e Visions of Sane Persons," *Fortnightly Review* 29 (1881): 731–732.

3. For personal accounts of reading without mental imagery, see Alan Kendle, *Aphantasia: Ex-*

periences, Perceptions, and Insights* (Oakamoor, UK: Dark River, 2017). Th e chapter opening epigraph is from Siri Hustvedt, "Lift ing, Lights, and Little People," Migraine blog, *New York Times* (February 17, 2008): https:// migraine .blogs .nytimes .com/ 2008/ 02/ 17/ lift ing -lights -and-little -people/ 4. William James, *Th e Principles of Psychology*, 2 vols. (Cambridge, MA: Harvard University Press, 1981), 2:759.

5. Johanna C. Badcock, Hedwige Dehon, and Frank Laroi, "Hallucinations in Healthy Older Adults: An Overview of the Literature and Perspectives for Future Research," *Frontiers in Psychology* 8 (2017): https:// www .frontiersin .org/ articles/ 10 .3389/ fpsyg .2017 .01134/ full

6. Northrop Frye, *Th e Great Code: Th e Bible and Literature* (Toronto: Academic, 1981), 218.

7. See, for example, Elaine Scarry, *Dreaming by the Book* (New York: Farrar, Straus and Giroux, 1999).

8. Fiona Macpherson, "Th e Philosophy and Psychology of Hallucination: An Introduction," in *Hallucination: Philosophy and Psychology*, eds. Fiona Macpherson and Dimitris Platchias (Cambridge, MA: MIT Press, 2013), 1.

9. Pamela Spiro Wagner and Carolyn S. Spiro, *Divided Minds: Twin Sisters and Th eir Journey Th rough Schizophrenia* (New York: St. Martin's Press, 2005), 218.

10. Roland Barthes, *Th e Rustle of Language*, trans. Richard Howard (Berkeley: University of California Press, 1989), 42.

11. Galton, "Th e Visions of Sane Persons," *Fortnightly Review*, 740.

12. "D.," "Faces in the Dark," *St. James's Gazette* (February 15, 1882): 6.

13. On the development of psychiatric approaches to mental illness, see Andrew Scull, *Madness in Civilization: A Cultural History of Insanity from the Bible to Freud, from the Madhouse to Modern Medicine* (Princeton: Princeton University Press, 2015). German E. Barrios and Ivana S. Markova discuss the shift ing lexicon used to classify mental illness in "Th e Epistemology and Classifi cation of 'Madness' since the Eighteenth Century," in *Th e Routledge History of Madness and Mental Health*, ed. Greg Eghigian (New York: Routledge, 2017), 115–134.

14. Jean-Etienne Dominique Esquirol, "Rapport statistique sur la Maison Royale de Charenton, pendant les annees 1826, 1827 et 1828," *Annales D'Hygiene Publique et de Medecine Legale* 1 (1829): 101–151, at 122.

15. Jean-Etienne Dominique Esquirol, *Mental Maladies: A Treatise on Insanity*, trans. E. K. Hunt (Philadelphia: Lea and Blanchard, 1845), 109.

16. Tony James traces these debates over the status of hallucinations in *Dream, Creativity, and Madness in Nineteenth-Century France* (Oxford: Clarendon, 1995).

17. See, for example, Louis A. Sass, *Madness and Modernism: Insanity in the Light of Modern Art, Literature and Th ought* (Cambridge, MA: Harvard University Press, 1994); and Allen Th iher, *Revels in Madness: Insanity in Medicine and Literature* (Ann Arbor: University of Michigan Press, 1999).

18. A. Brierre de Boismont, *Hallucinations: Or, the Rational History of Apparitions, Visions, Dreams, Ecstasy, Magnetism, and Somnambulism* (Philadelphia: Lindsay and Blakiston, 1853), 369–370.

19. De Boismont, *Hallucinations*, 306.

20. Forbes Winslow, *Obscure Diseases of the Brain and Mind*, 3rd ed. (London: Robert Hardwicke, 1863), 61.

21. Philip J. Weimerskirch, "Benjamin Rush and John Minson Galt, II: Pioneers of Bibliotherapy in America," *Bulletin of the Medical Library Association* 53.4 (1965): 510–526.

22. Benjamin Rush, *Medical Inquiries and Observations upon the Diseases of the Mind*, 5th ed. (Philadelphia: Grigg and Elliot, 1835), 123, 239.

23. *Report of the Metropolitan Commissioners in Lunacy* (London: Bradbury and Evans, 1844), 130.

24. John Conolly, "Th e Physiognomy of Insanity: No. 9.—Religious Mania," *Medical Times and Gazette* 38.982 (1858): 81–83, at 83.

25. John M. Galt, "On the Reading, Recreation, and Amusements of the Insane," *Journal of Psychological Medicine and Mental Pathology* 6.24 (1853): 581–589, at 584.

26. [James Frame], *Th e Philosophy of Insanity* (Edinburgh: MacLachlan and Stewart, 1860), 64.

27. [Frame], *Th e Philosophy of Insanity*, 64.

28. [Frame], *Th e Philosophy of Insanity*, 24. Nor was Frame's the only account of reading with the gut. James Cowles Prichard's *A Treatise on Insanity and Other Disorders Aff ecting the Mind* (Philadelphia: E. L. Carey & A. Hart, 1837) cites an alleged case of a woman who read by pressing text against her stomach (300).

29. W. A. F. Browne, "II. Cases of Disease of the Organs of Perception," *Phrenological Journal* 14 (1841): 77–79, at 77.

30. Quoted in William W. Ireland, *Th e Blot upon the Brain: Studies in History and Psychology* (Edinburgh: Bell and Bradfute,

1885), 11.

31. See Janet Oppenheim, *Th e Other World: Spiritualism and Psychical Research in England, 1850–1914* (Cambridge: Cambridge University Press, 1985).

32. Quoted in Edmund Gurney, Frederic W. H. Myers, and Frank Podmore, *Phantasms of the Living*, 2 vols. (London: Society for Psychical Research, 1886), 1:542.

33. Quoted in Henry Sidgwick et al., "Report on the Census of Hallucinations," in *Proceedings of the Society for Psychical Research*, vol. 10 (London: Kegan Paul, Trench, Trubner, 1894), 152.

34. Quoted in Sidgwick et al., "Report on the Census of Hallucinations," 87.

35. Quoted in Gurney, Myers, and Podmore, *Phantasms of the Living*, 1:490.

36. Daniel 5:1–31.

37. Jonathan Swift , "Th e Run upon the Bankers," in *Jonathan Swift : Major Works*, eds. Angus Ross and David Woolley (Oxford: Oxford University Press, 2003), 409.

Emphasis in original.

38. Saint Augustine, *Confessions,* trans. Henry Chadwick (Oxford: Oxford University Press, 2008), 152.

39. Barbara Newman, "What Did It Mean to Say 'I Saw'? Th e Clash Between Th eory and Practice in Medieval Visionary Culture," *Speculum* 80.1 (2005): 1–43.

40. Saint Teresa of Avila, *Th e Life of St. Teresa of Avila, Including the Relations of Her Spiritual State, Written by Herself*, trans. David Lewis (London: Burns and Oates, 1962), 123.

41. Quoted in T. M. Luhrmann, *When God Talks Back: Understanding the American Evangelical Relationship with God* (New York: Alfred A. Knopf, 2012), 69.

42. Luhrmann, *When God Talks Back*, 138. Emphasis in original.

43. Luhrmann, *When God Talks Back,* 191–192.

44. Galton, *Inquiries into Human Faculty*, 155–177.

45. See Andreas Mavromatis, *Hypnagogia: Th e Unique State of Consciousness Between Wakefulness and Sleep* (London: Routledge & Kegan Paul, 1987).

46. Vladimir Nabokov, *Speak, Memory: An Autobiography Revisited* (New York: Penguin, 2012), 17.

47. On the relationship between hypnagogia and literature, see Peter Schwenger, *At the Borders of Sleep: On Liminal Literature* (Minneapolis: University of Minnesota Press, 2012).

48. Maurice M. Ohayon, Robert G. Priest, Malijaı.. Caulet, and Christian Guilleminault, "Hypnagogic and Hypnopompic Hallucinations: Pathological Phenomena?" *British Journal of Psychiatry* 169 (1996): 459–467, at 464.

49. R. C. Zaehner, *Mysticism, Sacred and Profane: An Inquiry into Some Varieties of Praeternatural Experience* (Oxford: Oxford University Press, 1961), 212.

50. Andre Breton, *What Is Surrealism? Selected Writings*, ed. Franklin Rosemont (New York: Pathfi nder, 1978), 162.

51. Postscript to Samuel Taylor Coleridge, "Kubla Khan," the Crewe manuscript (c. 1797–1804), Add MS 50847, British Library: https:// www .bl .uk/ collection -items/ manuscript -of -s -t -coleridges -kubla -khan

52. See the account of Coleridge's dreams in Alethea Hayter, *Opium and the Romantic Imagination* (London: Faber, 2015).

53. Samuel Taylor Coleridge to Th omas Wedgwood (September 16, 1803), in *Collected Letters of Samuel Taylor Coleridge*, 6 vols., ed. Earl Leslie Griggs (Oxford: Clarendon, 1966), 2:520.

54. Ernest Hartmann, "We Do Not Dream of the 3 R's: Implications for the Nature of Dreaming Mentation," *Dreaming* 10.2 (2000): 103–110.

55. Oliver Fox, *Astral Projection: A Record of Out-of-the-Body Experiences* (New Hyde Park, NY: University Books, 1962), 46.

56. Edmund Gosse, *Father and Son*, ed. Michael Newton (Oxford: Oxford University Press, 2004), 87.

57. Robert Louis Stevenson, *Across the Plains: With Other Memories and Essays* (London: Chatto and Windus, 1892), 234.

58. Fitz Hugh Ludlow, *Th e Hasheesh Eater: Being Passages from the Life of a Pythagorean* (New York: Harper and Brothers, 1857), 242.

59. Quoted in de Boismont, *Hallucinations*, 329.

60. Quoted in de Boismont, *Hallucinations*, 331.

61. Kevin Powers, "What Kept Me from Killing Myself," *New York Times* (June 16, 2018): https:// www .nytimes .com/ 2018/ 06/ 16/ opinion/ sunday/ books -saved -me -from -suicide .html

62. On reading's role in the recovery process, see Trysh Travis, *Th e Language of the Heart: A Cultural History of the Recovery Movement from Alcoholics Anonymous to Oprah Winfrey* (Chapel Hill: University of North Carolina Press, 2009).

63. Tim Page, *Parallel Play: Growing Up with Undiagnosed Asperger's* (New York: Doubleday, 2009), 103.

64. Mike Jay, *Mescaline: A Global History of the First Psychedelic* (New Haven: Yale University Press, 2019).

65. Havelock Ellis, "Mescal: A New Artifi cial Paradise,"

Contemporary Review 73 (1898): 130–141, at 132. See also S. Weir Mitchell, "Th e Eff ects of Anhelonium Lewinii (Th e Mescal Button)," *British Medical Journal* 2 (1896): 1625–1629.

66. Bo Roland Holmstedt and Goran Liljestrand, eds., *Readings in Pharmacology* (London: Pergamon, 1963), 208.

67. Aldous Huxley, *Th e Doors of Perception* and *Heaven and Hell* (New York: Perennial Classics, 2004), 19.（オルダス・ハクスリーの『知覚の扉』河村錠一郎訳、平凡社、1995 年）

68. Philip B. Smith, "A Sunday with Mescaline," *Bulletin of the Menninger Clinic* 23.1 (1959): 20–27, at 22.

69. Quoted in Vladimir Lerner and Eliezer Witztum, "Victor Kandinsky, MD: Psychiatrist, Researcher and Patient," *History of Psychiatry* 14.1 (2003): 103–111, at 107.

70. T. M. Luhrmann and Jocelyn Marrow, eds., *Our Most Troubling Madness: Case Studies in Schizophrenia Across Cultures* (Oakland: University of California Press, 2016).

71. For more on the challenges faced by schizophrenic readers, see Robyn Lynette Hayes and Bethany Maree O'Grady, "Do People with Schizophrenia Comprehend What Th ey Read?" *Schizophrenia Bulletin* 29.3 (2003): 499–507.

72. Quoted in Susannah Cahalan, *Th e Great Pretender: Th e Undercover Mission Th at Changed Our Understanding of Madness* (Edinburgh: Canongate, 2020), 277.

73. Th is sentence is taken from the chapter title "Paranoid Reading and Reparative Reading, or, You're So Paranoid, You Probably Th ink Th is Essay Is About You," in Eve Kosofsky Sedgwick, *Touching Feeling: Aff ect, Pedagogy, Performativity* (Durham: Duke University Press, 2003), 123–152.

74. On Kraepelin's role in the classifi cation of mental illness, see Richard Noll, *American Madness: Th e Rise and Fall of Dementia Praecox* (Cambridge, MA: Harvard University Press, 2011), 49–73. Th e subsequent evolution of schizophrenia as a concept is traced by Kieran McNally, *A Critical History of Schizophrenia* (London: Palgrave Macmillan, 2016).

75. Quoted in Emil Kraepelin, *Dementia Praecox and Paraphrenia*, trans. R. Mary Barclay, ed. George M. Robertson (Chicago: Chicago Medical Book, [1919]), 105.

76. Emil Kraepelin, *Manic-Depressive Insanity and Paranoia*, trans. R. Mary Barclay, ed. George M. Robertson (Edinburgh: E. & S. Livingstone, 1921), 9.

77. "Anonymous," "An Autobiography of a Schizophrenic Experience," *Journal of Abnormal and Social Psychology* 51.3 (1955): 677–689, at 681.

78. Quoted in E. Fuller Torrey, *Surviving Schizophrenia: A Family Manual,* 7th ed. (New York: Harper Perennial, 2019), Adobe Digital Edition EPUB, 21.

79. Quoted in Torrey, *Surviving Schizophrenia,* 38.

80. Eugen Bleuler, *Dementia Praecox or the Group of Schizophrenias* (New York: International Universities Press, 1950), 106.

81. On the nature and prevalence of auditory hallucinations, see Charles Fernyhough, *Th e Voices Within: Th e History and Science of How We Talk to Ourselves* (London: Profi le, 2016).

82. Quoted in Marjorie C. Meehan, "Echo of Reading: Impersonal Projection in Schizophrenia," *Psychiatric Quarterly* 16.1 (1942): 156–166, at 156. See also Ferdinand Morel, "L'Echo de la lecture: Contribution a l'etude des hallucinations auditives verbales," *L'Encephale* 28.3 (1933): 169–183.

83. Quoted in Meehan, "Echo of Reading," 160.

84. William W. Ireland, *Th e Blot upon the Brain: Studies in History and Psychology* (Edinburgh: Bell and Bradfute, 1885), 28.

85. Jean-Etienne Dominique Esquirol, *Mental Maladies: A Treatise on Insanity,* trans. E. K. Hunt (Philadelphia: Lea and Blanchard, 1845), 323.

86. Quoted in Meehan, "Echo of Reading," 162.

87. Damien Droney, "Demonic Voices: One Man's Experience of God, Witches, and Psychosis in Accra, Ghana," in Luhrmann and Marrow, *Our Most Troubling Madness,* 122.

88. Carol S. North, *Welcome, Silence: My Triumph over Schizophrenia* (New York: Simon & Schuster, 1987), 78.

89. Quoted in Meehan, "Echo of Reading," 160.

90. Michael D. Kopelman, Elizabeth M. Guinan, and Philip D. R. Lewis, "Delusional Memory, Confabulation and Frontal Lobe Dysfunction," in *Broken Memories: Case Studies in Memory Impairment*, eds. Ruth Campbell and Martin A. Conway (Oxford: Blackwell, 1995), 145.

91. Daniel Paul Schreber, *Memoirs of My Nervous Illness*, trans. Ida MacAlpine and Richard A. Hunter (New York: New York Review of Books, 2000), 203.（ダニエル・パウル・シュレーバー『ある神経病者の回想録』渡辺哲夫訳、筑摩書房、2015 年）

92. Kristina Morgan, *Mind Without a Home: A Memoir of Schizophrenia* (Center City, MN: Hazeldon, 2013), 31.

93. Charles Dickens, *David Copperfi eld* (Oxford: Oxford University Press, 1994), 56.

94. Ken Steele and Claire Berman, *Th e Day the Voices Stopped: A Memoir of Madness and Hope* (New York: Basic Books, 2001), 7–8.（ケン・スティール、クレア・バーマン『幻聴が消えた日―統合失調症32年の旅』前田ケイ監訳、金剛出版、2009年）

95. Steele and Berman, *Day the Voices Stopped*, 15.

96. Mark Vonnegut, *Th e Eden Express: A Memoir of Insanity* (New York: Seven Stories, 2002), 119.

97. Vonnegut, *Eden Express*, 119–120.

98. Th is portmanteau combines the diagnostic label "schizoaff ective disorder" with the literary-critical term "the aff ective fallacy," outlined in William K. Wimsatt, with Monroe C. Beardsley, *Th e Verbal Icon: Studies in the Meaning of Poetry* (Lexington: University of Kentucky Press, 1954).

99. Stanley Fish, *Is Th ere a Text in Th is Class?: Th e Authority of Interpretive Communities* (Cambridge, MA: Harvard University Press, 1980), 346.

100. See, for instance, A. Paula McKay, Peter J. McKenna, and Keith Laws, "Severe Schizophrenia: What Is It Like?," in *Method in Madness: Case Studies in Cognitive Neuropsychiatry*, eds. Peter W. Halligan and John C. Marshall (Hove, UK: Psychology Press, 1996), 100.

101. Cliff ord Whittingham Beers, *A Mind Th at Found Itself: An Autobiography*, 3rd ed. (London: Longmans, Green, 1913), 32.（クリフォード・ホイティンガム・ビーアズ・『わが魂にあうまで』（江畑敬介訳、星和書店、1980年）

102. Beers, *A Mind Th at Found Itself*, 53–54.

103. Benedict Anderson, *Imagined Communities: Refl ections on the Origins and Spread of Nationalism*, rev. ed. (London: Verso, 1991), 6.

104. Richard McLean, *Recovered, Not Cured: A Journey Th rough Schizophrenia* (New South Wales: Allen & Unwin, 2003), 15; Amy June Sousa, "Diagnostic Neutrality in Psychiatric Treatment in North India," in Luhrmann and Marrow, *Our Most Troubling Madness*, 46.（リチャード・マクリーン『統合失調症ぼくの手記』椎野淳訳、晶文社、2004年）

105. May-May Meijer, "In the Garden of Eden: Th e Content of My Psychoses," *Schizophrenia Bulletin* 44.3 (2018): 469–471, at 469.

106. D. Walton and M. D. Mather, "Th e Application of Learning Principles to the Treatment of Obsessive-Compulsive States in the Acute and Chronic Phases of Illness," *Behaviour Research and Th erapy* 1.2–4 (1963): 163–174.

107. See Eric Bennett, *Workshops of Empire: Stegner, Engle, and American Creative Writing During the Cold War* (Iowa City: University of Iowa Press, 2015).

108. Kurt Snyder, Raquel E. Gur, and Linda Wasmer Andrews, *Me, Myself, and Th em: A Firsthand Account of One Young Person's Experience with Schizophrenia* (Oxford: Oxford University Press, 2007), 62.

109. Blake Morrison, "Th e Woman on the Doorstep," in *Mind Readings: Writers' Journeys Th rough Mental States*, eds. Sara Dunn, Blake Morrison, and Michele Roberts (London: Minerva, 1996), 403–409.

110. Mira Bartok, *Th e Memory Palace* (New York: Free Press, 2011), 92.

111. Susan K. Weiner, "First Person Account: Living with the Delusions and Effects of Schizophrenia," *Schizophrenia Bulletin* 29.4 (2003): 877–879, at 877.

112. Quoted in Karen Nakamura, *A Disability of the Soul: An Ethnography of Schizophrenia and Mental Illness in Contemporary Japan* (Ithaca: Cornell University Press, 2013), 178.

113. Sylvia Plath, *Th e Bell Jar* (London: Faber, 2005), 120.（シルヴィア・プラス『ベル・ジャー』青柳祐美子訳、河出書房新社、2004年）

114. Plath, *Th e Bell Jar*, 149.（シルヴィア・プラス『ベル・ジャー』青柳祐美子訳、河出書房新社、2004年）

115. Elyn R. Saks, *Th e Center Cannot Hold: My Journey Th rough Madness* (New York: Hyperion, 2007), 29.

116. Lori Schiller and Amanda Bennett, *Th e Quiet Room: A Journey Out of the Torment of Madness* (New York: Grand Central, 2011), 17.

117. Saks, *Th e Center Cannot Hold*, 29.

118. Monroe Cole, "When the Left Brain Is Not Right the Right Brain May Be Left : Report of Personal Experience of Occipital Hemianopia," *Journal of Neurology, Neurosurgery and Psychiatry* 67.2 (1999): 169–173, at 170.

119. G. E. Berrios and P. Brook, "Visual Hallucinations and Sensory Delusions in the Elderly," *British Journal of Psychiatry* 144.6 (1984): 662–664.

120. Quoted in John C. M. Brust and Myles M. Behrens, "'Release Hallucinations' as the Major Symptom of Posterior Cerebral Artery Occlusion: A Report of 2 Cases," *Annals of Neurology* 2.5 (1977): 432–436, at 432.

121. Reinhard Schulz, Friedrich G. Woermann, and Alois Ebner, "When Written Words Become Moving Pictures: Complex Visual Hallucinations on Stimulation of the Lateral Occipital Lobe," *Epilepsy and Behavior* 11.1

(2007): 147–151.

122. Marc Rousseaux, Dominique Debrock, Maryline Cabaret, and Marc Steinling, "Visual Hallucinations with Written Words in a Case of Left Parietotemporal Lesion," *Journal of Neurology, Neurosurgery, and Psychiatry* 57.1 (1994): 1268–1271.

123. Gerda Saunders, *Memory's Last Breath: Field Notes on My Dementia* (New York: Hachette, 2017), 9.

124. Quoted in Bun Yamagata, Hitomi Kobayashi, Hideki Yamamoto, and Masaru Mimura, "Visual Text Hallucinations of Th oughts in an Alexic Woman," *Journal of the Neurological Sciences* 339.1–2 (2014): 226–228, at 226.

125. Quoted in Walter Freeman and Jonathan M. Williams, "Hallucinations in Braille: Eff ects of Amygdaloidectomy," *Archives of Neurology and Psychiatry* 70.5 (1953): 630–634, at 631.

126. D. H. ff ytche, J. M. Lappin, and M. Philpot, "Visual Command Hallucinations in a Patient with Pure Alexia," *Journal of Neurology, Neurosurgery and Psychiatry* 75.1 (2004): 80–86, at 80.

127. Oliver Sacks, *Hallucinations* (London: Picador, 2012), 26.

128. Sacks, *Hallucinations*, 13, 140.

129. Sacks, *Hallucinations*, 13.

130. Sacks, *Hallucinations*, 81.

131. Sacks, *Hallucinations*, 222.

132. ff ytche, Lappin, and Philpot, "Visual Command Hallucinations," 81.

133. Quoted in ff ytche, Lappin, and Philpot, "Visual Command Hallucinations," 82.

134. Eric Nieman, "Charles Bonnet Syndrome," *Practical Neurology* 18.6 (2018): 434–435. My thanks to Dominic ff ytche for sharing this account with me.

135. Quoted in Th omas M. Cox and Dominic H. ff ytche, "Negative Outcome Charles Bonnet Syndrome," *British Journal of Ophthalmology* 98.9 (2014): 1236–1239, at 1236.

136. Saul Bellow, *Ravelstein* (New York: Penguin, 2001), 209.

137. On the scientifi c explanations of near-death experiences, see Susan Blackmore, *Seeing Myself: Th e New Science of Out-of-Body Experiences* (London: Robinson, 2017).

138. Apocalipsis 20:12.（『新約聖書』「ヨハネの黙示録」新共同訳、20 章 12 節）

139. Th ese details are taken from Marvin J. Besteman, *My Journey to Heaven: What I Saw and How It Changed My Life* (Grand Rapids, MI: Revell, 2012); and Richard Sigmund, *My Time in Heaven: A True Story of Dying and Coming Back* (New Kensington, PA: Whitaker House, 2010).

140. Gary L. Wood, *A Place Called Heaven* (Kingwood, TX: RevMedia, 2008), 26.

第六章

1. Terry Pratchett, *Shaking Hands with Death* (London: Corgi, 2015), 21. Th e actor who fi nished the lecture was Tony Robinson, best known for playing Baldrick on the BBC television series *Blackadder* (1983–89).

2. Pratchett, *Shaking Hands with Death*, 21.

3. See Ian Lancashire, "Vocabulary and Dementia in Six Novelists," in *Language Development: Th e Lifespan Perspective*, eds. Annette Gerstenberg and Anja Voeste (Amsterdam: John Benjamins, 2015), 77–108.

4. Pratchett discusses how memory loss has aff ected his literacy in *Terry Pratchett: Living with Alzheimer's* (BBC, 2009). Th is documentary can be viewed at https:// www .youtube .com/ watch ?v = KmejLjxFmCQ

5. William Shakespeare, *Th e Complete Works of Shakespeare*, ed. David Bevington, 4th ed. (New York: HarperCollins, 1992), 305. Th e chapter opening epigraph is from Virginia Woolf, "Charlotte Bronte," *Times Literary Supplement* 743 (April 13, 1916): 169.（シェイクスピア『お気に召すまま』松岡和子訳、筑摩書房、2007 年）

6. On the various patterns of reading impairment, see Enrico Ripamonti, "Reading Impairment in Neurodegenerative Diseases: A Multiple Single-Case Study," *Aphasiology* 31.5 (2017): 519–541.

7. Jonathan Swift , *Gulliver's Travels*, ed. Robert DeMaria Jr. (New York: Penguin, 2001), 197.（ジョナサン・スウィフト（『ガリバー旅行記』山田蘭訳、角川書店、2011 年）

8. For more information about the prevalence and impact of dementia, see the annual World Alzheimer Reports at: https:// www .alz .co.uk/ research/ world-report

9. Th e name originated from Alois Alzheimer's treatment of a patient with a severe form of dementia, including rapidly increasing memory impairments. As Alzheimer noted of the patient, "While reading she would omit sentences, she would spell every word or read without intonation." Alois Alzheimer, "A Characteristic Disease of the Cerebral Cortex," in *Th e Early Story of Alzheimer's Disease: Translation of the Historical Papers by Alois Alzheimer, Oskar Fischer, Francesco Bonfi - glio, Emil Kraepelin, Gaetano Perusini*, eds. Katherine Bick, Luigi Amaducci, and Giancarlo Pepeu (Padova, Italy: Liviana Press, 1987), 2.

10. Edward Fitzgerald to C. E. Norton (February 20, 1878),

in Edward Fitzgerald, *Letters and Literary Remains of Edward Fitzgerald*, ed. William Aldis Wright, 3 vols.

(London: Macmillan, 1889), 1:412.

11. Daniel L. Schacter, *How the Mind Forgets and Remembers: Th e Seven Sins of Memory* (London: Souvenir, 2001), 5.

12. Malcolm L. Meltzer, "Poor Memory: A Case Report," in *Injured Brains of Medical Minds: Views from Within*, ed. Narinder Kapur (Oxford: Oxford University Press, 1997), 9.

13. See, for example, Niall Tubridy, *Just One More Question: Stories from a Life in Neurology* (London: Penguin, 2019).

14. On the use of reading ability to diagnose dementia, see Hazel E. Nelson, *Th e National Adult Reading Test (NART): Test Manual* (Windsor, UK: NFER-Nelson, 1982).

15. Daniel L. Schacter and Elaine Scarry, "Introduction," in *Memory, Brain, and Belief*, eds. Daniel L. Schacter and Elaine Scarry (Cambridge, MA: Harvard University Press, 2000), 1. On memory loss as a condition of modernity, see Francis O'Gorman, *Forgetfulness: Making the Modern Culture of Amnesia* (London: Bloomsbury, 2017).

16. On the cognitive mechanisms behind memory formation, see Daniel L.

Schacter, *Searching for Memory: Th e Brain, the Mind, and the Past* (New York: Basic Books, 1996); and Charles Fernyhough, *Pieces of Light: Th e New Science of Memory* (London: Profi le Books, 2012).

17. George Gissing, *Th e Private Papers of Henry Ryecroft* (Westminster, UK: Archi bald Constable, 1903), 53.（ジョージ・ギッシング『ヘンリー・ライクロフトの四季随想』松田銑訳、河出書房新社、1995年）

18. Charles Darwin, *Th e Autobiography of Charles Darwin, 1809–1882*, ed. Nora Barlow (New York: W. W. Norton, 1969), 140; Michel de Montaigne, *Th e Complete Works: Essays, Travel Journal, Letters*, trans. Donald M. Frame (London: Everyman's Library, 2003), 359.（ミシェル・ド・モンテーニュ『随想録』関根秀雄訳、白水社、1952年もあり。2014年）

19. On the relevance of this term for literary criticism, see Andrew Elfenbein, *Th e Gist of Reading* (Stanford: Stanford University Press, 2018).

20. Milan Kundera, *Th e Curtain: An Essay in Seven Parts*, trans. Linda Asher (London: Faber, 2007), 150.（ミラン・クンデラ『カーテン—7部構成の小説論』西永良成訳、集英社、2005年）

21. William James, *Th e Principles of Psychology*, 2 vols. (Cambridge, MA: Harvard University Press, 1981), 1:622.

22. Gabriel Garcia Marquez, *One Hundred Years of Solitude*, trans. Gregory Rabassa (New York: Penguin, 2000), 48–49.（ガブリエル・ガルシア＝マルケスの『百年の孤独』（鼓直訳、新潮社、2006年）

23. James Boswell, *Life of Johnson*, ed. R. W. Chapman (Oxford: Oxford University Press, 2008), 30.

24. Mary Hyde, "Th e Thrales of Streatham Park," *Harvard Library Bulletin* 24.2 (1976): 125–179, at 163.

25. Fred Barlow, *Mental Prodigies; An Enquiry into the Faculties of Arithmetical, Chess, and Musical Prodigies, Famous Memorizers, Precocious Children and the Like* (New York: Greenwood, 1969), 151.

26. Pliny, *Natural History*, trans. H[arris] Rackham, 5 vols. (London: Folio Society, 2012), 1:346.

27. *Th e Virgilian Tradition: Th e First Fift een Hundred Years*, eds. Jan M. Ziolkowski and Michael C. J. Putnam (New Haven: Yale University Press, 2008), 76.

28. David Bevington, Martin Butler, and Ian Donaldson, eds., *Th e Cambridge Edition of the Works of Ben Jonson*, 7 vols. (Cambridge: Cambridge University Press, 2012), 7:517.

29. Th e USA Memory Championship still features poetry among its qualifying events. A sample poem (Patricia Anne Pinson's "Carpe Diem") is available on the organization's website: https:// www .usamemorychampionship .com/ events/

30. Mary Carruthers, *Th e Book of Memory: A Study of Memory in Medieval Culture*, 2nd ed. (Cambridge: Cambridge University Press, 2008), 143.

31. Joshua Foer, *Moonwalking with Einstein: Th e Art and Science of Remembering Everything* (New York: Penguin, 2011), 107–135.（ジョシュア・フォア『ごく平凡な記憶力の私が1年で全米記憶力チャンピオンになれた理由《わけ》』梶浦真美訳、エクスナレッジ、2011年）

32. William James learned by heart the fi rst book of *Paradise Lost* as part of an experiment to test whether memorizing that poem would make it easier to memorize other poems. But spending twenty minutes per day (thirty-eight days total) learning the entire fi rst book of *Paradise Lost* actually slowed the rate at which he absorbed other verses. William James, *Th e Principles of Psychology*, 2 vols. (Cambridge, MA: Harvard University Press, 1981), 1:627 fn 24.

33. Barlow, *Mental Prodigies*, 137; George Otto Trevelyan, *Th e*

Life and Letters of Lord Macaulay (Oxford: Oxford University Press, 1978), 199 ; Harriet Martineau, *Autobiography* (Peterborough, Canada: Broadview, 2007), 62.

34. Robert E. Sullivan, *Macaulay: Th e Tragedy of Power* (Cambridge, MA: Harvard University Press, 2009), 28.

35. Alexander Aitken, *Gallipoli to the Somme: Recollections of a New Zealand Infantryman* (London: Oxford University Press, 1963), 107.

36. Ian M. L. Hunter, "An Exceptional Memory," *British Journal of Psychology* 68.2 (1977): 155–164, at 163.

37. F. C. Bartlett, *Remembering: A Study in Experimental and Social Psychology* (Cambridge: Cambridge University Press, 1932), 44.

38. John Abercrombie, *Inquiries Concerning the Intellectual Powers, and the Investigation of Truth* (Boston: Otis, Broaders, 1843), 80.

39. George M. Stratton, "Th e Mnemonic Feat of the 'Shass Pollak,'" *Psychological Review* 24.3 (1917): 244–247.

40. Elizabeth S. Parker, Larry Cahill, and James L. McGaugh, "A Case of Unusual Autobiographical Remembering," *Neurocase* 12.1 (2006): 35–49.

41. Jill Price, with Bart Davis, *Th e Woman Who Can't Forget: Th e Extraordinary Story of Living with the Most Remarkable Memory Known to Science: A Memoir* (New York: Free Press, 2008), 24. Subsequent cases of HSAM are documented in Linda Rodriquez McRobbie, "Total Recall: Th e People Who Never Forget," *Guardian* (February 8, 2017): https:// www .theguardian .com/ science/ 2017/ feb/ 08/ total -recall-the -people -who -never -forget

42. A. R. Luria, *Th e Mind of a Mnemonist: A Little Book About a Vast Memory*, trans. Lynn Solotaroff (Cambridge, MA: Harvard University Press, 1987), 30. For a profi le of a modern-day mnemonist (who gave exhibitions in which he simultaneously played chess and bridge while reading a book), see Earl Hunt and Tom Love, "How Good Can Memory Be?," in *Coding Processes in Human Memory* (Washington, DC: V. H. Winston, 1972), 237–260.（アレキサンドル・ロマノヴィッチ・ルリヤ『ルリヤ 偉大な記憶力の物語―ある記憶術者の精神生活』天野清訳、文一総合出版、1983 年、岩波書店、2010 年）

43. Quoted in Luria, *Th e Mind of a Mnemonist*, 112.

44. Quoted in Luria, *Th e Mind of a Mnemonist*, 65.

45. Quoted in Luria, *Th e Mind of a Mnemonist*, 116.

46. Jorge Luis Borges, *Labyrinths: Selected Stories and Other Writings*, eds. Donald A. Yates and James E. Irby (New York: New Directions, 1964), 64.

47. John R. Hodges, "Transient Global Amnesia" in *Mental Lives: Case Studies in Cognition*, ed. Ruth Campbell (Oxford: Blackwell, 1992), 243.

48. Su Meck and Daniel de Vise, *I Forgot to Remember: A Memoir of Amnesia* (New York: Simon & Schuster, 2014), Adobe Digital Edition EPUB, 38.

49. Th eodule-Armand Ribot, *Diseases of Memory: An Essay in the Positive Psychology* (London: Kegan Paul, Trench, 1882), 95.

50. On the selective impairments associated with amnesic syndrome, see Alan J.

Parkin, *Memory and Amnesia: An Introduction*, 2nd ed. (Hove, UK: Psychology Press, 1997).

51. Narinder Kapur and David Moakes, "Living with Amnesia," in *Broken Memories: Case Studies in Memory Impairment*, eds. Ruth Campbell and Martin A. Conway (Oxford: Blackwell, 1995), 1–7.

52. Lisa Stefanacci, Elizabeth A. Buff alo, Heike Schmolck, and Larry R. Squire, "Profound Amnesia Aft er Damage to the Media Temporal Lobe: A Neuroanatomical and Neuropsychological Profi le of Patient E. P.," *Journal of Neuroscience* 20.18 (2000): 7024–7036, at 7024. Squire suggested that amnesia patients might continue reading the newspaper out of habit (email correspondence [May 20, 2020]).

53. Michael D. Lemonick, *The Perpetual Now: A Story of Amnesia, Memory, and Love* (New York: Doubleday, 2016), 135–136. On Johnson's ability to carry out skilled activities, see Emma Gregory, Michael McCloskey, Zoe Ovans, and Barbara Landau, "Declarative Memory and Skill-Related Knowledge: Evidence from a Case Study of Amnesia and Implications for Th eories of Memory," *Cognitive Neuropsychology* 33.3–4 (2016): 220–240.

54. Christine Hyung-Oak Lee, *Tell Me Everything You Don't Remember: Th e Stroke Th at Changed My Life* (New York: Ecco, 2017), 14.

55. Lee, *Tell Me Everything*, 33.

56. Barbara A. Wilson, *Case Studies in Neuropsychological Rehabilitation* (Oxford: Oxford University Press, 1999), 30.

57. Wilson, *Case Studies*, 33, 32.

58. Quoted in Wilson, *Case Studies*, 42.

59. Deborah Wearing, *Forever Today: A Memoir of Love and Amnesia* (London: Corgi, 2005), 187.（デボラ・ウェアリング『七秒しか記憶がもたない男―脳損傷から奇跡の回復

を遂げるまで』匝瑳玲子訳、ランダムハウス講談社、2009年）

60. Barbara A. Wilson and Deborah Wearing, "Prisoner of Consciousness: A State of Just Awakening Following Herpes Simplex Encephalitis," in *Broken Memories: Case Studies in Memory Impairment*, eds. Ruth Campbell and Martin A. Conway (Oxford: Blackwell, 1995), 18.

61. Suzanne Corkin, *Permanent Present Tense: Th e Unforgettable Life of the Amnesic Patient, H. M.* (New York: Basic Books, 2013), xii.（スザンヌ・コーキン『ぼくは物覚えが悪い―健忘症患者H・Mの生涯』鍛原多惠子訳、早川書房、2014年）

62. Philip J. Hilts, *Memory's Ghost: Th e Strange Tale of Mr. M. and the Nature of Memory* (New York: Simon & Schuster, 1995), 116.

63. Hilts, *Memory's Ghost*, 19.

64. Corkin, *Permanent Present Tense*, 216–217. Donald G. MacKay elaborates on the nature of Molaison's reading defi cits in *Remembering: What 50 Years of Research with Famous Amnesia Patient H. M. Can Teach Us About Memory and How It Works* (Amherst, NY: Prometheus, 2019).

65. Luke Dittrich, *Patient H. M.: A Story of Memory, Madness, and Family Secrets* (New York: Random House, 2016), 258. My thanks to Dittrich for providing additional information about this case.

66. Peter Brooks, *Reading for the Plot: Design and Intention in Narrative* (New York: Vintage, 1985).

67. *Memento*, dir. Christopher Nolan, 2000 (Santa Monica: Lionsgate, 2012), DVD/Blu-ray.

68. For more on the genre of amnesia stories, see Jonathan Lethem, ed., *Th e Vintage Book of Amnesia: An Anthology* (New York: Vintage, 2000).

69. Jonathan Nolan, "Memento Mori," in James Mottram, *Th e Making of Memento* (London: Faber, 2002), appendix p. 193. Th e story originally appeared in *Esquire Magazine* (March 1, 2001): 186–191.

70. Nolan, "Memento Mori," 183.

71. Milt Freudenheim, "Many Alzheimer's Patients Find Comfort in Books," "Th e New Old Age" blog, *New York Times* (April 22, 2010): https:// newoldage .blogs .nytimes .com/ 2010/ 04/ 22/ many -alzheimers -patients -fi nd -comfort -in -books/ 72. Laura Bramly, Gilbert, AZ (April 26, 2010): https:// newoldage .blogs .nytimes .com/ 2010/ 04/ 22/ many -alzheimers -patients -fi nd -comfort -in -books/. Bramly is the author of *ElderCareRead: Life Scenes 1: Scenes from Everyday Life for People with Moderate to Advanced Alzheimer's Disease and Other Forms of Dementia to See, Read, and Talk About* (self-pub., 2008).

73. On reading's potential benefi ts, see Julie M. Latchem and Janette Greenhalgh, "Th e Role of Reading on the Health and Well-Being of People with Neurological Conditions: A Systematic Review," *Aging and Mental Health* 18.6 (2014): 731–744; and Dawn DeVries et al., "Th e Impact of Reading Groups on Engagement and Social Interaction for Older Adults with Dementia: A Literature Review," *Th erapeutic Recreation Journal* 53.1 (2019): 53–75.

74. Martin Orrell, Tom Dening, Nusrat Husain, Sally Rimkeit, Gillian Claridge, and Dalice Sim, "Reading for Dementia," in *Reading and Mental Health*, ed. Josie Billington (Cham: Palgrave Macmillan, 2019), 395–418.

75. Gary Mex Glazner, ed., *Sparking Memories: Th e Alzheimer's Poetry Project Anthology* (Santa Fe: Poem Factory, 2005).

76. Helle Arendrup Mortensen and Gyda Skat Nielsen, "Guidelines for Library Services to Persons with Dementia," *IFLA Professional Reports* 104 (2007): 1–16, at 9.

77. Jeff rey L. Cummings, John P. Houlihan, and Mary Ann Hill, "Th e Pattern of Reading Deterioration in Dementia of the Alzheimer Type: Observations and Implications," *Brain and Language* 29.2 (1986): 315–323.

78. Cynthia R. Green and Joan Beloff , *Th rough the Seasons: An Activity Book for Memory-Challenged Adults and Caregivers* (Baltimore: Johns Hopkins University Press, 2008), x.

79. Rosie May Walworth, "Adapting the Books on Prescription Model for People Living with Dementia and Th eir Carers," in *Bibliotherapy*, eds. Sarah McNicol and Liz Brewster (London: Facet, 2018), 149. Th e Pictures to Share catalogue is available at https:// picturestoshare .co.uk/ 80. Product information, "What the Wind Showed to Me: Volume 1 (Books for Dementia Patients)," Amazon (July 2, 2014): https:// www .amazon .com/ What -Showed -Books -Dementia -Patients/ dp/ 1500664685/

81. Eliezer Sobel, *Blue Sky, White Clouds* (Faber, VA: Rainbow Ridge, 2013).

82. Lydia Burdick, *Wishing on a Star: A Read-Aloud Book for Memory- Challenged Adults* (Baltimore: Health Professions Press, 2009).

83. See, for example, Michael P. Jensen, "'You Speak All Your Part at Once, Cues and All': Reading Shakespeare with Alzheimer's Disease," *Borrowers and Lenders: Th e Journal of Shakespeare and Appropriation* 8.2 (2013/2014):

https:// openjournals .libs .uga .edu/ borrowers/ article/ view/ 2256/ 2201 84. Melvyn Bragg, *Read to Care: An Investigation into Quality of Life Benefi ts of Shared Reading Groups for People Living with Dementia* (2014), 69: https:// www .liverpool .ac .uk/ media/ livacuk/ iphs/ Read ,to ,Care ,with ,Melvyn ,Bragg -1 .pdf

85. Dovetale Press: http:// www .dovetalepress .com/ about -us

86. Sally B. Rimkeit and Gillian Claridge, "Literary Alzheimer's: A Qualitative Feasibility Study of Dementia-Friendly Book Groups," *New Zealand Library and Information Management Journal* 56.2 (2017): 14–22, at 18.

87. Arthur Conan Doyle, *Sherlock Holmes: Th e Adventure of the Blue Carbuncle*, adapted by Gillian Claridge and B. Sally Rimkeit (Wellington: Dovetale, 2016), 6.

88. Doyle, *Sherlock Holmes*, 63.

89. Charles Dickens, *A Christmas Carol*, adapted by Gillian Claridge and B. Sally Rimkeit (Wellington: Dovetale, 2016), 7.

90. For more on the visual cueing strategies appropriate to readers aff ected by memory defi cits, see Michelle S. Bourgeois, *Memory and Communication Aids for People with Dementia* (Baltimore: Health Professions Press, 2014), 84–87.

91. Brooks, *Reading for the Plot*, 23.

92. Susan Ostrowski and Peter S. Dixon, "Reading and Dementia," *Perspectives of the ASHA Special Interest Groups* 1.15 (2016): 26–36, at 32. See also the organization's website: https:// www .reading2connect .com/

93. G. Th omas Couser, "Memoir and (Lack of) Memory: Filial Narratives of Paternal Dementia," in *New Essays on Life Writing and the Body*, eds. Christopher Stuart and Stephanie Todd (Newcastle upon Tyne: Cambridge Scholars, 2009), 223–240.

94. Jesse F. Ballenger examines the negative perceptions of people with dementia in *Self, Senility, and Alzheimer's Disease in Modern America: A History* (Baltimore: Johns Hopkins University Press, 2006).

95. Lisa Snyder, *Speaking Our Minds: Personal Refl ections from Individuals with Alzheimer's* (New York: W. H. Freeman, 1999), 1.

96. John Bayley, *Elegy for Iris* (New York: Picador, 1999), 259.（ジョン・ベイリー『作家が過去を失うとき―アイリスとの別れ：I』小沢瑞穂訳、朝日新聞出版社、2002 年）

97. Bayley, *Elegy for Iris*, 62.（ジョン・ベイリー『作家が過去を失うとき―アイリスとの別れ：I』小沢瑞穂訳、朝日新聞出版社、2002 年）

98. Rachel Hadas, *Strange Relation: A Memoir of Marriage, Dementia, and Poetry* (Philadelphia: Paul Dry, 2011), 73.

99. George Eliot, *Romola*, ed. Dorothea Barrett (New York: Penguin, 2005), 334.（ジョージ・エリオット『ロモラ』（原公章訳、彩流社、2014 年）

100. Eliot, *Romola*, 447.（ジョージ・エリオット『ロモラ』（原公章訳、彩流社、2014 年）

101. Eliot, *Romola*, 267.（ジョージ・エリオット『ロモラ』（原公章訳、彩流社、2014 年）

102. Eliot, *Romola*, 310.（ジョージ・エリオット『ロモラ』（原公章訳、彩流社、2014 年）

103. Jean Tyler and Harry Antifantakis, *Th e Diminished Mind: One Family's Extraordinary Battle with Alzheimer's* (Blue Ridge Summit, PA: TAB Books, 1991), 110.

104. Steph Booth, *Married to Alzheimer's: A Life Less Ordinary with Tony Booth* (London: Rider, 2019), 163.

105. Joseph Jebelli, *In Pursuit of Memory: Th e Fight Against Alzheimer's* (New York: Little, Brown, 2017), 183. On the diffi culties following printed lines caused by Alzheimer's, see Keir X. X. Yong et al., "Facilitating Text Reading in Posterior Cortical Atrophy," *Neurology* 85.4 (2015): 339–348.

106. Marie Marley, *Come Back Early Today: A Memoir of Love, Alzheimer's and Joy* (Olathe, KS: Joseph Peterson, 2011), 32.

107. Quoted in Marley, *Come Back Early Today*, 192.

108. Jonathan Kozol, *Th e Th eft of Memory: Losing My Father One Day at a Time* (New York: Crown, 2015), 208.

109. Robert B. Santulli and Kesstan Blandin, *Th e Emotional Journey of the Alzheimer's Family* (Hanover: Dartmouth College Press, 2015), 88.

110. Vicki Tapia, *Somebody Stole My Iron: A Family Memoir of Dementia* (Amarillo: Praeclarus, 2014), 167.

111. Candace Minor Comstock, *Remember Joan: An Alzheimer's Story* (self-pub., CreateSpace, 2011), Kindle edition, 135.

112. Richard Taylor, *Alzheimer's from the Inside Out* (Baltimore: Health Professions Press, 2007), 97.

113. Sarah Leavitt, *Tangles: A Story About Alzheimer's, My Mother, and Me* (New York: Skyhorse, 2012), 54.

114. Sally Magnusson, *Where Memories Go: Why Dementia Changes Everything* (London: Hodder and Stoughton, 2015), 149.

115. Marilyn Stevens, *Did I Ever Have Children?: An Alzheimer's Journey in Two Voices* (self-pub., CreateSpace, 2015), Kindle edition, 84.

116. Frank Kermode, *Th e*

Sense of an Ending: Studies in the Th eory of Fiction* (Oxford: Oxford University Press, 2000), 23.

117. Jenni Ogden, *Trouble in Mind: Stories from a Neuropsychologist's Casebook* (Oxford: Oxford University Press, 2012), 368.

118. Sue Miller, *Th e Story of My Father: A Memoir* (New York: Alfred A. Knopf, 2003), 144.

119. Pamela Horner, *Th e Long Road Home* (self-pub., CreateSpace, 2017), Kindle edition, 247.

120. Pauline Boss, *Ambiguous Loss: Learning to Live with Unresolved Grief* (Cambridge, MA: Harvard University Press, 1999), 9.（ポーリン・ボス『「さよなら」のない別れ 別れのない「さよなら」―あいまいな喪失』南山浩二訳、学文社、2005年）

121. Alex Witchel, *All Gone: A Memoir of My Mother's Dementia. With Refreshments* (New York: Riverhead, 2012), 138.

122. Faith Marshall, *I Miss You, Mom: A Daughter's Journey into Dementia Land* (self-pub., CreateSpace, 2018), Kindle edition, 25.

123. Andrea Gillies, *Keeper: One House, Th ree Generations, and a Journey into Alzheimer's* (New York: Broadway, 2009), 24.

124. Kate Swaff er, *What the Hell Happened to My Brain?: Living Beyond Dementia* (London: Jessica Kingsley, 2016), 19.

125. For an overview of narratives written by people with dementia, see Martina Zimmermann, *Th e Poetics and Politics of Alzheimer's Disease Life-Writing* (Cham: Palgrave Macmillan, 2017).

126. Anne Davis Basting, "Looking Back from Loss: Views of the Self in Alzheimer's Disease," *Journal of Aging Studies* 17 (2003): 87–99, at 88. For more on the ethics of dementia life writing, see Rebecca A. Bitenc, *Reconsidering Dementia Narratives: Empathy, Identity and Care* (London: Routledge, 2020).

127. See, for example, the various concepts of personhood outlined in Paul Higgs and Chris Gilleard, "Interrogating Personhood and Dementia," *Aging and Mental Health* 20.8 (2016): 773–780.

128. Charles Taylor, *Sources of the Self: Th e Making of the Modern Identity* (Cambridge, MA: Harvard University Press, 1989), 47. On the role played by narrative in identity formation, see the opposing stances represented by Jerome Bruner, *Making Stories: Law, Literature, Life* (New York: Farrar, Straus and Giroux, 2002); and Galen Strawson, "Against Narrativity," in *Real Materialism and Other Essays* (Oxford: Clarendon, 2008), 189–208. Marya Schechtman presents a third perspective on narration's role in *Staying Alive: Personal Identity, Practical Concerns, and the Unity of a Life* (Oxford: Oxford University Press, 2014), 103–109.（チャールズ・テイラー『自我の源泉―近代的アイデンティティの形成』下川潔ほか訳、名古屋大学出版会、2010年）

129. Stephen G. Post, *Th e Moral Challenge of Alzheimer Disease: Ethical Issues from Diagnosis to Dying*, 2nd ed. (Baltimore: Johns Hopkins University Press, 2000), 5.

130. See, for example, Patricia Meyer Spacks, *On Rereading* (Cambridge, MA: Harvard University Press, 2013).

131. Th omas DeBaggio, *Losing My Mind: An Intimate Look at Life with Alz heimer's* (New York: Free Press, 2003), 43.（トマス・デバッジオ『アルツハイマーと闘う―言葉と記憶がすべり落ちる前に』黒川由美訳、原書房、2003年）

132. Swaff er, *What the Hell Happened to My Brain?*, 31.（ケイト・スワファー『認知症を乗り越えて生きる』寺田真理子訳、クリエイツかもがわ、2017年）

133. Lydia Davis, *Almost No Memory* (New York: Picador, 1997), 136.（リディア・デイヴィス『ほとんど記憶のない女』岸本佐知子訳、白水社、2011年）

134. Christine Bryden, *Dancing with Dementia: My Story of Living Positively with Dementia* (London: Jessica Kingsley, 2005), 119–120.（クリスティーン・ブライデン『私は私になっていく―認知症とダンスを』馬籠久美子・桧垣陽子訳、クリエイツかもがわ、2012年）

135. Cary Smith Henderson, *Partial View: An Alzheimer's Journal* (Dallas: Southern Methodist University Press, 1998), 23.

136. Henderson, *Partial View*, 23.

137. Quoted in Lisa Snyder, *Speaking Our Minds: Personal Refl ections from Individuals with Alzheimer's* (New York: W. H. Freeman, 1999), 49.

138. Richard Taylor, *Alzheimer's from the Inside Out* (Baltimore: Health Professions Press, 2007), 97.

139. Taylor, *Alzheimer's from the Inside Out*, 97.

140. Wendy Mitchell and Anna Wharton, *Somebody I Used to Know* (London: Bloomsbury, 2018), 111.（ウェンディ・ミッチェル『今日のわたしは、だれ？―認知症とともに生きる』宇丹貴代実訳、筑摩書房、2020年）

141. Mitchell and Wharton, *Somebody I Used to Know*, 111.

142. Mitchell and Wharton, *Somebody I Used to Know*, 112.

143. For more on the fi ctional representation of memory loss, see Sarah Falcus and Katsura Sako, *Contemporary Narratives of*

Dementia: Ethics, Ageing, Politics (London: Routledge, 2018).

144. Casting intellectuals is part of a venerable tradition among Alzheimer's stories. Th e Emmy Award–winning TV fi lm *Do You Remember Love* (1985) features an English professor whose eccentric behavior is diffi cult to distinguish from the symptoms of her cognitive decline.

145. According to anecdotes, an aging Carl Linnaeus said while reading his own books, "How beautiful! What would I not give to have written that!" Quoted in Th eodule-Armand Ribot, *Diseases of Memory: An Essay in the Positive Psychology* (New York: D. Appleton, 1882), 55.

146. Lisa Genova, *Still Alice* (New York: Simon & Schuster, 2007), 82, 165–166.（リサ・ジェノヴァ『アリスのままで』古屋美登里訳、キノブックス、2015年）

147. Walworth, "Adapting the Books on Prescription Model for People Living with Dementia and Th eir Carers," in McNicol and Brewster, *Bibliotherapy*, 141–151.

148. Greg O'Brien, *On Pluto: Inside the Mind of Alzheimer's* (Brewster, MA: Codfi sh, 2018), 56.

149. Mitchell and Wharton, *Somebody I Used to Know*, 140.

エピローグ

1. Gillian Rose, *Love's Work: A Reckoning with Life* (New York: New York Review of Books, 2011), 40.

2. Reports of reverse reading can be found in Arthur Sweeney, "Mirror-Writing, Inverted Vision, and Allied Ocular Defects," *Th e St. Paul Medical Journal* 2 (1900): 374–391, at 386; Byrom Bramwell, "Mirror Reading and Mirror Writing in a Left - Handed Epileptic Boy," *Clinical Studies: A Quarterly Journal of Clinical Medicine* 8 (Edinburgh: R. & R. Clark, 1910): 370–371; and J. E. Downey, "On the Reading and Writing of Mirror-Script," *Psychological Review* 21.6 (1914): 408–441, at 409.

3. John Hughlings Jackson, *Selected Writings of John Hughlings Jackson*, ed. James Taylor, 2 vols. (London: Hodder and Stoughton, 1932), 2:149. A modern-day example of reading backwards can be heard on "Meet the Backwards-Speaking Girl," *Weekend Edition Sunday*, National Public Radio (February 7, 2010): https: // www .npr .org/ templates/ story/ story .php ?storyId = 123463760 & storyid = 123463760 & t = 1565682068688 ?storyId = 123463760 & storyid = 123463760 & t = 1565682068688

4. James Maxwell, "Towards a Defi nition of Reading," *Literacy* 8.2 (1974): 5–12, at 8.

5. Rudolf Flesch, *Why Johnny Can't Read—And What You Can Do About It* (New York: Harper and Brothers, 1955), 3; Alan G. Kamhi, "Th e Case for the Narrow View of Reading," *Language, Speech, and Hearing Services in Schools* 40.2 (2009): 174–177, at 175.

6. Maryanne Wolf, with Stephanie Gottwald, *Tales of Literacy for the 21st Century* (Oxford: Oxford University Press, 2016), 2–3.

7. Oliver Sacks, *Migraine: Understanding a Common Disorder* (Berkeley: University of California Press, 1985), 222. Emphasis in original.

8. G. Th omas Couser, "Disability, Life Narrative, and Representation," *PMLA* 120.2 (2005): 603–604.

9. A simulation of dyslexia can be found on Victor Widell's website Dsxyliea: http:// geon .github .io/ programming/ 2016/ 03/ 03/ dsxyliea. Digital tools recreating the experience of synesthesia include the Synesthesia Me Visualizer: https:// synesthesia .me/; Synesthesia VR: https ://www. synesthesia.world/en/vr-experience; and Synes thetize: https:// chrome .google .com/ webstore/ detail/ synesthetize/ ldljgghnfl f phln p neg hciodeehilana ?hl= en

10. Henri Bergson, *Matter and Memory*, trans. Nancy Margaret Paul and W. Scott Palmer (London: Allen & Unwin, 1911), 126.

11. Leah Price, "Reading: Th e State of the Discipline," *Book History* 7 (2004): 303-320, at 312.

読《よ》めない人《ひと》が「読《よ》む」世界《せかい》

読《よ》むことの多様性《たようせい》

●

2024年3月19日　第1刷
2024年6月18日　第2刷

著者……………マシュー・ルベリー
訳者……………片桐 晶《かたぎりあきら》
装幀……………和田悠里
発行者……………成瀬雅人
発行所……………株式会社原書房
〒160-0022 東京都新宿区新宿1-25-13
電話・代表　03(3354)0685
http://www.harashobo.co.jp/
振替・00150-6-151594
印刷…………新灯印刷株式会社
製本…………東京美術紙工協業組合

ISBN978-4-562-07404-4, printed in Japan